Claus Daniel (Jahrgang 1945) hat an verschiedenen deutschen Universitäten Philosophie und Soziologie studiert und arbeitet zur Zeit in der Erwachsenenbildung. »Viele Ansichten, vielleicht auch Einsichten«, so Claus Daniel über sich selbst, »verdanke ich didaktischen Experimenten an der Universität.« Claus Daniel plant als nächstes Werk eine größere Einführung in die Philosophie.

campus

Studium: Kritische Sozialwissenschaft

Claus Daniel

Theorien der Subjektivität

Einführung in die Soziologie des Individuums

Campus Verlag
Frankfurt/New York

CIP-Kurztitelaufnahme der Deutschen Bibliothek

Daniel, Claus:
Theorien der Subjektivität : Einführung in d.
Soziologie d. Individuums / Claus Daniel. –
Frankfurt/Main ; New York : Campus-Verlag,
1981.
  (Campus : Studium ; 547 : Krit. Sozialwiss.)
  ISBN 3–593–32547–0

NE: Campus / Studium

Inhalt

Vorwort
zu den Absichten des Verfasssers

Diese Einführung gibt einen Überblick über verschiedene Theorien zum Verhältnis von Individuum und Gesellschaft. Dabei werden – mit einer Ausnahme (Kap. 2) – Ansätze dargestellt, in denen Fragen der Psychologie und Sozialpsychologie vorwiegend im Rahmen gesellschaftstheoretischer Überlegungen behandelt werden. Insofern greift dieses Buch nur einige *»soziologische* Theorien des Individuums«* auf.

Vom Individuum und seinen unmittelbaren Bedürfnissen ebenso wie von der Behandlung seiner seelischen Leiden auszugehen, gilt zur Zeit in zahlreichen soziologischen Lehrveranstaltungen als eine Selbstverständlichkeit – fast schon wie Moden vorübergehende Selbstverständlichkeiten sind. Hinter dem Anspruch, Bezug auf das je einzelne Subjekt und seine Bedürfnisse zu nehmen, wenn gesellschaftstheoretische Inhalte zur Diskussion stehen, könnte jedoch eine entscheidende Erfahrung stehen: Der Rückbezug auf das Subjekt wird deswegen notwendig, weil Gesellschaft »Individualität«, »Subjektivität« immer weniger möglich macht.

Ich teile die von vielen Studenten in Seminaren geäußerte Auffassung, gerade gesellschaftswissenschaftliche Informationen müßten in ihrem Zusammenhang mit dem individuellen Leben und konkreten Bedürfnissen (Interessen) durchsichtig gemacht werden. Ich befürchte jedoch, daß die Art, in der diese Diskussion manchmal geführt und von anpassungsbereiten Dozenten gefördert wird, kaum aus dem Nebel eines unbestimmten Selbstbezugs herausführt.

Informationen werden durchaus auch so angeeignet, daß die Form, in der man sich selbst als ein Ich, ein Subjekt begreift, ebenso aus dem Gesichtswinkel verschwindet wie der Zusammenhang, den dieses Ich mit allgemein-gesellschaftlichen Vorgängen haben könnte. Um eine böse Zunge zitieren: Man will *sich,* ohne zu wissen, was man damit will. Und man sieht nicht, wie dieses unbestimmt Gewollte von der Gesellschaft abhängt und geprägt ist.

Was meint man eigentlich, wenn man »Ich« (zu sich) sagt? Worauf richtet sich die Anstrengung zur Befreiung (»Emanzipation«) des Selbst? Inwieweit sind nicht nur die Entwicklungsmöglichkeiten des je einzelnen Selbst, sondern auch die Weisen, »Ich« zu sich zu sagen, von gesellschaftlichen Umständen beeinflußt? Was ist an einem Selbst *mehr* als der Niederschlag gesellschaftlicher Einflüsse?

Dieses Buch soll ein *Hilfsmittel* sein, den Gehalt unterschiedlicher Antworten auf solche Fragestellungen verständlich zu machen. Ich gehe nämlich (anhand eigener Erfahrungen) davon aus, daß die Bereitschaft von professionellen Sozialwissenschaftlern, den Zugang zu Problemen zu erleichtern, nicht übermäßig ausgeprägt ist. Allerdings habe ich ein wenig die Hoffnung, daß für den an einer Übersicht interessierten Leser mehr als nur die Aneinanderreihung ohnehin sehr kurz dargestellter Theoretiker herausschaut.

Wenn meine Auswahl nicht gänzlich verfehlt ist, müßte auch etwas von der Veränderung von Individualität (und von Auffassungen über die Veränderung von Individualität) im Verlauf der bürgerlichen Entwicklung deutlich werden. Denn die Autoren, die im Überblick dargestellt werden, vertreten entweder eine Vorstellung vom Individuum, in der sich Erfahrungen mit einer bestimmten Phase der bürgerlichen Gesellschaft niedergeschlagen haben, oder sie untersuchen ausdrücklich die Stellung des Subjekts im Zusammenhang mit einer bestimmten Entwicklungsstufe der bürgerlichen Gesellschaftsformation. Ihre Subjekttheorie läßt sich deswegen als Kulturkritik auffassen, weil in manchen Fällen die Entwicklung der bürgerlichen Gesellschaft am Schicksal des Subjekts gemessen, wenigstens abgelesen wird.

Sollte dieser Text geeignet sein, eine Denkweise zu unterstützen, die das je eigene Selbst im Verhältnis zu gesellschaftlichen Strukturen und Entwicklungen begreift, dann wäre sein Ziel erreicht – und dies reicht auch zur Erläuterung der »Bedürfnisse« seines Urhebers aus.

Ein Hinweis zur Lektüre: In den folgenden Kapiteln lehne ich mich teilweise sehr eng an bestimmte Textstellen bei den ausgewählten Autoren an. Diese Textstellen werden im Kapitelanhang als Leseempfehlungen zusammengestellt. Ich hoffe, damit die begleitende Lektüre von Quellen (Primärliteratur) erleichtern zu können.

C. D.

Einführung
Die Problemstellung, ihre Grundbegriffe und Grundstruktur

Schon im vorhergehenden Abschnitt wurden Begriffe gebraucht, die uns geläufig sind, wenn wir von uns oder anderen als menschlichen Einzelwesen reden: »Ich« gehört in den gleichen Zusammenhang; denn »Ich« kann jeder andere auch zu sich sagen. Es fehlt eigentlich nur noch ein Begriff aus der soziologischen Fachsprache, der der *Identität* (»Ich-Identität«), um wichtige Grundbegriffe aus »Subjekttheorien« zusammenzuhaben (vgl. Krappmann 1971). »Identität« bedeutet aber im Kern auch nur das »Sich-Selbstgleichsein«, die Einheit eines individuellen Lebens. So gesehen, enthalten die genannten Begriffe in allgemeiner Hinsicht nicht mehr als den Hinweis auf eine Unterscheidung, die wir im Alltag mit Selbstverständlichkeit vollziehen:

»Jeder einzelne von uns macht einen Unterschied zwischen sich selbst und seinen Zuständen auf der einen Seite und dem, was nicht er selbst oder einer seiner Zustände ist, auf der anderen.« (Strawson 1972, 111)

Jeder von uns weiß, hat gelernt, sich und seine *eigenen* körperlichen und seelischen Zustände von Dingen und anderen Lebewesen in der Welt abzugrenzen. Man kann im allgemeinen unterscheiden, wann es »um einen selbst« und wann es um Dinge und Personen in der Umwelt geht. Aber schon an dieser grundlegenden Stelle beginnen die Probleme für ein angemessenes Verständnis von »Individualität«. Nicht nur behaupten einige Autoren, die beschriebene Unterscheidung (Abhebung) des Ich als einem »sich-selbstgleichen« Einzelwesen wäre in bestimmten Gesellschaften gar nicht üblich oder erforderlich[1], die genauere Bestimmung der »Instanz«, die sich da abgrenzt, von der Umwelt unterscheidet, kann ganz verschieden ausfallen. Das liegt nicht nur am keineswegs einheitlichen Sprachgebrauch, den die Autoren bevorzugen, es ist auch ein Ausdruck sehr verschiedener Auffassungen über das Verhältnis von Individuum und Umwelt, von Subjekt und Gesellschaftsstruktur. Es ist deshalb notwendig,

---

[1] Diesen Nachweis versucht E. Wulff für die vietnamesische Gesellschaft zu führen. Siehe die beiden ersten Aufsätze in *Psychiatrie und Klassengesellschaft*, Frankfurt/M. 1972.

vorab einige Hinweise auf mögliche Arten der Begriffsverwendung zu geben.

Entspricht es nicht unseren alltäglichen Vorstellungen, wenn wir »Individuum« als Ausdruck für ein menschliches Einzelwesen gebrauchen, das sichtbare, ihm eigentümliche (z. B. Körper-) Merkmale hat, besondere Handlungen vollzieht und sich vermutlich seinen Teil denkt? **Individuum** ist einer von anderen gleichsam von außen her betrachtet und als eine besondere Einheit von äußerer Erscheinung, Tun und vermutetem Innenleben gesehen.

»Individuum« ist er auch als einzelnes Exemplar der Gattung »Mensch«. **Ich** (und kein anderer) sagt jedes dieser Exemplare selbst, wenn es etwas als *sein* Tun, seinen Willen, seine Leistung, wenn es *sich* gleichsam als das Zentrum oder den Ausgangspunkt von Handlungen begreift. »Ich« sagt es auch, wenn es darüber nachdenkt, was es gesagt, getan oder gedacht hat. Das ist das »Ich« der Reflexion; ein Individuum bespiegelt (reflektiert) seine eigenen Aktivitäten. Diese theoretische Seite des Ich, das Nachdenken über sich, kann man auch **Selbstbewußtsein** nennen. Aber es gibt auch eine praktische: Wenn einer »mit Selbstbewußtsein auftritt« dann handelt er im vollen Bewußtsein *seines* Tuns, bzw. im Bewußtsein seiner Bedeutung oder Fähigkeit. Ich bin der Urheber meiner Taten, nichts hat mich von außen dazu veranlaßt (»autonomes Ich«).

Das Ich ist **Ich-Identität**, wenn das Tun und Denken eines Individuums (von ihm selbst *oder* von anderen) unter dem Gesichtspunkt der Einheit oder Vereinheitlichung der Menge seiner Aktivitäten betrachtet wird. »Identität« meint das »Mit-Sich-Selbst-Gleichsein« in oder trotz der Mannigfaltigkeit der teilweise sehr verschiedenen und widersprüchlichen Taten, die man im Verlauf seines Lebens vollbringt oder die andere von einem erwarten.

Ein **Selbst** ließe sich vielleicht als Ausprägung des Ich begreifen, wenn zur Rede steht, daß oder ob wir bei all unseren lebensnotwendigen Beziehungen zu anderen Individuen (»zu einem anderen Selbst«) zu Aktivitäten fähig sind, die nicht mit denen der anderen zusammenfallen oder von ihnen erzwungen sind. »Ich selbst habe dies gemacht«, sagen wir verstärkend. **Subjekt** ist ein unspezifisches Sammelwort für all diese Aspekte.

Einiges von dem, was gesagt wurde, taucht immer wieder (mindestens als Teilgehalt der entsprechenden Begriffe) in der Literatur auf. Aber der genauere Gehalt bestimmt sich nach den jeweiligen Problemstellungen der Autoren und ihren unterschiedlichen Versuchen, sie zu lösen. Dabei gibt es immer wiederkehrende Seiten der Problemstellungen, die sich in Form eines Orientierungsrahmens zusammenstellen lassen.

Die Vorstellung vom Ich

a) Die Einheit eines Einzellebens (Identität)

Das Problem der Ich-Identität hat eine lange zurückliegende Tradition. In der Grundstruktur unterscheidet sich die Form, in der es beispielsweise bei Platon behandelt wird, in nichts von neueren Überlegungen. In seinem Dialog »Symposion« (»Das Gastmahl«) läßt er Sokrates von einem Gespräch mit der Seherin Diotima berichten.

»Wenn du also glaubst, sprach sie, daß die Liebe von Natur auf das gehe, worüber wir uns schon geeinigt haben, so brauchst du dich nicht zu wundern. Denn ganz ebenso wie dort sucht auch hier die sterbliche Natur, soweit sie es vermag, ewig und unsterblich zu sein. Sie vermag es aber nur auf diese Art durch Zeugung, indem sie immer ein Junges statt des Alten hinterläßt. Denn auch jedes einzelne lebende Wesen wird, solange es lebt, als dasselbe angesehen und bezeichnet: z. B. ein Mensch gilt von Kindesbeinen an bis in sein Alter als der gleiche. Aber obgleich er denselben Namen führt, bleibt er doch niemals in sich selbst gleich, sondern einerseits erneuert er sich immer, andererseits verliert er anderes: an Haaren, Fleisch, Knochen, Blut und seinem ganzen körperlichen Organismus. Und das gilt nicht nur vom Leibe, sondern ebenso von der Seele: Charakterzüge, Gewohnheiten, Meinungen, Begierden, Freuden und Leiden, Befürchtungen: alles das bleibt sich in jedem einzelnen niemals gleich, sondern das eine entsteht, das andere vergeht.« (Platon 1958, 127 f.)

Und doch bleibt man in all diesen Veränderungen das nämliche Subjekt, erhält man seine Identität. Moderne Soziologen drücken das Platonische Problem entschieden prosaischer und in einem besonderen Jargon aus:

– Ich-Identität hat das Subjekt, »soweit dieses unvertretbar die Synthese der gegebenen Mannigfaltigkeit in der biographischen Zeit (persönliche Identität) und im sozialen Raum (Rollen) leistet und daher Einheit ist.« (Geulen 1977, 133)
– »Eine gelungene Identitätsbildung ordnet die sozialen Beteiligungen des Individuums aus der Perspektive der gegenwärtigen Handlungssituation zu einer Biographie, die einem Zusammenhang, wenngleich nicht notwendiger eine konsistente Abfolge, zwischen den Ereignissen im Leben des Betreffenden herstellt.« (Krappmann, 1971, 9)

Einfacher ausgedrückt: Jedes Individuum hat eine Biographie, eine besondere, ihm eigentümliche Lebensgeschichte. Diese besteht aus einer Mannigfaltigkeit von Taten, Erlebnissen, Erfahrungen, Reaktionen, Empfindungen, Erkenntnissen etc., die keineswegs alle immer im Einklang miteinander stehen.

Aber wir und andere erkennen uns trotzdem als das Gleiche, Identische in all dieser Mannigfaltigkeit. Jedes einzelne Subjekt steht ständig vor der

Aufgabe, diese Einheit (»Synthese«) der verschiedenen Taten und Erlebnisse herzustellen. Auch die ebenfalls recht verschiedenartigen und widersprüchlichen Erwartungen der anderen Subjekte an uns (»sozialer Raum« – »Rollen«) müssen wir mit der (wie immer auch widersprüchlichen) Einheit unseres bisherigen Denkens und Handelns in Einklang bringen. Die »Identität«, die Einheit eines persönlichen, »unvertretbaren« (von keinem anderen in völlig gleicher Weise vorgelebten) Lebens (Biographie) ist uns nicht einfach passiv vorgegeben. Identität ist »Identitäts-*Bildung*«, Leistung aus einer Art das Ganze zusammenhaltendem »Zentrum«[2] (Einheitsprinzip) von Denken und Handeln heraus, das Ich-Identität heißt. Als erstes Problem der Subjekttheorie läßt sich also im Anschluß an Platon formulieren:

Problem 1(P1)[3]: Wie kann ein Subjekt in der historischen Mannigfaltigkeit und Veränderung seiner Taten und Erlebnisse eine Einheit (Identität) ausbilden – wie ist diese Einheit zu bestimmen?

b) *Zentrum und Gegenstand der Reflexion (Ich)*

Das, was einem zustößt, stimmt einen manchmal nachdenklich. Mußte ich das eigentlich tun? Mußte ich das ertragen, dulden? Hätte ich nicht anders handeln können? Ich sehe mich bei diesen Gelegenheiten wie in einem Spiegel. Ich sehe nicht nur, daß ich im Verlauf der Zeit körperlich ein anderer geworden bin. (»Ich werde auch nicht jünger!«). Ich sehe auch, daß meine Fähigkeiten, Erfahrungen, Charaktereigenschaften Veränderungen unterliegen. (»Früher wäre ich nicht so schnell wütend geworden!«) Wenn man sich auf diese Weise bespiegelt, auf sich reflektiert, ergibt sich ein eigentümlicher Zusammenhang: In der Reflexion auf mein Denken und Handeln mache ich mich zu einem Gegenstand der Betrachtung. Ein Ich macht sich zum Objekt. Man schaut sich, das eigene Tun und Denken, so an, wie man sonst Gegenstände in der Welt anschaut. Aber das »Objekt«, das da betrachtet wird, ist im Falle dieser Selbstanschauung nichts anderes als das Ich, das die Betrachtung vornimmt. Das Ich bespiegelt sich selbst, Selbstbewußtsein.

Irgendwie scheint es da zwei Instanzen zu geben: Das »Ich«, das nachdenkt, und das »Ich« als Einheit aller Taten und Denkinhalte, die

---

[2] »Das Ich, dieses individuelle Zentrum organisierter Erfahrung und vernünftigen Planens . . .« Erikson (1973, 13).

[3] Auf die Problemstellungen in allgemeiner Form als P1, P2 . . ., werden wir bei der Darstellung einzelner Ansätze zurückverweisen, so daß der Leser ihre Zusammenfassung nachschlagen kann.

betrachtet werden. Die getrennten Instanzen sind einander gleich. Ganz formal gesprochen: Eine bestimmte »Instanz«, das reflektierende Ich, beschreibt bestimmte Sachverhalte, Merkmale einer »gegebenen« Instanz, die es selbst ist.

Die Soziologen bestimmen den Zusammenhang auf ihre Weise:

»Im Selbstbewußtsein … werde ich mir als von der Umwelt unterschiedenes Individuum, ja als Subjekt, bewußt[4], das heißt, ich richte mein Bewußtsein intendiert auf mich und meine Bewußtseinsakte selber; dieser Prozeß ist im Gegensatz zum ›einstrahligen‹ (Husserl), einfachen Bewußtsein ein reflexiver.« (Geulen 1977, 115)

In dieser Aussage wird das **Bewußtsein** vom **Selbstbewußtsein** unterschieden. »Bewußtsein« bedeutet das mehr oder minder eindeutige Wissen eines Subjekts von den Dingen, Vorgängen, anderen Personen in der Welt; das Gegebensein von *Gegenständen* (auch anderen Individuen) der Umwelt. Sie sind uns in oder durch Erfahrungen und Denkprozesse (als existierend, daseiend) bewußt. »Selbstbewußt« bedeutet das Bewußtsein meines Denkens und Tuns *als des meinen* (im Unterschied zu Gegenständen und anderen Personen in der Umwelt). Wir können als nächstes Problem der Subjekttheorie somit festhalten:

Problem 2 (P2): Auf welche Weise macht sich ein Subjekt in der Reflexion selbst zum Gegenstand und wie verhalten sich dabei »Betrachter« und »Betrachtetes«?

c) Der widerständige Rest des Subjekts (Selbst)

Wenn wir »mit Selbstbewußtsein« handeln, dann verstehen wir uns als selbständige Urheber unserer Taten und Produkte. Was wir tun und denken, hängt von den Bedingungen unserer Situation ab und ist von den Handlungen anderer Subjekte beeinflußt. Aber wir vertreten hartnäckig die Meinung, es gäbe genügend Fälle, in denen uns keiner dreinreden kann und wo wir tun, was wir wollen. Gäbe es diesen widerständigen Rest bei uns nicht, wären wir keine »Subjekte«, sondern Objekte, Marionetten all der Einflüsse aus der natürlichen und gesellschaftlichen Umgebung. Für ein Ich scheint also ein Stück **Selbstbewahrung** und **Selbstachtung** notwendig. »Selbstbewahrung« heißt, daß man trotz aller Einflüsse aus der Umwelt mehr darstellt, als das augenblickliche Ergebnis dieser Einwirkungen. »Selbstachtung«[5] könnte die Handlungsstrategien des Individuums

---

[4] Im Text steht statt »mir … bewußt«, »mit … gewußt«??

[5] »Selbstachtung« meint zusätzlich noch die Verteidigung der eigenen »Würde«, Achtung im Sinne von »Respekt«.

meinen, mit deren Hilfe es darauf achtet, daß die Bewahrung seiner selbst gegenüber allen Einflüssen gesichert wird. Selbstbewahrung kann zur Selbstbehauptung werden, wenn der einzelne sich aktiv gegen Wirkungen, Angriffe aus seiner Umgebung durchzusetzen versucht (was in extremen Fällen zum Kampf um »Selbsterhaltung« werden kann). Mit »*Selbst*« läßt sich also – wenn wir die zahllosen Einwirkungen der gegenständlichen Umwelt auf uns berücksichtigen – die Aktivität bezeichnen, die trotz aller Lebensnotwendigkeit der Beziehung zu anderen von ihnen nicht einfach erzwungen werden kann oder mit deren Verhalten nicht schlankweg identisch (völlig konform) ist. Das Selbst scheint etwas mit »Kreativität« und »Spontaneität« zu tun zu haben:

»Identität zu gewinnen und zu präsentieren, ist ein in jeder Situation angesichts neuer Erwartungen und im Hinblick auf die jeweils unterschiedliche Identität von Handlungs- und Gesprächspartnern zu leistender kreativer Akt. Es schafft etwas noch nicht Dagewesenes, nämlich die Aufarbeitung der Lebensgeschichte des Individuums für die aktuelle Situation.« (Krappmann 1971, 11)

Gemeint ist damit teilweise auch eine Anforderung, der man sich tatsächlich Tag für Tag stellen muß: Man hat es im Alltag mit ganz verschiedenen Leuten (mit »jeweils unterschiedliche(n) Identität(en) von Handlungs- und Gesprächspartnern«) zu tun, die ständig neue, oft sehr widersprüchliche Erwartungen und Anforderungen an einen stellen. In dieser Lage müssen wir das, was wir durch unsere gesamte Lebensgeschichte geworden sind, in ein erträgliches Verhältnis (nicht notwendig »in Einklang«) zu den aktuellen Anforderungen bringen. Gleichzeitig gilt es auch, die eigene Selbständigkeit angesichts der Erwartungen der anderen zu bewahren und – wie der Autor des letzten Zitats gerne hervorhebt – seine unverwechselbare Eigenheit zu »präsentieren«. Wenn wir einmal offenlassen, ob diese »Präsentationspflicht« (die Notwendigkeit der Selbstdarstellung) ein Ausdruck der gegenwärtigen Kultur ist oder nicht, dann erfaßt sie den folgenden Vorgang: der einzelne muß seine Identität (seine unverwechselbare Eigenheit) nach außen darstellen und Anerkennung für sie bei anderen finden. Ich-Identität erscheint unter diesen Voraussetzungen als Tanz auf dem Drahtseil.

»Diese Identität stellt die Besonderheit des Individuums dar; denn sie zeigt auf, auf welche besondere Weise das Individuum in verschiedenartigen Situationen eine Balance zwischen widersprüchlichen Erwartungen, zwischen den Anforderungen der anderen und eigenen Bedürfnissen sowie zwischen dem Verlangen nach Darstellung dessen, worin es sich von anderen unterscheidet, und der Notwendigkeit, die Anerkennung der anderen für seine Identität zu finden, gehalten hat.« (Ebd., 9)

Was immer die kulturellen Hintergründe des besonderen Akzentes auf *Selbstdarstellungen* sein mögen, um das Problem der *Selbstbewahrung* kommt keine Theorie des Subjekts herum:

Problem 3 (P3): Wie ist die Selbsttätigkeit (= Spontaneität) des Ich zu begreifen, durch die es (vielleicht) mehr ist als das aktuelle Ergebnis aller äußeren Einflüsse auf ein entsprechendes Individuum?

d) Die Ausprägung des Sozialcharakters

Es entsteht ein schiefes Bild, wenn man sich das Individuum als einen »unverwechselbaren Einzelnen« vorstellt, der im Interesse seiner Selbstbewahrung Einflüsse abwehrt, die von außen auf ihn zukommen. Die Erwartungen, die andere dem eigenen Handeln gegenüber hegen, die Einflüsse und Zwänge, die sie ausüben, prallen nicht einfach von unserer Elefantenhaut ab. Selbst unsere »innersten« Zustände sind nicht selten Ausdruck oder Ergebnis der Einflüsse anderer. Was jeder einzelne ist, ist er auch durch die Resultate seiner Beziehungen zum Gegenüber: zu den Eltern, den Geschwistern, den Erziehern, Freunden, Feinden . . . Was die anderen mit uns tun oder was sie von uns wollen, das geht uns durchaus unter die Haut, das »prägt unsere Persönlichkeit«.

»Prägung«, diesen Vorgang nennen Psychologen und Soziologen auch **Sozialisation** = Erziehungsprozeß. Sozialisation (Sozialisierung) ist »der Prozeß, durch den ein Individuum, das mit Verhaltensmöglichkeiten von einem sehr weiten Radius geboren wird, zu der Entwicklung eines Verhaltens geführt wird, das auf den engeren Radius beschränkt ist, wie er durch die Standards einer Gruppe definiert wird« (Child, zit. n. Thomae, 242 f.). Hinter dieser Bemerkung steht offensichtlich die Vorstellung, ein Kind habe unbegrenzte Wünsche (Bedürfnisse) und Verhaltensmöglichkeiten, die unter dem Einfluß der für das Kind bedeutsamen Gruppen und Gesellschaftsstrukturen zu einem Verhaltensmuster geformt werden, das den Ansprüchen, Standards (= Normen) der Gruppen oder Gesellschaft mehr oder minder entspricht.[6] Nachdrücklich diskutiert wird, ob es bestimmte kennzeichnende Stufen gibt, die jeder Mensch bei seiner Entwicklung zwangsläufig durchlaufen muß, wobei die eine Stufe jeweils vorhergehenden Entwicklungsstadien zu ihrer Voraussetzung hat.

Resultat dieser Einflüsse und Entwicklungen ist jedenfalls ein besonderer **Charakter** des betreffenden Individuums. »Charakter« ist ein Begriff aus der klassischen griechischen Sprache und bedeutet Abdruck, Prägung, – so wie eine Münze durch bestimmte Stanzformen geprägt wird. Heute verbinden wir damit im alltäglichen Sprachgebrauch auch einen etwas

---

[6] Damit wird der Umstand betont, »daß die Gesellschaft, d. h. soziale Tatbestände im weitesten Sinne des Wortes, den wesentlichsten prägenden Faktor für jede individuelle menschliche Existenz bilden.« (Ebd., 243)

anders gefärbten Sinn: ein Mensch »mit Charakter« ist einer, der sich in seiner Besonderheit darzustellen versteht, aber dennoch nicht den Eindruck erweckt, er würde geltende Regeln entscheidend verletzen (sonst hätte er einen »miesen Charakter«). Andere verstehen »Charakter« auch als eine Menge stabiler, für ein Individuum »charakteristischer« Eigenschaften:

»*Charakter:* Das Gesamtgefüge aller im Laufe des Lebens gleichbleibenden Grundzüge von Haltungen, Einstellungen, Strebungen, Gesinnungen und Handlungsweisen, die das Besondere eines Inviduums grundlegend bestimmen.« (*Wörterbuch der Tiefenpsychologie*, hg. v. U. Peters)

Aber ein »Charakter«, wenn auch vergleichsweise stabil kann sich unter dem Einfluß der anderen verändern. Wir wollen unter »Charakter«, dem Ursprungssinn des Wortes folgend, weiterhin die Prägung eines Individuums unter dem Einfluß der anderen verstehen. »Charakterzüge« sind das mehr oder minder dauerhafte Ergebnis derartiger Einflüsse und Zwänge. Sie bezeichnen das, was sich *in uns* durch die Einwirkung anderer Individuen einprägt.

Ähnlich verhält es sich mit dem Begriff der **Person.** »Persona« heißt im Lateinischen die *Maske* (aber auch »Rolle«, »Würde« und »Charakter«!) »Rolle« und »Maske« verweisen auf die Auftritte im antiken Theater, bei denen Schauspieler eine Maske trugen. Die Maske ist das Aufgeprägte, Aufgesetzte, hinter dem noch mehr, ein besonderer Schauspieler steckt. Heute benutzten wir den Begriff »Person« z. B., um ein rechtsfähiges Individuum zu bezeichnen, während eine *Persönlichkeit* ein Individuum mit »ausgeprägtem Charakter« und besonderer Würde darstellt.

Lassen wir es auch hier beim ursprünglichen Wortsinn, dann kann man den Begriff »Person« als zusammenfassenden Ausdruck für ein Subjekt nehmen, das von anderen vorgeschriebene (soziale) Rollen zu spielen hat, während »Charakter« gleichsam die innere Ausprägung derartiger Einflüsse und Erwartungen darstellt. Marx hat »persona« und »Charakter« in einem Begriff, dem der **Charaktermaske,** zusammengezogen:

»Wir werden überhaupt im Fortgang der Entwicklung finden, daß die ökonomischen Charaktermasken der Personen nur die Personifikationen der ökonomischen Verhältnisse sind, als deren Träger sie sich gegenübertreten.« (*Das Kapital*)

»Charaktermaske« stellt die Handlungen eines Individuums als Auswirkung von ökonomischen Strukturen und Prozessen einer Gesellschaft dar. So ist der Kapitalist beispielsweise aufgrund der »Gesetzmäßigkeiten« im Kapitalismus gezwungen, »bei Strafe des Untergangs« (Marx) seinen Profit zu steigern. Die Proletarier hingegen können sich aufgrund der ökonomischen Verhältnisse dieser Gesellschaft nur am Leben erhalten, wenn sie ihre

Arbeitskraft wie jede andere Ware auf einem Markt (»Arbeitsmarkt«) verkaufen.

Diesen Gedanken, daß Verhalten und Eigenschaften von Individuen durch ökonomische Faktoren geprägt werden, die für das gesamte soziale System (nicht bloß für einen Teilbereich der Gesellschaft wie eine bestimmte Institution oder Gruppe) oder gar für eine Epoche (wie der Kapitalismus) kennzeichnend sind, kann man im Begriff des **Sozialcharakters** ausdrücken.

Ein »Sozialcharakter« wäre auszumachen, wenn es eine Prägung der Subjekte gibt, die aufgrund gesamtgesellschaftlicher Organisationsprinzipien zustande kommt. Auf Annahmen über Sozialcharaktere und ihre Entwicklung werden wir wesentliche Teile unserer Darstellung der ausgewählten Autoren ausrichten und damit ein weiteres Problem zu bearbeiten haben:

Problem 4 (P4): Wie sind Aussagen über einen »Sozialcharakter« methodisch zu gewinnen und wie sind die Ergebnisse einer »Prägung« von Individuen durch gesamtgesellschaftliche Strukturen und Prozesse zu denken?

Die schwierige Vermittlung von Gesellschaft und Subjekt

Mit der »Vorstellung vom Ich« und der Bestimmung des »Sozialcharakters« sind gewissermaßen zwei Pole für soziologische Theorien des Subjekts festgelegt worden. Am einen Ende steht die Frage: Wie kann sich ein Ich angesichts der Einflüsse der Umwelt herausbilden? Oder: Wie ist ein Selbst, wie Selbstbestimmung und Selbstbewahrung möglich? Am anderen Ende ergibt sich das Problem: Wie bestimmen Einflüsse aus der (gesellschaftlichen) Umwelt den Charakter einer Person? Vor allem: Wie prägen gesellschaftliche Strukturen und Prozesse[7] den Charakter der einzelnen Subjekte?

Da die Einflüsse aus der gesellschaftlichen Umwelt nicht an der Außenhaut des Individuums haltmachen, ist das Problem der *Identität* auch eines des *inneren* Verhältnisses von Bestimmung durch andere (bzw. durch »Strukturen«) und Selbstbestimmung, von Ich und Charakter. Wenn es um die *einheitliche* Beziehung zwischen *gegensätzlichen* Bestimmungen geht, benutzt Hegel oft den Begriff der **Vermittlung**:

---

[7] Mit diesen Begriffen »Struktur« und »Prozeß« wollen wir zunächst nur ganz allgemein auf gesellschaftliche Sachverhalte aufmerksam machen, die sich auf ein Individuum auswirken, aber nicht den Plänen und Einflüssen bestimmter anderer oder Gruppen zurechnen lassen. Sie bezeichnen Sachverhalte, die Gesellschaft als Ganze (als System) betreffen.

».. . diejenige Beziehung ist eine vermittelnde, worin die Bezogenen nicht ein und dasselbe, sondern ein Anderes, füreinander und nur in einem Dritten eins sind.« (*Phänomenologie des Geistes*, 482)

Es ist zu befürchten, daß diese (oder eine andere) Erläuterung des Begriffs »Vermittlung« bei Hegel nicht *unmittelbar* eingängig ist. Es geht ihm offensichtlich um *Beziehungen* (= Relationen) zwischen Dingen oder Ereignissen (Sachverhalten). In der von ihm gemeinten Art Beziehung sind die »Bezogenen« (= Relata) nicht direkt, »unmittelbar« eins (= »ein und dasselbe«); sie stehen vielmehr in einem Gegensatz zueinander (sie sind »ein Anderes füreinander«) und dennoch könnte das eine Relatum nicht ohne das andere bestehen (und umgekehrt). Es gibt also eine *bestimmte* Beziehung (»ein Drittes«), die sie gleichwohl verbindet, in der sie als Gegensätze »eins sind«.

Es gibt auf der einen Seite das Ich, das seine Selbständigkeit gegenüber den Einflüssen aus der Gesellschaftsstruktur und von seiten anderer Subjekte bewahren will. Auf der anderen Seite gibt es die von den Organisationsprinzipien der Gesellschaft und von anderen Subjekten ausgehenden Einflüsse, die der Person einen bestimmten Charakter aufprägen. Trotz des Zwangscharakters, die dieses Verhältnis oftmals annimmt, sind die beiden Pole aber auch voneinander abhängig. Ohne die ständigen Einwirkungen von außen könnte ein Selbst sich gar nicht bewahren, ohne die »Spontaneität« der Subjekte blieben keine »Strukturen« erhalten oder kämen keine neuen zum Vorschein. Auf die gleiche Weise scheint »Ich-Identität« eine Einheit von Selbst und Charakter zu sein. Aber welche? Hegel spricht von der »Einheit der Extreme«, vom »Dritten«, in dem die gegensätzlichen Bestimmungen eins sind. Die Aussagen oder Begriffe, die dieses »Dritte« erfassen, wären die eigentlich »vermittelnden« Aussagen oder Begriffe. Auf sie wollen wir in den folgenden Kapiteln ein besonderes Augenmerk richten.

Aber schon hier kann man sagen, daß man das jetzt vielleicht banal erscheinende Hegelsche Vermittlungsproblem recht gründlich verfehlen kann. Ein Begriff wie der der »Balance« z. B., der manchmal eingeführt wird, um die bestimmte Beziehung zwischen den »Extremen« Individuum und Gesellschaft zu erfassen, erklärt nichts. Läßt man sich nicht von solchen Begriffen wie diesem beeindrucken, dann sagt er einem letztlich nur, daß ein Subjekt *irgendwie* einen Ausgleich (was immer das ist) zwischen gesellschaftlichen Ansprüchen und seinem Interesse an Selbstbewahrung herstellt. Irgendwie gibt es auch jeweils eine bestimmte Zuordnung von Selbst und Charakter. Das »Irgendwie« ist das Problem der *bestimmten*, auszuführenden Beziehung zwischen den »Extremen«. Der Begriff der »Balance« stellt also keine vermittelnde Kategorie (= Grundbegriff) dar, weil er die Art und Weise, wie die Extreme aufeinander bezogen sind, bestenfalls in dem vagen Bild der Waage darstellt. Er steht nur als Kürzel für ein ungelöstes »Vermittlungsproblem.«

Bei Argumenten dieser Art machen wir allerdings eine Voraussetzung, die – wie noch zu zeigen sein wird (besonders im Kapitel 9) – keineswegs so selbstverständlich ist, wie sie uns im Augenblick vorkommen mag: Die »Extreme« Individuum und gesellschaftliche Struktur lassen sich nicht ineinander auflösen!

Mit dieser Feststellung wird klar, warum z. B. »Charaktermaske« keine Vermittlungskategorie ist. Zwar kennzeichnet sie die Abhängigkeit individuellen Handelns von sozialen Strukturen, erfaßt sie die notwendige Bestimmung der Handlungen eines Subjekts durch die ökonomischen Verhältnisse, aber die Frage nach dem Selbst und seiner Selbsterhaltung wird mit ihr gar nicht erst aufgeworfen. Umgekehrt würde auch ein »unvermitteltes« Ausgehen vom Ich und seinem Interesse an Selbstbehauptung bestimmte Schwierigkeiten bereiten. Nur allzuleicht erscheint dann beispielsweise gesellschaftlicher Einfluß immer nur als »äußerlicher Zwang« (so z. B. bei Dahrendorf 1961). Die strukturierte Beziehung zu anderen ist jedoch immer auch eine notwendige Bedingung für die Entwicklung von Ich-Identität. Subjekttheorien stehen also vor einem »Problem der Vermittlung«.

Problem 5 (P 5): Wie kann man sich das Verhältnis von Individuum und Gesellschaft denken, das ein gegensätzliches (widersprüchliches) sein kann und bei dem dennoch der eine Pol jeweils vom anderen auf eine bestimmte (vermittelte) Weise abhängig bleibt?

Die fünf ausgewählten Problemstellungen soziologischer Theorien des Subjekts

P1: Problem der Identität

Wie kann ein Subjekt in der historischen Mannigfaltigkeit und Veränderung seiner Taten und Erlebnisse eine Einheit (Identität) ausbilden – wie ist diese Einheit zu bestimmen?

P2: Problem der Reflexion

Auf welche Weise macht sich ein Subjekt in der Reflexion selbst zum Gegenstand und wie verhalten sich dabei »Betrachter« und »Betrachtetes«?

P3: Problem der Autonomie

Wie ist die Selbsttätigkeit (= Spontanität) des Ich zu begreifen, durch die es
(vielleicht) mehr ist als das aktuelle Ergebnisse aller äußeren Einflüsse auf
ein entsprechendes Individuum?

P4: Problem der gesellschaftlichen Prägung

Wie sind Aussagen über einen »Sozialcharakter« methodisch zu gewinnen
und wie sind die Ergebnisse einer »Prägung« von Individuen durch gesamtgesellschaftliche Strukturen und Prozesse zu denken?

P5: Problem der Vermittlung

Wie kann man sich das Verhältnis von Individuum und Gesellschaft
denken, das ein gegensätzliches (widersprüchliches) sein kann und bei dem
dennoch der eine Pol jeweils vom anderen auf eine bestimmte (vermittelnde) Weise abhängig bleibt?

Schema der Grundbegriffe soziologischer Subjekttheorien

Oberbegriff: **Subjekt**			
	Außenbetrachtung*	Innenbetrachtung**	Zeit/Prozeß***
Selbst-bestimmung	Individuum — (P5) —	Selbstbewußtsein Ich (P2) ↓ Selbst (P3)	Ich-Identität (P1)
Bestimmung durch Gesellschaft	Person	Charakter (P4)	Sozialisation Charaktermaske Sozialcharakter (P4)

  * Außenbetrachtung: Das Subjekt, von einem »äußeren Beobachter« aus ge-
    sehen.
 ** Innenbetrachtung: Bestimmung von Bestandteilen der Psyche des Subjekts,
    seines »Innenlebens«.
*** Zeit/Prozeß: Das Individuum (Person) in der Zeitdimension oder in seiner
    Entwicklung gesehen.

Kapitel 1
Selbsterhaltung in der Warenwelt – oder:
Der Geist des Kapitalismus

Max Weber/Werner Sombart

Zum Begriff des »Kapitalismus«

Fast alle Autoren, mit denen wir uns in den folgenden Kapiteln beschäftigen, untersuchen das Schicksal des Subjekts unter *kapitalistischen* Lebensbedingungen, im Rahmen der Entwicklung der bürgerlichen Gesellschaft. Eine knappe Bestimmung des Begriffs »Kapitalismus« läßt sich also nicht ganz vermeiden.

Nehmen wir einmal an, man suche nach den einfachsten, grundlegendsten Merkmalen für ein soziales System als Ganzes. Diese Aufgabe kann man auf zwei Weisen verstehen. (a) Welche allgemeinen Aussagen muß man machen, wenn man den Zusammenhang einer ganzen Gesellschaft oder Epoche, ihre Einheit denken will? (b) Welche grundlegenden Prozesse gibt es, durch die eine wirkliche Gesellschaft oder Epoche zu dem besonderen System wurde, das sie tatsächlich ist? (Was macht den «Feudalismus» zum Feudalismus?) Die Soziologen gehen im allgemeinen davon aus, daß die Aussagen, die sie unter (a) formulieren, auf das passen, was unter (b) tatsächlich der Fall ist.

Die »grundlegenden Prozesse« entstammen selten dem Willen oder dem Bewußtsein einzelner Personen oder Gruppen. Sie stellen vielmehr regelmäßige Abläufe im sozialen System dar, die auf den Willen und das Bewußtsein der einzelnen Subjekte kräftig einwirken können. Wenn sich zum Beispiel Verhältnisse herausgebildet haben, in denen die kleinen Eigentümer und Pächter (Bauern) von ihrem Grund und Boden vertrieben oder Handwerker von ihren Produktionsmitteln »befreit« wurden, dann verfügen sie über nichts mehr als ihre Arbeitskraft. Soweit sich nun »Marktgesetzlichkeiten« (als bestimmte Form regelmäßiger Beziehungen zwischen Warenbesitzern) herausgebildet haben, bleibt ihnen wenig anderes übrig, als ihre Arbeitskraft auf dem (Arbeits-)Markt zu verkaufen, um Lebensmittel kaufen zu können.

Die Tatsache, daß die sozialen Beziehungen zunehmend (immer regelmäßiger) nach dem Tauschprinzip organisiert sind, *zwingt* diejenigen, welche nichts als ihre Arbeitskraft besitzen, ihre Haut im buchstäblichen Sinn zu Markte zu tragen. Das »Tauschprinzip« ist also eine Form der

Organisation[1] von sozialen Beziehungen in einem gesamtgesellschaftlich bedeutsamen Maßstab, ein »Organisationsprinzip«. Und die »Marktgesetzlichkeiten« können wahrscheinlich das Schicksal und die Person prägen (man denke etwa an die »Krämerseele«). Will derjenige, welcher über nichts als seine Arbeitskraft verfügt, in einer Marktgesellschaft überleben, dann muß er seine Arbeitskraft als »Ware« an diejenigen verkaufen, welche über die Produktionsmittel verfügen.

Für Marx ist allerdings das »Tauschprinzip« nicht das entscheidende, grundlegende Strukturprinzip der bürgerlichen Gesellschaft. Es ist nur ein Teil dessen, was er (a) im Begriff »Wertgesetz« als Ausdruck für seine elementaren Annahmen über den Zusammenhang des Kapitalismus faßt und (b) als dessen charakteristischen, einheitstiftenden Prozeß ansieht. Dieses Wertgesetz hat nichts mit einem »natürlichen Gewinnstreben« des Menschen zu tun, das wie ein Naturgesetz wirksam wäre. Zweifellos findet man zu verschiedenen historischen Zeiten bei ganz verschiedenen Gruppen ein Streben nach Geldgewinn, etwa den Hunger nach Gold (auri sacra fames). Aber »Kapitalismus« hat tatsächlich sehr viel »mit dem Streben nach *Gewinn*, kontinuierlichem, rationalem, kapitalistischem Betrieb: nach immer *erneutem* Gewinn: nach *Rentabilität*« (Weber 1963, 4) zu tun.[2] Die Bestimmung spezifisch »kapitalistischer Verhältnisse« hängt demnach daran, was man unter »rationalem kapitalistischem Betrieb« und unter »Gewinn« versteht.

In diesem Zusammenhang erhält Marxens »Wertgesetz« seine Bedeutung: Wenn wir einmal ohne weitere Umstände die Prozesse, die sich in und zwischen den verschiedenen Betrieben als Produktionstätten von Waren abspielen, vereinfachen und vereinheitlichen, dann läßt sich folgende Kreislaufdarstellung des Wertgesetzes geben:

$$
\begin{array}{c}
\text{Akkumulation} \\
\longleftarrow \text{Investition} \longleftarrow \\
\text{G} \longrightarrow \text{W} \underset{\text{Pm}}{\overset{\text{Ak}}{<}} \cdots \text{\textcircled{P}} \cdots \text{W'} \longrightarrow \text{G'} \\
[4] \quad \rightarrow \quad [5] \rightarrow [6] \quad \rightarrow \quad [1] \rightarrow [2] \quad \rightarrow \quad [3] \rightarrow
\end{array}
$$

---

[1] »Organisation« ist hier nicht als bewußte Planung, sondern als *Struktur* zu verstehen.

[2] »Ein kapitalistischer Wirtschaftsakt soll uns heißen zunächst ein solcher, der auf Erwartung von Gewinn durch Ausnützung von *Tausch*-Chancen beruht: auf (formell) *friedlichen* Erwerbschancen also.« (Weber, ebd.)

Erläuterung des Schemas:

I) Ⓟ bedeutet »Produktion« als zusammenfassender Ausdruck für sämtliche Produktionsprozesse, die in Betrieben stattfinden.[3] Das ist der Ausgangs- und Ursprungspunkt der Kreislaufbewegung, die das »Wertgesetz« darstellt [1]. In Ⓟ sind folgende historische Grundmerkmale einer kapitalistischen Gesellschaft als gegeben unterstellt (vgl. dazu AG Soziologie 1979, 153):

a) Die feudalistisch organisierte Landwirtschaft ist nicht mehr die entscheidende Quelle der Gütererzeugung. Industrialisierung, arbeitsteilig-technische Erzeugung von Gütern für einen Markt in Betrieben setzt sich durch.

b) Anfangs wird eine Masse von kleinen Bauern und Handwerkern von ihren Produktionsmitteln (oft sehr gewaltsam) »befreit«, so daß sie über nichts als ihre Arbeitskraft verfügen. Es entsteht die Klasse der Lohnarbeiterschaft, die ihre Ware Arbeitskraft an die Besitzer der Produktionsmittel verkaufen muß. Das ist auch für Max Weber *das* entscheidende Merkmal des Kapitalismus: »In einer Universalgeschichte der Kultur ist also für uns, rein wirtschaftlich, das zentrale Problem letztlich *nicht* die überall nur in der Form wechselnde Entfaltung kapitalistischer Betätigung als solcher: des Abenteuertypus oder des händlerischen oder des an Krieg, Politik, Verwaltung ihren Gewinnchancen orientierten Kapitalismus [den hat es in der Geschichte schon vorher gegeben – C. D.], sondern vielmehr die Entstehung des *bürgerlichen Betriebskapitalismus* mit seiner rationalen Organisation der *freien Arbeit*.« (1963, 10)

c) Das Klassenverhältnis von Lohnarbeiterschaft und »Kapitalisten« (Klasse der über die Produktonsmittel Verfügenden) bedeutet also die Grundbestimmung von »Kapitalismus«.

d) Da die Kapitalisten die Waren Arbeitskraft (Ak) gegen Entgelt (Lohn) gekauft haben, setzen sie diese in »rationaler« (technisch- und arbeitsteilig geplanter) Verbindung mit den Produktionsmitteln (Pm) und unter ihrem Kommando ein. Ergebnis des Produktionsprozesses sind Güter, die sich in Eigentum der Kapitalistenklasse befinden und als Waren (W) auf Märkten zu Geld (G) gemacht werden sollen.

II) Die Bewegung von P nach W' = [1] nach [2] ist Ausdruck der Bedeutung, die dem *Gewinn, Profit* im kapitalistischen System zukommt. Marx entwickelt eine berühmte Theorie über sein Zustandekommen: die *Mehrwerttheorie*. Grob zusammengefaßt (s. AG Soziologie 1979, 161–165):

– Wie jede andere Ware hat auch die Arbeitskraft einen Preis. Der Eigner der Produktionsmittel zahlt *Lohn* als Preis der Ware Arbeitskraft;

– Der *Wert* der Arbeitskraft bestimmt sich nach der *Arbeitszeit*, die notwendig ist, um die Lebensmittel zu erzeugen, die den kulturell üblichen Lebensstandard einer (z. B. 4-köpfigen) Arbeiterfamilie sichern. Angenommen, es seien im gesellschaftlichen Durchschnitt 4 Stunden eines Arbeitstages erforderlich,

---

[3] »Die moderne rationale Organisation des kapitalistischen Betriebs wäre nicht möglich gewesen ohne ... die *Trennung von Haushalt und Betrieb,* welche das heutige Wirtschaftsleben schlechthin beherrscht ... Örtliche Trennung der Werk- oder Verkaufsstätten von der Behausung ...« (Weber 1963, 8)

um diese Lebensmittel (incl. kultureller Güter wie Ausbildung und Bildung) für eine Arbeiterfamilie zu erzeugen, dann ist der Lohn der Geldausdruck für diesen von der (4-stündigen) Arbeitszeit bestimmten Wert der Arbeitskraft. Diese 4 Stunden »notwendiger Arbeit« bezahlt der Kapitalist.

– Aber gemäß dem Stand der Auseinandersetzungen zwischen den Klassen um die Länge des Arbeitstages erwirbt der Kapitalist die Arbeitskraft z. B. für einen 8-stündigen Arbeitstag. (Mit der Lohnzahlung geht die Ware Arbeitskraft in das Eigentum ihres Käufern über, der die nun den Verkaufsbedingungen gemäß (= 8-Stunden-Einsatz) verwenden kann.

– Unter diesen Voraussetzungen leistet der Arbeiter also 4 Stunden »unbezahlte Mehrarbeit«. (4 Stunden werden als Wert der Ware Arbeitskraft bezahlt, aber 8 Stunden wird sie eingesetzt). Diese »Surplusarbeit« ist die Quelle des Mehrwerts. W' bedeutet, daß auf dieser Grundlage aus dem unmittelbaren Produktionsprozeß Ⓟ mehr Waren herauskommen, als in der Kombination Ak+Pm eingesetzt wurden.

III) Das Mehrprodukt (W') machen die Kapitalisten zu Geld. Die Waren werden verkauft, gegen Geld eingetauscht, so daß jetzt auch mehr Geld (G') in ihren Händen ist = [2] → [3].

IV) Angenommen, der persönliche Verbrauch des einzelnen Kapitalisten falle nicht besonders ins Gewicht, dann wird dieses Geld benutzt, um den Produktionsprozeß wieder von vorn beginnen zu können (= Investition). Da mehr Geld in die Hände gelangte, kann auch mehr investiert werden (= Akkumulation) [3] → [4].

V) Das heißt: Das Geld + Zusatzgeld wird benutzt, um auf dem Markt erneut Produktionsmittel von anderen Betrieben und Arbeitskraft auf Arbeitsmärkten zu kaufen. [4] → [5].

VI) Damit kann der ganze Prozeß (erweitert!) von vorne losgehen. [6] → [1]. Es handelt sich um einen Kreislauf als die Elementargestalt des Marxschen »Wertgesetzes«.[4]

»Verkauf« und »Kauf« stellen die beiden Seiten eines Tauschvorgangs dar. Wo sich (Tausch-)Märkte durchsetzen, werden nicht Güter gegen Güter, sondern Güter gegen Geld (W-G = Verkauf) eingetaucht. Mit Hilfe dieses Geldes kann man die *verschiedenartigsten* Güter, deren Wert der zur Verfügung stehenden Geldmenge entspricht, erwerben (G-W = Kauf). In einem sozialen System, in dem sich »marktwirtschaftliche Prinzipien« durchgesetzt haben, prägen diese auch das Verhalten der einzelnen Subjekte. Marx beschreibt in der Tat »Käufer« und »Verkäufer« als Beispiele für Charaktermasken im Kapitalismus. Der einzelne Kapitalist etwa ist durch die Gesetzmäßigkeiten des skizzierten Kreislaufes *gezwungen*, immer mehr Mehrwert zu erzielen, seine Erträge ständig zu steigern, um auf dem Markt nicht »unterzugehen«, (es sei denn, er schafft endlich das allseits

---

[4] »Gesetz« bedeutet hier also »regelmäßiger Ablauf in einem sozialen System« und nicht »Naturgesetz«!

beliebte Monopol). Das steht hinter dem rastlosen Streben nach Gewinn, »nach« »Rentabilität«, von dem Max Weber spricht. Im Begriff der »Charaktermaske« werden die Zwänge erfaßt, die die ökonomischen Grundgesetzlichkeiten des historischen Systems »Kapitalismus« auf das Handeln, Denken und Fühlen von Individuen ausüben.

Aber »Charaktermaske«, so haben wir gesehen, ist trotzdem kein Begriff, der ausreicht, um das Verhältnis von kapitalistischen Organisationsprinzipien[5] und Subjekt »in seiner Vermittlung« (P5) zu erfassen. Autoren wie Max Weber und Werner Sombart wenden sich denn auch gegen eine erste, »vulgär-marxistische« Form, in der das Verhältnis von Wertgesetz und Denken/Handeln der einzelnen Subjekte des öfteren dargestellt wird:

Modell I: Die strukturellen Grundlagen des Kapitalismus (von Marx im »Wertgesetz« erfaßt) erzwingen mit (kausaler) Notwendigkeit und (so wird manchmal durchaus formuliert) ausnahmslos die vorfindlichen Formen des individuellen Denkens und Handelns.

Natürlich gibt es solche strukturell erzwungen Denk- und Verhaltensmuster, Charaktermasken; die These ist, daß eine Subjekttheorie nicht bei solchen Vorstellungen stehenbleiben kann.

Es gibt eine dem Modell I genau entgegengesetzte Auffassung: Bestimmte Gesinnungen, bestimmte Wertvorstellungen, Glaubensinhalte, das Handeln bestimmende Anschauungen, kurz ein bestimmter »Geist« mußte sich bei einflußreichen Gruppierungen der Gesellschaft herausgebildet haben, bevor die Regelmäßigkeiten (Mechanismen) des Kapitalismus zur prägenden Wirklichkeit werden konnten:

Modell II: Erst mußte sich in bestimmten Gruppen eine neue Gesinnung, ein »neuer Geist« herausgebildet haben, bevor sich ein Strukturprinzip wie das »Wertgesetz« durchsetzen konnte.

Weber und Sombart spüren diesem »Geist des Kapitalismus« nach und kritisieren in aller Schärfe das »vulgärmarxistische« Modell I.[6] Gleichwohl

---

5 Die Frage, ob es ein oder mehrere Organisationsprinzipien eines sozialen Systems gibt, lassen wir offen. Wir gehen mit der marxistischen Werttheorie davon aus, daß das »Wertgesetz« *den* grundlegenden vergesellschaftenden Prozeß im Kapitalismus darstellt, ohne daß damit ausgeschlossen sein soll, daß es weitere Regelmäßigkeiten (Mechanismen) gibt, die sich auf Systemebene abspielen!

6 Die berühmte Weber-These über die Entwicklung des Kapitalismus mit Hilfe eines bestimmten »Geistes« wird oft als Webers entscheidende Kritik an Marx verstanden. Die These selbst findet sich bei Marx: »Der Geldkultus hat seinen Ascetismus, seine Entsagung, seine Selbstaufopferung – die Sparsamkeit und Frugalität, das Verachten der weltlichen, zeitlichen und vergänglichen Genüsse; das Nachjagen nach dem *ewigen* Schatz. Daher der Zusammenhang des englischen Puritanismus oder auch des holländischen Protestantismus mit dem Geldmachen.« (*Grundrisse*, S. 143)

läßt sich ihr Ansatz – wie wir an Webers Definition von »Kapitalismus« gesehen haben – nicht einfach und einschränkungslos auf Modell II festlegen.[7] Ihre Fragestellung lautet eher: Welche Gesinnung, welcher »Geist« hat – im Unterschied zu mehr traditionsverhafteten Denkmustern, Anschauungen, Lebensplänen – die Entwicklung des Kapitalismus mit gefördert? Eine Fragestellung, die in ein Modell III einzubeziehen wäre.

Modell III: a) Das Wertgesetz ist als objektiver[8], (auf krisenträchtige Weise) vergesellschaftend wirkender Grundprozeß des Kapitalismus anzusehen. Das Wertgesetz schließt den Kapitalismus zu einem sozialen System zusammen. b) Aussagen über einzelne Ereignisse oder Vorgänge im Kapitalismus müßten also jederzeit unter Bezugnahme auf Bestandteile des Wertgesetzes formuliert werden, andernfalls wären es keine Aussagen über kapitalistische Realität). c) Dennoch lassen sich nicht alle Aussagen über die einzelnen Subjekte, über ihr Denken und Handeln restlos als Ausagen über die Wirkungen des »Organisationsprinzips« fassen. Sie lassen sich nicht in Aussagen über Strukturprinzipien auflösen (P3). Deshalb ist es auch denkbar, daß ein bestimmter Geist die kapitalistische Entwicklung förderte (also in seiner Bedeutung für die Herausbildung des Wertgesetzes, d. h. gleichwohl in bezug auf das Wertgesetz darstellbar ist), ohne mechanisch vom Strukturgesetz abhängig zu sein.

Die Grundfrage des Modells III lautet also: Wie kann man sich Subjekte als geprägt durch Strukturgesetze und gleichzeitig ihnen selbständig gegenübertretend denken?

Wir sind damit wieder bei unserem Fragenkatalog P1–P5 und der Aufgabe angelangt, nachzusehen, welche Lösungsvorschläge (wenn überhaupt) von den ausgewählten Autoren angeboten werden.

Die Erscheinung des kapitalistischen Geistes

Bevor wir uns über einige Merkmale unterhalten, die Autoren wie Weber und Sombart zur inhaltlichen Kennzeichnung des kapitalistischen Geistes heranziehen, müssen wir uns darüber verständigen, was mit »Geist« gemeint ist und wie man ihn erfaßt.

---

[7] »So kann es . . . natürlich nicht die Absicht sein, an Stelle einer einseitig materialistischen, eine ebenso einseitig spiritualistische Kultur- und Geschichtsdeutung zu setzen.« (Weber 1963, 205)

[8] »Objektiv« heißt hier: Es handelt sich um einen Prozeß, der tatsächlich, in Wirklichkeit abläuft und Wirkungen auf individuelles Handeln haben kann, ohne daß den meisten Menschen bewußt sein müßte, *daß* und *wie* er abläuft.

Wir greifen dazu auf Untersuchungen von Max Weber und Werner Sombart zurück. Beide beschäftigen sich mit der Frage, welche Faktoren zur Entwicklung des modernen Kapitalismus beigetragen haben. Beide hegen Vorbehalte gegen das Modell I, das (wie immer auch »verfeinert«) bis heute noch nicht aus Diskussionsbeiträgen einzelner marxistischer Theoretiker verschwunden ist. Könnte es nicht sein, daß »geistige Faktoren« neben den sozialstrukturellen »Gesetzmäßigkeiten« einen selbständigen Einfluß auf die Herausbildung des Kapitalismus haben? Gehören nicht auch bestimmte Anschauungen der Subjekte zu den Bedingungen seines Bestehens und Fortbestehens?

Eine derartige Fragestellung, ein »Erkenntnisinteresse« (Weber) dieser Art, lenkt die Aufmerksamkeit auf bestimmte Phasen (Epochen, Abschnitte) der geschichtlichen Entwicklung Europas; denn andernorts haben sich keine sozialen Systeme herausgebildet, die die besonderen Merkmale des abendländischen Kapitalismus aufweisen.

Aber selbst wenn man damit die Fragestellung auf einen bestimmten Zeitraum und ein bestimmtes Gebiet eingegrenzt hat, die Fülle der geschichtlichen Ereignisse und Prozesse, die dann zu berücksichtigen wären, ist immer noch überwältigend. Der Forscher stünde weiterhin vor einer chaotischen Mannigfaltigkeit von Eigenschaften, Vorgängen, Veränderungen, die man niemals vollständig in (oder durch) Denken erfassen könnte. Die Fragestellungen bedürfen einer weiteren Präzisierung. Das heißt jedoch nicht, sie verlören ihre allgemeinsten Bezüge. Fragen, die wir an die gesellschaftliche Wirklichkeit, auch an die Vergangenheit richten, hängen von Problemen unserer Gegenwart ab. Das Problem, was den Kapitalismus zustande gebracht hat, was ihn erhält, was seine Aussichten sind, war schon zu Webers und Sombarts Zeiten (erstes Viertel unseres Jahrhunderts) eines, das mehr als »theoretische» Bedeutung für die Kultur, Gesellschaft hatte. An dieser Frage schieden und scheiden sich gesamtgesellschaftlich bedeutsame Auffassungen und Gruppierungen. Von doppelt, nämlich theorie- und realpolitisch gewichtigen Problemstellungen der neueren Zeit her versuchen also Weber und Sombart, Ordnung in die unendliche Mannigfaltigkeit historischer Ereignisse und Vorgänge zu bringen. Da es um die Entwicklung des »Kapitalismus« geht, sind die für das ökonomische Handeln in dieser Gesellschaftsformation bedeutsamen Orientierungen der Subjekte der zentrale Bezugspunkt der Untersuchung. Es geht um die »bei der Vornahme wirtschaftlicher Handlungen erforderlichen seelischen Qualitäten« (Sombart 1923, 2); und zwar um solche, die spezifisch kapitalistische Wirtschaftshandlungen befördern und unterstützen.

Damit scheint denn auch, von aktuell beeinflußten »Erkenntnisinteressen« ausgehend, der Untersuchungsbereich eingegrenzt. Dennoch ist das Problem der unendlichen Mannigfaltigkeit der historischen Daten immer noch nicht ganz gelöst. Denn wenn wir uns die Wirklichkeit anschauen, dann sehen wir, daß auch die »seelischen Qualitäten« des einzelnen Individuums nie vollständig mit denen eines anderen übereinstimmen. Jeder hat so seine unverwechselbaren Eigenheiten (P1/P3). Aber das heißt doch wohl *nicht*, es gäbe überhaupt keine Möglichkeit, das Denken und Handeln der Individuen in einer bestimmten *Hinsicht* (unter einem bestimmten Erkenntnisinteresse) zu vergleichen.

Weber und Sombart interessieren sich für die »Gesamtheit seelischer Eigenschaften und Tätigkeiten, die beim Wirtschaften« (Sombart, ebd.), beim kapitalistischen Wirtschaften von fördernder und stützender Bedeutung sind.

Der Wissenschaftler wird also zunächst von »einzelne(n) Züge(n)« ausgehen, die bei den »wirtschaftlich handelnden Personen« (ebd., 7) (aufgrund von Beobachtungen oder auch indirekten Anhaltspunkten wie historischen Dokumenten) zu vermuten sind. Diese werden nicht alle bei den interesssierenden Individuen vorhanden gewesen sein. Sie werden bei ihnen auch nicht gleich stark ausgeprägt gewesen sein. Damit besteht die theoretische Aufgabe des Wissenschaftlers darin, diese verschiedenartigsten Hinweise zu einer einheitlichen Konstruktion zusammenzufügen: Was bei den empirischen Subjekten nur unklar vorhanden ist, erweitert er »zu voller begrifflicher Reinheit« (Sombart). Was bei ihnen nur unbewußt wirksam sein mag, bringt er zu Bewußtsein.

Was in der gesellschaftlichen Wirklichkeit bei ganz verschiedenen Subjekten (nicht bei allen) auftaucht, fügt er zu einheitlichen Merkmalen zusammen. Was von den wirklichen Subjekten nur mit Einschränkungen *geglaubt oder geplant sein mag, spitzt er zu einem konsequenten* Bild zu. Ja, der Wissenschaftler kann gezwungen sein, in sein Gesamtbild Bestimmungen (z. B. Annahmen über Motive und Meinungen von Subjekten) einzufügen, die es in der Realität gar nicht gibt, die aber existieren würden, gäbe es ein völlig konsequentes (folgerichtiges) und konsistentes (stimmiges) Handeln in der Wirklichkeit. Der Wissenschaftler fügt also aus seinen Informationen ein möglichst stimmiges und folgerichtiges Bild, einen »Idealtypus«.[9] Dementsprechend erscheint der »Geist des Kapitalismus« als wissenschaftliche, idealtypische Konstruktion. Auch den Begriff des »Kapitalismus«, den wir eingangs beschrieben haben, kann man als Beispiel für einen Idealtypus ansehen; denn hier wurden ebenfalls Merkmale der sehr viel reichhaltigeren sozialstrukturellen Realität unter bestimmten

---

[9] »... diese einzelnen Züge zu einem harmonischen Ganzen zu vereinigen, das alsdann den Typ eines wirtschaftlichen Gesamtgeistes darstellt, wie er in der Idee sich uns ergibt.« (Sombart, ebd.)

erkenntnisleitenden Interessen herausgegriffen und zu einem systematischen Kreislaufbild gefügt, das in dieser Reinheit bestimmt nicht vorfind-
lich ist. Die Weber-Sombartschen Untersuchungen gehen in Richtung auf
seine Ergänzung durch einen dem Kapitalismus entsprechenden »Geist«.
Der »Geist des Kapitalismus« ist ein Idealtypus, eine rein theoretische
Konstruktion. Was nützt sie uns dann?

Zunächst einmal werden die im Konstrukt »Geist des Kapitalismus«
zusammengezogenen Merkmale so behandelt, als beschrieben sie die *Ideen
eines einzelnen Subjekts*:

»... die einzelnen Züge getrennt oder vereinigt können wir auf ein gedachtes
Wirtschaftssubjekt beziehen und dieses damit als einen bestimmten Typ kennzeichnen, dem die einzelnen Bewußtseinsinhalte oder der Komplex von Bewußtseinsin-
halten als psychologische Eigenschaften von uns verliehen werden.« (Sombart 1923,
7)

»Alle Äußerungen des Intellekts, alle Charakterzüge, die bei wirtschaftlichen Strebungen zutage treten« (ebd., 2) und zum Idealtypus zusammengefaßt sind, erscheinen nun als Bestimmungen *eines* Subjekts. Das ist die
Geburtsstelle eines bestimmten Sozialcharakters (P4). D. h.: Ein *Sozialcharakter* im allgemeinen stellt die idealtypische Konstruktion »seelischer
Eigenschaften und Tätigkeiten« dar, deren Bedeutung für eine bestimmte
Sozialstruktur oder sozialstrukturelle Entwicklung eingeschätzt werden
soll.

Der Begriff »Sozialcharakter« unterscheidet sich von dem der »Charak-
termaske« dadurch, daß er einen weiteren Umfang hat. In ihm wird *nicht
nur* der *Zwang* erfaßt, der von der Sozialstruktur auf das individuelle
Denken und Handeln ausgeht, vielmehr ist die Frage, ob und inwieweit ein
Ursache-Wirkungszusammenhang zwischen Struktur und Ideen herrscht
(Modell I), aufgrund der idealtypischen Methode *nicht* vorentschieden.
Aber ein »Sozialcharakter« bleibt zunächst ein System von Aussagen über
ein fiktives, »gedachtes (Wirtschafts-)Subjekt«, der Realität noch recht
fern. Es ist die Frage, ob ein solcher Sozialcharakter in der Wirklichkeit bei
den konkreten Subjekten tatsächlich »vorherrscht«:

»Wollen wir nun behaupten, daß ein bestimmter Geist geherrscht oder vorge-
herrscht habe, so stellen wir die Beziehungen zwischen ihm und lebendigen Menschen fest: wir fällen ein Urteil über seine Verbreitung in der Wirklichkeit, genau
gesprochen; über seine Verbreitung und seine Vertiefung oder (anders ausgedrückt)
über den Grad seiner extensiven und intensiven Entwicklung.« (Sombart 1923, 8)

Mit anderen Worten: Als Idealtypus deckt sich die Konstruktion »kapitalistischer Geist« nicht mit der Wirklichkeit, aus der sie herausgeholt
wurde (sie ist z. B. klarer, folgerichtiger, stimmiger, ergänzt etc.) Deswegen fördert es die Kenntnis und Erkenntnis, wenn man untersucht, inwie-

weit die Wirklichkeit dem Idealtypus[10] entspricht oder nicht. Man kann durch den Vergleich des von allen störenden Nebeneinflüssen bereinigten Idealtypus mit der Realität ja sehen, ob und in welchem Ausmaß ein bestimmter »Geist« gegeben und wirksam ist.

In diesem Sinne wird der Typus wieder an die Realität herangeführt, aus der er herausgeholt wurde, ohne daß dies zu Trivialitäten führen müßte; denn den reinen Verlauf, den der Typus unterstellt, gibt es in der Wirklichkeit nicht, sie wird daran gleichsam »gemessen«.

Weber und Sombart verfahren beide auf diese Weise. Sombart, so scheint es, versucht eine Menge verschiedenartiger Ideen zum Typus »kapitalistischer Geist« zu fügen. Weber grenzt die beiden gemeinsame Fragestellung aufgrund einer sehr einleuchtenden Überlegung zunächst noch einen Schritt weiter ein. Schaut man sich die ersten Entwicklungsstufen des Kapitalismus zum Ausgang des Mittelalters an und sucht man nach den Ideen, die ihn gefördert haben könnten, dann stößt man zwangsläufig auf *religiöse* Ideen.

»Denn in einer Zeit, in welcher das Jenseits alles war, an der Zulassung zum Abendmahl die soziale Position des Christen hing, die Einwirkung des Geistlichen in Seelsorge, Kirchenzucht und Predigt einen Einfluß übte, von dem ... wir modernen Menschen uns *einfach keine Vorstellung mehr* zu machen vermögen, sind die in *dieser Praxis* sich geltend machenden religiösen Mächte die entscheidenden Bildner des Volkscharakters.« (Weber 1963, 163 f.)

Es ist die These Webers, bestimmte Inhalte protestantischer Religionen seien der kapitalistischen Entwicklung förderlich gewesen. Sombart zieht im allgemeinen weitere Bestimmungen heran. Wir werden bei der Darstellung von *Inhalten* des kapitalistischen Geistes auf diese Differenzen nicht weiter achten. Sie seien nur erwähnt.

Unternehmungslust und Selbstkontrolle

»Raffen und Schaffen«, das sind Schlagworte für eine Gesinnung, einen Geist, die vielen Leuten einfallen würden, wenn sie kapitalistische Grundhaltungen beschreiben sollten. Den Menschen des 16. und 17. Jahrhunderts in Europa wäre dies geradezu als ein Gegensatz zu ihrer Lebensanschauung vorgekommen. »Daß jemand zum Zweck seiner Lebensarbeit ausschließlich den Gedanken machen könne, dereinst mit hohem materiellen Gewicht an Geld und Gut belastet ins Grab zu sinken, scheint ihm nur

---

[10] »Idealtypus« ist nicht als »ideales Vorbild« zu deuten! Er ist nur eine konsequentere Konstruktion, keine Norm für Wertschätzungen!

als Produkt perverser Triebe: der auri sacra fames, erklärlich« (Weber 1963, 55). Das sog. »kanonische Zinsverbot«, das Verbot, Gewinne aus Geldverleih zu ziehen, mag nur ein Symptom für mittelalterlich-katholische Grundeinstellungen sein, aber für das irdische Streben nach materiellem Gewinn wurden bestimmt keine besonderen ethischen Prämien erteilt.

Natürlich jagten insbesondere die kirchlichen und weltlichen Fürsten dem Gold und Gut nach, wo sie nur konnten (s. Sombart 1923, 16). Aber die Wirtschaftsgesinnung macht dies nicht zum angesehenen, gar geheiligten Zweck des Tätigseins. Die wirtschaftliche Grundfrage ist, welchen Bedarf an brauchbaren Gütern der Mensch hat, um einen standesgemäßen Unterhalt zu sichern. Die Einnahmen müssen so sein, daß sie diesen standesgemäßen Unterhalt gewährleisten.

»Das heißt also: Art und Umfang der einzelnen Wirtschaft werden bestimmt durch die Art und den Umfang des als gegeben angenommenen Bedarf. Aber Zweck des Wirtschaftens ist die Befriedigung dieses Bedarfs. Die Wirtschaft untersteht, wie ich es genannt habe, dem Bedarfsdeckungsprinzip.« (Sombart 1923, 14)

Dem »standesgemäßen Unterhalt« entspricht bei den unteren und mittleren Schichten das Prinzip der »Nahrung«, beispielsweise über soviel Boden verfügen zu können, wie für den Bedarf der bäuerlichen Familie erforderlich ist.

Natürlich mußte auch die traditionelle Religion dem Sachverhalt irdischen Strebens nach Gütern und Vorteilen Rechnung tragen, wurde es doch von vielen ihrer Vertreter sehr nachdrücklich praktiziert. Wo man auch in der Christenheit hinschaute, die Ablehnung weltlichen Strebens und die Anerkennung mancher seiner vorliegenden Formen traten zusammen auf (George 1968, 156 f.).

Die römisch-katholische Kirche behalf sich mit einer gewissen Toleranz gegenüber weltlichen Unzulänglichkeiten, denen das himmlische Reich als Ideal gegenübergestellt war. Der Heilige (wie er des öfteren aus dem mönchischen Leben hervorging) verabscheut das materielle Streben und die Versuchungen des Fleisches (Gebot der Askese). Armut, Gehorsam (gegenüber Gott und seinen Repräsentanten auf Erden) und Keuschheit sind die Grundinhalte seines Lebensplans. Abgeschlossenheit von der Welt und Selbstkasteiung kennzeichnen den, der sein irdisches Leben dem Himmel geweiht hat.

Es versteht sich, daß derartige Ideale nicht so ohne weiteres für die Alltagschristen in Frage kamen. Sie mußten sich zunächst darum bemühen, ein gewisses Minimum an kirchlichen Geboten einzuhalten und sich die Absolution zu sichern. »Dem Katholiken stand die *Sakramentsgnade* seiner Kirche als Ausgleichsmittel eigener Unzulänglichkeit zur Verfügung: der Priester war ein Magier, der das Wunder der Wandlung vollbrachte und in dessen Hand die Schlüsselgewalt gelegt war.« (Weber 1963,

114) Aber eine religiöse Weihe hat das weltliche Streben gewiß nicht erfahren. Die überirdischen Ideale blieben den irdischen Zwängen übergeordnet. Es liegt auf der Hand, daß Gesinnungen und Wirtschaftsgesinnungen dieser Art einer kapitalistischen Gesellschaftsformation nicht gerade förderlich sind.

Ebenso wie es das weltliche Streben nach Reichtum und Vorteil vor dem Kapitalismus gab, wurden schon lange zuvor Unternehmungen betrieben. »Unternehmer« kennt die gesamte Geschichte. Gemeint sind damit allerdings nicht die Eigner von Produktionsmitteln, Aneigner des Mehrwerts und Leiter von Betrieben, in denen »freie« Arbeitskraft mit der Maschinerie unter ihrem Kommando kombiniert wird. Gemeint ist ein ganz allgemeiner geschichtlich vorfindlicher Sozialcharakter:

»Unternehmung (im weitesten Sinn) nennen wir: jede Verwirklichung eines weitsichtigen Planes, zu dessen Durchführung es des andauernden Zusammenwirkens mehrer Personen unter einem einheitlichen Willen bedarf.« (Sombart 1923, 69)

»Weitsichtiger Plan«, das schließt plötzliche Einfälle aus, »Verwirklichung«, das erklärt die tatsächliche Durchführung eines Planes zum Grundmerkmal von »Unternehmung«. Eine Unternehmung in *diesem* Sinn kann kein einzelner durchführen, es bedarf des »andauernden Zusammenwirkens mehrer Personen«. Schließlich muß es ein Willenszentrum geben, sei es nun eine einzelne Person oder eine Instanz.[11] Kreuzzüge waren in diesem Sinne historisch bedeutsame Unternehmungen.

Dementsprechend ist der »*Unternehmungsgeist*« der »Inbegriff aller seelischen Eigenschaften . . ., die zur erfolgreichen Durchführung einer Unternehmung notwendig sind.« (Ebd., 70) An eine Verbindung von so verstandenem »*Unternehmungsgeist*« und »*Erwerbstrieb*« (Erwerbsstreben) denken wir offensichtlich heute noch, wenn wir uns die Charaktermaske eines Kapitalisten vorstellen. Aber dies reicht – wie wir gesehen haben – beileibe nicht aus, um den spezifisch bürgerlich-kapitalistischen Sozialcharakter, dem Weber und Sombart auf der Spur sind, zu bestimmen. Ihn kennzeichnen vor allem auch besondere »Tugenden«[12], die nicht

---

[11] »Ein gemeinsam geplanter und ausgeführter Spaziergang ist keine Unternehmung; eine Afrikaexpedition oder eine Cooksche oder Stangensche Reise ist es.« (Ebd., 69)

[12] »Darunter verstehe ich alle diejenigen Ansichten und Grundsätze (und das nach ihnen gestaltete Betragen und Sichverhalten), die einen guten Bürger und Hausvater, einen soliden und »besonnenen« Geschäftsmann ausmachen.« (Weber 1963, 135) Wir möchten jedem Leser nachdrücklich empfehlen, sich den klassischen Tugendkatalog des Benjamin Franklin anzusehen, auf den Weber und Sombart mit Recht und Nachdruck zurückgreifen. Abgedruckt bei Sombart Seite 154/155. Die im Text oben folgende Übersicht nimmt die Bestandteile des Katalogs auf.

mehr so ohne weiteres mit solchen aus vorhergehenden Epochen übereinkommen:

Sparsamkeit: Nicht mehr die Idee des standesgemäßen Unterhalts oder der gerechten »Nahrung«, sondern die Anhäufung von Gütern und Mitteln, die wieder »in den Betrieb gesteckt« werden können, muß zum selbstverständlichen Motiv geworden sein. (B. Franklin: »Genügsamkeit«)

Fleiß: Das »rastlose Schaffen«, das ständige Tätigsein um eines weltlichen Zwecks willen, muß zur Gewohnheit werden. »Verliere keine Zeit: sei immer mit etwas Nützlichem beschäftigt; entsage aller unnützen Tätigkeit«. (B. Franklin).

Ordnung (Anständigkeit): »Ordnung« im weitesten Sinn der gezielen Kontrolle des eigenen Lebens und der eigenen Lebensumstände. Dazu gehört, auf die *Sauberkeit* von Körper und Behausung zu achten; *Ordentlichkeit* (z. B. nichts herumliegen lassen); *Mäßigung* als Enthaltsamkeit bei allen körperlichen Bedürfnissen und Trieben (z. B. bei Essen und Trinken), aber auch Zurückhaltung mit den Gefühlen. *Ausgeglichenheit* (Gemütsruhe, Abneigung gegen Geschwätzigkeit.) Nimmt man noch »Aufrichtigkeit« und »Gerechtigkeit« in Verbindung mit der Tatsache hinzu, daß diese Tugenden immer auch »geschäftliche Solidität« anzeigen sollten, dann hat man den Unterschied zwischen »bürgerlicher Wohlanständigkeit« und »feudaler Adelsehre« wohl auf der Hand.

Rechenhaftigkeit: Das meint den rationalen Kalkül, das Durchrechnen der Möglichkeiten, einen Plan (= ein System von Ziel- oder Zwecksetzungen) mit den gegebenen Mitteln zu erreichen. Heute würden wir sagen: mit den gegebenen Mitteln optimal (z. B. mit den geringsten Kosten) zu erreichen.

Gerade in der Rechenhaftigkeit, der *Rationalität* als einem vorherrschenden Motiv und Wert liegt der Unterschied der kapitalistischen Unternehmung gegenüber (z. B.) dem händlerischen Abenteuerertum jener »Unternehmer«, die Luxusgüter aus dem Orient in die Städte des Mittelalters brachten.

»Und ebenso ist es natürlich eine der fundamentalen Eigenschaften der kapitalistischen Privatwirtschaft, daß sie auf der Basis streng *rechnerischen* Kalküls rationalisiert, planvoll und nüchtern auf den erstrebten wirtschaftlichen Erfolg ausgerichtet ist, im Gegensatz zu dem von der Hand in den Mund Leben des Bauern, dem privilegierten Schlendrian des alten Zunfthandwerkers und dem Abenteuerkapitalismus, der an politischer Chance und irrationaler Spekulation orientiert war.« (Weber 1963, 61)

Zweifellos war rationales Handeln[13] immer schon für menschliches Leben erforderlich. Immer schon mußten Mittel »bedacht« und (wenn auch oft eher »bedächtig« als »geschäftig«) so eingesetzt werden, daß ein

---

[13] Siehe auch die Definition von »Rationalität« bei N. Birnbaum: »Rationale Orientierung bedeutete . . . ein beständiges Abwägen der Bedürfnisse im Hinblick auf die relativen Kosten ihrer Befriedigung«. N. Birnbaum: *Konkurrierende Interpretationen der Genese des Kapitalismus: Marx und Weber.* In: *Seminar: Religion und gesellschaftliche Entwicklung,* Frankfurt/M., 1973, 47.

Ziel erreicht wurde. Weber sucht jedoch nach besonderen religiösen Lehren der Neuzeit, die – anders als der römische Katholizismus – eine religiöse Prämie für methodische, rationale Lebensgestaltung gewährten, so daß eine »rechenhafte«, an Ertrag und Kosten der Werke ausgerichtete Haltung zum kennzeichnenden Inhalt einer Kultur, zum prägenden Merkmal eines Sozialcharakters werden konnte. Denn wenn die religiösen Glaubensinhalte zur Regelung der Lebensführung in der Entwicklungszeit des Kapitalismus tatsächlich noch die Kraft haben, die uns das Bild vom ausgehenden Mittelalter vermittelt, dann muß sich gerade in der Entwicklung der Religion und religiöser Gesinnungen die Herausbildung eines rationalen »Lebensstils« zeigen lassen.

Anhaltspunkte für die Richtung, in der weiter zu suchen ist, geben für Weber (allerdings nicht ganz astreine) Statistiken seiner Zeit. Diese weisen nämlich darauf hin, daß kapitalistischer Erfolg und kapitalistischer Besitz eher in *protestantischen* Gruppen vorzufinden sind. Bei ihnen, insbesondere bei *calvinistischen*[14] Gruppen geht nach der Auffassung Webers ein kapitalistischer Geschäftssinn mit einer »das ganze Leben durchdringenden und regelnden Frömmigkeit« einher. Ein Blick in die USA von heute kann immer noch etwas von dieser Mischung kenntlich machen.

Ohne nun Webers sehr genaue, vorsichtig abwägende Untersuchung protestantischer Religiösität im einzelnen darstellen zu können, wollen wir hier nur die religiöse Unterstützung oder gar Begründung jener Synthese von Unternehmungsgeist, Erwerbstreben und Bürgertugenden skizzieren, die einem besonderen Sozialcharakter im *Frühkapitalismus* eigentümlich erscheint.

In protestantischen, insbesondere calvinistischen Glaubensinhalten – so lautet die Grundthese Max Webers (1963, 34) – kommt eine Gesinnung, ein Ethos zum Vorschein, das den modernen Kapitalismus von allen früheren, den Erwerb rechtfertigenden Ideensystemen unterscheidet. Ein Grundmerkmal vieler calvinistischer Sekten ist die Forderung nach Enthaltsamkeit (Askese) gegenüber dem weltlichen Luxus und seinen Versuchungen.

»Die puritanische – wie jede rationale – Askese arbeitete daran, den Menschen zu befähigen, seine konstanten Motive, insbesondere diejenigen, welche sie selbst ihm einübte, gegenüber den Affekten zu behaupten und zur Geltung zu bringen: – daran also, ihn zu einer Persönlichkeit ... zu erziehen. ... Ein waches, bewußtes, helles Leben führen zu können, war ... das Ziel, – die Vernichtung der Unbefangenheit des triebhaften Lebensgenusses die dringendste Aufgabe, – *Ordnung* in die Lebensführung derer, die ihr anhingen, zu bringen, das wichtigste *Mittel* der Askese.« (Ebd., 117)

---

[14] Johann *Calvin* (1509–1564) setzte im protestantischen Glauben etwas andere Akzente als Luther. Zur Differenz beider s. Weber 1963, 63–83. Insbesondere die strenge Prädestinationslehre (s. u.) scheint kennzeichnend.

Das Alltagsleben selbst wurde nun aufgrund religiöser Motive dem strengen Gebot absoluter *Mäßigung* bis hin zur strikten Enthaltsamkeit unterworfen, während die mönchische Askese des Mittelalters stets den Rückzug aus dem Alltag (Klosterleben) und die »*Überbietung* der innerweltlichen Sittlichkeit« anstrebte. Die Forderung nach innerweltlicher Askese verlangt und fördert die *Selbstkontrolle* (P3), z. B. die Zügelung irdischer Triebe durch das Selbst. Sie prämiert die Bemühung, *Ordnung* in die Lebensführung zu bringen, eine Ordnung, die ein *methodisches*, eben selbstkontrolliertes Gestalten des eigenen Lebens entsprechend den Tugenden der »Wohlanständigkeit« bedeutete. »Methodisch« heißt nicht zuletzt, eine bewußte, selbständige Regelung des Tagesablaufes, der individuellen Lebenszeit (Zeitplan) vorzunehmen. Benjamin Franklins Vorläufer des modernen Terminkalenders bedeutet einen völlig konsequenten Ausdruck dieser Gesinnung und dieses Ansinnens. Die methodische Gestaltung des Tageswerks ist aber auch ein Vorläufer jener allgemeinen Haltung, die die Lebenschancen »durchrechnete«, um schließlich die systematische und »optimale« Zuordnung von Mitteln zu Zwecken zu einer kulturellen Grundfähigkeit (Prinzip der Wirtschaftlichkeit) zu erheben.

Die protestantische Askese ist auch in dem Sinne »innerweltlich«, daß die Mäßigung und Enthaltsamkeit keineswegs als Grundlage für eine »vita contemplativa« (das beschauliche Dasein) angesehen wird. Im Gegenteil: Die protestantische Ethik legt eine religiöse Weihe auf das innerweltliche Werken und legitimiert den Ertrag als Ausdruck des Erfolgs und als Anzeichen für den Gnadenstand des tätigen Christen. Ursprünglich hat allerdings der Calvinismus eine strenge *Prädestinationslehre* (lat. prädestinatio = Vorherbestimmung) verbreitet, der zufolge es letztlich gar keine systematischen Anhaltspunkte dafür gibt, von Gott erwählt zu sein. Gott ist in seinen Ratschlüssen unerforschlich und in seinen Entscheidungen durch nichts gebunden. Ein Teil der Menschen wird selig, ein anderer verdammt sein; all dies ist in seinem Willen vorherbestimmt. Menschliche Verdienste und Schuld lassen sich nicht so ausrechnen, daß man ausmachen könnte, ob man zu den Erwählten gehört oder nicht. Gottes Gnade ist, da seine Ratschlüsse unwandelbar feststehen, ebenso unverlierbar für die, welchen er sie zuwendet, wie unerreichbar für die, welchen er sie versagt. *Das Individuum scheint völlig auf sich zurückgeworfen.*

Kein Priester, keine Kirche kann ihm bei der Erreichung des Gnadenstandes helfen.[15] Damit scheint jede Chance für ein gottgefälliges Alltags-

---

[15] »Dies: der absolute (im Luthertum noch keineswegs in allen Konsequenzen vollzogene) Fortfall kirchlich-*sakramentalen* Heils, war gegenüber dem Katholizismus das absolut Entscheidende.« (Weber 1963, 94)

werk und kontrolliertes, die Gnadenwahl förderndes Einzelleben geradezu verstellt. Aber dieser Widerspruch löst sich auf, wenn die gleiche Religion lehrt, daß der Christ auf Erden ist, um den Ruhm Gottes durch seine Taten zu mehren. Dem dient auch die Tätigkeit im Beruf, Berufsarbeit bedeutet in gewisser Weise tätige Nächstenliebe; denn Berufsarbeit ist Dienst an der Gesamtheit zum Ruhm Gottes. *Fleiß* ist Berufsfleiß. Der Beruf stellt nach dieser Gesinnung mehr als einen »Job«, Tätigkeit des Geldverdienens wegen dar. Es ist ein Werken, dem gegenüber man eine (moralisch-religiöse) *Verpflichtung* fühlt. »In majorem gloriam Dei«, zur Mehrung des Ruhm des Herrn vollzogen, enthält die Berufsarbeit eine Art Wert in sich, sie bekommt den Charakter des Selbstzwecks. »Beruf« heißt, von Gott zu seiner Tätigkeit berufen zu sein.

»Die Leistung der Reformation als solcher war zunächst nur, daß, im Kontrast gegen die katholische Auffassung, der sittliche Akzent und die religiöse *Prämie* für die innerweltliche, beruflich geordnete Arbeit mächtig schwoll.« (Ebd., 74)

Von daher ist es nicht überraschend, wenn der Berufserfolg, ebenfalls eine Art religiöser Weihe erfuhr und Erträge und Gewinne Schritt für Schritt doch zu einer Art Anhaltspunkt für die Gnadenwahl wurden. Es bedeutet von daher auch keinen Widerspruch, wenn sich der Calvinismus *gegen* das Streben nach Besitz und Gut richtet. »Das sittlich wirklich Verwerfliche ist nämlich das *Ausruhen* auf dem Besitz, der *Genuß* des Reichtums mit seiner Konsequenz von Müßigkeit und Fleischeslust, vor allem von Ablenkung von dem Streben nach heiligem Leben. Und *nur weil* der Besitz die Gefahr dieses Ausruhens mit sich bringt, ist er bedenklich.« (Ebd., 167)

Man kann also jetzt die Grundmerkmale des »Geistes« des *Frühkapitalismus* nochmals in der Form zusammenfassen, in der sie sich für Weber und Sombart zu einem religiös beeinflußten Sozialcharakter (P4) verdichteten, der – anders als die mittelalterlich-katholischen Gesinnungen – der Ausbildung einer kapitalistischen Struktur förderlich war:

– Der Unternehmungsgeist wird in seiner Form als gottgefälliges Tagewerk gestützt;
– Die Sparsamkeit zur »innerweltlichen Askese« gesteigert;
– Der Fleiß als Berufsfleiß gefördert, wobei »Beruf« *Berufensein* zur Tätigkeit »in majorem gloria dei« und Förderung der Gemeinde darstellt.
– Die Ordnung wird zur Forderung nach einem methodischen Leben (Zeiteinteilung!) gesteigert, in dem das einzelne Selbst (P3) seinen Lebenslauf (P1) nach bestimmten Prinzipien (»Tugenden«) systematisch ordnet;
– Die methodische Disziplin setzt letztlich jene Rationalität frei, die als

Nutzen-Kostenrechnung dem planvollen Erwerbs- und Gewinnstreben größere Sicherheit gibt als je zuvor.

»Die innerweltliche protestantische Askese – so können wir das bisher Gesagte wohl zusammenfassen – wirkte also mit voller Wucht gegen den unbefangenen *Genuß* des Besitzes, sie schnürte die *Konsumtion*, speziell die Luxuskonsumtion, ein. Dagegen *entlastete* sie im psychologischen Effekt den *Gütererwerb* von den Hemmungen der traditionalistischen Ethik, sie sprengt die Fesseln des Gewinnstrebens, indem sie es nicht nur legalisierte, sondern (in dem dargestellten Sinn) direkt als gottgewollt ansah.« (Ebd., 190)

Weber sagt nicht, diese Gesinnung habe den Kapitalismus mit Zwangsläufigkeit herbeigeführt. Er sieht hier nur ein Ethos in Kraft, das außerhalb Mitteleuropas und Amerikas in dieser Form sich nicht herausgebildet hat.

Weber sagt auch nicht, das von ihm untersuchte »heroische Zeitalter des Kapitalismus« (= Frühkapitalismus) sei durch diesen Geist in jeder Hinsicht hinlänglich bestimmt. In diesem Falle übersähe man, daß es sich um einen Geist »auf kapitalistischer Basis« (ebd., 83), um eine auf einer bestimmten Struktur aufsitzenden oder auf sie bezogene Ideenwelt handelt.

Das Problem der Vermittlung (P5) ist für ihn eines der Beziehung von »Geist«, bzw. Sozialcharakter, zu einer historischen Sozialstruktur. Festgehalten wird es in dem schwierigen Begriff der »Adäquanz« (Sinnadäquanz): Es müßten letztlich zwei Konstruktionen einander gegenübergestellt werden. (Das geschieht bei Weber auf der sozial*strukturellen* Seite, weniger in Anlehnung an das Wertgesetz.) Auf der einen Seite findet sich die idealtypische Rekonstruktion der kapitalistischen Strukturzusammenhänge als Reproduktionsprozeß, als wertgesetzlich bestimmter Kreislauf. Auf der anderen die Konstruktion eines »Geistes« des (Früh-)Kapitalismus, der einen (wie wir ohne weitere Überprüfung behaupten wollen) *vorherrschenden* Sozialcharakter festlegt. »Adäquanzurteile« zu fällen, heißt nun, auf der Ebene von plausiblen Vergleichsaussagen über beide Typen zeigen zu wollen (können), daß die eine Gesinnung (das protestantische Ethos) im Vergleich zu einer anderen (katholischer Traditionalismus, der also als 3. Idealtypus anzusehen ist) der kapitalistischen Strukturentwicklung sehr viel förderlicher ist als letztere. »Individuen, die in eine solche Ethik der Berufspflicht sozialisiert sind, reproduzieren auf der Motivebene optimal die von der Wirtschaftsstruktur vorgegebenen Verhaltensweisen.« (Sprondel 1973, 218)

»Vermittlung« bedeutet hier also nicht so sehr ein System von Aussagen über den Zusammenhang von Subjekt und Sozialstruktur, sondern einen systematischen Vergleich von ideellen und strukturellen Idealtypen, um ihre jeweilige Affinität (Adäquanz) begründend auszuweisen: x ist A eher dienlich als y.

Leseempfehlung zu Kapitel 1

Arbeitsgruppe Soziologie: *Denkweisen und Grundbegriffe der Soziologie – Eine Einführung*, Frankfurt/M./New York 1979[2]. Kapitel 8, 146–172
Werner Sombart: *Der Bourgeois – Zur Geistesgeschichte des modernen Wirtschaftsmenschen*, München/Leipzig 1923, 1–10; 11–25; 69–76
Max Weber: *Die protestantische Ethik und der Geist des Kapitalismus*, in: Gesammelte Aufsätze zur Religionssoziologie I, Tübingen 1963 (Taschenbuchausgabe: Die protestantische Ethik I, Gütersloh 1979, 27 ff.)
Benjamin Franklins *Tugendkatalog und Terminplan,* in: Sombart 1923, 153–158

Kapitel 2
Autonomie als Selbsttätigkeit

J. G. Fichte

Mit Webers und Sombarts Untersuchung des frühbürgerlichen Sozialcharakters verbindet sich eine bestimmte Vorstellung vom *Ich:* Wahrung und Achtung des Selbst durch Selbstkontrolle. Die Strategie der Selbstbewahrung, der Sicherung des je eigenen Ich, ist die *Disziplin,* das methodische Leben. Es begründet eine Verbindung mit dem religiösen Heil. Zwar ist das gute Tagewerk für den Protestanten nicht so sehr taugliches Mittel zur garantierten »Erlangung der Seligkeit«, sondern nur *Anzeichen* der Erwählung.

»Das bedeutet nun aber praktisch im Grunde: daß Gott dem hilft, der sich selber hilft, daß also der Calvinist, wie es auch gelegentlich ausgedrückt wird, seine Seligkeit – korrekt müßte es heißen: die *Gewißheit* derselben – *selbst schafft,* daß aber dieses Schaffen *nicht* wie im Katholizismus in einem allmählichen Aufspeichern verdienstlicher Einzelleistungen bestehen *kann,* sondern in einer zu *jeder Zeit* vor der Alternative: erwählt oder verworfen? stehenden *systematischen* Selbst*kontrolle.«* (Weber 1963, 111)

Aber diese Disziplinierung des Alltagslebens hat auch – wie das Beispiel von Benjamin Franklin zeigt – mit dem Methodischen einen etwas engstirnigen, verdinglichten, kleinbürgerlichen Zug angenommen (wie wir heute zu urteilen bereit sind). Die Protestanten, etwa die Puritaner in England, waren jedoch auch rebellische Leute wider den König. Es fehlt im Bild des frühbürgerlichen Ich offensichtlich etwas von seinem weit ausgreifenden Zug, vom Anspruch, Natur im Interesse des Fortschritts der Gattung anzueignen und eine politische Welt nach dem Vorbild der Französischen Revolution zu verändern. Den Niederschlag, den die einschneidenden Vorgänge von 1789 im Denken und Hoffen der damaligen Zeit hinterließen, wird man beachten müssen, wenn vom »heroischen Zeitalter« (Weber) des Bürgertums die Rede ist. Der Respekt vor Rousseau, das Programm der Aufklärung, eine anfangs große, bei manchen sich allerdings später stark abschwächende Begeisterung für die Ereignisse in Frankreich kennzeichnet auch die bedeutendsten Philosophen des deutschen Idealismus: Kant, Fichte, Schelling, Hegel. »Ich«, »Subjekt« sind Begriffe, die im Zentrum ihrer Systeme stehen. Es bietet sich also an, die notwendigen Ergänzungen von ihren Werken her vorzunehmen.

Wir wählen *Johann Gottlieb Fichte* (1762–1814), denn er ist wie kein anderer seiner großen Kollegen darum bemüht, die Grundzüge einer komplizierten philosophischen Argumentation dem »größeren Publikum« verständlich zu machen; ja, er will »die Leser zum Verstehen ... zwingen.«[1] Seine entschiedenen, manche sagen: radikalen Gedanken führten ihn nach der französischen Revolution zur »Zurückforderung der Denkfreiheit von den Fürsten Europas, die sie bisher unterdrückten.« (Aufsatz von 1793). Von Dienern der Fürsten wurde er unter dem Vorwurf der *Gottlosigkeit* aus seinem Lehramt vertrieben (sog. »Atheismusstreit«). Fichte verkörpert ein konsequentes Denken, das sich der Allgemeinheit mitteilen will und in dessem Zentrum der Begriff des »Ich« steht. Er ist jedoch kein »Soziologe«. Seine »soziologischen« Überlegungen halten sich im Rahmen politischer Philosophie. Aber er macht Seiten am »Ich«, am »Selbst« deutlich, die nicht nur unsere Fragestellungen (insbesondere P3) weitertreiben, sondern auch Ansprüche berühren, die jeder von uns immer noch mit seinem Tun verbindet. (Für einen wesentlichen Teil dieses Kapitels wähle ich Fichtes Arbeit *Die Bestimmung des Menschen* (in Band 3) als Bezugspunkt, deren Aufbau ich in der Darstellung dann weitgehend folge und deren parallele Lektüre deshalb zu empfehlen ist.)

Bestimmung und Selbstbestimmung

Fichtes Überlegungen bewegen sich auf einer höheren Stufe der Allgemeinheit als die der meisten anderen Autoren unserer Auswahl. Fichte will ein *philosophisches* System begründen und verständlich machen, in dessen Zentrum der Begriff des »*Ich*« steht. Man wird also kaum erwarten, daß er etwas zu den drei Modellen zu sagen hat, die wir im vorhergehenden Kapitel unterschieden haben (s. o. S. 25). Zur Erinnerung:

Modell I: Die Sozialstruktur prägt die Denk- und Verhaltensmuster der Individuen mit Notwendigkeit.

---

[1] Vgl. seinen Text: *Sonnenklarer Bericht an das größere Publikum über das eigentliche Wesen der neuesten Philosophie – Ein Versuch, die Leser zum Verstehen zu zwingen,* in: Ausgewählte Werke, Band 3.

[2] Die Aussage in dieser Allgemeinheit findet man durchaus in modernen »Evolutionstheorien« = Theorien der Entwicklung der Sozialstruktur. Ihnen zufolge ist es z. B. eine Tatsache, »daß ... Werte und Einstellungen, die Tatkraft und Erfindungsgabe schafften (also *bestimmte* Ideen – C. D.), tatsächlich die Voraussetzung der Modernisierung *sind*.« – so wie die innerweltliche Askese die methodische Berufsarbeit gegen die Tradition stützte (Zitat in Seyfarth/Sprondel 1973, 195).

Modell II: Das Denken und der Wille der Menschen bringen eine neue Sozialstruktur hervor.²

Modell III: Eine Theorie des Individuums bedarf eines Systems bestimmter (vermittelnder) Aussagen über das Verhältnis von sozialstrukturellen Organisationsprinzipien und der Möglichkeit zur Selbstachtung.

In dieser Form sind sie bei Fichte in der Tat nicht so ohne weiteres zu finden; wohl aber in der Form von allgemeinen Aussagen über die *Logik und die Grundvorstellungen einer Theorie des Ichs,* die letztlich hinter diesen Modellen stehen. Man kann es auch so sagen: Die in diesen Modellen wie selbstverständlich vorausgesetzte Wissenschaftsauffassung (Wissenschaftslehre) wird von Fichte einer genauen Betrachtung unterzogen.

In dem Aufsatz »Erste Einleitung in die Wissenschaftslehre«³ unterscheidet Fichte zwei Grundpositionen der Philosophie, oder (wie er statt dessen sagt:) der »Wissenschaftslehre«. Diese beiden Positionen:

Dogmatismus (Modell I)
Idealismus (Modell II)

sind die unter seiner Fragestellung allein möglichen (10). Sie schließen einander aus und stehen im direkten Gegensatz zueinander. Auch wenn dies in Fichtes Beschreibung hin und wieder anklingt, »Dogmatismus« darf man nicht so verstehen, wie wir es heute meinen: als stures und eiferndes Verteidigen einer wackeligen Position. »Dogmatismus« und »Idealismus« sind ganz verschiedene Antworten auf eine Grundfrage: Wenn wir uns beim Denken zusehen (Selbstbeobachtung), dann stellen wir fest, daß wir bestimmte Denkinhalte, Vorstellungen mit freiem Willen hervorbringen können; man denke etwa an ein Phantasiegebilde oder einen »spontanen« (= selbsterzeugten) Willensentscheid. Andere Vorstellungsinhalte scheinen uns jedoch von außen, über unsere 5 Sinne aufgezwungen. Wenn wir an wahren Aussagen über die Welt, die uns umgibt, interessiert sind, dann müssen wir anerkennen, daß sich uns »bestimmte Eindrücke aufdrängen«. Weil wahrhaftig dort draußen ein Haus steht, habe ich notwendigerweise einen bestimmten Eindruck, wenn ich hinsehe. Ich nehme auch an, daß das Haus immer noch steht, wenn ich im Augenblick nicht hinschaue. Bei derartigen Vorstellungen haben wir das Gefühl, daß wir nur diesen und keinen anderen Eindruck haben können. Das Haus ist nun einmal da. Wir verstehen es also, eine Grenze zwischen dem »System der vom Gefühle der Notwendigkeit begleiteten Vorstellungen« (7) und Phantasiegebilden zu ziehen, so wie wir waches Bewußtsein vom Trauminhalt unterscheiden.

³ Ausgewählte Werke, Band 3, 3 ff. (Die Seitenangaben im folgenden beziehen sich auf diesen Band.)

Nun sind wir auch im Alltag dazu bereit, wenigstens an sich dazu in der Lage, nichts unbesehen hinzunehmen, bei allem dem *Grund* nachzuspüren, dem es sich verdankt. Wodurch wird ein Ereignis herbeigeführt? Welcher Grund führte zu dieser Tat? Es bleibt wohl bis auf den heutigen Tag »eine des Nachdenkens würdige Frage: welches ... der Grund des Systems der vom Gefühle der Notwendigkeit begleiteten Vorstellungen, und dieses Gefühls der Notwendigkeit selbst (ist)?« (7). Auf *diese Frage* geben »Dogmatismus« und »Idealismus« eine gegensätzliche Antwort.

Die Antwort des *Dogmatismus:* Nach dem »Satz vom Grund« hat alles, was ist oder geschieht, einen »Grund« (das schließt unseren Begriff »Ursache« ein!). Für alles Dasein oder Geschehen X muß es ein anderes Y geben, das X *bestimmt* hat. Wir suchen einen Grund (oder Gründe) für das zu begründende Dasein oder Geschehen.

Wenn wir fragen, aus welchem Grund etwas da ist oder geschieht, fragen wir nach etwas *anderem,* das das zu Begründende bestimmt (z. B. herbeigeführt hat). »Der Grund fällt ... außerhalb des Begründeten;« (8). Wenn die Philosophie nach dem »Grund der Erfahrung« sucht, muß sie also nach etwas suchen, das außerhalb der Erfahrung liegt. Schlicht zusammengefaßt: Die Ursache (der Grund, bzw. die Gründe) für unsere Eindrücke[4], soweit wir sie nicht beliebig wie Phantasiegebilde erzeugen können, muß draußen in der Welt, nicht in unserem Kopf liegen (was immer wir auch an Denkregeln, Begriffen etc. hinzutun müssen, um zu einem Eindruck von der äußeren Welt zu gelangen). Der Grund liegt nicht in, sondern außerhalb unserer Erfahrung.

Wenn man (experimentell) alles wegnimmt, wegdenkt, was bei Erfahrungen unserem Zutun (Begriffe etc.) entstammt, wenn man überdies noch die vielen Einzelheiten an den »draußen« existierenden Dingen wegdenkt, dann landet man bei Dingen im allgemeinen, bei »Dinglichkeit als solcher«, oder – wie Kant gesagt hat: beim »Ding an sich«. »Ding an sich«, das meint das ohne unser Denken, außerhalb unserer Erfahrung gegebene Daseiende, das die Eindrücke in uns hervorruft. So sagen wir zu Dingen auch *Gegen-Stand* und meinen damit etwas von unserem Denken völlig Unabhängiges, das unseren Sinnen und unserem Denken entgegensteht (Objekt). »Ding« kann hier auch eine andere Person als Gegenstand in der Welt bedeuten.

Es ist gegeben, vorgegeben. Über unsere Sinne erfahren wir etwas von ihm. Auch unser Denken, das seinen *eigenen* (z. B. logischen) Regeln folgt, muß – wenn es zu *wahren* Aussagen führen soll – sich den Tatsachen anpassen; es ist in diesem Sinne gebunden. Kurz: Für den *Dogmatismus* sind (auf der Stufe allgemeinster, philosophischer Überlegungen) die vom

---

[4] »Eindruck« ist ein passender Begriff. Etwas »drückt sich uns ein«, dieses Etwas ist der Grund der Vorstellung.

Gefühl der Notwendigkeit begleiteten Vorstellungen »Produkte eines ihnen vorauszusetzenden Dinges an sich« (10). Und nur diese erkenntnistheoretische Grundthese wird mit dem Begriff »Dogmatismus« belegt. Gibt es etwas Vernünftigeres als diesen Standpunkt?

Die Antwort des *Idealismus:* So wie der »Dogmatiker« das Ding an sich zum letzten Grund unseres Wissens erklärt, muß auch der Idealist ein Grundprinzip seiner Erfahrungstheorie herausstellen. Nur darf sein Prinzip nicht (wie das »Ding an sich«) außerhalb des Denkens liegen und uns von außen *bestimmen* (Gebundensein), es muß in unserem Denken liegen und ein Prinzip der *Selbstbestimmung* (Autonomie, Freiheit) sein. Wo kann man ein solches Prinzip finden? Man kann es, sagt Fichte, nicht wie einen Gegenstand vorfinden, man muß es selbsttätig (spontan) in sich hervorbringen, herstellen. Bitte sehr – aber nach welchem Verfahren?

Fichte gibt dem Leser klare Empfehlungen (s. z. B. 11 ff.): Denke jetzt einmal (an) irgendeinen Gegenstand der Außenwelt. Du[5] wirst ohne weiteres in der Lage sein, von dem Objekt in der Außenwelt, das Du gerade denkst, auch abzusehen, dieses auszuklammern. Was bleibt dann noch übrig? Was denkst Du dann überhaupt noch? Offensichtlich bist Du dir dann immer noch als eines Denkenden bewußt. Du (= 1) weißt, daß Du (= 2) am Denken bist. (1) weiß (2), (1) ist aber zugleich auch (2).

Wenn Du meinem Vorschlag, mit dem Denken zu beginnen, *aus freiem Entschluß* folgst, also das Denken ausübst, dabei aber von allen gedachten Gegenständen draußen absiehst (abstrahierst), worauf kann sich Dein Denken dann nur noch richten? Auf Deinen eigenen Denkprozeß, auf Dich selbst als Denkenden!

Das klingt ein wenig banal. Aber »banal« heißt nur, daß wir das alle können! Was dabei herauskommt, ist weniger banal. Denn was Du bei dieser Art Denken bedenkst, ist kein Gegenstand draußen, sondern bist Du selbst im Vollzug einer frei beschlossenen und herbeigeführten Tätigkeit, bist Du als Denkender. ». . . ich habe zu einem solchen Objekt mit Freiheit mich gemacht« (11); – das kann jeder sagen, der der Aufforderung zum Sich-Selbst-Denken folgt. Das heißt natürlich nicht, daß ich meinen Körper durch Denken hervorgebracht hätte, es heißt nur: Ich habe mich frei zum Denken meiner selbst bestimmt. Und dieses mein »nicht-körperliches« Merkmal, ein Denkender zu sein, »sehe ich« (erfasse ich) als durch mich selbst hervorgebrachte Bestimmung (Merkmal) meiner selbst (Selbstbestimmung).

---

[5] Fichte entschuldigt sich mehrfach für das vertrauliche »Du«, mit dem er den Leser anspricht, wenn er ihn beispielsweise zu dem Sich-Selbst-Denken auffordert, das die Grundlagen der Wissenschaftslehre deutlich macht. Ich schließe mich seiner Entschuldigung an.

Dadurch entsteht ein ganz anderer Begriff von »Gegenstand« als beim Dogmatismus! Der »Gegenstand«, der mir dabei begegnet, bin ich selbst. Er ist nichts, was mir »von außen« vorgegeben wäre. Er ist auch nichts, was mich als äußerer Grund bestimmte; er ist in und durch *Selbstbestimmung* gegeben. Ich als gedachter Gegenstand bin nichts anderes als die denkende Instanz. Im spontanen Denken meiner Selbst bin ich denkendes Subjekt und gedachter »Gegenstand« in einem (Selbstreflexivität; P2).

Dadurch hat der Idealismus tatsächlich einen »Gegenstand«, der a) durch Selbstbestimmung gegeben ist; b) nicht von außen als bestimmender vorgegeben wird;, der c) als *Grund*-Prinzip in Frage kommen könnte.

Das Grundprinzip des Idealismus ist also das *Ich an sich* statt des »Dinges an sich«. Ich »an sich«, weil es sich hier um eine Tätigkeit handelt, in der wir alles, was nicht durch uns (durch Selbstbestimmung) ist, aus uns ausgrenzen. Nur die Bestimmungen werden bedacht, die dem Ich als sich selbst bestimmendem (hier zunächst: als sich denkend selbstbestimmendem) zugehören. *Ich* bestimme diese Tätigkeit des Selbst, nichts außer mir begründet sie (Selbsttätigkeit, Autonomie). Ich »an sich« aber auch deswegen, weil es sich hier *nicht* um die zufälligen Merkmale handelt, die einer bestimmten Person (Fichte: »Persönlichkeit«) zukommen, sondern um eine Grundbestimmung, die *jeder* Denkende in und durch Verwirklichung in sich erfahren kann. Anders gesagt: *Jeder* Denkende, der sich selbst auf die von Fichte geforderte Weise spontan zum Denken entschließt und die empfohlenen Abstraktionsleistungen vollzieht, *wird zu genau dem gleichen Ergebnis gelangen.* Immer wird ein Denkender im Vollzug des Denkens seiner selbst zu einem vorgestellten (denkend erfaßten) Gegenstand gelangen, der kein Ding an sich wie das Grundprinzip des Dogmatismus ist. Das kann man im Begriff »Ich an sich« ausdrücken. Das »Ich an sich« ist also bei Fichte kein Übersubjekt, kein Geist, der über den individuellen Wesen schwebt und sich gnädig in die einzelne Seele senkt, sondern man kann es durch Selbsttätigkeit in sich (hervorbringend) erfahren.

Und warum soll ausgerechnet das »Ich an sich« Prinzip des Idealismus sein? Nur bei ihm sind denkende Instanz und Gedachtes gleich, nur bei ihm ist ein »Objekt« durch Selbstbestimmung des Ich gegeben. In allen anderen Fällen müßte ein Anderssein *vorausgesetzt* werden, dem das Ich als das von diesem Grund bestimmte nachgeordnet wäre (Modell I: Dogmatismus).

Es besteht kein Zweifel daran, daß Fichte den »Idealismus« über den »Dogmatismus« stellt, obwohl sich beide Lehren nach seiner Auffassung *nicht* wechselseitig widerlegen können (13). Ein Vorzug des Idealismus besteht für ihn darin, daß dessen Grundprinzip in der Erfahrung eines jeden einzelnen Subjekts dargetan werden kann, solange es nur einer Grundforderung der Philosophie folgt:

»Merke auf dich selbst: kehre deinen Blick von allem, was dich umgibt, ab, und in dein Inneres: ist die erste Forderung, welche die Philosophie an ihren Lehrling tut.« (6).

Jeder kann das idealistische Prinzip in seiner Selbst-*erfahrung* aufnehmen, während der Dogmatismus sein Prinzip außerhalb der Erfahrung (draußen, völlig außerhalb unseres Empfindens, Wahrnehmens und Denkens) suchen muß. Damit widerspricht das dogmatische Denken jedoch einer seiner zentralen Thesen, nämlich der, daß alles Wissen letztlich *in* der Erfahrung gründe. Das sagt auch der Idealismus, der nichts mit wilder Spekulation zu tun hat.

Das Unbehagen des gesunden Menschenverstandes

Fichte würde an dieser Stelle mit Sicherheit den weiteren Gang der Darstellung unterbrechen und Vermutungen darüber anstellen, was nun im Kopf eines Lesers vorgehen könnte, der den Argumenten bis hierher zu folgen bereit war. Ich denke ebenfalls, daß sich jetzt einige Fragen unmittelbar aufdrängen.

- Was hat das alles mit dem System der »von dem Gefühl der Notwendigkeit begleiteten Vorstellungen«, mit unserer *Erfahrung* zu tun?
- Erfahrung ist doch weitgehend *Gegenstands*erfahrung, Erfassung von Sachverhalten, die – wie jedes Kind weiß – außerhalb unseres Kopfes existieren. Wie hängt das Bewußtsein seiner selbst damit zusammen?
- Was hilft einem die sicherlich einleuchtende, weil banale Einsicht, daß beim Denken seiner selbst Denken und Gedachtes eins sind, wenn es um Dinge in der Welt geht?

Fichte nahm diese Fragen schon zu seiner Zeit äußerst ernst. Seine gesamte Philosophie, so könnte man sagen, ist Bearbeitung dieser Grundfragen des gesunden Menschenverstandes, dem er in dieser Hinsicht größten Respekt zollt. Es ist unmöglich, hier auf die Einzelheiten seiner Antworten einzugehen. Aber für den weiteren Gang der Dinge helfen vielleicht folgende Anmerkungen:

a) Der Idealismus leugnet *nicht*, daß es im allgemeinen Leben »ein System der vom Gefühl der Notwendigkeit begleiteten Vorstellungen« gibt. Er leugnet keineswegs das System der gegenständlichen Erfahrungen, über die wir alle als Wesen in dieser Welt verfügen. Im Gegenteil: Das ist das Material, auf das er sich mit seinen Erklärungen bezieht und stützt.

»Ich erkläre sonach hiermit öffentlich, daß es der innerste Geist und die Seele meiner Philosophie sei: der Mensch hat überhaupt nichts, denn die Erfahrung, und er kommt zu allem, wozu er kommt, nur durch die Erfahrung, durch das Leben selbst.« (557)

Der Idealismus sucht nur nach einem »höchsten Erklärungsgrund« (25) für dieses Material, wobei er im Gegensatz zum Dogmatiker der *Selbstbestimmung,* also nicht dem Bestimmtsein, den Vorrang gibt. D. h.: Von diesem Prinzip her oder bezogen auf dieses Prinzip sollen die Gegenstandserfahrungen (soll »das Gefühl der Notwendigkeit«) erläutert werden, ohne daß ihnen die Qualität der *Gegenstands*erfahrung abgesprochen würde. Das reine Ich ist Erklärungs*grund,* nicht *Daseins-grund!* (das zu zeigen ist Programm der gesamten Fichteschen Wissenschaftslehre.)

b) Daß das Prinzip der Selbstbestimmung (erläutert als »reines Ich«) den Vorrang hat, bedeutet beispielsweise: Alles Bewußtsein von Gegenständen in der Welt ist im Selbstbewußtsein begründet, ohne daß man damit notwendig sagen müßte, das Denken habe sie durch Denken *ins Dasein gerufen.* Wie soll man sich das jedoch klarmachen? Ganz einfach:

»Ich kann keinen Schritt tun, weder Hand noch Fuß bewegen, ohne die intellektuelle Anschauung meines Selbstbewußtseins[6] in diesen Handlungen; nur durch diese unterscheide ich mein Handeln und in demselben mich, von dem vorgefundenen Objekt des Handelns. Jeder, der sich eine Tätigkeit zuschreibt, beruft sich auf diese Anschauung. In ihr ist die Quelle des Lebens, und ohne sie ist der Tod.« (47)

Anders gesagt: Nur durch die Überzeugung, zur Bestimmung meines Denkens und Handelns durch mich selbst fähig zu sein, nur auf der *Grund*-Lage dieser obersten, allgemeinsten Annahme, kann ich überhaupt sagen, daß etwas in *meiner* Erfahrung vorhanden, etwas *meinem* Tun zuzurechnen ist. Hätte ich nicht diese und gerade diese »Idee« (»Idee« im Sinne eines *bestimmten* Grundgedankens), dann wäre nichts da, von dem sich sagen ließe, es ist *für mich* da! Die Idee, zur Selbstbestimmung fähig zu sein, *setze ich immer voraus* (stillschweigend oder gezielt), wenn ich *mir* etwas zuschreibe. Ohne sie kann mir nichts zugerechnet werden, wäre nichts *für mich* da (Modell II)

Die Grundstruktur dieser Idee und den Sachverhalt, daß sie *jeder* Mensch in ihrer Allgemeinheit in sich tätig hervorbringen und anschauen kann, erfasse ich am verbindlichsten durch jenen Akt des Sich-Selbst-Denkens als freie Tat (s. o. S. 43/P3). Tag für Tag machen wir diese Voraussetzung in unserem Denken und Handeln. *Sie ist im Prinzip eine*

---

[6] »Intellektuelle Anschauung« ist ein Fichtescher Begriff für die Selbstreflektion (die Tathandlung des Sich-Selbst-Denkens), die oben beschrieben wurde. Warum »intellektuelle Anschauung«? dazu s. z. B. (42/43) oder (112).

Voraussetzung des menschlichen Einzellebens, des Lebens von »Intelligenzen«. Durch diese Idee, durch das Ich der Spontaneität (P2) setzen wir uns überdies aktiv, tätig (im Sinne des Sich-Selbstbestimmens) »allem, was außer uns ist, nicht bloß Personen außer uns, entgegen.« (88) Zusammenfassend: Das Bewußtsein meiner selbst als eines, der sich zu etwas (etwa zum Denken seiner selbst) selbst bestimmen kann, begleitet stillschweigend oder ausdrücklich mein Tun, soweit es als das *meine* soll gelten können.

»... zu allem, was im Bewußtsein vorkommend gedacht wird, muß das Ich notwendig hinzugedacht werden;« (85). »Das reine *Ich* . . ., liegt allein ihrem Denken zugrunde, und kommt in allem ihren Denken vor, indem alles Denken nur dadurch zustande gebracht wird.« (90)

Konsequenzen der Fichteschen Argumentation für eine Theorie des Ich

Um auf Problemstellungen der Subjekttheorie zurückzukommen, wollen wir im Anschluß an Fichtes Überlegungen einige Thesen aufstellen:

These I: Das Ich ist kein Gegenstand

Erläuterung: Wenn man sich Klarheit über das »Ich« der Selbstreflexion (P2) verschaffen will, darf man sich nicht wie ein Dogmatiker *verdinglichen.* Das führt zu unauflösbaren logischen Verstrickungen: Ein Dogmatiker begreift Selbstreflexion als eine Situation, in der eine denkende Substanz (»Ich« als ein denkendes Einzel-*Ding*) von sich selbst als einer gedachten Substanz (»Ich« als einem *gedachten* Ding) unterschieden wird. Nun kann man sich ja (in der Form einer denkenden Substanz auf einer 2. Stufe) auf sich als denkende Substanz (der 1. Stufe) denkend richten (s. 110 ff.). Damit wird jedoch die denkende Substanz (auf Stufe 1) zu einem Ding (zur gedachten Substanz) gemacht. Nun kann man (auf einer 3. Stufe) das Denken der zweiten Stufe zum Gegenstand (Ding) machen . . . und so fort in alle Ewigkeit! Beim Akt »Ich denke mich« (Selbstreflexion) geschieht in Wahrheit etwas anderes (s. z. B. 45–47): »Jeder wird hoffentlich *sich selbst* denken können.« (45). Er wird auch einzusehen vermögen, daß er damit zu etwas aufgefordert wird, was von seiner Spontaneität (Fichte: »Selbsttätigkeit«) *und sonst nichts* abhängig ist. Er kann dies als »inneres Handeln« vollziehen oder er kann es lassen. Wenn ich aber der Aufforderung zur Selbstreflexion folge, dann tue ich etwas. Und wie oben gezeigt wurde: Bei der Reflexion[7] auf mich

ICH   (s. o. S. 43 f.)

denke ich nicht ein Anderes, ich denke mich selbst. Denkendes und Gedachtes sind

---

[7] »Selbstreflexion« heißt bei Fichte des öfteren »In-Sich-zurückgehen« (z. B. 42 ff.); ein Kreis, den unser simples Schema andeutet.

hier *in und durch* Tun eins (identisch). Nicht ein Ich als Ding betrachtet sich als Ding, sondern Ich stelle mich als *Einheit* von Denkendem und Gedachtem her! Das Ich vollzieht den Akt des Sichselbstdenkens. Und *in* dieser Tätigkeit des »Ich denke mich« ist zwangsläufig die Einheit von Denken und Gedachtem gesetzt. Da gibt es nicht noch ein anderes (Ding), das auf den ganzen Vorgang wie auf ein »äußeres« Ereignis herunterschaut. Es ist diese Einheit durch die Aktivität des Sichselbstdenkens, »Sichselbstsetzens« (Fichte); da ist nichts mehr daneben oder (als Stufe) darüber. Das Ich ist also kein »Subjekt«, das sich wie ein äußeres Ding anschaut, sondern »Subjekt/Objekt«, Einheit durch Selbstbestimmung als Tat. »Die Intelligenz ist dem Idealismus ein *Tun*, und absolut nichts weiter; nicht einmal ein *Tätiges* soll man sie nennen, weil durch diesen Ausdruck auf etwas Bestehendes gedeutet wird, welchem die Tätigkeit beiwohne.« (24/ s. auch 113)

Die These lautet also genauer genommen:

These I: Das (reine) ich ist keine Tat-Sache, sondern eine Tat-Handlung (in der und durch die Denkendes und Gedachtes zusammenfallen.)

Der Leser möge einmal darauf achten, wie oft moderne Soziologen das »Ich« als Ding und nicht als Aktivitätszentrum behandeln.

These II: Das (reine) Ich als Prinzip der Selbstbestimmung muß ich immer voraussetzen, wenn ein gedachter Inhalt oder eine Tat mir zugerechnet werden soll.

Erläuterung: Siehe dazu den Punkt (b) auf der Seite 46 und Textstellen wie (84/85) oder (58 f.) bei Fichte.

These III: »Ich« bedeutet nicht das zufällige und dadurch »unverwechselbare« Ergebnis all der vielen Einflüsse, denen ich im Verlauf meines Lebens ausgesetzt war (das wäre die dogmatische Lösung des Problems (P1). Ich ist Handlung, die als Selbstbestimmung in dem Maße möglich wird, wie die Beziehung zu anderen Subjekten gesellschaftlich so organisiert ist, daß letztlich alle anderen zur Selbstbestimmung befähigt werden.

Diese dritte These wird im folgenden Abschnitt angesprochen.

> »Der Streit zwischen dem Idealisten und Dogmatiker ist eigentlich der, ob der Selbständigkeit des Ich die Selbständigkeit des Dinges, oder umgekehrt, der Selbständigkeit des Dinges die des Ich aufgeopfert werden soll.« (16)

Theorie des Ich (P1–P3) und die »Bestimmung des Menschen«

Es ist nicht auszuschließen, daß die bis jetzt abgehandelten Grundgedanken bei Fichte in ihrem Verhältnis zu den 5 Problemstellungen dieses

Buches noch nicht »sonnenklar« sind. Fichte Buch *Die Bestimmung des Menschen* folgend werden wir daher Argumente aus den vorhergehenden Abschnitten unter anderen Gesichtspunkten nochmals zusammenfassen. Auch könnte der Verdacht, Fichte würde die Dinge, die unserem gesunden Menschenverstand gegeben sind, durch Tricks zum Verschwinden bringen, fortbestehen. Er selbst greift ihn in seinem ständigen Zwiegespräch mit dem Leser immer wieder auf:

>»In einem kleinen Winkel deiner Seele liegt dagegen die Einwendung – entweder: ich soll *denken,* aber ehe ich denken kann, muß ich *sein;* oder die: ich soll *mich* denken, in mich zurückgehen; aber was gedacht werden soll, auf welches zurückgegangen werden soll, muß sein, ehe es gedacht oder darauf zurückgegangen wird.
>
>In beiden Fällen postulierst du ein von dem Denken und Gedachtsein deiner Selbst unabhängiges, und demselben vorauszusetzendes *Dasein* deiner selbst; im ersten Falle als des *Denkenden,* im zweiten als des *zu Denkenden!«* (108)

Wie immer erfolgreich Fichte letztlich beim Umgang mit derartigen, von ihm sehr ernst genommenen Einwänden sein mag, ihre Bearbeitung enthält einige Aspekte eines Vermittlungsmodells von Subjekt und allgemeinem (gesellschaftlichem) Dasein (Modell III), die nicht unerwähnt bleiben sollen. In der »Bestimmung des Menschen« (261 ff.) treten sie besonders deutlich hervor.

»Ich bin Ich« – nichts kann einem gewisser, sicherer vorkommen als diese Aussage. Aber wie ist dieses »Ich«, das da etwas so Selbstverständliches über sich aussagt, zu begreifen? »Ich bin Ich«, meint man damit nicht im Kern: »Ich bin dieser unverwechselbare Einzelne – und ich weiß, daß ich es trotz aller Veränderungen im Verlauf meines Lebens bleiben werde«? Ist dieses »Ich« ein »Etwas« wie ein Ding? Ist es durch sich selbst oder ist es durch etwas anderes, durch Einflüsse anderer in seiner Umgebung das, was es ist?

Zunächst einmal sehe ich mich von einer Menge von Gegenständen in der Welt umgeben, »die ich als für sich bestehende und gegenseitig voneinander geschiedene Ganze anzusehen mich genötigt fühle« (267). Diesen Dingen und Lebewesen schreibe ich besondere Merkmale zu. Sie haben bestimmte Eigenschaften in verschiedenen Graden der Ausprägung, sie stehen in Beziehung zueinander, unterliegen Veränderungen usf. Kurz: In unserer Umwelt erleben wir ein ständiges Vorhandensein, aber auch Entstehen und Vergehen von Bestimmungen (Merkmalen) der Dinge oder der Dinge selbst. Wenn ich die Welt um mich herum anschaue, gehe ich davon aus, daß nichts aus nichts entstanden ist und daß es für alles eine Erklärung gibt. Ich setze voraus, daß alles, was da ist, einen «Grund» (das schließt »Ursache« ein) für sein Dasein hat.

In diesem Sinne suchen wir heute mehr denn je nach den *Gesetzmäßigkeiten,* die die Vorgänge in meiner Umwelt – auch das Verhalten anderer

Personen – beherrschen (270). »Ich selbst, mit allem, was ich mein nenne, bin ein Glied in dieser Kette der strengen Naturnotwendigkeit.« (275). Ich bin aufgrund biologischer Gesetze und aufgrund der Ein*wirkungen* anderer (Sozialisation) das, was ich heute bin. Ich bin *Person*. Geprägt durch die Einflüsse der Natur, die mein inneres und äußeres Lebens bestimmen; geprägt durch die Einflüsse für mich bedeutsamer anderer Personen (z. B. Eltern), letztlich durch die gesamte soziale und natürliche Umwelt, in der ich lebe. »Ich bin Ich«, diese leere Formel ist zu übersetzen als: »Ich bin Person«.

Meine unverwechselbare Eigenheit? (P1). Kein Naturgesetz produziert Ergebnisse, die einander *völlig gleich* sind. Immer sind besondere »Randbedingungen« mit im Spiel:

»Keine Vereinigung solcher Umstände ist derjenigen vollkommen gleich, durch welche *ich* wirklich wurde, wenn nicht das Ganze sich in zwei vollkommen gleiche, und untereinander nicht zusammenhängende Welten teilen soll.« (278)

Aus diesen Gründen gibt es »unverwechselbare Individuen«.

Mein Selbstbewußtsein? Gewiß, ich bin »meiner selbst als eines selbständig und in mehreren Begebenheiten meines Lebens freien Wesens mir innigst bewußt« (279). Aber auch damit entsteht kein Problem. Mein »Ich«, das, was ich mein ureigenstes »Selbst« nenne, ist auch nur eine Äußerung allgemeiner Naturkräfte[8], die die Welt beherrschen. Es ist das Ergebnis einer besonderen Naturkraft, die den Menschen zum denkenden Wesen gemacht hat, (indem sich die besondere Leistungsfähigkeit seines Zentralnervensystems im Verlauf der Evolution herausbildete).

Das Gefühl der »Freiheit« bei meinen Handlungen (und das ist ja der Kern der Auffassung, ein *Selbst* zu haben) rührt allein daher, daß die sich im Denken und Selbstbewußtsein äußernde besondere Naturkraft auf Gegenkräfte stößt. »Freiheit« ist das Gefühl des Widerstandes gegen das Wirken der mich bestimmenden Naturkraft. Das »Ich« ist eine besondere Auswirkung mich bestimmender Gesetze, meine »selbständige« Aktivität ist Gefühl der die mein Bewußtsein erzeugende Naturkraft hemmenden Widerstände.

»Ich kann bereuen, und mich freuen, und gute Vorsätze fassen; – ohneerachtet ich der Strenge nach auch dies nicht einmal kann, sondern alles von mir selbst kommt, wenn es mir zu kommen bestimmt ist; – aber ich kann ganz sicher durch alle Reue,

---

[8] Auch in diesem Punkt bleibt Fichte aktuell: Denn heute wird z. B. über »psychischen Monismus« und »psychophysischen Dualismus« diskutiert. Kann man unser Denken restlos aus den Gesetzmäßigkeiten des Zentralnervensystems ableiten oder ist diese Zurückführung nicht zu bewerkstelligen? Können Computer »denken«?

und durch alle Vorsätze nicht das geringste an dem ändern, was ich nun einmal werden muß.« (285)

Man sage nicht, diese Argumentation hätte (bei allen Veränderungen) heute keine Substanz mehr. Man lese vulgärmarxistische Texte, in denen das Subjekt nur der Vollstrecker von Geschichtsgesetzen ist, die sich mit »eherner Notwendigkeit« auswirken. Man schaue sich behavioristische Arbeiten an, in denen die Konditionierung des individuellen Verhaltens durch Umweltbedingungen beschrieben wird. Der *Dogmatismus* (Modell I) mag sein Gesicht geändert haben, seine Prinzipien bleiben wirksam.

Und dennoch behauptet jedes Subjekt hartnäckig von sich, es sei keine reine Marionette äußerer Umstände:

»*Ich selbst,* dasjenige, dessen ich mir als meiner selbst, als meiner Person bewußt bin, und welches in jenem Lehrgebäude als bloße Äußerung eines Höhern erscheint, – ich selbst will selbständig, – nicht an einem anderen, und durch ein anderes, sondern für mich selbst Etwas sein; und will, als solches, selbst der Letzte Grund meiner Bestimmungen sein.« (287/288)

Mein Ich ist mehr als die Funktion sich überschneidender Einflüsse. Wo ist nun der »Sitz und Mittelpunkt jener eigentümlichen Kraft des Ich«? (288). Offensichtlich kann ihre Beschreibung sich nicht auf Merkmale des Körpers einschränken: Dieser steht im Zusammenhang der Naturkräfte und Naturdinge:

»... auch nicht meine sinnlichen Neigungen, die ich für eine Beziehung dieser Kräfte auf mein Bewußtsein halte: – sonach mein Denken und Wollen« (288), kommt in Frage.

Der Dogmatismus sieht mich in Abhängigkeit von der äußeren Umwelt, von äußeren Gegebenheiten. Wenn es mehr gibt als dies, dann bleibt als Alternative (Modell II) nur, daß ich mich selbst zu einem Tun bestimmen kann. »Ich will frei sein, auf die angegebene Weise, heißt: ich selbst will mich machen zu dem, was ich sein werde.« (289). Das Ich ist Ausdruck der Einheit der *Selbstbestimmung* (s. oben S. 48 *These 1*). –

Aber welcher der beiden Standpunkte, M1 oder M2, Dogmatismus oder Idealismus, kann sich behaupten?

»Welche von beiden Meinungen soll ich ergreifen? Bin ich frei und selbständig, oder bin ich nichts an mir selbst, und lediglich Erscheinung einer fremden Kraft?« (291)

Kein Entscheidungskriterium scheint zur Verfügung zu stehen – und so reiben sich die Auffassungen in verschiedenen Spielarten bis auf den heutigen Tag. Das ist die Stelle, an der Fichte zu den Argumenten des zweiten Teils von *Die Bestimmung des Menschen* übergeht. In einem längeren Dialog zwischen einem metaphysischen Geist und einem Ich, einem Subjekt, sollen die Unvereinbarkeiten zwischen beiden Systemen so weit wie möglich aufgehoben werden. Ein Hauptangriffspunkt der Argumentation ist wiederum das Problem der Realität und des »Dinges an sich«.

». . . wie magst du überhaupt dazu kommen, mit deinem Bewußtsein, das doch unmittelbar nur Bewußtsein deiner selbst ist, aus dir herauszugehen, und zu der Empfindung, die du wahrnimmst, ein Empfundenes und Empfindbares hinzuzusetzen, das du nicht wahrnimmst?« (308).

Fichte vertritt eine Position, die Dogmatismus und Idealismus übergreifen, vermitteln soll (M3). Sein Einwand gegen die »Ding an sich«-Konstruktion, ist einfach, aber schlagend:

Das »Ding an sich«, die Welt der Dinge »draußen«, müssen wir als eine verstehen, in der es etwas gibt, das *an sich,* d. h. unabhängig von jedem Denken besteht. Selbst wenn es niemanden gäbe, der überhaupt etwas weiß, wären sie vorhanden. Sie existieren unabhängig von einem Ich, dem sie zu Bewußtsein kommen könnten. (»für das« sie gegeben sein könnten). Nur – das ist eine *Theorie!* Wenn ein Philosoph (wie Kant) über die »Dinge an sich« nachdenkt, dann beansprucht er ein Wissen über etwas, was jenseits allen Wissens stehen soll.

»Von einem Zusammenhang *außer* (außerhalb – C. D.) *meines Bewußtsein* aber kann ich nicht reden, einen solchen kann ich auf keine Weise darstellen; denn eben, indem ich davon rede, weiß ich ja davon, und, da dieses Bewußtsein nur ein Denken sein kann, denke ich ihn ja; und es ist ganz derselbe Zusammenhang, der in meinem gemeinen natürlichen Bewußtsein vorkommt, und kein anderer. Ich bin über dieses Bewußtsein um keines Haares Breite hinausgekommen; ebensowenig, als ich je über mich selbst hinwegspringen kann. Alle Versuche, einen solchen Zusammenhang an sich, ein Ding an sich, das mit dem Ich an sich, an sich zusammenhängt, zu denken, sind lediglich ein Ignorieren unsers eignen Denkens . . .« (334/335)

Nicht nur dies; die Dogmatiker machen auch über das »Ding an sich« ganz bestimmte Aussagen, z. B., daß sie unsere Sinne reizen und dadurch Empfindungen hervorrufen, die wir mit Hilfe von Begriffen und Urteilen zu systematischem Wissen verarbeiten (vgl. 41 ff.). Sie sagen mithin, die Dinge an sich hätten *Kausalität* (wirkten als Ursache). Mindestens *das* weiß er ganz genau über etwas, was jenseits des Wissens stehen soll.

Wir können offensichtlich von Dingen nicht unabhängig von einem Ich reden, für das sie gegeben sind. (s. o. S. 48 *These* 2) Denn wenn ich auch nur ein Gefühl von den Dingen habe, sind sie immer »für mich«, für ein Ich. Und bei diesem Ich läßt sich die Struktur eines »reinen Ich« aufdecken, das als Grundmerkmal den »Vollzug der Selbstbestimmung« hat. Argumente dieser Art stützen den Idealismus und machen uns frei vom Gedanken, reine Marionetten der Außenwelt zu sein. Sie stärken unser Ich.

»Und mit dieser Einsicht, Sterblicher, sei frei, und auf ewig erlöset von der Furcht, die dich erniedrigte und quälte. Du wirst nun nicht länger fürchten, von Dingen unterdrückt zu werden, die deine eigenen Produkte sind, nicht länger dich, das Denkende, mit dem aus dir selbst hervorgehenden Gedachten in eine Klasse stellen.« (336)

»Aus dir selbst hervorgehendes Gedachtes«, das klingt nach schlechtem »Erzeugungsidealismus«, der alles, was ist, durch *Denken* erzeugt sieht. Doch die Annahme, es gäbe etwas außerhalb von uns Existierendes, wird nicht außer Kraft gesetzt. Sie ist die Grundlage unseres *praktischen* Lebens. Fichtes Wissenschaftslehre nimmt sie geradezu zum Ausgangs- und Anknüpfungspunkt. Sie will nur zeigen, *daß es eine Interpretation unseres unabdingbaren Gegenstandsbewußtseins* (Fichte: »Standpunkt des Lebens«) *gibt, die mit der Annahme der Existenz eines Ich als Prinzip der Selbstbestimmung verträglich ist. Und dieses Prinzip ist Ausdruck einer persönlichen Einheit (Identität) und einer vereinheitlichenden Kraft* (P1):

»Da alles Bewußtsein nur unter der Bedingung des unmittelbaren Bewußtseins (des tätigen Denkens seiner selbst – C. D.) möglich ist, so versteht sich, daß das Bewußtsein Ich alle meine Vorstellungen begleitet, in ihnen, wenn auch nicht immer von mir deutlich bemerkt, notwendig zugrunde liegt, und ich in jedem Momente meines Bewußtseins sage: Ich, Ich, Ich und immer Ich – nämlich Ich, und *nicht das bestimmte in diesem Momente gedachte Ding außer mir.* – Auf diese Weise würde mir das Ich in jedem Momente verschwinden und wieder neu werden; zu jeder neuen Vorstellung würde ein neues Ich entstehen; und Ich würde nie etwas Anderes bedeuten als *Nicht-Ding.*
Aber so verhält es sich genau nicht. Alle meine zerstreuten Vorstellungen sind vielmehr in einem sich durchhaltenden Zentrum, in einem »Vermögen« zusammengefaßt, »das in einem und demselben Wesen ruht; und so erst entsteht mir der Gedanke von Identität und Persönlichkeit meines Ich, und von einer wirkenden und reellen Kraft dieser Person . . .« (340)

Mit anderen Worten: »Ich« ist nicht das zufällige Bewußtsein, das die Empfindung, die Wahrnehmung, den Gedanken *hier und jetzt* begleitet, sondern jener allgemeine, reine, offen oder stillschweigend *vorausgesetzte* Gedanke »Ich«, der eine Einheit meiner selbst *in diesen zerstreuten Vorstellungen* und die *Fähigkeit zur Selbstbestimmung* (Spontaneität) ausdrückt (These 2). Mit ihm ist das Leben, ohne ihn ist der Tod oder die totale Verdinglichung (Modell I).

Aber immer wieder meldet sich der hartnäckige Gedanke an ein völlig draußenstehendes *Sein* an. Fichte will und kann ihn nicht abweisen. Er will nur zeigen, daß sich das Problem der Außenwelt, der Dinge an sich (Fichte: Des »Nicht-Ich«) *nicht* durch Theorie, Wissensanalyse und theoretische Wissenschaft aus einer eigentümlich widersprüchlichen Grundstruktur herauslösen läßt: Der Gedanke an ein draußenstehendes Sein ist immer auch ein *Gedanke,* ein Gedanke an etwas, das *nicht Gedanke* ist.

Auf dem Standpunkt des Wissens (Denkens, Begreifens) ist dieses merkwürdige Hin- und Herlaufen zwischen »Draußen« (Sein an sich) und »Drinnen« (Sein für uns) nicht aufzulösen. Es bleibt nur die Möglichkeit, Theorie des Wissens, *theoretische* Wissenschaftslehre im vollen Bewußtsein der Spannung zwischen »an sich Seiendem« und dem Sachverhalt, daß dieses »An sich« immer nur in und durch unser Wissen ein solches »An sich« ist, zur Grundlage der theoretischen Wissenschaftslehre zu machen. Diese Spannung zu vergessen oder nicht zum Grundverhältnis der Wissenschaftslehre zu machen, bedeutet, entweder auf den Dogmatismus oder einen schlechten Idealismus (als »Erzeugungsidealismus«) zurückzufallen.[9] Fichte beschreibt daher seinen Ansatz auch als »Real-Idealismus« oder »Ideal-Realismus«. Er soll nochmals mit seinen eigenen Worten dargestellt werden:

»Dies, daß der endliche Geist notwendig etwas Absolutes außer sich setzen muß (ein Ding an sich) und dennoch von der andern Seite anerkennen muß, daß derselbe nur *für ihn* da sei (ein notwendiges noumen sei), ist derjenige Zirkel, den er in das Unendliche erweitern, aus welchem er aber nie herausgehen kann. Ein System, das auf diesen Zirkel gar nicht Rücksicht nimmt, ist ein dogmatischer Idealismus (Modell II; – C. D.); denn eigentlich ist es nur der angezeigte Zirkel, der uns begrenzt und zu endlichen Wesen macht; ein System, das aus demselben herausgegangen zu sein wähnt, ist ein transzendenter, realistischer Dogmatismus (Modell I; – C. D.) . . . Das Ding an sich ist etwas für das Ich, und folglich *im* Ich, das doch *nicht im Ich* sein soll: also etwas Widersprechendes, das aber dennoch als Gegenstand einer notwendigen Idee allem unserem Philosophieren zum Grunde gelegt werden muß, und von jeher, nur ohne daß man sich desselben und des in ihm liegenden Widerspruches deutlich bewußt war, allem Philosophieren, und allen Handlungen des endlichen Geistes zu Grunde gelegen hat. Auf dieses Verhältnis des Dinges an sich zum Ich gründet sich der ganze Mechanismus des menschlichen und aller endlichen Geister. Dieses verändern zu wollen, heißt alles Bewußtsein und mit ihm alles Dasein aufheben.« (1956, 198 bzw. 200)

Auf diese Weise die Spannung zwischen Ich und Nicht-Ich keineswegs herabsetzend, sondern die Formen, in denen sie sich unserem Wissen einprägt, ausleuchtend, wird die theoretische Wissenschaftslehre zu einem *vermittelnden* System (Modell III). Aber immer wieder meldet sich der gesunde Menschenverstand zu Wort:

»Ich verlange etwas außer der bloßen Vorstellung liegendes, das da ist, und war, und sein wird, wenn auch die Vorstellung nicht wäre; und welchem die Vorstellung lediglich zusieht, ohne es hervorzubringen, ohne daran das Geringste zu ändern.« (344)

---

[9] Wiederum lohnt es sich, »moderne« soziologische Theorien des Subjekts daraufhin zu untersuchen, ob sie in ihrer Sprache und Denken diesen Polen entsprechen, das Fichtesche Dilemma beachten oder gar eine Lösung für es vorschlagen können.

Der dritte Teil von *Die Bestimmung des Menschen* zeigt zunächst ein weiteres mal, daß dieser Anspruch zu Recht besteht und wie er zu nehmen ist. Allerdings, dieser Teil ist auch derjenige, in welchem Fichtes Argumentation die deutlichsten Spuren ihres (wie jedes Denkens) Bindung an die historischen Umstände trägt. Die Interpretation wird sich nun erhebliche Freiheiten herausnehmen müssen.

Worin, so lautet die Eingangsfrage, gründet eigentlich die Gewalt des »Ansichseienden«, mit der es sich unserem gesunden Menschenverstand aufdrängt? Im *Handeln,* in der *Praxis* erfahre ich die Widerständigkeit der Dingwelt (auch anderer Personen) in der Form, die meinen hartnäckigen Glauben an sie verständlich macht! Am Widerstand dessen, was meinem Handeln entgehensteht, *entwickelt* sich letztlich das Gefühl meiner selbst, mein Selbstbewußtsein! Das Handeln treibt mich aus der reinen Vorstellungswelt, aus dem bloßen Wissen von Sachverhalten hinaus und begründet letztlich ein »Gefühl der Notwendigkeit« (des Gegebenseins, des Ansichseins), das ich mit bestimmten Vorstellungen verbinde. Und wo sollte dieses Gefühl stärker ausgeprägt sein als im Alltag, wo ich zu ständigem Handeln veranlaßt bin – wo ich mich frei zum Handeln veranlasse?

Die Praxis, die Tätigkeit, die sich »nach außen« wendet, die etwas hervor-, ins Dasein bringen will, das ist der Punkt, »an welchen das Bewußtsein aller Realität sich anknüpft« (347). Dinge in der Welt kann ich als Gegebenheiten meiner Vorstellung nehmen. »Aber ich umfasse dieselben Dinge auch durch Bedürfnis und Begierde und Genuß. Nicht durch den Begriff, nein durch Hunger und Durst und Sättigung wird mir etwas zu Speise und Trank. *Ich werde wohl genötigt, an die Realität dessen zu glauben, das meine sinnliche Existenz bedroht, oder allein sie zu erhalten vermag.«* (356) Die Tätigkeit des Subjekts, seine Praxis ist also das Prinzip der Erklärung des Gegenstandsbewußtseins – und dieses Prinzip, so haben wir gesehen, ist in seiner reinen Form *Ich* als Selbstbestimmung und Selbsttätigkeit. Ein Prinzip der Freiheit.

Ich und Realität bei Fichte – Zwei zusammenfassende Skizzen

Skizze 1: Das »heroische« bürgerliche Subjekt

Gerade Fichtes Theorie des Willens läßt typische Merkmale eines Geistes erkennen, wie er für das Bürgertum in seiner Aufstiegsphase kennzeichnend war.

– Unabhängigkeit, Selbstbestimmung, Selbsttätigkeit, Freiheit, all dies sind Merkmale, die in Fichtes Bestimmung des »Ich« eingehen. Wer seine Texte gründlich studiert, wird sofort erkennen, mit welcher Begeisterung und Entschiedenheit hier vom *Prinzip der Autonomie* ausgehend, gedacht wird.

>»Es ist in mir ein Trieb zu absoluter, unabhängiger Selbsttätigkeit. Nichts ist mir unausstehlicher, als nur einem anderen, für ein anderes, und durch ein anderes zu sein: ich will für und durch mich selbst etwas sein und werden . . . Ich soll selbständig sein.« (345)

Hier spricht nicht der Puritaner, der sein Leben mit dem Terminkalender diszipliniert, sich verdinglicht, hier spiegelt Philosophie Ansprüche der Französischen Revolution wider.

– »Ich soll selbständig sein«; nicht in dem Sinne, daß ich machen kann, was ich will. Gemeint ist: Ich soll nicht marionettenhaft durch andere (Personen) oder anderes (Dinge) etwas sein. Ich soll und will mich von der Verdinglichung meiner selbst »emanzipieren«, befreien. »Ich wollte nicht Natur, sondern mein eigenes Werk sein; und ich bin es geworden, dadurch daß ich es wollte.« (352)

– Das *Prinzip der Emanzipation,* der Selbstbestimmung aus Freiheit, deutet bei Fichte in zwei Richtungen:
(a) Befreiung ist für ihn wie für viele »fortschrittliche« Denker der frühen Entwicklungsphase des Bürgertums Befreiung vom Elend, das aus mangelnder Naturbeherrschung herrührt:

>»Noch erringet mit Mühe unser Geschlecht seinen Unterhalt und seine Fortdauer von der widerstrebenden Natur. Noch ist die größere Hälfte der Menschen hindurch unter harte Arbeit gebeugt . . .[10]
>Die Natur muß allmählich in die Lage eintreten, daß sich auf ihren gleichmäßigen Schritt sicher rechnen und zählen lasse, und daß ihre Kraft unverrückt ein bestimmtes Verhältnis mit der Macht halte, die bestimmt ist, sie zu beherrschen – mit der menschlichen.« (362 und 364)

Das ist das Prinzip der Befreiung durch *kollektive Naturbeherrschung,* der Gedanke an einen »tätigen Objektbezug«, das Programm, sich die Dinge aktiv zu eigen zu machen.
(b) Aber nicht nur über die Abhängigkeiten von der Dingwelt wird unsere Selbstbestimmung in Schranken gehalten. ». . . des Menschen grausamster Feind ist der Mensch.« (356). »Emanzipation« bedeutet auch Befreiung von den Schranken, die andere Personen *selbstsüchtig* unserer Selbstbestimmung auferlegen. Und soweit die Gesellschaft als ganze durch ihre Organisationsprinzipien diese Schranken errichtet,

---

[10] Man schaue heute über seinen europäischen Horizont hinaus, den Fichte damals vor Augen hatte.

widerstrebt sie der *Idee des ewigen Friedens.* Fichte entwickelt sie – zeitgemäß – noch im Bewußtsein des Widerstreits von Feudalaristokratie bzw. Absolutismus und Bürgertum.

– Schließlich: *Das Prinzip Hoffnung,* der nach vorn offene, über die gegebenen Verhältnisse hinausdrängende Gedanke, der sich bei Fichte in vielem als Fortschrittsoptimismus darstellt.

»... Das Gebot des Handelns ... eröffnet dem Auge meines Geistes die Aussicht auf eine andere Welt, die da allerdings *Welt* ist, ein *Zustand* ist und kein *Handeln,* aber eine *andere* und *bessere* Welt, als die für mein sinnliches Auge vorhandene.« (361)

In all dem – und mehr: etwa der Meinung, Selbstbestimmung sei an den Besitz von Privateigentum geknüpft (357) – ist Fichtes Denken, wie wir heute erkennen können, den bürgerlichen Befreiungsbewegungen *seiner* Zeit verpflichtet. Der Eitelkeit des später Kommenden mag dies als Nachteil erscheinen, weil ihm die historischen Bedingungen *seiner* eigenen Fichte-Kritik weniger klar vor Augen stehen. Aber das laue »historische Interesse«, das über den vergangenen Dingen steht, könnte mit der richtigen Feststellung zeitgebundener Inhalte auch *die* Struktur »alten« Denkens übersehen, deren sich dieses Interesse wie selbstverständlich noch bedient oder hinter der es sogar zurückbleibt.

Skizze 2: Die Vermittlung von Gesellschaft und Ich

Mehr als nur abgestandene bürgerliche Ideale enthält also Fichtes Philosophie des Ich. Natürlich ist sein Denken den damaligen gesellschaftlichen Verhältnissen verpflichtet, zweifellos hat nicht jedes seiner Argumente der späteren Nachprüfung standgehalten. Aber bestimmte Grundmotive seines Denkens sind nach meiner Auffassung weiter der Beachtung wert, wenn man sich mit einem Problem befaßt, von dem niemand behaupten wird, es sei verbindlich gelöst: das Problem der Vermittlung von Sozialstruktur und Subjekt (P5). Diese Motive sollen in Form einer Skizze von Argumentationsstufen zusammengestellt werden, um nochmals zwei Punkte zu beleuchten:

a) Den Gehalt einiger *Grundbegriffe* beim Vermittlungsproblem auf dem Hintergrund der Informationen über Fichte.
b) *Dimensionen* des Problems der Vermittlung, ohne gleich ein in jeder Hinsicht konsistentes Modell ausführen zu müssen.

Stufe 1: Das Ich der Reflexion

Zu a) Der Begriff des »Ich« hat für die philosophische Tradition, der Fichte angehört, zunächst seine Wurzeln in der Reflexion als Sich-Selbst-Denken, als *Selbstbewußtsein*. Das Bewußtsein seiner selbst, »Ich«, ist der letzte Bezugspunkt für alle Aussagen, die Leben als *individuelles* Leben kennzeichnen. Das heißt: Nur dadurch, daß ich von mir in meinem Tun und Denken weiß, kann ich etwas *als anderes* wissen. Kein Mensch kann etwas mit Willen und Bewußtsein tun, ohne dabei – zumindest stillschweigend – diesen Gedanken »Ich« als Bewußtsein seiner selbst *vorauszusetzen*. Er setzt ihn voraus, wenn er *sich* etwas zurechnet, er setzt ihn aber auch voraus, wenn er *sich* als beeinflußt erkennt. Ohne diesen Gedanken, sagt Fichte, »wäre der Tod« oder ein Leben, das im völligen Bestimmtsein durch anderes aufginge. Der Unterschied zur zwingenden Umwelt zerflösse. Nochmals anders gesagt: Ein Bewußtsein von Dingen in der Welt (natürlich auch von Personen als »sozialen Objekten«) ist ohne Bewußtsein seiner selbst nicht möglich. Ohne Selbstbewußtsein ist das Subjekt bloßer Funktionär von beeinflussenden Strukturen, Automat, Charaktermaske.

Zu b) Wenn dieser Gedanke so unerschütterlich ist, wie er Fichte vorkommt, dann sind auch noch heute alle Positionen in seinem Sinn »dogmatisch«, die das Ich wie eine Sache oder Subjekte nur unter dem Gesichtspunkt des Bestimmtseins – etwa durch Gesellschaft – betrachten.

Stufe 2: Der Beweisgang der Selbstgewißheit

Man kann dieses Prinzips innewerden, aber es wäre falsch, es dabei wie einen Gegenstand zu betrachten.

Zu a) Man kann das Ich nicht wie ein Ding, eine Sache ansehen. Es ist keine Tat-*Sache*, sondern eine Tat-*Handlung*. Schwer zu verbildlichen (weil nur im Vollzug erfaßbar), kann man sich diese Tathandlung allenfalls als einen nicht weiter zurückführbaren Ursprungsort der eigenen Tätigkeit veranschaulichen; Vollzug von Tätigkeit (hier zunächst noch Denktätigkeit) als von einem selbst herbeigeführte (Spontaneität). Das Sichselbstdenken, zu dem man sich frei entschließt, ist für Fichte das (abstraktiv) lupenreinste Beispiel für dieses Prinzip. Jeder kann auf diese Weise davon erfahren. Er kann dabei auch gewiß werden, daß diese Aktivität vereinheitlicht, daß sich in ihr und durch sie Einzelheiten des Denkens und Handelns zusammenfassen, zusammengefaßt werden. Es ist ein Prinzip der Selbstbestimmung nicht nur dadurch, daß ich mich frei zum Denken bestimmen kann, sondern auch darin, daß auf diesem Grund eine Einheit des Denkens und Handelns *hergestellt* wird.

Zu b) Eine Theorie des Subjekts, die das Ich wie eine Sache versteht und nur auf das äußere Bestimmtwerden abstellt, läge also auch dann vor, wenn das Ich nur wie ein unbestimmter Rest behandelt wird, der nach Abzug aller »Bestimmungsfaktoren« übrigbleibt. Ein Beispiel wäre die Vorstellung eines »Ich«, das abstrakt als außerhalb gesellschaftlicher Einflüsse stehendes »Etwas« verstanden wird. (Das Ich als »Restgröße« wird uns weiter unten noch in modernen Theorien begegnen.)

Stufe 3: Theoretisches und praktisches Ich

Fichte hat schnell das Etikett »bürgerlich« weg, weil er so sehr auf Selbstbewußtsein und »bloßes Denken« abstellt. Vorurteile dieser Art sind unausrottbar. In Wahrheit steht für ihn die Praxis über der Theorie (s. o. S. 55). Überdies macht er die Praxis geradezu zum Entstehungsort des Gegenstandsbewußtseins.

»Ich werde wohl genötigt, an die Realität dessen zu glauben, das meine sinnliche Existenz bedroht, oder allein sie zu erhalten vermag.« (356) »Von jenen Bedürfnissen des Handelns geht das Bewußtsein der wirklichen Welt aus, nicht umgekehrt vom Bewußtsein der Welt das Bedürfnis des Handelns; dieses ist das erste, nicht jenes, jenes ist das abgeleitete. Wir handeln nicht, weil wir erkennen, sondern wir erkennen, weil wir zu handeln bestimmt sind; die praktische Vernunft ist die Wurzel aller Vernunft.« (359)

Ein zweites zählebiges Vorurteil über Fichte macht ihn zum »absoluten Idealisten«. So als hätte er sich ein Übersubjekt ausgedacht, das alles Daseiende durch sein Denken hervorbringt. Aber das einzelne Subjekt erfährt das Dasein der Dinge und anderer Menschen in den Widerständen gegen seine »Bedürfnisse des Handelns«. Fichte wurde nie müde, auf den Respekt hinzuweisen, den er der Erfahrung zollt.

Zu a) Mithin ist das »reine Denken« nur illustrativ für eine reine Form der Tathandlung. Spontaneität richtet sich auf Erfahrung, auf etwas in der Welt.

Zu b) Das Problem der »Vermittlung« verweist also auch auf die Frage nach den Konsequenzen der Ausbildung und der Zurückdrängung von Individualität für die gegebenen Verhältnisse hin (Kapitel 4).

Stufe 4: Ich und Person

Ich behaupte mithin, Fichte habe sich die Dinge und Personen in der Außenwelt nicht als Produkte von Denkanstrengungen eines überweltlichen Selbstbewußtseins gedacht.[11] Ein konkretes Subjekt besteht nicht

---

[11] Wie Fichte das die empirischen Subjekte übergreifende Allgemeine der Ichfunktionen (»Ich an sich«) vorstellt, könnte man an seinem Versuch, Grundfunktionen der Logik abzuleiten, studieren. Damit ist – wie bei Sprache – die Allgemeinheit immer noch nicht die eines Supersubjekts.

einfach aus »unendlicher Tätigkeit« (Fichte), sie ist nicht durch absolute, uneingeschränkte Selbstbestimmung das, was sie ist. Sie ist immer auch von außen, durch ein »Nicht-Ich« (Dinge und Personen) bestimmt. Das heißt: Zu a) Das Subjekt ist Einheit von Ich und Person (Charakter).

Zu b) Nicht mehr im direkten Rückgriff auf Fichte muß man überdies sagen: Ein Subjekt ist (vor allem) durch Beziehung zu anderen Personen in weitgehenden Ausmaß *zuerst* Person, bevor es ein Ich ausbilden kann.

Das Ich ist also keine Aktivität, die von vornherein, gleichsam von Geburt an, ausgebildet zur Verfügung stünde. Es entwickelt sich in der Beziehung und durch die Beziehung zu anderen Subjekten (und zu Objekten). Das Bestimmtsein in einem und durch ein System sozialer Beziehungen ist Voraussetzung dafür, sich selbst einmal bestimmen zu können. Die Person ist die *Grundlage* des Ich: Aber das Ich bezeichnet die Fähigkeit, sich auf dieser Grundlage selbst bestimmen und diese Grundlage wiederum bestimmen zu können. *Ich ist auch aktive Distanz von sich als Person* (P3).

Also stellt sich das Vermittlungsproblem in einer zugespitzten Form: Wie kann man das Ich als ein Prinzip der Selbstbestimmung ausmachen, das nicht im Einfluß durch äußere Zwänge (Fichte: »Bestimmtsein«) aufgeht, aber dennoch die »Umstände« (vor allen den Einfluß anderer) zur Voraussetzung hat?

Stufe 5: Ich und die Beziehung zu anderen

Ich muß im folgenden noch weiter von Fichte weggehen, um auf ihn zurückkommen zu können (vgl. dazu Ritsert 1980).

Das Subjekt ist auf der Grundlage seiner Beziehungen zu anderen (und zu Objekten), durch Sozialisation (Charakterbildung) erst *Person,* bevor es – in einer damit einhergehenden Entwicklung – ein *Selbst* ausbilden kann. Ein *Selbst* bedeutet Ichfunktionen unter dem Gesichtspunkt von Handlungen betrachtet, die sich trotz all dieser Abhängigkeiten von anderen nicht als von ihnen herbeigeführte, erzwungene, mit ihnen unmittelbar konforme verstehen lassen.

Man kann sich den Prozeß der Charakterbildung in einer äußerst vereinfachten und schematisierten Form so vorstellen: Ein Kind produziert auf der Grundlage seiner Elementarbedürfnisse bestimmte Verhaltensmuster. Die für es bedeutsamen anderen (zunächst vor allem die Mutter, s. Kapitel 7) fördert mit ihren Reaktionen bestimmte dieser Verhaltensmuster, andere weist sie zurück. Die Reaktionen führen beim Kind ihrerseits *bestimmte* Reaktionen herbei; diese wirken wieder auf die Mutter ein usw. Dieser Zusammenhang ist jedoch von vornherein *nicht* als ein reiner Reiz-Reaktionsvorgang von wechselseitigem sich kausal Bestimmenden zu begreifen! Er ist von Symbolen gesteuert. Symbole sind Zeichen (Gesten, Sprache) die zum Anhaltspunkt für eine bestimmte Handlung werden,

ohne daß der Eine direkt auf den anderen verhaltensbestimmend einge-
wirkt hätte.

Für unsere Zwecke kommt es auf die zusammenfassende Anmerkung an:
In einem Prozeß des wechselseitigen Sich-Aneinander-Orientierens, der
immer auch von Symbolen gesteuert wird, verfestigen sich beim Kind
bestimmte, von den für es bedeutsamen anderen Subjekten bevorzugte
Verhaltensmuster und Einstellungen, zur *Charakterstruktur.*
Warum es dabei auch Schritt für Schritt zur Ausbildung eines *Selbst*
kommen muß, dafür werden im 4. Kapitel einige Argumente Fromms
eingeführt.[12]

zu a) Fichte versteht »Selbstbestimmung« als Tathandlung, als Sich-zu-
etwas-Bestimmen; zunächst als »Sich-zum-Denken-Bestimmen« (Stufe 1),
dann aber auch als: aus eigenem Willen zu gestalten, Einfluß zu nehmen,
Verändern, Hervorbringen.

Aber jetzt kann man »Selbstbestimmung« zusätzlich auch als Gestaltung, Umgestaltung der eigenen *Person* begreifen. »Reflexion« heißt nun
auch: Sich als Selbst auf sich als Person gestaltend zu richten. Da aber die
Charakterstrukturen dem Einfluß von Beziehungen zu anderen Personen
entstammen, bedeutet diese Art der »Reflexion« zugleich eine (indirekte)
Umgestaltung tatsächlicher Beziehungen zu anderen Subjekten.

Natürlich steht die eigene Person nie völlig für Selbstbestimmung zur
Verfügung. Für das Ich bleibt bei dieser Art Selbstbezug immer auch ein
»Schatten«, eine Dimension des Nicht-Ich zurück: Vor allem das Unbe-
wußte!

Stufe 6: Gesamtgesellschaftliche Bedingungen und das Ich

Die für das einzelne Subjekt bedeutsamen anderen Subjekte sind eine
entscheidende Instanz für seine Entwicklung. Über ihren Einfluß vermitteln sich aber auch Erfahrungen und Zwänge, die aus der Ordnung der
Gesellschaft als ganzer stammen. An dieser Stelle führt der Weg auch
wieder zu Fichte zurück. Er versucht nämlich immer wieder zu zeigen, daß
die Ausbildung eines Selbst, Selbstachtung und Selbstbestimmung *nicht
möglich ist ohne die Achtung des je eigenen Selbst (Ich) durch andere und
umgekehrt.* (»Umgekehrt« heißt: . . . »ohne daß ich das Selbst eines jeden
anderen achte«).

»Was er sich selbst vielleicht nie anmutet, mutet er doch gewiß anderen gegen sich
an: – daß sie ihn mit Besonnenheit und Überlegung und Zweckmäßigkeit, nicht als
ein vernunftloses Ding, sondern als ein freies und selbständiges Wesen behandeln;

---

[12] Fichte verfährt in diesem Punkt in der Tat ganz anders. Bei ihm gibt es Versuche,
das andere Subjekt und seine Bedeutung für das Ich in einer Art rein logischer
Argumentation zu »deduzieren«.

und so wird er allerdings, damit sie nur diese Anforderung erfüllen können, genötigt, auch sie als besonnen, und frei, und selbständig, und unabhängig von bloßer Naturgewalt zu denken.« (358)

Nur wenn *jedes* Subjekt seine Selbstbestimmung im Verhältnis zu anderen auf die folgende Weise ausübt, ist Selbstbestimmung, gerade die eigene, in ihrer höchsten Gestalt möglich:

»Aber die Stimme meines Gewissens ruft mir zu: Was diese Wesen auch an und für sich seien, du sollst sie behandeln als für sich bestehende freie, selbständige, von dir ganz und gar unabhängige Wesen. Setze als bekannt voraus, daß sie ganz unabhängig von dir und lediglich durch sich selbst sich Zwecke setzen können, störe die Ausführung dieser Zwecke nie, sondern befördere sie vielmehr nach allem deinem Vermögen. Ehre ihre Freiheit: ergreife mit Liebe ihre Zwecke, gleich den deinigen.« (355)

Der Bürgerschreck wird hier gleich »subjektives Moralisieren« und eine »Ethik privater Gesinnungen« wittern. Das Gegenteil ist richtig: Fichte hebt vielmehr hervor, daß nur unter der Voraussetzung der Möglichkeit für andere, ein Selbst auszubilden, das je eigene Selbst die Anerkennung durch selbständige andere finden kann, die zu seiner Bewahrung nötig ist. Die Organisationsform sozialer Beziehungen insgesamt eröffnet oder verschließt diese Möglichkeiten.

zu b) Die kritische Dimension des Vermittlungsproblems besteht also in der Untersuchung, inwieweit die Organisationsform einer Gesellschaft die Ausbildung von Ichfunktionen und jener von Fichte beschriebenen Struktur wechselseitiger Anerkennung stützt oder schwächt (s. Kapitel 3 und 4).

Stufe 7: Notiz zu einem Problem

Ist denn der einzelne wirklich von allen anderen, damit von der Gesellschaft als ganzer abhängig? Sind die wirklich bedeutsamen Beziehungen nicht nur solche des direkten Kontakts?

Die Gesellschaft bildet einen Zusammenhang, der sich nach historisch jeweils bestimmten, dem Ganzen als Ganzen eigentümlichen Mechanismen oder Prozessen als eine (widersprüchliche) Einheit erhält. Marx hält das Wertgesetz für einen solchen grundlegenden, widersprüchlich vereinheitlichenden Prozeß.

Zweifellos gibt es Vorgänge auf der Systemebene, die das Ich dieses einen empirischen Subjekts x, y, z . . . nicht berühren, mit ihm nichts zu tun haben. (Obwohl ich mir nicht vorstellen kann, daß irgend jemand von den Auswirkungen des Wertgesetzes unberührt bliebe.)

Aber nach der Auffassung einer Reihe von Autoren, die in den folgenden Kapiteln behandelt werden, gibt es keinen Systemprozeß oder keine Systemstruktur, die man nicht daraufhin untersuchen könnte, welche

Konsequenzen sie generell für die Ausbildung von Ich und Selbst haben oder haben könnten.

Der Zusammenhang und die Entwicklung eines sozialen Systems unterliegt eigenen Gesetzen (Regelmäßigkeiten), aber das heißt gewiß nicht mit logischer Notwendigkeit, sie ließen sich nicht in ihrem Einfluß auf, in ihrer Bedeutung für Ich-Entwicklung überhaupt abschätzen. Wenn der Apparat um der Menschen willen da ist, dann kann er immer daraufhin untersucht werden, von daher *kritisiert* werden, was er an Selbstbestimmung im Verhältnis zum Bestimmtsein zuläßt.

Weil Fichte dieser Frage eine logische Struktur geben will, habe ich seine vielleicht doch nicht so einfachen, philosophischen Überlegungen skizziert.

Leseempfehlung zu Kapitel 2

Johann Gottlieb Fichte: *Erste Einleitung in die Wissenschaftslehre*, in J. G. Fichte: Ausgewählte Werke in sechs Bänden (Edition Medicus), Band 3, Darmstadt 1962, 1 ff. (Sonderausgabe: Erste und Zweite Einleitung in die Wissenschaftslehre, Philosophische Bibliothek Meiner, Hamburg 1961).

J. G. Fichte: *Versuch einer neuen Darstellung der Wissenschaftslehre*, Band 3, a.a.O., 105 ff.

J. G. Fichte: *Die Bestimmung des Menschen*, Band 3, a.a.O., 163 ff.

Zwischeninformation I
Einige Grundbegriffe bei Sigmund Freud

Viele der Autoren, die in den folgenden Kapiteln erwähnt werden, bedienen sich bei ihrer Argumentation verschiedener Begriffe und Thesen der von Sigmund Freud (1856–1939) begründeten Psychoanalyse. Oft bestimmen sie die Eigenheiten ihrer Ansätze in ausdrücklicher Abgrenzung von Freudschen Überlegungen.

Ob Freud selbst schon eine »soziologische Theorie des Subjekts« entworfen oder nur Anknüpfungspunkte für dahingehende Bemühungen vorgezeichnet hat, das mag hier eine offene Frage bleiben. Es soll statt dessen im nächsten Kapitel ein Versuch skizziert werden, psychoanalytische Auffassungen ausdrücklich zu einer Theorie bürgerlicher Sozialcharaktere zu erweitern: der von Erich Fromm (1900–1980).[1] Um dort auf die Darstellung einiger Freudscher Grundbegriffe vorzichten zu können, werden sie in dieser Zwischeninformation zusammengestellt. Sie folgt Freuds eigener Zusammenfassung im *Abriß der Psychoanalyse*.[2]

Zur Veranschaulichung seiner Theorie stellt Freud das »Seelenleben« (6) der Menschen als Ergebnis, Funktion, eines »psychischen Apparates« (7) dar. Er bedient sich m. a. W. des Bildes einer »Apparatur« (eines Systems von tatsächlichen Vorgängen und Ereignissen), die es im Raum und Zeit gibt und die sich aus mehreren Bestandteilen zusammensetzt. Diese Bestandteile des »psychischen Apparates« nennt Freud auch »psychische Provinzen oder Instanzen« (7). Drei Instanzen dieser Art hat die Psychoanalyse aufgefunden: *Es, Ich, Über-Ich*.

---

[1] Auch Herbert Marcuse stützt sich auf die Psychoanalyse (vgl. u. Kapitel 5).

[2] Wer sich etwas ausführlicher in die Freudsche Theorie einlesen will, dem sind die »Vorlesungen zur Einführung in die Psychoanalyse« zu empfehlen (Freud: *Gesammelte Werke*, Bd. XI der Imago-Ausgabe, London.) Zahllose Zusammenfassungen von Freuds Theorie sind im Umlauf (z. B. Brenner 1967). Die im folgenden in Klammern gesetzten Seitenangaben beziehen sich auf *Abriß der Psychoanalyse*, Frankfurt/M. 1953.

A: Das Es

Freud sieht es als die gattungsgeschichtlich älteste »Provinz« des Seelenlebens an. Es enthält alles, was ererbt, von Geburt aus mitgebracht wird (»Anlage«). Vor allem ist es der Ausgangspunkt der *Triebe*, die den körperlichen Grundeigentümlichkeiten des Menschen zuzuschreiben sind und sich in körperlichen Spannungszuständen (z. B. Hunger) ausdrücken. Freuds Triebtheorie hat sich im Verlauf der Zeit geändert (vgl. Brenner 1967, 30 ff.). In seinen späteren Werken, zu denen der »Abriß« gehört, glaubt er, die Mannigfaltigkeit der menschlichen Triebe auf zwei Grundarten zurückführen zu können: *Eros* und *Todestrieb* (Destruktionstrieb). Diese beiden Triebe »repräsentieren die körperlichen Anforderungen an das Seelenleben« und stellen die »letzte Ursache jeder Aktivität« (10) dar. Beide Triebe haben eine bestimmte Energie, wirkende Kraft. Die Energie des Eros nennt Freud Libido, die des Todestriebes könnte man mit *Destrudo* (Aggression) bezeichnen.

A (1): Eros und Libido

»Eros« fällt – entgegen einem landläufigen Mißverständnis – bei Freud nicht mit dem zusammen, war wir heute unter »Sexualität« verstehen, obwohl die Theorie des Eros dem Studium der Sexualfunktionen, insbesondere der frühkindlichen Sexualität entstammt (14). Das läßt sich an der Handlungen antreibenden Kraft des Eros, der *Libido*, verdeutlichen. Die Libido ist eine Energie, die aus »verschiedenen Organen und Körperstellen« hervorströmt (13). Diese Energie kann sich an den »psychischen Repräsentanzen« äußerer Objekte, am inneren Eindruck, den Personen und Sachen in der Welt hinterlassen, festmachen. Diesen Vorgang nennt Freud (libidinöse) *Besetzung*. »Psychische Repräsentanzen« sind Vorstellungsbilder, Gedanken, Erinnerungen, Phantasieinhalte, etc., in denen Objekte, äußere Dinge und Personen aufgefaßt wurden.

»Die genaue Definition von Besetzung ist der Betrag an psychischer Energie, der auf den psychischen Repräsentanten einer Person oder eines Gegenstandes gerichtet oder ihm beigelegt ist . . . Je stärker die Besetzung ist, desto wichtiger ist, psychologisch gesprochen, das Objekt, und umgekehrt.« (Brenner 1967, 29)

»Lust« ist das Resultat der Minderung oder Aufhebung der durch den Eros hervorgerufenen Spannungszustände. »Lust« ist nicht auf Sexualität eingeengt. Freud bestimmt das Ziel des Eros vielmehr ganz allgemein als ein Streben, »immer größere Einheiten herzustellen und so zu erhalten« (11).

A (2): Todestrieb und Aggression (Destrudo)

Letztes Ziel des Todestriebes ist nach Freud hingegen, »das Lebende in den anorganischen Zustand zu überführen« (11). Auch in diesem Fall ist »Aggression« *nicht* im üblichen Sinn der »Gewalttätigkeit« zu verstehen! Freud begreift sie als eine allgemeine Strebung, »Zusammenhänge aufzulösen und so die Dinge zu zerstören« (11).

In der Wirklichkeit treten nach seiner Auffassung beide Triebe immer (in verschiedenen Proportionen) gemischt auf: »So ist . . . der Sexualakt eine Aggression mit der Absicht der innigsten Vereinigung.« (11)

Die Triebe siedeln in der »psychischen Provinz« des ES. Das ES hat eine bestimmte *»psychische Qualität«:* die des *Unbewußten.* »Das Unbewußte ist die allein herrschende Qualität im ES.« (28) Die Annahme unbewußter Seelenvorgänge ist notwendig, weil die Daten des Bewußtseins in hohem Grade lückenhaft sind. Sowohl bei Gesunden als auch bei Kranken kommen häufig psychische Akte vor, »welche zu ihrer Erklärung andere Akte voraussetzen, für die aber das Bewußtsein nicht zeugt.« (Freud 1960, 7) Nicht nur Fehlleistungen wie das Sich-Versprechen, Träume und Neurosen werden allein verständlich, wenn man unbewußte psychische Vorgänge »interpoliert«.

»Alle diese bewußten Akte blieben zusammenhanglos und unverständlich, wenn wir den Anspruch festhalten wollen, daß wir auch alles durchs Bewußtsein erfahren müssen, was an seelischen Akten in uns vorgeht, und ordnen sich in einen aufzeigbaren Zusammenhang ein, wenn wir die erschlossenen unbewußten Akte interpolieren.« (Ebd., 8)

Es und Unterbewußtsein gehören unmittelbar zusammen, wobei zwei Grundarten des Unbewußten zu unterscheiden sind:

a) Ursprünglich unbewußte Vorgänge wie Triebansprüche, die »stillschweigend« wirken, unbegriffen wirksame Anlagen usf. Das ist der »schwer zugängliche Kern« des Es (28).

b) Psychische, dem Es entstammende Ansprüche, die vom Ich zensiert und ins Unbewußte, zurückgedrängt werden. Auch gewisse, bereits ins Bewußtsein aufgenommene Inhalte werden u. U. »wieder in den unbewußten Zustand zurückversetzt« (28). Diesen Anteil des Es nennt Freud das *Verdrängte.*

Die psychischen Vorgänge im Es gehorchen Gesetzmäßigkeiten, die nicht denen unseres alltäglichen Verstandes entsprechen (»Primärprozeß«).

Das Es, so sagt Freud, ist »von der Außenwelt abgeschnitten« (75). Es steht in keinem direkten Wahrnehmungskontakt mit der Umwelt. Es verspürt jedoch »mit außerordentlicher Schärfe gewisse Veränderungen in seinem Inneren, besonders Schwankungen in der Bedürfnisspannung seiner Triebe, die als Empfindungen der Reihe Lust-Unlust bewußt werden« (75). Das Es gehorcht dem *Lustprinzip* (76).

B: Das Ich

Das Ich hat sich nach Freud aus einer mit der Aufgabe der Reizaufnahme und des Reizschutzes betrauten »Rindenschicht« des Es zu einer selbständigen Instanz entwickelt (7).

- Das Ich kontrolliert die Muskeltätigkeit, damit die Körpertätigkeit insgesamt;
- Das Ich erfüllt die Aufgabe der *Selbstbehauptung*, indem es die von außen kommenden Reize aufnimmt (z. B. wahrnimmt), sie als Erfahrungen aufspeichert, durch Flucht, Anpassung oder Umweltgestaltung (Selbsttätigkeit) bewältigt;
- Das Ich sichert aber auch Selbstbehauptung, indem es die dem Es entstammenden Triebansprüche bearbeitet und entscheidet, ob sie zur Befriedigung zugelassen, vertagt oder gar verdrängt werden müssen.

An einer Stelle faßt Freud die Funktionen des Ich in einer Formel zusammen, die einiges von dem enthält, was schon im Zusammenhang mit Fichte (Kap. 2) gesagt wurde:

»Nach unserer Voraussetzung hat das Ich die Aufgabe, den Ansprüchen seiner drei Abhängigkeiten von der Realität, dem Es und dem Über-Ich zu genügen und dabei doch seine Organisation aufrechtzuerhalten, seine Selbständigkeit zu behaupten.« (40)

Das Ich, so zeigt diese Formulierung, wird vom *Realitätsprinzip* beherrscht.

Die »psychische Qualität«, durch die das Ich gekennzeichnet wird, ist zunächst die des *Bewußtseins*. »Bewußt«, dieser Begriff bezeichnet das »Nämliche wie das Bewußtsein der Philosophen und der Volksmeinung« (23), das mehr oder minder klare Innesein (bis hin zum Wissen) äußerer und innerer Sachverhalte. »Das Bewußtwerden ist vor allem geknüpft an die Wahrnehmungen, die unsere Sinnesorgane von der Außenwelt gewinnen.« (26) Bewußtsein ist jedoch nur »ein höchst flüchtiger Zustand« (24). Die meisten seelischen Prozesse verlaufen unbewußt. Aber im Unbewußten gibt es eine Reihe von Vorgängen, die leichter bewußt (wiederbewußt) werden können als die übrigen (z. B. Erinnerung). »Alles Unbewußte, das sich so verhält, so leicht den unbewußten Zustand mit dem bewußten vertauschen kann, heißen wir darum lieber bewußtseinsfähig oder *vorbe-wußt*«. (24)

Im Hinblick auf die »psychischen Provinzen« ist das *Vorbewußte* (das unter dem Gesichtspunkt der »psychischen Qualitäten« die Qualität »un-bewußt« hat) jedoch dem *Ich* zuzurechnen: »Das Innere des Ich, das vor allem die Denkvorgänge umfaßt, hat die Qualität des Vorbewußten. Diese ist für das Ich charakteristisch, kommt ihm allein zu.« (27)

Unter dem Gesichtspunkt der »Triebschicksale« ist nach Freuds Auffas-sung die Libido ursprünglich (zu Beginn der Charakterentwicklung – s. u.) ihrem Gesamtbetrag nach im *Ich* aufgespeichert. »Wir nennen diesen Zustand den absoluten primären *Narzißmus*« (= ursprüngliche Selbstlie-be). Dieser Zustand hält so lange an, bis das Ich beginnt, die Vorstellungen von *Objekten* mit Libido zu besetzen, die narzißtische Libido in Objektli-bido umzuwandeln.

C: Das Über-Ich

»Als Niederschlag der langen Kindheitsperiode, während der werdende Mensch in Abhängigkeit von seinen Eltern lebt, bildet sich in seinem Ich eine besondere Instanz heraus, in der sich dieser elterliche Einfluß fort-setzt.« (8) Diese Instanz nennt Freud *Über-Ich*.

Durch *Identifikation*[3] (im Sinne vom »libidinöser Bindung an« oder sich – bewußt oder unbewußt – eins setzen) mit den Eltern, (auch Geschwi-stern) werden Normen, Werthaltungen, Anschauungen, Verhaltenstile von Familienmitgliedern in das Individuum »hineingenommen« (verinner-licht). Da die Familie nicht in einem isolierten Raum steht, sondern eine *gesellschaftliche* Institution darstellt, werden damit in letzter Instanz auch gesellschaftliche Normen, Werte, Erwartungen, Verhaltensmuster verin-nerlicht und zu einem »Über-Ich« als Gewissens- und Kontrollinstanz aufgebaut.

Das Über-Ich ist also neben dem Es und der äußeren Realität die »dritte Macht« (8), der das Ich Rechnung tragen muß.

»Eine Handlung des Ich ist dann korrekt, wenn sie gleichzeitig den Anforderungen des Es, des Über-Ichs und der Realität genügt, also deren Ansprüche miteinander zu versöhnen weiß.« (8)

---

[3] »Unter Identifizierung verstehen wir den Akt oder Prozeß, durch den man in einem oder mehreren Denk- oder Verhaltensaspekten wie etwas oder wie jemand wird.« (Brenner 1967, 54)

Ungefähr mit dem Ende des 5. Lebensjahres, mit dem Ende des *Ödipuskomplexes* (s. u.), werden Ansprüche der Außenwelt durch Identifizierung »ins Ich aufgenommen« und somit zu einem Bestandteil der psychischen Innenwelt (35). »Diese neue psychische Instanz setzt die Funktion fort, die jene Personen der Außenwelt ausgeübt hatten, sie beobachtet das Ich, gibt ihm Befehle, richtet es und droht ihm mit Strafen, ganz wie die Eltern, deren Stelle es eingenommen hat.« (85) Als Gewissen vertritt das Über-Ich »für alle späteren Lebenszeiten den Einfluß der Kinderzeit des Individuums, Kindespflege, Erziehung und Abhängigkeit von den Eltern, der Kinderzeit, die beim Menschen durch das Zusammenleben in Familien so sehr verlängert worden ist« (86). Damit wirkt sich aber auch vieles von dem im Innern des Individuums aus, was den sozialen Verhältnissen eigentümlich ist, in denen die Familie existiert – bis hin zu den geschichtlichen Wirkungen und Erfahrungen, die der Geschichte der Kultur, der gesellschaftlichen Tradition angehören. Man kann sagen,

»die Außenwelt, in der sich der Einzelne nach der Ablösung von den Eltern ausgesetzt finden wird, repräsentiere die Macht der Gegenwart, sein Es mit den vererbten Tendenzen, die organische Vergangenheit und das später hinzugekommene Über-Ich, vor allem die kulturelle Vergangenheit, die das Kind in den wenigen Jahren seiner Frühzeit gleichsam nacherleben soll.« (86/87)

D: Charakterentwicklung

Mehr oder minder eindeutig beziehen sich viele in den folgenden Kapiteln erwähnten Autoren auf Freuds Theorie der Charakterentwicklung. Freud hat ein Stufenschema der »psycho-sexuellen« Entwicklung entworfen, an dem heute keine »Charakterkunde« mehr vorbeigehen kann. Es wird von drei Grundannahmen getragen (15):

a) Das menschliche Sexualleben beginnt nicht erst nach der Pubertät, sondern bald nach der Geburt;
b) »Sexuell« umfaßt mehr als die Betätigung der Geschlechtsorgane (Genitalien);
c) »Sexualität« betrifft vielmehr und ganz allgemein »die Funktion der Lustgewinnung aus Körperzonen« (15).

Unter diesen Voraussetzungen, insbesondere aufgrund der Annahme frühkindlicher Sexualität als Lustgewinnung aus erogenen Zonen, entwickelt Freud seine Charakterkunde (»Charakter« deswegen, weil hier Antriebe, libidinöse Triebe, unter dem Einfluß der Umwelt zu bestimmten Verhaltenstendenzen geprägt werden).

Ausgangspunkt: Primärer Narzißmus. Das ist – wie wir gesehen haben – der Zustand, in dem die Libido vor allen Objektbesetzungen im Ich aufgespeichert ist (Narzißtische Libido).

Phase 1: Die orale Phase (erste 1½ Lebensjahre). Das erste Körperorgan, das als erogene Zone auftritt »und einen libidinösen Anspruch an die Seele stellt« (16), ist von Geburt an der *Mund*.[4] Die psychische Tätigkeit ist in dieser Phase darauf ausgerichtet, den von dieser Zone (Mund, Nahrungsaufnahme) ausgehenden Bedürfnissen Befriedigung zu verschaffen.

Phase 2: Die sadistisch-anale Phase (bis ca. 3. Jahr). In dieser Phase wird (zusätzlich und vorherrschend) »Befriedigung in der Aggression und in der Funktion der Exkretion« (= Körperausscheidung) gesucht (17). Aggression und Sadismus begreift Freud als eine »Triebmischung« von libidinösen und destruktiven Strebungen.

Phase 3: Die phallische Phase (bis ca. 5./6. Jahr). Hier richtet sich die libidinöse Energie auf das männliche Geschlechtsorgan, den Phallus. (Nach Freuds Auffassung gilt dies für beide Geschlechter.)

Aber in der phallischen Phase trennen sich auch die Wege der Charakterentwicklung von Knaben und Mädchen. Der Knabe tritt in die Ödipus-Phase (3a) ein.

Nach Freuds Auffassung kommt dem *Ödipuskomplex* eine entscheidende Rolle bei der Charakterentwicklung zu. Aus umfangreichem klinischen Material schließt Freud, die Kinder in der phallischen Phase hegten inzestuöse Wünsche gegenüber dem andersgeschlechtlichen Elternteil (der Knabe möchte die Mutter sexuell besitzen, das Mädchen den Vater). Gegenüber dem gleichgeschlechtlichen Elternteil herrscht Eifersucht und damit Aggressivität. Das erinnert an die griechische Sage von König Ödipus, der – ohne sein Wissen, also unbewußt – seinen Vater tötete und seine Mutter heiratete.

Freud entnimmt seinem Material, daß die Mutter die sexuellen Ansprüche des Kindes mit Drohungen und Strafen abweist. Des öfteren wird, gleichsam zur Verstärkung, dem Vater die Ausführung der Strafe zugeschoben (64). Dabei ist nach Freud die *Kastrationsdrohung* für den Knaben die schärfste Strafandrohung. Beim Mädchen unterstellt Freud einen sich verschärfenden Penisneid, der dem Ödipuskomplex ähnliche Konsequenz haben soll. Dem Ödipuskomplex mißt Feud entscheidende Bedeutung bei der Entstehung des Über-Ich zu.

»Soweit wir es verstehen, werden im Verlauf der Aufgabe und Verdrängung oder der anderweitigen Verwerfung der Inzestwünsche und Todeswünsche, die den Ödipuskomplex bilden, die Beziehungen des Kindes zu den Objekten dieser Wünsche zu

---

[4] »Oratio« ist die mündliche Äußerung, die Rede.

einem beträchtlichen Teil in Identifikationen mit ihnen umgewandelt. Anstatt die Eltern zu lieben und zu hassen – wobei das Kind annimmt, sie werden derartige Wünsche ablehnen und bestrafen, wird es in der Verwerfung seiner Wünsche *wie* die Eltern.« (Brenner 1967, 135)

Phase 4: Die Latenzphase. Die Entwicklung der frühkindlichen Sexualität erreicht nach Freud ihren Höhepunkt gegen Ende des 5./6. Lebensjahres, dem eine Art Ruhepause folgt. »Während dieser (Zeit) steht der Fortschritt stille, vieles wird verlernt und wieder rückgebildet.« (16) Da mit der Pubertät die Sexualität erneut und verstärkt hervortritt, kann man also von einem »zweiseitigen Ansatz« (16) des menschlichen Sexuallebens reden; denn mit der Latenzphase geraten nach Freud »die Ereignisse der Frühzeit« der Sexualität in Vergessenheit (»infantile Amnesie«).

Phase 5: Die genitale Phase. Durch die Pubertät und nach ihr stellt sich der endgültige psychosexuelle Zustand her. Die Strebungen werden nun endgültig dem »Primat der Genitalien«, der Funktion der »heterosexuellen« Beziehung, der Beziehung zum anderen Geschlecht und der Fortpflanzung untergeordnet. Aber dies heißt weder, daß die Stufen völlig rein, eine nach der anderen durchlaufen würden, noch daß man sie einfach hinter sich ließe. Es bleiben frühere libidinöse Bindungen erhalten, andere als Verdrängtes wirksam, wieder andere erleiden Zielverschiebungen (»Sublimierungen«) usf. Hinzu kommt, daß sich der Prozeß der Charakterentwicklung nach dem Freudschen Modell »nicht immer tadellos« vollzieht (19). Ein Teil der Libido, die als Energie an sich für die genitale Phase zur Verfügung stünde, bleibt an Objekte und Befriedigungsweisen früherer Phasen gebunden. Dieses Fortbestehen von libidinösen Objektbesetzungen, die Phasen der frühkindlichen Entwicklung angehören, bezeichnet Freud als *Fixierung* der Libido (19). So kann man beispielsweise bei manchen Menschen eine stärkere Bindung an, Fixierung auf anale Befriedigungsmuster feststellen (analer Charakter). Gewiß: Fixierung auf frühe Stufen der psychosexuellen Entwicklung gibt es bei jedem Menschen; von einer »Pathologie« (von einem Krankheitsbild) läßt sich erst reden, wenn eine »infantile« Fixierung zum vorherrschenden Charakterzug wird. »Zum Beispiel kann es sein, daß ein Knabe an seine Mutter fixiert bleibt und deshalb als Erwachsener nicht imstande ist, seine Zuneigung auf eine andere Frau zu übertragen, wie er das normalerweise können müßte.« (Brenner 1967, 38). Derartige Fixierungen vollziehen sich im allgemeinen unbewußt.

Neben der Bindung der Libido an frühe Entwicklungsstufen kann es aber auch eine Art »Zurückfluten« der Libido geben. Die Neigung der Libido, sich »im Falle von genitaler Nichtbefriedigung oder realer Schwierigkeiten in die früheren prägenitalen Besetzungen zurückzukehren« (19/20), nennt Freud *Regression.* In diesem Sinne kann es beispielsweise vorkommen, daß die »Lösung des Ödipuskomplexes nur auf Kosten einer partiellen Regression seines Trieblebens zur analen Ebene gelingt.« (Brenner 1967, 212) In diesem Falle prägt sich dem entsprechendem Subjekt sein Leben lang ein Verhaltensmuster auf, das durch besondere Aufmerksamkeit gegenüber den eigenen analen Vorgängen gekennzeichnet ist. Damit, so zeigte sich, geht die Tendenz einher, Dinge zu sammeln, Sachen zu horten, übertriebene Sparsamkeit zu üben (= analer Charakter).

Kapitel 3
Zuviel Furcht vor der Freiheit

Erich Fromm

Rückblick und drei Fragen

Das Ich als Selbst, als Zentrum der Selbsttätigkeit, durch das die Taten dem Einzelnen zurechenbar werden, ein Prinzip der Freiheit, kennzeichnet die Philosophie Fichtes (Kapitel 2). Es ist Ausdruck der Einzelheit, Besonderheit. Ein Prinzip der Individuation, des bestimmten Selbstseins. Und dennoch faßt es Fichte auch in allgemeiner Form, als »Ich an sich«, das in *jedem* denkenden und handelnden Subjekt, das mehr ist als die Marionette gegebener Umstände, vorauszusetzen ist. Ein Widerspruch?

Fichte würde ihn dadurch auflösen wollen, daß er zur »Tathandlung« auffordert. »Denke Dich selbst, und achte darauf, was Du damit tust!« Du erfaßt eine Aktivität als frei, durch dich *allein* bestimmte, die zugleich eine Struktur hat, die *jeder,* der lebt und sich nicht zum Ding herabgesetzt hat, an seinem Tun erkennen kann. Das »Unverwechselbare« am Individuum scheint sich aus zwei Quellen zu speisen: aus der Selbsttätigkeit, Freiheit, die jeder als Prinzip der Selbstbestimmung erfährt, und aus den Eigenheiten, die ihm als dieser besondere Körper in diesen (historischen) Umständen eigentümlich sind.

Diese Konstruktion, selbst wenn sie logisch gegen jeden Einwand immun zu machen wäre, erwiese sich als hinfällig, wenn man zeigen könnte, daß das Prinzip der Selbstbestimmung eines ist, das in jeder Hinsicht an die Entstehung und Entwicklung einer *bestimmten* historischen Gesellschaftsformation gebunden wäre. Hat es mehr als eine historische Flüchtigkeit? Wenn – wie Fichte sagt – nur mit ihm das Leben[1], ohne es der Tod ist, könnte man nicht eine Gesellschaft daran messen, inwieweit sie Selbstbestimmung (im Fichteschen Sinn!) fördert oder unterdrückt?[2]

---

[1] Im Sinne von »nur unter der Voraussetzung und der Entwicklung des Ich als Selbst ist Leben als spezifisch menschliches« möglich.

[2] Dieser Gesichtspunkt wird in der Frankfurter Dissertation von Carl Georg Hegemann (*Identität und Selbstzerstörung – Grundlagen einer historischen Kritik moderner Lebensbedingungen,* 1978) in einer interessanten Fichte-Interpretation geltend gemacht. (Die Arbeit wird demnächst veröffentlicht.)

Wie weit reichen die unterdrückenden Mechanismen? Im ersten Kapitel (über Weber/Sombart) haben wir dem „Sozialcharakter" eine etwas an der Oberfläche bleibende Bestimmung gegeben. Er wurde als methodische, »idealtypische« Konstruktion »seelischer Eigenschaften und Tätigkeiten vorgestellt«, dessen »Vorherrschen« durch eine Art Vergleich mit den empirischen lebenden Menschen überprüft werden könnte. Aber bei »Charakter« denken wir an etwas tiefer Verwurzeltes, etwas, was uns »tief« eingeprägt ist oder sich »tiefen«, meist unbewußten Prägungen verdankt.

Erich Fromm (1900–1980), von dem im folgenden die Rede sein soll, versucht auf alle drei genannten Fragen eine Antwort, die Motive in anderer Form aufnimmt, welche in den beiden vorhergehenden Kapiteln skizziert wurden. Fromm wird der schwere Vorwurf gemacht, er habe sich um eine »populäre«, allgemeinverständliche Darstellung seiner Thesen bemüht (vgl. Reif 1978, 9 u. 249). Damit wird man sich leicht anfreunden können.

Richtig ist allerdings, daß er seine Charakterkunde immer wieder verändert und nur ansatzweise zur Geschlossenheit gebracht hat. In seinen zahlreichen Artikeln und Büchern tauchen immer neue Charaktertypen oder neue Aspekte der ursprünglichen Charakterologie (= Charakterkunde) auf. Wir werden uns in diesem Punkt mit Vereinfachungen und einer recht entschlossenen Auswahl behelfen.

Das Wesen des Menschen und das Dilemma der Anthropologie

»Charakter«, darunter versteht man auch im Alltag die vergleichsweise feststehenden Muster, in denen sich eine Person mit Einflüssen aus der Außenwelt (Personen und Dingen) auseinandersetzt. Beim Charakter wirken sich entweder »Erbanlagen« aus oder es haben sich Einflüsse aus der Umwelt tief eingeprägt, so sagt man. Aber woraus speist sich die »Energie« dieser geprägten Verhaltensformen? Um beim Bild der Münzprägung zu bleiben: In welchen Stoff prägt sich die Formierung von außen ein? Was wird in und an den Menschen durch den Einfluß anderer Individuen geformt?

Auf derartige Fragen läßt sich nur eine Antwort geben, wenn man etwas über die Eigenheiten des Menschen als Menschen, der Menschengattung ausmachen kann. Die Anthropologie (Menschenkunde) erhebt den Anspruch, etwas über das »spezifisch Menschliche« oder »Menschlich-Allzu-Menschliche« aussagen zu können. Soweit sie die Entstehung des »homo sapiens« im Zusammenhang mit der Entwicklung der Arten seiner Vorväter insgesamt zum Gegenstand hat, mag das angehen. Aber wenn sie zur

»philosophischen Anthropologie« wird, und damit z. B. sein »Wesen«, das ihn von allen Arten grundsätzlich unterscheidet oder gar »über« diese stellt, bestimmen will, tut sich leicht ein Dilemma auf, das Fromm beschreibt: Wo man die »Spezies«, Gattung »Mensch« nicht nur anhand anatomischer oder biologischer Merkmale definieren will, sondern nach »dem Menschen« eigentümlichen seelischen Merkmalen sucht, werden oft besondere *historische* Eigenschaften von Menschen zum Allgemeinmenschlichen (»zur Natur des Menschen«) erhoben. So hat zum Beispiel der Ökonom Adam Smith (1723–1790), der die sich entwickelnde bürgerliche Tauschwirtschaft untersucht, die Auffassung vertreten, es gäbe einen allen Menschen eigentümlichen »Hang« oder »Trieb zum Tauschen«. In solchen Fällen werden Eigenschaften einer besonderen Epoche, ja, besonderer Gruppen und Klassen zum Allgemeinen, zum Ewigen und Unwandelbaren erhöht:

»Alle autoritären Denker haben es sich leicht gemacht, indem sie die Existenz einer nach ihrer Meinung starren und unveränderlichen menschlichen Natur voraussetzen. Dies sollte beweisen, daß die auf dieser vorausgesetzten Natur des Menschen beruhenden ethischen Systeme und sozialen Einrichtungen notwendig und unwandelbar seien.« (1954, 35)[3]

Auf diese Weise kann man leicht die Wertvorstellungen einer *bestimmten* Klasse zu Prinzipien allen menschlichen Lebens hochjubeln und das, was diesen »Notwendigkeiten« nicht entspricht, auf eine den eigenen Sonderinteressen förderliche Weise bekämpfen.

Es ist in der Tat ein Merkmal konservativen, wenn nicht autoritären Denkens, von angeblich ewigen, unveränderlichen »Wesensbestimmungen« der menschlichen Existenz auszugehen, deren Verteidigung recht handfesten historischen Interessen dienlich ist. Das bezeichnet die eine Seite einer falschen Medaille.

»Progressive« Denker hingegen begrüßen »jene Forschungsergebnisse der Anthropologie und Psychologie . . ., welche im Gegensatz hierzu die unbegrenzte Wandelbarkeit der menschlichen Natur nachzuweisen scheinen« (ebd., 35): Es gibt nach dieser Auffassung gar keine »feste, unwandelbare Menschennatur«, also auch keine gesellschaftlichen Einrichtungen (Institutionen), von denen sich sagen ließe, sie entsprächen der »Natur des Menschen« mehr oder minder gut. Normen und Institutionen der Gesellschaft beeinflussen zwar die Natur des Menschen, aber sie sind so flüssig wie diese selbst. Mit Argumenten dieser Art entsteht jedoch ebenfalls ein

---

[3] Jahreszahlen in Verbindung von Seitenangaben ohne Nennung eines Autors beziehen sich im folgenden immer auf Veröffentlichungen E. Fromms (s. Literaturverzeichnis).

schwerwiegendes Problem: Wäre der Mensch wirklich ein völlig leeres Blatt, auf das die historischen Umstände (Normen und Institutionen) ihre Lettern einzeichnen, dann müßten gerade die »Progressiven« in den von Fichte kritisierten Dogmatismus (Modell I, s. o. S. 42) zurückfallen! Sie müßten nämlich zugeben, daß man die Menschen einer Gesellschaft (anhand von Normen und institutionellen Ordnungen) uneingeschränkt so »abrichten« kann, daß es keine Möglichkeit gibt, »die der menschlichen Natur innewohnenden Kräfte zu mobilisieren, um eine Veränderung von Typen zu erreichen" (ebd., 36).

»In diesem Falle wäre der Mensch nur eine Marionette irgendwelcher sozialer Übereinkommen, aber niemals ein aktives Wesen, das im Verlauf seiner Geschichte den Beweis erbracht hat, daß es immer wieder gegen den übermächtigen Druck sozialer und kultureller Verhältnisse ankämpfen will, die seiner Veranlagung nicht entsprechen.« (Ebd.)

Man müßte vielmehr sagen, daß das Ich der Selbstbestimmung und Freiheit, das Fichte dem Dogmatismus entgegensetzte, völlig eingeebnet werden könnte, daß es keine Möglichkeit, kein in den Individuen selbst liegendes Potential des Widerstandes gegen die vollständige Bestimmung von außen (Modell I) gäbe! Und dies hätte auch fatale Konsequenzen für eine *kritische* Theorie des Subjekts:

In dem vorhergehenden Abschnitt wurden diesem Kapitel drei Fragen vorausgeschickt. Frage (2) lautete: Kann man nicht eine Gesellschaft daran messen, inwieweit sie Selbstbestimmung (im Fichteschen Sinn) fördert oder unterdrückt? Die »progressive« Theorie der absolut plastischen Menschennatur, so zeigt Fromm, schlägt in ihr Gegenteil um. Sie verstellt sogar noch diese Frage als Frage:

»Wäre der Mensch also nur ein Reflex kultureller Typen, dann könnte faktisch keine Sozialordnung vom Standpunkt des menschlichen Wohlergehens kritisiert oder beurteilt werden, weil es keine Konzeption des Menschen geben würde.« (Ebd., 36)

Das ist die Kehrseite der offensichtlich falschen Medaille.

Die Anthropologie befindet sich in einem Dilemma: Entweder verfälscht sie historische Merkmale von Subjekten zum »Ewigen und Allgemeinmenschlichen« oder die These von der unbegrenzten Formbarkeit der Menschennatur verstellt ihr letztlich den Gedanken an Widerstand, der daher rührt, daß elementare Bedürfnisse und Eigenschaften des Menschen verletzt werden. Ein Dilemma, das dem Widerstreit von Dogmatismus und absolutem Idealismus bei Fichte außerordentlich nahekommt. Eine »vermittelnde« Position (P5) muß sich den beiden Hörnern des Dilemmas entziehen. Fromm formuliert sie im Rahmen einer Theorie der menschlichen Existenz.

Im Grunde stellt sich Fromm einem paradoxen Ausgangsproblem: Kann man nicht die *Unbestimmtheit* (scheinbar grenzenlose Formbarkeit) der Menschennatur als eine Grundeigenschaft dieser Gattung ansehen, die dennoch der Ursprung *bestimmter* Eigenschaften dieser Spezies ist? »Unbestimmtheit«, das meint ja vor allem auch die Tatsache, daß der Mensch anders als viele der übrigen Tiere nicht »von Geburt zu zweckmäßigem Verhalten ausgerüstet« ist (1966, 40). Er steht am Endpunkt einer Entwicklung der Organismen, die durch »die ständig abnehmende Determinierung des Verhaltens durch Instinkte« (1974, 201) gekennzeichnet ist. Bei vielen Tierarten stabilisiert sich die Beziehung zur natürlichen Umwelt durch Instinktmechanismen, die eine Art »Einheit« des Lebewesens mit der Natur begründen. Das heißt nicht, Tiere stünden grundsätzlich in »Harmonie« mit der Natur, es bedeutet nur, daß das Tier »seinen spezifischen ökologischen Platz hat, dem seine spezifischen und psychischen Eigenschaften durch den Evolutionsprozeß angepaßt worden sind« (Ebd., 203), eine Art schwankender Gleichgewichtszustand mit der Natur. Überdies passen sich Tiere der Umwelt eher dadurch an, daß *sie* sich unter dem Einfluß der ökologischen Bedingungen verändern. Der Mensch hingegen, der den aufrechten Gang gelernt hat, bewahrt seine Lebenssicherheit nicht nur durch Instinkte, ihn leitet – so behauptet er von sich – ein hochentwickeltes Gehirn.

Man kann »den Menschen als den Primaten definieren, der an dem Punkt der Evolution seine Entwicklung begann, an dem die Determination durch die Instinkte ein Minimum und die Entwicklung des Gehirns ein Maximum erreicht hatte« (Ebd., 202).

Die Instinktschwäche des Menschen läßt sich zunächst als Ausdruck einer existentiellen Hilflosigkeit betrachten. Das Bild verschärft sich eher noch, wenn man bedenkt, wieviel länger er als andere Tiere von seinen Erzeugern abhängig ist. Dennoch:

»... gerade diese Hilflosigkeit des Menschen ist der Boden, dem menschliche Fortentwicklung entsprießt. Des Menschen biologische Schwäche ist die Vorbedingung der menschlichen Kultur.« (1966, 40)

Das zwang ihn, Fertigkeiten auszubilden, über deren Vorhandensein sich die Anthropologen im Großen und Ganzen einig sind: Er hat ein ausgeprägteres Gedächtnis als die anderen Arten, er kann sich Vorstellungen über die Zukunft machen, er verfügt über ein Symbolsystem, dessen er sich gezielt bedienen kann (= die Sprache) etc. Vor allem paßt er sich weniger der Umwelt an, als daß er sie durch zweckvolle Tätigkeit umzugestalten versucht. Ebenso wichtig sind Bewußtsein und Selbstbewußtsein als Bedingungen seiner Existenz. »Der Mensch ist das einzige Lebewesen, das nicht nur Objekte kennt, sondern das auch weiß, daß es sie kennt.« (1974, 202) = Bewußtsein. Mit Fichte müßte man hinzufügen, daß er obendrein das Wesen ist, das auch weiß, daß *es selbst* ist, das so etwas weiß. Es weiß auch von sich selbst = Selbstbewußtsein. Der Mensch wird sich »seiner als einer bestimmten Wesenheit« (1954, 54) auch im Verhältnis zu ebensolchen anderen »Wesenheiten« seiner Art bewußt.

Wir entdecken damit einen merkwürdigen Zwiespalt in der menschlichen Natur: Auf der einen Seite ist der Mensch durch eine biologische Hilflosigkeit und extrem lange Abhängigkeit von »seinen Erzeugern« gekennzeichnet. Sein Gleichgewicht mit der Natur ist gestört.

»Wahrnehmung des eigenen Seins, Vernunft und Phantasie haben die Harmonie durchbrochen, welche das tierische Dasein kennzeichnet. Diese Erscheinung hat den Menschen zu einer Anomalie, zu einer Art Mißgeburt (a freak) innerhalb des Universums, zu einem Sonderwurf der Natur gemacht.« (1955, 25)

Der Mensch kann daher nicht leben, »indem er lediglich das Muster seiner Spezies (wie bei Instinktschemata – C. D.) wiederholt. *Er* muß leben.« (1974, 203) Er fällt oder tritt so aus der Natur heraus und verändert mit Bewußtsein und Selbstbewußtsein Lebensbedingungen zu seinen Gunsten und Ungunsten. Und es ist ihm grundsätzlich verwehrt, in den vormenschlichen Zustand der »Harmonie mit der Natur zurückzukehren« (ebd.). Er ist getrennt von der Natur und dennoch bleibt er ein Teil von ihr. Er wird zu einem zufälligen Zeitpunkt an einem zufälligen Ort biologisch in die Welt »gesetzt«. Er ist ebenso ohnmächtig gezwungen, diese Welt wieder zu verlassen. Er *weiß* um die Unumgänglichkeit seines Todes und kann sich ihm dennoch durch keine noch so bewußte Tat entziehen. Beim Tod und Bewußtsein des Todes handelt es sich ebenfalls um eine Variante seines *existentiellen Grundwiderspruches:*

»Er ist heimatlos und doch an die Heimat gekettet, die er mit allen Kreaturen teilt. An einem zufälligen Ort und zu einem zufälligen Zeitpunkt in diese Welt geworfen, ist er gezwungen, sie, wie es der Zufall will, und gegen seinen Willen zu verlassen. Da er sich seiner selbst bewußt ist, erkennt er seine Ohnmacht und die Begrenztheit seiner Existenz. Er ist nie frei von der Dichotomie seiner Existenz. Er kann sich nicht von seiner Denkfähigkeit freimachen, selbst wenn er es wollte.
Er kann sich nicht von seinem Körper freimachen, solange er lebt – und sein Körper zwingt ihm den Wunsch zu leben, auf.« (Ebd.)

Der Mensch steht in der Natur und gleichzeitig außer ihr. Die Feststellung dieses existentiellen Grundwiderspruches bestimmt Fromms Versuch, dem anthropologischen Dilemma zu entkommen. Dem einen Horn weicht er dadurch aus, daß er »das Wesen«, »die Natur« des Menschen nicht in erster Linie an bestimmten, konkreten Eigenschaften wie Vernunft, Glauben, Liebe, Haß – geschweige denn am »Tauschtrieb« etc. festmacht, sondern an jenem existentiellen Grundwiderspruch. Der historischen Verflüchtigung jeder Bestimmung der menschlichen Natur, dem anderen Horn, entzieht er sich dadurch, daß er den *existentiellen* Widerspruch (und die ihm zugeordneten Varianten wie das Problem des Todes) von *historischen* Widersprüchen abhebt:

»Existentielle Widersprüche unterscheiden sich wesentlich von der Vielzahl geschichtlicher Widersprüche im Leben des Einzelnen oder der Gemeinschaft. Geschichtliche Widersprüche gehören nicht notwendig zur menschlichen Existenz. Der Mensch hat sie hervorgerufen, er kann sie sofort oder zu einem späteren Zeitpunkt der Menschheitsgeschichte lösen.« (1954, 58)

Die Annahme eines Grundwiderspruches in der menschlichen Existenz bestimmt auch Fromms Theorie der menschlichen *Triebe, Bedürfnisse* und *Leidenschaften:*

A: Triebe

Viele der einschlägigen Triebtheorien zeigen die Spuren des anthropologischen Dilemmas. So, wenn beispielsweise umfangreiche Tabellen zur Sichtung der menschlichen *Triebe* aufgestellt werden, in denen sich manches wiederfindet, was man bestenfalls historisch erzeugten Motiven zurechnen kann.

Das Beispiels des »Tauschtriebes« wurde schon erwähnt. Auf der anderen Seite käme man mit der Annahme einer »unbegrenzt formbaren, undifferenzierten Psyche« (1974, 5) auch nicht weit. Welche Merkmale hat denn das unbestimmte Etwas, das da geformt wird? Man kann ja wohl kaum daran vorbeisehen, daß der Körper des Menschen bestimmte Ansprüche an sein Leben und seine Lebensweise stellt: Hunger, Durst, Sexualität und das Schlafbedürfnis nennt Fromm als Beispiele für organische Triebe. Diese »physisch bedingten Impulse« faßt er zum Begriff des »*Selbsterhaltungstriebes*« zusammen (1966, 25). »Selbsterhaltungstrieb« bezeichnet also der Körperlichkeit entstammende Strebungen, die allen Menschen gemein sind. Die Art, in der diese Triebe befriedigt werden (können), ist jedoch historisch sehr verschieden und veränderlich.

B: Existentielle Bedürfnisse

Sie entstammen dagegen unmittelbar dem Grundwiderspruch, durch den die menschliche Existenz gekennzeichnet ist. Sie stellen demnach Strebungen dar, die auf die Lösung des menschlichen Grundproblems abzielen: Aufgrund seines Heraustretens aus dem unmittelbaren Naturzusammenhang kann der Mensch niemals in einer Situation der passiven Anpassung an die Natur verharren.

»Selbst die vollkommenste Befriedigung seiner instinktiven Bedürfnisse (nach Selbsterhaltung – C. D.) löst sein menschliches Problem nicht, denn seine heißesten Leidenschaften und Bedürfnisse sind nicht die aus seiner Körperkonstitution stammenden, sondern diejenigen, die in der Eigenart seiner menschlichen Existenz verwurzelt sind.« (1955, 29)

Der existentielle Konflikt zwischen dem Bewußtsein seiner selbst als einem Ausdruck der Distanz von der Natur einerseits und der Instinktschwäche, sowie einflußnehmender Körperlichkeit andererseits, erzeugt nach Fromm »bestimmte psychische Bedürfnisse, die allen Menschen gemeinsam sind« (1974, 204). Ihre Energie speist sich aus der Notwendigkeit, die mit der Auflösung der unmittelbaren Naturbindung entstandene Isolierung so zu überwinden, daß der Mensch sich in der Welt wieder »zu Hause fühlen kann«. Die Befriedigung der existentiellen Bedürfnisse ist Fromm zufolge für die Erhaltung der *seelischen* Gesundheit so wichtig wie die Erfüllung der Triebe für die körperliche.

Die nähere Bestimmung existentieller Bedürfnisse fällt im Verlauf der Entwicklung des Frommschen Werkes allerdings recht verschieden aus. Aber mindestens vier Motive lassen sich als Beispiele für existentiell bedingte Strebungen zur Überwindung des menschlichen Grundproblems in seinen Texten hervorheben.[4]

B (1): Der Assimilationsprozeß

»Assimilation« bezeichnet bei Fromm die Art der Verdichtung der »allgemeinen Lebensenergie«[5] (s. 1954, 74, 122 ff.), die zur *Aneignung* von Dingen der Umwelt führt. »Aneignung« meint, daß der Mensch unter seinen existentiellen Voraussetzungen gezwungen ist, sich die Dinge in der Welt aktiv »zu eigen« zu machen.

»Sobald der Mensch geboren ist, ist die Bühne für ihn gebaut. Er muß essen und trinken, und dazu bedarf es der Arbeit; das heißt: er wird unter den speziellen Bedingungen und auf die Weise arbeiten müssen, wie es die Art der Gesellschaft, in die er geboren, für ihn bestimmt.« (1966, 25)

---

[4] Man kann zweifellos darüber streiten, ob es richtig ist, die folgenden Punkte als Beispiele für existentielle Bedürfnisse bei Fromm hervorzuheben, oder ob sie an einer anderen strategischen Stelle seiner Theorie zu erwähnen wären. Sei's drum.

[5] Vielleicht kann man sich den Begriff »Energie« hier ganz allgemein als »Möglichkeit des Tätigwerdens«, Körper- und Denkkraft, die durch das existentielle Grundproblem geleitet wird, vorstellen. Diese soll wohl an die Stelle von Freuds »Libido« treten.

Er muß die Dinge ändern, ja, durch eigene Leistung hervorbringen (Arbeit, Produktion), um Grundbedürfnisse (Triebe) befriedigen zu können. Aber die Form, in der diese Arbeit stattfindet, wie sie organisiert ist, bleibt variabel; sie verändert sich mit den historisch-gesellschaftlichen Umständen.

B (2): Der Assoziationsprozeß (Vergesellschaftungsprozeß)

Die Beziehung zu anderen Menschen ist für den einzelnen lebensnotwendig. Sein Leben lang bleibt er von Beziehungen zu anderen Menschen abhängig.

»Er muß sich mit anderen assoziieren, sei es zum Zwecke seiner Verteidigung, Arbeit oder sexuellen Befriedigung, zum Spiel, zur Erziehung der Jugend – oder zur Vermittlung von Kenntnissen und materiellem Besitz. Aber außerdem ist es für ihn lebensnotwendig, mit anderen in Beziehung zu stehen, mit ihnen eins zu sein, als Teil einer Gruppe. Absolute Isolierung ist unerträglich und mit geistiger Gesundheit unvereinbar.« (1954, 74)

Die Einheit mit anderen zu finden, gehört zu den existentiellen Bedürfnissen des Menschen. Die Weisen, in denen dies geschieht, sind jedoch historisch variabel.

B (3): Der Prozeß der Sinngebung

Die Entwicklung des Zentralnervensystems ist die organische Grundlage der menschlichen *Vernunft* als der Fähigkeit, die Welt mit dem Gedanken zu erfassen und der *Intelligenz* als der Fähigkeit, sie auf der Grundlage von Vorstellungen und Gedanken zu manipulieren. Aber die existentielle Problemsituation *zwingt* den Menschen dazu, sich über die Sinne und den Gedanken ein Bild von den Verhältnissen zu machen, in denen er lebt. Sie begründet das »Verlangen, sich intellektuell in der Welt zurechtzufinden« (1955, 60). Fromm spricht auch von einem »Bedürfnis nach einem Orientierungssystem« (ebd., 61), nach einem durchaus auch gefühlbestimmten Rahmen zur Interpretation der natürlichen und gesellschaftlichen Umgebung. Je nach Zeit und Umständen können diese Orientierungssysteme inhaltlich ganz verschieden sein.

»Doch welches auch immer der Inhalt sei, sie entsprechen alle dem Verlangen des Menschen, nicht nur ein Gedankensystem zu haben, sondern auch einen Gegenstand der Hingabe, der seinem Dasein und seiner Stellung innerhalb der Welt einen Sinn verleiht.« (Ebd., 62, s. auch 1974, 207f.)

B (4): Das »Bedürfnis eines Gefühles der Identität mit sich selbst« (1955, 60)

Dieses Bedürfnis nach Sicherung der eigenen Identität, des Selbstseins und der Selbsttätigkeit, ist ein wichtiger Aspekt von Fromms Lehre vom »Produktiven Charakter«. Dort sollen seine Grundlagen skizziert werden (s. u. S. 100 ff.).

C: Menschliche Leidenschaften

»Leidenschaften« nennt Fromm des öfteren die mannigfaltigen und dauerhafteren Spielarten von Strebungen, die dadurch entstehen, daß die Triebe (A) und existentiellen Bedürfnisse (B) durch die besonderen natürlichen und gesellschaftlichen Verhältnisse je verschieden geprägt werden.

Triebe und existentielle Bedürfnisse sind allen Menschen eigen. Sie bezeichnen durch den existentiellen Grundwiderspruch festgelegte Richtungen der allgemeinen Lebensenergie. Die Art und Weise, die Form, in der sie befriedigt werden, kann je nach den historischen Umständen und Zeitläufen sehr verschieden ausfallen (1955, 64).

»Während die existentiellen *Bedürfnisse* die gleichen für alle Menschen sind, unterscheiden sich Individuum und Gruppen in bezug auf die in ihnen jeweils vorherrschenden Leidenschaften.« (1974, 5)

Auf diese Weise gelangt Fromm also zu einer vermittelnden (P5) Lehre, die allgemeine Bestimmungen des Menschen mit der historischen Veränderbarkeit seiner Natur zusammenzudenken versucht. Die ausgewählten

Grundbegriffe der Trieblehre bei Fromm

Allen Menschen gemeinsam		
A: Organische Triebe	B: Existentielle Bedürfnisse	C: Leidenschaften
Hunger Durst Sexualität Schlaf **Selbsterhaltungstrieb** (Fluchttrieb)	Richtungen der Lebensenergie auf Grund des existentiellen Grundwiderspruchs: **Seelenerhaltung** (Psychisch unabweisbare Bedürfnisse) B(1): Assimilation B(2): Assoziation B(3): Sinngebung B(4): Selbstbewahrung	Die verschiedenartigen, von natürlichen und gesellschaftlichen Verhältnissen geprägten Weisen, Triebe und existentielle Bedürfnisse zu befriedigen. Historisch und gesellschaftlich veränderbar

Merkmale der dazu von Fromm entwickelten Trieblehre, lassen sich in einem Tableau (s. 82) zusammenfassen.

Zwei grundlegende Unterschiede gegenüber der Freudschen Trieblehre (s. o. S. 66) werden an diesem Modell deutlich:

1) Freud selbst hat den »Sexualtrieb« letztlich viel weiter gefaßt, als wir heute »Sexualität« begreifen. Unser Alltagsverständnis ließe sich allenfalls mit dem vergleichen, was er zur »genitalen Phase« der Charakterentwicklung sagt (s. o. S. 71). Die Libido ist allerdings der entscheidende energetische Stoff, der durch äußere (insbesondere familiale) Einflüsse zu Charaktertypen geformt wird. Fromm, hingegen nimmt Sexualtrieb und Libido weit aus dem Zentrum seiner Theorie heraus. Zum letzten Ausgangs- und Bezugspunkt erhebt er stattdessen den Grundwiderspruch der menschlichen Existenz. Schließlich ist der »Destruktionstrieb« – wie sich noch zeigen wird – anders als bei Freud für ihn *kein* organischer Trieb!

2) Ein zweiter wesentlicher Unterschied liegt im Begriff des »Individuums« selbst. Freud, so sagt Fromm, akzeptiert ein Bild vom menschlichen Einzelwesen, in das einiges von klassischen bürgerlichen Denkweisen eingegangen ist: So hat Freud den Gedanken an eine »fundamentale Spaltung von Mensch und Gesellschaft« (1966, 18) übernommen, demzufolge der Mensch grundsätzlich »asozial« (ungesellig), ein selbstsüchtiger Einzelner ist. Der Gesellschaft kommt nach dieser Auffassung die Funktion zu, den »jungen Wilden« zu zahmen, ihn zu »sozialisieren«. Das heißt vor allem, die dem ES entspringenden Grundtriebe im Interesse der Selbstbehauptung (Realitätsprinzip) zu zügeln, damit ein Leben in der Welt der Dinge und Personen möglich wird. Die »Sublimierung« der Triebe zu gesellschaftlich anerkannten Strebungen ist die Grundlage der Kultur. Zuviel Druck von außen führt allerdings zu Neurosen und seelischem Leiden. Auch das Entwicklungsmodell der Freudschen Charakterlehre enthält dieses Bild: Am Anfang der Entwicklung steht das selbstsüchtige Einzelwesen, das noch keine Bindungen an Bestandteile der Umwelt eingegangen ist (primärer Narzißmus) und unter dem Druck (insbesondere) der sozialen Umwelt eine »sozialisierende« Prägung erfährt. Fromm faßt diese Anschauung so zusammen:

»Der Einzelne erscheint reichlich mit biologisch bedingten Trieben versehen, die nach Befriedigung rufen. Um ihnen Genüge zu tun, tritt das Individuum in Beziehung zu anderen Objekten; andere Individuen sind so immer nur Mittel zur Befriedigung von Bedürfnissen, die schon entstanden waren, ehe noch der Einzelne in Berührung mit anderen trat. So gleicht das Feld menschlicher Beziehungen im Freudschen Sinn einem Markt; es ist ein Tauschplatz zur

Deckung biologisch gegebener Bedürfnisse, und die Beziehung zum Partner ist immer nur Mittel zum Zweck, nie Ziel an sich.« (1966, 19)

Demgegenüber ist bei Fromm tatsächlich nicht die Aktormonade[6] mit ihrer grundlegenden Triebausstattung der Aufhänger der Theorie, sondern ein existentieller Widerspruch, der die Menschengattung als *Ganze* kennzeichnet. Kritiken dieser Art liegen auch der Frommschen Unterscheidung von *Selbstsucht* und *Selbstliebe* zugrunde. Liebe, so sagt Fromm, ist »eine Bereitschaft, die sich grundsätzlich jeder Person, jedem Gegenstand, auch uns selbst, zuwenden kann« (ebd., 117). Sie ist Ausdruck eines Bedürfnisses »nach Vereinigung mit der Welt« (1955, 32), nach Wieder-Vereinigung mit ihr, das unserem existentiellen Heraustreten aus der Natur zuzurechnen ist. Sie läßt sich jedoch nicht von dem Bedürfnis nach Selbstbewahrung, der Bewahrung der Ich-Identität (P1) ablösen[7]: »Liebe ist *Vereinigung* mit jemand oder mit etwas *außerhalb des Ich unter der Bedingung der Bewahrung der Einmaligkeit und Integrität des eigenen Selbst.*« (1955, 32f.) Liebe ist also nicht völliges Aufgehen, Verlieren des eigenen Selbst im Nicht-Ich, sondern Vereinigung mit »jemand oder etwas« unter der Voraussetzung des Bestehens und Fortbestehens der eigenen Identität.

»In dem Vorgang der Liebe bin ich eins mit dem All und dennoch ich selber, ein einmaliges, gesondertes, begrenztes, sterbliches Menschenwesen. Gerade aus der Polarität zwischen Getrenntsein und Vereinigung wird die Liebe geboren und immer wiedergeboren.« (Ebd., 33)

Und nichts spricht gegen Liebe als *Selbstliebe* etwa in Form des Interesses, die eigenen Fähigkeiten produktiv zu entwickeln.

». . . mein eigenes Leben (kann) grundsätzlich ebensogut Gegenstand meiner Liebe sein . . . wie ein anderer Mensch. Die Bestätigung meines eigenen Lebens. Glück, Wachstum, Gedeihen, Freiheit, wurzelt in dem Vorhandensein der Urbereitschaft und Fähigkeit zu solcher Bestätigung. Wer diese Bereitschaft besitzt, hat sie auch für sich selbst; wenn er nur andere lieben kann, vermag er überhaupt nicht zu lieben.« (1966, 118)

Selbstsucht ist der Gegensatz zur Selbstliebe. Sie ist ein »habgieriges«, nicht ein sich auf andere(s) einlassendes Verhalten und hat nach Fromm seine »Wurzel im Fehlen der echten Liebe zu sich selbst«. Selbstsucht ist eine nie zu befriedigende Gier, bei der das Individuum sich letztlich

---

[6] »Monade« = eine unteilbar für sich existierende Einzelheit.
[7] Weil »Liebe« bei Fromm *unter der Bedingung der . . .* Integrität des eigenen Selbst« gesehen wird, behandele ich sie im Zusammenhang mit dem existentiellen Bedürfnis der Selbstbewahrung (s. Tableau, S. 82, B4). Zu den Einzelheiten s. Fromm 1974(a).

selbst nicht ausstehen kann. Es will alles für sich haben, weil es im Kern
weder mit sich, noch mit dem Sein der Dinge und der anderen eins
werden kann.

Todestrieb und Destruktivität

Fromm faßt die »organischen Impulse« im Begriff des »Selbsterhaltungstriebes« zusammen. Die Beispiele dafür entsprechen denen bei Freud, auch
wenn die Frommsche Analyse nicht mehr so sehr auf die Schicksale der
Libido bezogen ist. Die „existentiellen Bedürfnisse« haben einen völlig
anderen Bezugspunkt als bei Freud, der sie aber auf seine Weise im
Zusammenhang mit dem »Realitätsprinzip« diskutiert. Entschieden ableh-
nend verhält sich Fromm gegenüber der Freudschen Bestimmung des
Todestriebes. Freud hatte aus zahlreichen Beispielen aggressiver Äußerung
und destruktiven Verhaltens bei seinen Patienten letztlich geschlossen, es
müsse unter den organischen Impulsen des Menschen auch einen Todestrieb geben. Völlig sicher war er sich in diesem Punkt allerdings nie.

Fromm widmet eines seiner umfang- und materialreichsten Bücher
(»Anatomie der menschlichen Destruktivität«) dem Nachweis, daß die
unbestreitbare Neigung des Menschen, Dinge und Personen zu zerstören
(Destruktivität) und Lebewesen mit physischer und psychischer Gewalt
anzugreifen (Aggression), *nicht* schlankweg zu den organischen Trieben
gehört. Er muß also Freuds Lehre vom Todestrieb ebenso abweisen wie
Instinkttheorien der Aggression à la Konrad Lorenz: »Für Lorenz ist die
menschliche Aggressivität genau wie für Freud ein Trieb, der von einer
ständig fließenden Energiequelle gespeist wird und nicht notwendigerweise das Resultat einer *Reaktion* auf äußere Reize ist.« (1974, 16)

Für Fromm ist Aggression keine »innere Erregung, die nach Abfuhr
verlangt« (AD 16), so wie wir Hunger und Durst stillen müssen. Mithin
muß auch die Lorenzsche Theorie zumindest abgeschwächt werden, Aggression sei ein *organisch* verankertes Verhalten, das wie die Sexualität der
Selbsterhaltung und dem *Überleben der Gattung* diene.

Wie sind aber dann die aggressiven und destruktiven Tendenzen zu
erklären, die man bei den Menschen Tag für Tag und durch die Geschichte
hindurch vor Augen hat? Ausgangspunkt der Erklärung bleibt ein weiteres
mal die Besonderheit der menschlichen Situation. Der Mensch »fühlt sich
getrieben, über die Rolle als Geschöpf, über die Zufälligkeit und Passivität
seiner Existenz hinauszuwachsen, indem er ein Schöpfer wird« (1955, 37);
indem er die Gegensätzlichkeit seiner Existenz durch Tätigkeit zu überwinden trachtet. Wege dazu sind der Versuch, etwas herzustellen und sich
für die eigenen Zwecke anzueignen (Assimilation), die Einzelheit und

Zufälligkeit der Existenz durch aktive Verbindung mit anderen zu überwinden (Assoziation) und Widersprüche dadurch zu bewältigen, daß man ein Orientierungssystem entwickelt (Sinngebung). Das alles dient ihm auch dazu, sein Selbst zu bewahren.

»Im schöpferischen Akt überwächst der Mensch sich selber als ein Erschaffener, er erhebt sich über die Passivität und Zufälligkeit seiner Existenz in das Reich der sinnvollen Tätigkeit und der Freiheit. In dem Bedürfnis des Menschen nach dieser Transzendenz liegen die Wurzeln der Liebe, der Kunst, der Religion und der Erschaffung materieller Dinge.« (Ebd., 37)

Wenn jedoch die Verhältnisse, insbesondere die gesellschaftlichen, so verfaßt sind, daß die »Schöpfertätigkeit« des Menschen unterdrückt wird, bleibt ihm gleichwohl die Möglichkeit der Zerstörung. Auch Zerstörung, so lautet die Grundthese von Fromm, ist eine dem Menschen offenstehende Möglichkeit, sich über Zufälligkeit und Ohnmacht seiner Existenz hinwegzusetzen. »Zerstörungssucht« wurzelt daher nicht in der Organausstattung der Menschen (sie ist kein Trieb), sondern stellt sich als Leidenschaft, als Form der Prägung existentieller Bedürfnisse dar. Sie bleibt dem Menschen als ein Weg offen, sich trotz der Einschränkung seines produktiven Lebens zu betätigen und »verwirklichen«:

»Es kann jemand dem Gefühl der eigenen Machtlosigkeit seiner Außenwelt gegenüber dadurch entgehen, daß er sie zerstört. Gewiß, wenn er damit Erfolg hat, bleibt er trotzdem allein, in Isolation, – aber es ist eine splendid isolation, in welcher er nicht durch die überwuchtende Macht der Dinge außerhalb seiner selbst entmutigt, zermalmt wird. Die Zerstörung der Welt ist der letzte Verzweifelungsversuch, sich vor der Zermalmung zu retten.« (1966, 178)

Aggression und Destruktivität sind Weisen, die Widersprüche der menschlichen Existenz zu bewältigen.

»Das Bedürfnis, eine Wirkung zu erzielen, kommt in den interpersonalen Beziehungen ebenso zum Ausdruck wie in der Beziehung zu Tieren, zur unbelebten Natur und zu Ideen. In der Beziehung zu anderen besteht die grundsätzliche Alternative darin, daß man entweder die Macht in sich fühlt, Liebe hervorzurufen oder Angst und Leiden zu bewirken. In der Beziehung zu Dingen besteht die Alternative darin, entweder etwas aufzubauen oder es zu zerstören. So entgegengesetzt diese Alternativen sind, sie sind nur verschiedene Reaktionen auf das gleiche existentielle Bedürfnis: etwas zu bewirken.« (1974, 214)

Überdies scheint es, daß die »Summe zerstörerischer Tendenzen ... im gleichen, direkten Verhältnis zu dem Ausmaß (steht), in dem die Lebensentfaltung geschmälert ist ...« Destruktivität und Aggression sind die »Folgen des ungelebten Lebens« (1966, 181).

Bei der Aggression, der Tendenz, anderen Lebewesen Gewalt anzudrohen oder ihnen Leiden zuzufügen, ist allerdings eine Unterscheidung zu treffen:

1) Aggression kann »eine Reaktion auf jede Art der Lebensbedrohung«, der »Bedrohung vitaler Interessen« eines Lebewesens sein (1974, 87). In diesem Fall handelt es sich tatsächlich um einen Instinkt, um eine organisch verankerte Tendenz, sich angesichts eines drohenden Angriffs zu wehren:

»Die Mobilisierung der Aggression in den entsprechenden Gehirnregionen geschieht im Dienste des Lebens, als Reaktion auf eine lebensgefährdende Bedrohung des Individuums oder der Art; das heißt: die *phylogenetisch programmierte Aggression, wie sie bei Tieren und beim Menschen vorkommt, ist eine biologisch angepaßte, defensive Reaktion.*« (Ebd.)

Fromm nennt die »defensive Aggression« auch »gutartige Aggression«. Sie läßt sich als eine Form der organischen Selbstbehauptung begreifen.

2) Die »bösartige Aggression« hat demgegenüber andere Wurzeln und Merkmale. Sie besteht in der allein dem Menschen, sonst keinem anderen Tier eigentümlichen Neigung, zu töten und zu quälen, um des Tötens und des Quälens willen. Die bösartige Aggression dient nicht der organischen Selbstbehauptung, sondern ist beim Menschen ein »Ziel, das in sich selbst wünschenswert und lustvoll ist« (ebd., 91). Für Fromm ist sie also eine »Leidenschaft«, mithin ein Ergebnis der Wechselwirkung zwischen gesellschaftlichen Verhältnissen und den »existentiellen Bedürfnissen« des Menschen. Der Mensch, »gezwungen, das Entsetzen vor seiner Isoliertheit, seiner Machtlosigkeit und seiner Verlorenheit zu überwinden und neue Formen des Bezogenseins zur Welt finden« (ebd., 204), kann mit seinen Versuchen produktiver Verbindung mit Dingen und anderen an den Verhältnissen scheitern. Dann bleibt ihm aber immer noch der Ausweg der Aggression und Destruktivität: »Alle gesellschaftlichen und persönlichen Lebensbedingungen, die auf die Unterdrückung des eigenen Lebens hinauslaufen, erzeugen eine Leidenschaft zur Zerstörung.« (1966, 181). Die »bösartige Aggression« ist der Teil der allgemeinen Destruktivität, der sich gegen andere Lebewesen richtet, um sie zu quälen oder zu vernichten.

Charakter und Sozialcharakter

Fromms Trieblehre bestimmt die organischen Triebe als Strebungen zur Erhaltung der körperlichen Existenz der Menschengattung. Ungewöhnliches und Strittiges wird dabei nicht genannt. Eigentümlich ist die Lehre von den »existentiellen Bedürfnissen«, die aus der besonderen Situation der

Menschen im Verhältnis zu ihrer Umwelt abgeleitet werden. Triebe und existentielle Bedürfnisse stellen gleichsam Richtungen der allgemeinen Lebensenergie und den Stoff dar, in den sich historisch veränderliche Formen einprägen. »Form«, das meint insbesondere die verschiedenen, historisch veränderlichen (gesellschaftlichen) Weisen, in denen der Mensch als nicht instinktmäßig festgelegtes Mängelwesen sein existentielles Grundproblem bewältigt und damit Triebe und Bedürfnisse befriedigt hat. Auf diese Formen hin werden die neugeborenen Mitglieder der Gesellschaft »sozialisiert«. Denn so veränderlich die »Formen« für die Gattung im Verlauf der Geschichte sind, für das Individuum können sie etwas Vorgegebenes sein, das seine Impulse und Bedürfnisse prägt.

Unter ihrem Eindruck formen diese sich zu *bestimmten* Weisen, Trieben und existentiellen Bedürfnissen im Rahmen der gegebenen Umstände Befriedigung zu verschaffen. Eine derartige, besondere Formung der Triebe und Bedürfnisse zu einer Konstellation von Leidenschaften heißt bei Fromm *Charakter*. »Charakter kann definiert werden als die *relativ (permanente) Form, in welche die Energie des Menschen während des Prozesses der Assimilierung und Vergesellschaftung geleitet wird.*« (1954, 74)

»Charakter« im Sinn der »analytischen Psychologie« (so bezeichnet Fromm seinen Ansatz) ist eine besondere »Form, welche menschliche Energien durch dynamische Anpassung menschlicher Bedürfnisse an den besonderen Daseinsmodus einer bestimmten Gesellschaft annehmen.« (1966, 271) Gemeint ist eine Prägung, die unter die Haut geht: denn »Charakterzüge«, Merkmale eines bestimmten Charakters, sitzen in dem Sinne »tief«, daß sie ein Ergebnis der Formung der grundlegendsten Triebe und Bedürfnisse sind, die unser Verhalten motivieren. Überdies ist mit Freud davon auszugehen, daß die zu »Charakterstrukturen« geformten Triebkräfte eines Subjekts, seine Leidenschaften, »nicht unbedingt bewußt« sein müssen (ebd., 162). Freuds große Errungenschaften, seine Einsichten in die Prozesse des Unbewußten und die Mechanismen der Verdrängung (s. o. S. 71) bleiben unangetastet. Gerade wegen der teilweise unbewußten Qualität der Leidenschaften und wegen ihrer Anbindung an die elementarsten Triebe und Bedürfnisse des Menschen bedeuten Charakterstrukturen eine stabilere Verhaltensgrundlage als beispielsweise flüchtige Neigungen.

Es gibt so etwas wie »Charakterfestigkeit«, auch wenn man »schwankende Charaktere« vorfindet. Gewiß bringt jeder von uns bei Geburt außer der Triebausstattung und den existentiellen Bedürfnissen mit seinen Chromosomen auch bestimmte Anlagen mit. Das schränkt bestimmte Entwicklungsmöglichkeiten ein oder schließt sie gar aus. Doch ist die Persönlichkeit des Menschen eingangs noch »so formbar, daß sich der Charakter innerhalb eines gegebenen Rahmens in vielen verschiedenen Richtungen entwickeln kann« (1974, 336). Aber:

»Jeder Schritt im Leben schränkt die Zahl zukünftiger möglicher Entwicklungen weiter ein. Je mehr ein Charakter fixiert ist, um so stärker muß der Eindruck der neuen Faktoren sein, wenn sie fundamentale Richtungsänderungen in der weiteren Entwicklung des Systems bewirken sollen. Schließlich wird dann die noch verbleibende Möglichkeit zu einer Änderung so minimal, daß nur noch ein Wunder eine Wandlung herbeiführen könnte.« (Ebd.)

Ein (vergleichsweise) fester Charakter ist Ersatz für die mangelhafte Instinktausstattung des Menschen, Ursprung einer gewissen Verhaltenssicherheit in einer problematischen Umwelt. Der Charakter ermöglicht es dem Menschen, so zu handeln, »*als ob* er von Instinkten motiviert wäre« (ebd., 227).

Für Fromm ist der »Begriff des Charakters . . . deshalb von so außerordentlicher Wichtigkeit, weil er die alte Dichotomie von Trieb und Umwelt transzendiert« (ebd., 74). Das heißt: Im Charakter verschränken, vermitteln (P5) sich die Triebe und Bedürfnisse, die allen Menschen gemeinsam sind, unter dem Einfluß der Umwelt zu einem System von Leidenschaften, das unser Handeln motiviert. Da Charakterzüge auf diese Weise etwas mit der Trieb- und Bedürfnisausstattung zu tun haben, versteht man auch, warum sich ein Mensch befriedigt fühlt, wenn er sich seinem Charakter gemäß verhalten kann.

Innerhalb seines allgemeinen Charakterbegriffs unterscheidet Fromm den individuellen Charakter vom Sozialcharakter. Der »*individuelle Charakter*« ist ein Ausdruck für die unverwechselbaren Merkmale einer Person, die sie von allen anderen unterscheidet. Fromm sagt recht wenig über den individuellen Charakter und seine Voraussetzungen. Es scheint, als stünden diese Überlegungen bei ihm eher für das Problem der *Identität* (P1), der Einheit eines persönlichen und unverwechselbaren Lebens. Wie dem auch sei: Fromms Untersuchungen konzentrieren sich auf den *Sozialcharakter*: »Der Sozialcharakter . . . umfaßt nur eine Auswahl von Zügen: den Wesenskern der Charakterstruktur der meisten Gruppenmitglieder, welcher sich als Ergebnis der dieser Gruppe gemeinsamen Lebensweise und Grunderlebnisse entwickelte.« (1966, 170)

Die Lebensweise einer Gruppe, ihre soziale Situation, bewirkt nach dieser Auffassung eine Formung der Trieb- und Bedürfnisenergie, die bei den meisten Mitgliedern mindestens in eine vergleichbare Richtung geht. Gewiß gibt es Abweichungen, aber im allgemeinen sind die Charakterzüge einer Gruppe in einer bestimmten sozialen Situation nur »Varianten dieses Wesenskerns«. Fromm betont, daß man sich den »Wesenskern der Charakterstruktur«, grundsätzlich jeden Sozialcharakter, *nicht* als einen »statistischen Begriff« (1955, 73) vorstellen solle. Gemeint ist damit vermutlich, daß ein Sozialcharakter weder die Aufsummierung aller gesellschaftlich bedingten Triebe und Bedürfnisse, noch die im statistischen Durchschnitt auszumachenden gesellschaftlichen Einflüsse auf ein Subjekt darstellt (es gibt ja auch noch die durch »natürliche« Gegebenheiten geformte Trieb- und Bedürfnisstruktur). Dann müßte aber auch Fromm sich wie Weber und Sombart einen bestimmten Sozialcharakter als eine »idealtypische Konstruktion« vorstellen, und die »Vorherrschaft« eines »Wesenskerns des Charakters« anhand eines Vergleichs dieser Konstruktion mit den tatsächlichen Gegebenheiten abschätzen. Die Differenz zu Weber und Sombart besteht allerdings in der tiefenpsychologischen Begründung der Charakterlehre mit Hilfe einer Trieb- und Bedürfnistheorie.

Sein Ansatz geht offensichtlich davon aus, daß die soziale Situation die Möglichkeit der Befriedigung von Bedürfnissen und Trieben vorzeichnet und die allgemeinen Antriebe zu historisch ganz bestimmten Leidenschaften umformt.[8] Die Frage, wie dies im einzelnen geschieht, beantwortet Fromm ebenso wie Freud mit Hinweisen auf die Bedeutung der Familie bei der Sozialisation. Für die Familie„ aber auch für direkt bestimmte »Triebschicksale« haben die Zwänge einen besonderen Stellenwert, die sich dadurch bestimmen, wie in einer Gesellschaft die Erhaltung des menschlichen Lebens gesichert ist (oder nicht). Die historisch variablen Formen, in denen die Arbeit in einer Gesellschaft stattfindet und organisiert ist, haben für Fromm in dem Sinne einen Vorrang

»... daß die Befriedigung eines großen Teils der Bedürfnisse, speziell aber der dringlichsten, der Selbsterhaltungsbedürfnisse, an die materielle Produktion gebunden ist und daß die Modifizierbarkeit der ökonomischen außermenschlichen Realität weit geringer ist als die des menschlichen Triebapparates, speziell die der Sexualtriebe.« (1932, 39) »Auf diese Weise wird der Lebensmodus, wie er dem Individuum durch die Sonderart eines Wirtschaftssystems vorgeschrieben ist, zum primären Faktor im Aufbau seines Charakters.« (1966, 25)

Die (z. B. technischen) Möglichkeiten, Mittel für die Befriedigung unserer tiefsitzenden Motive und zufälligen Ansprüche bereitzustellen und die gesellschaftlichen Beziehungen, in deren Rahmen derartige Arbeitsprozesse stattfinden, spielen für Fromm durchweg eine herausragende Rolle bei der Festlegung von Charakterstrukturen. Wie bei Marx' Begriff der »Charaktermaske« wird die Entstehung von Charakterzügen unter dem (kausalen?) Einfluß sozialer (ökonomischer) Gegebenheiten betont. Der Sozialcharakter läßt sich also auch als *Soziales Selbst* begreifen, das in »Wirklichkeit nur die subjektive Verkleidung der objektiven gesellschaftlichen Funk-

---

[8] »Aus diesem Grunde kann man die im Charakter verwurzelten Leidenschaften als eine historische Kategorie und die Instinkte als eine natürliche Kategorie bezeichnen.« (1974, 204)

tion des Menschen darstellt« (1966, 119). Die Fragestellung erhält mit dieser Formulierung einen etwas anderen Akzent: Eine historisch vorfindliche Gesellschaft ist durch bestimmte Prozesse gekennzeichnet, die – wie widersprüchlich und konfliktträchtig auch immer – den Erhalt, die »Reproduktion« der Gesellschaft wenigstens in einer bestimmten Zeitspanne sichern:

»Es gibt keine Gesellschaft im allgemeinen, sondern nur spezifische soziale Strukturen, die auf verschiedene und feststellbare Weise funktionieren. Obwohl sie sich im Lauf der Geschichte wandeln, sind sie doch innerhalb einer bestimmten historischen Periode relativ stabil, und die Gesellschaft vermag nur zu existieren, wenn sie sich im Rahmen ihrer gegebenen Struktur bewegt.« (1955, 74)

Derartige »organisierenden Prinzipien« (s. Kap 1, Abschn. 1) stellen bestimmte Anforderungen an das Handeln der Subjekte. Das heißt: Sie verlören ihre Wirksamkeit, gäbe es nicht vergleichsweise stabile Verhaltensmuster und Motive bei den Individuen, die selbst den Verlaufsregelmäßigkeiten auf gesamtgesellschaftlichem Niveau entgegenkämen. Der Sozialcharakter bedeutet eine Motivstruktur mit dieser Qualität:

»Es ist die Funktion des Sozialcharakters, die seelischen Kräfte der Mitglieder der Gesellschaft so zu beeinflussen[9], daß ihr Verhalten in der Gesellschaft nicht eine bewußte Entscheidung ist, ob sie den gesellschaftlichen Regeln folgen wollen oder nicht, vielmehr eine Haltung, die *sie wünschen läßt, so zu handeln, wie sie zu handeln haben,* und sie zugleich Befriedigung darin finden läßt, den Erfordernissen der jeweiligen Gesellschaft gemäß zu handeln. Anders gesagt, die Funktion des Sozialcharakters besteht darin, die *menschlichen Energien innerhalb einer gegebenen Gesellschaft so zu formen und zu kanalisieren, daß sie das kontinuierliche Funktionieren eben dieser Gesellschaft verbürgen.*« (Ebd.)

Wie Weber und Sombart bringt Fromm das Beispiel des neuzeitlichen Arbeitsethos. Daß der Beruf als eine Art moralischer Verpflichtung empfunden wurde, gehörte zu den wesentlichen Voraussetzungen der Entwicklung der kapitalistischen Industriegesellschaft. »Industria« heißt ja auch Fleiß!

Andererseits zeigt die Konstruktion, daß »historische Widersprüche« wie etwa der zwischen dem »Überfluß technischer Möglichkeiten zur Befriedigung menschlicher Bedürfnisse und ... der Unfähigkeit, diese Möglichkeiten ausschließlich für friedliche Zwecke und zum Wohle der Völker zu nutzen« (1954, 58), so sehr zur Unterdrückung der in den

---

[9] Ich betrachte dies deswegen als etwas irreführendes Verb, weil nun plötzlich der Eindruck entsteht, der Sozialcharakter sei ein wirkender Faktor. Er ist jedoch, wie Fromm sonst immer hervorhebt, ein Komplex, in dem sich Trieb- und Bedürfniseinflüsse mit Wirkungen aus der Sozialstruktur *vermitteln*. (P5)

Sozialcharakter investierten Bedürfnisse beitragen kann, daß der zu gesellschaftlichen Veränderungen treibende Widerstand wächst.

Sozialcharaktere – Einige Beispiele

Die Untersuchung von Charaktertypen, die mit der Entwicklung der bürgerlichen Gesellschaft entstanden sind, nimmt in Fromms Werk einen breiten Raum ein. Immer neue Züge werden an einzelnen Charakterstrukturen hervorgehoben, immer neue Typologien, also Einteilungen von Charakterformen vorgeschlagen. Man müßte ein Buch, mindestens so dick wie dieses, schreiben, um die Systematik, die dem trotz allem unterliegt, herauszuarbeiten. Ich führe statt dessen Gliederungsvorschläge aus zwei Arbeiten von Fromm an: einen aus seinem bekanntesten Frühwerk »Escape from Freedom« (*Die Furcht vor der Freiheit*), einen aus seiner umfangreichsten späteren Arbeit: »The Anatomy of Human Destructiveness« (*Anatomie der menschlichen Destruktivität*).

a) Analer und sado-masochistischer Charakter.

Bei Freud findet sich im Stufenschema der Charakterentwicklung (s. o. S. 70) die »anale Phase«. Kommt es unter dem Druck äußerer Verhältnisse zu einer Verstärkung frühkindlicher analer Fixierungen oder zu einer Regression auf dieses Stadium, so kann sich ein *analer Charakter* verfestigen. Ihn kennzeichnet die »pathologische« (krankhafte) Zuspitzung einiger Merkmale jenes »Geistes«, der sich etwa in den Werken Benjamin Franklins ausdrückt (s. Kap. 1): Eine Sparsamkeit, die bis zur Sucht des Hortens (s. z. B. »Sammelwut«) gesteigert sein kann. Eine Ordnungsliebe, die – wie man so schön doppelsinnig sagt – »peinlich« ist. Eine Selbstkontrolle, die in übersteigerter Pünktlichkeit und Reinlichkeit ausmündet. Ein Eigensinn, der bis zum Starrsinn gedeiht.

Anders als Freud, der den analen Charakter über die Libidotheorie begreift, sieht Fromm den »anal-hortenden Charakter« im Grundwiderspruch der menschlichen Existenz begründet. Es handelt sich um eine geschichtlich bedingte Weise, in der sich Menschen mit ihren Impulsen und Bedürfnissen auf die Umwelt beziehen. Die besondere Rolle, die der Beschäftigung mit den Exkrementen beim analen Syndrom zukommt, ist für Fromm daher eher ein »symbolischer Ausdruck des analen Charakters und nicht . . . seine *Ursache*« (1974, 266). Rechenhaftigkeit steigert sich zur Leidenschaft für *Kontrolle*, zur Kontrollsucht wie sie ja schon in der peinlichen Ordnungsliebe zum Ausdruck kommt. Alles muß an seinem Platz und ausgerichtet sein (man denke an den Bürokraten, der seine Bleistifte *säuberlich* spitzt und parallel auf ihren Platz legt). Mit Hilfe der zwanghaften Pünktlichkeit kontrolliert die anale Persönlichkeit die Zeit. Die Sauberkeit schafft Distanz zu einer feindlichen und schmutzigen Welt, der Starrsinn wehrt die gefährlichen Beziehungen zu anderen ab. Ruhe, Ordnung, Sicherheit sind die obersten Werte.

»Der hortende Charakter kann sich in seinem Verhältnis zur Welt nur dadurch sicher fühlen, daß er sie besitzt und unter Kontrolle hat, da er ja unfähig ist, mit ihr durch Liebe und Produktivität in Beziehung zu treten.« (Ebd., 267)

Er bedeutet eine Zuspitzung von Charakterzügen, die beim »Geist des Kapitalismus« auffällig wurden (Kap. 1).

Nach der klassischen psychoanalytischen Theorie besitzt der anale Charakter eine besondere Beziehung zum Sadismus (Fremdquälerei) und zum Masochismus (Selbstquälerei). Es ist also nur ein kurzer Weg vom *analen* zum »sado-masochistischen« bzw. *autoritären* Charakter.[10] Er sieht ihn im Zusammenhang mit bestimmten »Fluchtmechanismen«. Diese gründen in der Freiheit des Menschen, verschiedene Wege zu gehen, um »über den unerträglichen Zustand der Machtlosigkeit und Einsamkeit« (1966, 441) hinwegzukommen. Wege, Strategien dieser Art lassen sich abstrakt nach zwei Arten unterscheiden: 1.) Der Mensch kann sich zu »positiver Freiheit« fortentwickeln, »sich aus freien Stücken der Welt in Liebe und tätigem Leben verbinden« (ebd., 141). Er kann damit »wieder eins werden mit Menschheit, Natur und sich selbst, ohne die Unabhängigkeit und Reinheit seines Ich preiszugeben« (ebd.). 2.) Indessen kann man aber auch sein Ich opfern und den existentiellen Grundwiderspruch (s. o. S. 78), die »Kluft zwischen sich und der Welt« mit der Scheinlösung der Selbstaufgabe zu überwinden versuchen.

»Fluchtmechanismen« sind also unter dem Einfluß der Umstände zu Charakterstrukturen gefügte Leidenschaften, die sich als Ausweichstrategien vor dem existentiellen Grundproblem deuten lassen. Zu ihnen rechnen die *»autoritären Tendenzen«* (ebd., 142 ff.). Deren Grundmerkmal besteht darin, das eigene Selbst aufzugeben, um es mit draußen befindlichen Personen oder Dingen zu verschmelzen. Als Drang nach *Unterwerfung* oder nach *Beherrschung* zeigen sie sich in *masochistischen* und *sadistischen* Impulsen.

»Masochismus«, das bedeutet übertriebenes Minderwertigkeitsgefühl, ein Selbstbild der Ohnmacht und Belanglosigkeit, den Willen, sich mög-

---

[10] Die Übergänge sind bei Fromm nicht immer deutlich. So spricht er etwa bei seiner faszinierenden Analyse des Charakters von Heinrich Himmler (1974, 271 ff.) von einem typischen Beispiel für den »anal-hortenden, sadistischen, autoritären Charakter« – so als handele es sich um das gleiche. Um es nochmals zu sagen: Es würde viel Platz erfordern, Systematisierungen herbeizuführen.

lichst »kleinzumachen«, den Eindruck, von übermächtigen äußeren Gewalten abhängig, ihnen ausgeliefert zu sein. Masochismus ist die Tendenz, sich äußeren Mächten widerstandslos zu überlassen, sich zu unterwerfen – bis hin zur Perversität der Selbstquälerei mit sexuellem Lustgewinn.

»Sadismus«, das ist die Tendenz, andere zum Werkzeug herabzusetzen, sie wie ein totes Ding zu behandeln, sie körperlich und seelisch leiden zu lassen und leiden zu sehen Der Sadist ist so abhängig von den Objekten wie der Masochist. Er braucht das beherrschte Objekt dringend; ohne es käme seine Selbstverlassenheit zum Vorschein.

Obwohl »Sadismus« und »Masochismus« sehr gegensätzlich erscheinen, bilden sie doch nur Pole einer einheitlichen Charakterstruktur. Ihre Wurzel ist nach Fromm der »Schrecken des Alleinseins und der eigenen Unbedeutendheit« (1966, 151), das Gefühl der »negativen Freiheit«, mit seinem Selbst allein einer feindseligen Welt gegenüberzustehen. »Das beunruhigte Individuum sucht jemand oder etwas, mit dem es sein Selbst verbinden kann« (ebd.). Der Masochist schafft dies dadurch, daß er sein Ich, Selbst, durchstreicht, sich kleinmacht. Er schafft es auch dadurch, daß er sich an das Draußen, etwa an ein Kollektiv (»Nation«) verliert. Den Sadisten treibt der Impuls, über Lebewesen die »völlige Herrschaft auszuüben«, sie zum »hilflosen Objekt des eigenen Willens zu machen«. Höchster Ausdruck der Macht über andere ist ihm die Möglichkeit, sie leiden zu lassen. Aber auch seine Impulse entstammen der Unfähigkeit, »die Isoliertheit und Schwäche des eigenen Selbst zu ertragen«. Das gemeinsame Merkmal von Sadismus und Masochismus ist also die *Symbiose*.

»Symbiose, im psychologischen Sinn, heißt die Vereinigung eines individuellen Selbst mit einem anderen Selbst (oder mit jeder anderen Macht außerhalb des eigenen Ichs), wobei jedes die Integrität seines eigenen Selbst verliert und eines vom anderen abhängig wird.« (Ebd., 157)

Masochismus und Sadismus sind gleichsam der eine und der andere Pol eines symbiotischen Komplexes, des *sado-masochistischen Charakters*.

b) Autoritärer Charakter

Es dürfte augenfällig sein, daß in einer Gesellschaft wie der bürgerlich-kapitalistischen, die den Individualismus als Selbstsucht zum Prinzip erhebt, die Chancen für »symbiotische« Tendenzen erheblich ansteigen. Für das Kleinbürgertum im 19. und in der ersten Hälfte des 20. Jh. wirkt sich in besonderem Maße der »historische Widerspruch« aus, einerseits das individualistische Streben nach Erfolg in Konkurrenz mit anderen steigern zu müssen, andererseits der Übermacht der großen ökonomischen und gesellschaftlichen Machtzentren zu erliegen. Eine Reaktionsbildung auf derartige Situationen stellt der *autoritäre Charakter* dar. Es handelt sich dabei um Sado-Masochismus, nur im besonderen Licht des Verhältnisses der Individuen zur Autorität und frei von den Perversitäten und schweren Neurosen gesehen, die wir im Begriff »Sado-Masochismus« gemeinhin mitdenken. Der Autoritäre teilt die Welt, die Menschen und Ereignisse nach einem Schema von Macht und Ohnmacht auf. Wirksame Macht ruft seine Bindung und Bewunderung um ihrer selbst willen hervor, Ohnmacht leitet seinen Haß und Angriff auf sich. Wo er sich gegen Macht wehrt, ist er *Rebell* und nicht *Revolutionär.* Denn er leistet Widerstand gegen eine bestimmte Macht nur mit der Bereitschaft, sich der stärkeren und vielversprechenderen zu unterwerfen.

Der Autoritäre sieht sein Leben von Kräften beherrscht, die »außerhalb des menschlichen Selbst, seiner Wünsche und Interessen liegen« (ebd., 170). Schicksalhafte, anonyme Mächte und Gesetze bestimmen für ihn das Handeln (s. Hitlers »Vorsehung«!). Kraft zum Handeln gewinnt er in Anlehnung an eine höhere Macht, etwa die schicksalhafte »Sache«, die Machtfülle verspricht. Erweist sich die bewunderte Stärke als hilflos, dann wird all der Haß freigesetzt, der immer dann entsteht, wenn der Preis der Selbstvergessenheit gezahlt wurde. Denn kein Fluchtmechanismus führt zum Zustand der Ausgeglichenheit, der dadurch erreicht werden soll.

c) Destruktiver Charakter

Der Sadomasochistische Charakter ist durch eine besondere Feindseligkeit[11] (Aggressivität) gekennzeichnet. Am einen Pol seiner Struktur richtet sich die Aggression gegen die eigene Person, am anderen geht sie nach außen. In beiden Fällen ist die Symbiose das Ziel. Der Selbstverlust wird als Auflösung des Ich in das Nicht-Ich (Masochismus) oder als Kompensation des Mangels an einem selbständigen Selbst durch »Einverleibung« (Annexion) des Nicht-Ich vorangetrieben (ebd., 158).

»Destruktivität«, die *Zerstörungslust als Fluchtmechanismus,* kann nach Fromm nicht mit der sado-masochistischen Feindseligkeit gleichgesetzt werden; denn ihr Ziel ist nicht die Symbiose, sondern die Zerstörung ihres Objektes (ebd., 177). Der *destruktive Charakter* müßte also einen besonderen Typus bilden.

Seine Wurzel ist allerdings auch das »Gefühl der eigenen Machtlosigkeit seiner Außenwelt gegenüber.« Diesem Gefühl kann man dadurch entgehen, daß man die Außenwelt zerstört. In der zerstörerischen Gewalt nach außen scheint sich das Gefühl der Macht über Dinge und Personen zu bewahren.

---

[11] Die deutsche Sprache ist hier sehr entlarvend: Man kann glücklich, selig sein, einen Feind zu haben.

»Der Sadismus zielt auf die Einverleibung des Objekts, die Zerstörungssucht[12] auf dessen Vernichtung. Sadismus sucht das atomisierte Individuum anderer, die Zerstörungssucht, es durch die Beseitigung jeder Bedrohung von außen zu stärken.« (Ebd., 178)

Destruktivität, so haben wir schon gesehen (s. o. S. 85), ist kein Trieb, sondern eine Leidenschaft, die daher rührt, daß das Leben sich nicht verwirklichen kann. »Die Zerstörungssucht ist die Folge des ungelebten Lebens.« (Ebd., 181)

Es will nach all dem scheinen, als habe Fromm eine aufsteigende Linie vom analen über den sado-masochistischen zum destruktiven Charakter gezogen, die nach zunehmenden Graden der Aggression und Destruktivität ansteigt. Gleichzeitig setzt er wohl auch eine historische Steigerung der Intensität und Vorherrschaft aggressiver und destruktiver Leidenschaften parallel, die mit dem kleinbürgerlich verankerten Nationalsozialismus zur Explosion führt (ebd., 203 ff.).

Außerdem werden historische Entwicklungsstadien von Charakterstrukturen nach der *Wirkungsart* der Autorität in der bürgerlichen Entwicklung konstruiert (s. u.). Ihr vorläufiger ist Endpunkt mit folgendem Typus gefaßt.

d) Automatische Anpassung und das Fassaden-Ich

In liberaleren, weniger autoritären Gesellschaften als etwa der Nazi-Deutschlands kann man in der Mitte des 20. Jh. die voll ausgebildete Gestalt eines vorherrschenden und problematischen Charaktertyps erkennen. Den Fluchtmechanismus, der ihm zugrunde liegt, nennt Fromm »automatische Anpassung« (Automaton Conformity). Es handelt sich also wiederum um eine Strategie der Selbstverleugnung, die aus dem existentiellen Grundwiderspruch des Menschen herrührt:

»Das Individuum gibt es auf, es selber zu sein, und übernimmt zur Gänze die Sorte Persönlichkeit, die sich ihm in Form einer Zivilisationsschablone darbietet, und auf Grund derer es genau so wird, wie man es von ihm erwartet, genau so, wie alle andern sind. Der Zwiespalt zwischen dem Ich und der Welt verschwindet und mit ihm zugleich die bewußte Furcht vor Alleinsein und Machtlosigkeit.« (Ebd., 183)

Fromm hat diese These variiert und ergänzt, aber bis zuletzt nicht aufgegeben. Was er zuletzt als „negative Ekstase«, ein Außersichsein und eine Selbstvergessenheit nennt, durch die der Einzelne »aufhört, eine

---

[12] Ich habe hier die Übersetzung geändert, weil »Zerstörungstrieb« auf die Grundkonstruktion der Frommschen Trieb- und Bedürfnislehre nicht paßt.

Person zu sein, und zum Ding wird« (1974, 212), bezeichnete er früher als »Ersatz des Original-Selbst durch das Pseudoselbst.«

»Das Pseudo-Selbst ist nur ein Agent, ein Vertreter, der die Rolle spielt, die dem Menschen zugemutet ist; es spielt sie unter dem Namen des Betreffenden und seines Selbst.« (1966, 201)

Ich, Individualität, ist vorfabrizierte Eigenheit, *Fassaden-Ich,* wie wir im Vorgriff auf spätere Autoren sagen wollen. Hinter seiner Herausbildung steht ein historisch-gesellschaftlicher Prozeß der Veränderung in der Wirkungsart von Autorität im Bürgertum. Idealtypisch zugespitzt, kann man sagen, daß zunächst die »äußeren Autoritäten«, die direkt Herrschaft ausübten, im Vordergrund standen (s. Adelsprinzip; „große bürgerliche Familien« etc.). An die Stelle der äußeren Autoritäten trat dann das Gewissen der je individuellen Person. Heutzutage wirken eher »anonyme Autoritäten und tragen die Masken: Wissenschaft, Normalität, Öffentliche Meinung, Gesunder Menschenverstand, Bequemes Leben ... usw. Sie verlangen nichts, was nicht selbstverständlich erschiene – da herrscht kein Druck, nur sanfte Überredung.« (Ebd., 167) Dieser sanfte Druck vermittelt dem Einzelnen ein Fassaden-Ich, das ihm aber nie die nötige Selbstsicherheit trotz Selbstvergessenheit garantiert: »Um über die aus diesem Identitätsverlust entstandene Panik hinwegzukommen, muß das Individuum seine Identität in einer immerwährenden Anerkennung und Bestätigung durch andere suchen.« (Ebd., 202)

Gesellschaftlich unterliegt dem die Herausbildung der modernen Konsumgesellschaft, deren Funktionsbedingungen die Triebe und Bedürfnisse zu einem *Marketing-Charakter* formen, in dessen Zentrum das Fassaden-Ich (Pseudo-Selbst) steht:

»Für diesen Marketing-Charakter verwandelt sich alles in Konsumware – nicht nur die Dinge, sondern auch der Mensch selbst, seine physische Energie, seine Fertigkeiten, sein Wissen, seine Meinungen, seine Gefühle, ja sogar sein Lächeln. Dieser Charaktertyp ist, historisch gesehen, eine neue Erscheinung, denn er ist das Produkt eines voll entwickelten Kapitalismus, in dessen Mittelpunkt der Markt steht –... – und dessen Prinzip es ist, durch günstigen Tauschhandel einen möglichst hohen Profit zu erzielen.« (1974, 317)

Wenn man es, auf eine selbstverständlich *an sehr vielem vorbeisehende Weise,* bei diesen Anmerkungen zu Fromms Charakterlehre beläßt, kann man folgendes zusammenfassendes Schema[13] vorschlagen:

---

[13] Fromm selbst hat (1954, 126, bzw. 129–131) ein Schema vorgeschlagen, das weiter reicht. Es ist jedoch von Gliederungsprinzipien dieses Werkes geprägt, die später wieder aufgegeben wurden. Mir kommt es überdies stärker auf die historischen Bezüge der Charakterlehre Fromms an.

Durch Selbstverlust und Fluchtmechanismen gekennzeichnete Charaktertypen im Verlauf der bürgerlichen Entwicklung

Tendenz	Systematisch	Historisch
Grade der Aggression und Destruktivität	Anal	»*Hortende*« Variante des früh- und mittelbürgerlichen »Geist des Kapitalismus«.
	Sado-Masochistisch	*Autoritärer Charakter* (insbes. Kleinbürgertum des ausgehenden 19. und beginnenden 20. Jh.)
	Destruktiv	*Destruktiver Charakter* (Faschistischer Autoritarismus)
Wirkungsart der Autorität		Von der äußeren Autorität über die verinnerlichte Autorität (Über-Ich/Gewissen) zur »anonymen Autorität«
	Fassaden-Ich	*Marketing-Charakter* außengeleitetes Subjekt der Konsumgesellschaft

e) Der nekrophile Charakter

Aggression bedeutet einen Angriff auf andere Lebewesen, mit der Absicht, ihnen Leid zuzufügen. Beim Masochismus richtet sich die Feindseligkeit gegen die eigene Person, beim Sadismus gegen andere. Destruktivität ist die Sucht, etwas zu vernichten, zu töten. (Nicht jede Aggression wird im Interesse der Vernichtung von etwas unternommen.) Die »bösartigste«, die leidenschaftlichste Form der Destruktivität ist für Fromm die *Nekrophilie*. »Nekrophilie« heißt »Liebe zum Toten« und wird im allgemeinen auf bestimmte Perversitäten angewendet: auf den Drang, Verkehr mit Leichen zu haben, sie zu berühren oder zu zerstückeln, Verwesendes zu sehen oder zu riechen. Aber wiederum gibt Fromm diesem Begriff einen allgemeineren, charakterologischen Sinn:

> »Die Nekrophilie kann man im charakterologischen Sinn definieren *als das leidenschaftliche Angezogenwerden von allem, was tot, vermodert, verwest und krank ist; sie ist die Leidenschaft, das, was lebendig ist, in etwas Unlebendiges umzuwandeln; zu zerstören um der Zerstörung willen; das ausschließliche Interesse an allem, was rein mechanisch ist. Es ist die Leidenschaft, lebendige Zusammenhänge zu zerstükkeln.*« (1974, 301)

Für den Nekrophilen ist es selbstverständlich, daß sich Probleme und Konflikte nur mit Gewalt lösen lassen, denn Gewalt ist die »Macht, einen Menschen in einen Leichnam zu verwandeln« (Simone Weil). Vernichten und Zerstören ist die Grundtendenz des nekrophilen Charakters, wenn sie sich auch in den Grenzen des Interesses an Verwesung, Tod, Krankheit halten kann. Der Nekrophile ist Traditionalist, die vergangenen, »verwesten« Institutionen, Gesetze, Besitztümer bestimmen sein Leben. Oft zieht ihn der Geruch von Fauligem und Absterbenden an. An seiner Sprache fällt die Nähe zu den Symbolen des analen Charakters auf: Der Wortschatz wimmelt von Ausdrücken über Ausscheidungsfunktionen, Zerstörung, Verwesung, Fäulnis, Krankheit. Aber dennoch ist er keine bloße Spielart des analen Syndroms. Zwar ist die anal-hortende Person in ihrem Verhalten oft sehr mechanisch, starr, aber nicht nekrophil im beschriebenen Sinn (ebd., 316).

Auch die Aggressivität des sado-masochistischen Charakters reicht nicht zur Bestimmung der Nekrophilen aus; denn der Sadist lebt mit anderen, will sie beherrschen, aber nicht vernichten. Fromm grenzt ohnehin den »destruktiven Charakter« manchmal grundsätzlich vom sado-masochistischen ab. Die gesellschaftlichen Bedingungen, die ihn geformt haben, müssen zur näheren Bestimmung herangezogen werden. Fromm nennt als ein weiteres Merkmal der Nekrophilie, die »Vergötterung der Technik« (ebd., 310 ff.), wie sie sich beispielsweise in der Liebe für das Auto zeigt, die die Liebe zu den Kindern weit übersteigt. Eine Liebe zu künstlichen Gebilden (Artefakten) und Geräten, die »das Interesse für alles Lebendige« verdrängt. Die Vergötterung der Technik geht oft mit der Bewunderung der Vernichtungskraft, die ihr innewohnt, einher (»Vernichtungsmaschinerien«).

Es scheint also eine sinnvolle Vermutung zu sein, Fromm habe den nekrophilen Charakter als *die* Variante des destruktiven Charaktersyndroms angesehen, die sich in der modernen hochtechnisierten (Fromm: »kybernetischen«) Gesellschaft herausgebildet hat.

Destruktiver Charakter:

– Faschistischer Autoritarismus
– Nekrophilie (kybernetische Gesellschaft des späten 20. Jh.).

An einer Stelle wirft er die Frage auf:

»Ist die Nekrophilie wirklich für den Menschen in der zweiten Hälfte des 20. Jahrhunderts in den Vereinigten Staaten und in anderen ebenso hoch entwickelten kapitalistischen oder staatskapitalistischen Gesellschaftssystemen charakteristisch?« (Ebd., 317)

Auch wenn er in einer genialen Analyse die nekrophilen Grundzüge von Hitlers Charakter herausarbeitet (ebd., 335 ff.), Fromm bejaht die gestellte Frage. Nicht, daß der Mensch im technischen Zeitalter sich für Kot und

Verwesendes durchweg interessiere, aber er verfährt im Kern noch drastischer: »Er wendet sein Interesse ab vom Leben, von den Menschen, von der Natur und den Ideen – kurz, von allem, was lebendig ist; er verwandelt alles Leben in Dinge, einschließlich sich selbst . . .« (ebd., 317). Symbole des Todes sind nun saubere, glänzende Mechanismen, Apparaturen, Strukturen der Leblosigkeit. Das Verhalten des Nekrophilen ist so stereotyp, mechanisch, bürokratisch, wie die Welt, die er hervorgebracht hat und der er sich dennoch anpassen muß. Die schizophrene Trennung von Gefühl und funktionellem Denken prägt seine Seele.

»Aber die Wirklichkeit unter dieser antiseptischen Fassade wird immer deutlicher sichtbar. Im Namen des Fortschritts verwandelt der Mensch die Welt in einen stinkenden, vergifteten Ort . . . Er vergiftet die Luft, das Wasser, den Boden, die Tiere – und sich selbst.« (Ebd., 318)

Fromms Kulturkritik richtet sich nicht gegen die Technik, sondern gegen die Nekrophilie als die Liebe zum toten Gerät anstelle der Liebe zum Leben. Aber was läßt sich dem traurigen Bild entgegenhalten?

Der produktive Charakter

Durchgängig, so hat sich gezeigt, bezieht sich die »analytische Psychologie« auf einen Grundwiderspruch der menschlichen Situation: Einerseits ist jedes Subjekt mit den Ansprüchen seines Körpers und durch die lang andauernde physische und psychische Abhängigkeit von seinen Erzeugern an Naturzusammenhänge gebunden, andererseits durch seine »Instinktschwäche« gezwungen und durch seine Sprache und Denken befähigt, sich von der Natur und anderen Personen abzulösen. Diese Spannung nötigt ihn dazu, »etwas aus sich zu machen«, sein Leben und seine Lebensbedingungen (gewiß im Rahmen gegebener Umstände) zu schaffen, *bestimmte* unter alternativen Möglichkeiten des Tuns zu verwirklichen. »Das Leben des Menschen kann nicht gelebt werden, indem er das Vorbild der Gattung wiederholt; er selbst muß es leben.« (1954, 55) Der Mensch kann nicht einmal problemlos und automatisch dem Vorbild des bisherigen Menschenlebens folgen, er bildet seine Existenz durch Handlungen heraus, die oft, an sich, anders möglich wären als sie tatsächlich ausfallen.

Etwas tun, etwas bewirken, ist eine der Weisen, den existentiellen Grundwiderspruch zu überwinden (»Sein Leben gestalten.«). Aber ist dieses Prinzip der Selbsttätigkeit nicht bloß ein »Wert«, eine »Norm«, die mit der bürgerlichen Gesellschaft entstanden ist, dem *bürgerlichen* Sozialcharakter angehört? Hat es mehr als eine »historische Bedeutung«? – so lautete die erste Frage in der Einleitung zu diesem Kapitel. Fromm verneint sie ebenso entschieden wie Fichte (s. Kapitel 2). Man muß bürgerlichen

Individualismus und das Lebensprinzip der Individuation auseinanderhalten.

Schon die frühesten Mythen, weit vor der bürgerlichen Gesellschaft, zeigen die Spuren des »Erkennens seiner selbst als eines von seiner Umwelt, Natur und Menschen gesonderten Wesens« (1966, 31). Gewiß, diese Erfahrung von der Notwendigkeit und Möglichkeit, das eigene Leben zu gestalten, bleibt über lange Epochen hinweg vergleichsweise undeutlich. »Seiner selbst als eines selbständigen Wesens schon halb bewußt«, fühlt sich das Individuum noch intensiv als Teil seiner Umwelt. Aber – *Individuation*, das »Gefühl« des Selbstseins und der Möglichkeit der Selbsttätigkeit, zeichnet sich schon sehr früh in der Geschichte der Gattung (Phylogenese) ab. *Individualismus* als Wert, als Norm, ist hingegen bürgerlichen Ursprungs. Sein Kern ist letztlich der Egoismus des Privatmanns. Gleichzeitig zeigt das bürgerliche Zeitalter, daß der Prozeß der Individuation kein gradliniger Fortschritt zu sein braucht. Nekrophilie, die Liebe zum dinghaft Toten und ein zum Ding gemachtes Selbst, konnte sich durchsetzen. Denn Selbstaufgabe unter dem Druck der Verhältnisse bleibt eine, wenn auch Leiden und Krankheit erzeugende Verhaltensmöglichkeit der Menschen.

Der Prozeß der Individuation mit seinen Widersprüchen kennzeichnet auch die Entwicklung des je einzelnen Subjekts (Ontogenese). Wie Freud gezeigt hat, führt der Weg des Einzelnen vom primären Narzißmus, der ursprünglichen Selbstbezogenheit, die das Selbst gar nicht von der Umwelt trennt, normalerweise zu einem dem »Realitätsprinzip« gehorchenden Ich und zum »genitalen Charakter«. Individuation durch Erziehung (Sozialisation) stellt also gleichermaßen einen Vorgang der Auflösung natürlicher, »primärer Bindungen« dar:

»Die primären Bindungen sind als Teil einer normalen menschlichen Entwicklung organisch. Sie deuten auf eine Unvollständigkeit der Individualität; geben aber dem Individuum einen Schutz; es kann sich zurechtfinden.« (1966, 32)

Aber jede Entwicklung des Einzelwesens ist immer ein Stück Auflösung primärer Bindungen, *Individuation*. Angesichts der widersprüchlichen Anforderungen an sein Verhalten, angesichts teilweise gegensätzlicher Einflüsse aus der Umgebung, bleibt einem »nicht festgestellten Wesen« wie dem Menschen, auch dem einzelnen, nichts anderes übrig, als etwas aus den Verhältnissen zu machen, sie »produktiv« und »selbsttätig« zu beeinflussen. Auch der Einzelne ist vieles von dem, was er ist, durch sein Tun, das oft auch anders hätte sein können. Andererseits steht ihm mit dieser Offenheit die Möglichkeit offen, sein Selbst so weit zurückzunehmen, wie es in Fluchtmechanismen deutlich wird (s. o.). Selbstverwirklichung und Selbstverleugnung sind Möglichkeiten, aber mit verschiedenen Konsequenzen. Denn für Fromm hat sich eindeutig gezeigt, daß Selbstverleugnung letztlich zu psychischen Leiden führt. Die Entwicklung eines Selbst ist »so lebenswichtig, daß der Mensch geistig nicht gesund bleiben könnte, wenn er keinen Weg fände, es zu befriedigen« (1955, 57).

Das existentielle Bedürfnis nach Selbstverwirklichung gehört für Fromm zu den „produktiven Orientierungen". In ihrer Gesamtheit bilden sie den *produktiven Charakter*, den er an die Stelle des nach seiner Auffassung zu sehr von der Libido-Theorie abhängigen »genitalen Charakters« bei Freud setzt. Der »produktive Charakter« gründet in der beschriebenen Notwendigkeit für den Menschen, ständig die Voraussetzungen für seine Existenz neu schaffen, sich zum vergangenen und zukünftigen Leben verhalten zu müssen. Da nicht alternativlos festgelegt ist, was er wird, muß er *sich* immer auch zu etwas machen. Man kann es ganz paradox formulieren: Freie Handlungen sind für den Menschen einfach eine Lebensnotwendigkeit.

»Der Mensch kann zwar dank seiner Produktivität materielle Dinge, Kunstwerke und Gedankensysteme erzeugen, aber *der wichtigste Gegenstand der Produktivität ist der Mensch selbst.*« (1954, 106)

Der produktive Charakter stellt ein System von Leidenschaften dar, mit denen der Mensch die Freiheit sucht. Charaktere wie der »autoritäre« entstammen der »Furcht vor der Freiheit«.

Hält man sich an die Einteilung der »existentiellen Bedürfnisse«, die oben dargestellt wurde (s. S. 79f.), dann lassen sich, grob, vier Züge am »produktiven Charakter« hervorheben:

1) »Produktivität« zeigt sich in der Herstellung von Produkten, die den organischen Ansprüchen und existentiellen Bedürfnissen wirklich entsprechen (Gebrauchswerte). Aber auch Tätigkeiten, die um der Befriedigung des existentiellen Bedürfnisses nach schöpferischem Tun selbst willen vollzogen werden (z. B. Kunst [B1]).

2) »Produktiv« ist »Liebe« als Form der Beziehung zu anderen. Besser wäre wohl der Begriff der *»Empathie«;* denn gemeint ist eine Art von Beziehung zu anderen Menschen, in der man sich mit diesen eins, gefühlmäßig und gedanklich einverständig und sich dennoch als ein Selbst weiß (B2).

»Im Bereich des *Gefühlslebens* ist die Liebe der Ausdruck der produktiven Orientierung als das Erlebnis des Einswerdens mit einem anderen, mit allen Menschen und mit der Natur unter Beibehaltung der Integrität und Unabhängigkeit.« (1955, 33)

3) Zur »Produktivität« gehört die Gelegenheit, einen selbständigen Ein-

fluß beim Prozeß der Sinngebung fürs eigene Leben ausüben zu können, nicht »außengeleitet« zu sein (B3).

4) Offensichtlich ist mit all dem für die »Produktivität« ein »Identitätsgefühl« maßgebend, »das sich auf das Selbsterlebnis des Ich als dem Subjekt und Gestalter der eigenen Kräfte gründet . . .« (ebd., 183).

Im Begriff der »Biophilie« (Liebe für das Leben) faßt Fromm die Merkmale des produktiven Charakters zuletzt zusammen:

»Die Biophilie ist die leidenschaftliche Liebe zum Leben und allem Lebendigen; sie ist der Wunsch, das Wachstum zu fördern, ob es sich nun um einen Menschen, eine Pflanze, eine Idee oder eine Gruppe handelt. Der biophile Mensch baut lieber etwas Neues auf, als daß er das Alte bewahrt. Er will mehr *sein,* statt mehr zu *haben.* Er besitzt die Fähigkeit, sich zu wundern, und er erlebt lieber etwas Neues, als daß er das Alte bestätigt findet. Das Abenteuer zu leben, ist ihm lieber als die Sicherheit . . . Er möchte formen und durch Liebe, Vernunft und Beispiel seinen Einfluß geltend machen – nicht durch Gewalt und dadurch, daß er die Dinge auseinanderreißt, nicht dadurch, daß er auf bürokratische Weise die Menschen behandelt, als ob es sich um tote Gegenstände handelt.« (1974, 331)

Selbsttätigkeit und Selbständigkeit ist der Kern der produktiven Orientierungen. »Selbst« meint die Aktivitäten des Ich, die nicht im Bestimmtwerden aufgehen, sondern Selbstbestimmung anzeigen (P3). Das »Ich-Gefühl . . . setzt voraus, daß es mein Erlebnis, mein eigenes ist, und nicht ein mir entfremdetes. *Dinge* haben kein Selbst, und Menschen, die zu Dingen geworden sind, haben ihr Selbst verloren.« (1955, 129) Die wesentlichen Argumente Fichtes finden sich also bei Fromm wieder:

a) Das Ich ist ein allgemeines, *lebensnotwendiges* Prinzip. In ihm drücken sich die *produktiven* Formen der Bewältigung eines *historisch durchgängigen* Problems der menschlichen Existenz aus (Antwort auf Frage 1 der Einleitung zu diesem Kapitel).

b) *»Ich«* meint den letzten Bezugspunkt des je eigenen Bewußtseins von Dingen, anderen Personen und letztlich seiner Selbst (Selbstbewußtsein). Als *Selbst* bezeichnet es den letzten Bezugspunkt der *Aktivitäten,* die sich gestaltend auf die Bedingungen der eigenen Existenz richten. Es ist Tathandlung, keine Tatsache, kein Ding. Es ist Prinzip der Autonomie (Selbständigkeit) und der Urheberschaft (Spontaneität).

c) *»Ich«* bedeutet *Individuation* unter jeweils historisch verschiedenen gesellschaftlichen Voraussetzungen, nicht *Individualismus* wie er – extrem – im Egoismus der bürgerlichen Krämerseele zum Vorschein kommt (»Marketing-Charakter«).

d) Selbstbewahrung ist nicht denkbar ohne die Anerkennung (Respektierung) der eigenen Selbständigkeit durch selbständige andere. (s. Liebe bzw. Empathie bei Fromm). *Autismus* (krankhafte Selbstgenügsamkeit) ist das Leiden des unbestätigten Selbst, das nie aus seinem Narzißmus richtig herausgelangt ist, sich nicht selbständig gemacht hat und sein Selbst nicht anerkannt findet.[14]

e) Wenn aber zum Selbstsein die Bestätigung der Selbständigkeit durch andere gehört, wenn überdies die gesellschaftlichen Verhältnisse die Voraussetzungen der Selbstbestimmung des Individuums eröffnen oder verschließen, dann sind die tatsächlichen Organisationsprinzipien der Gesellschaft daran zu messen, was sie in dieser Hinsicht leisten oder nicht.

Fromm sieht die gesellschaftlichen Organisationsprinzipien als *Voraussetzung* der Individuation und mißt sie gleichzeitig daran, inwieweit sie die Möglichkeiten eines jeden Einzelnen, selbständig zu sein und sein Selbst durch andere anerkannt zu finden, sichern (Antwort auf Frage 2 der Einleitung zu diesem Kapitel).

Leseempfehlung zu Kapitel 3

a) Das Wesen des Menschen

Fromm: *Psychoanalyse und Ethik*, Konstanz 1954, 35–39, 53–64
Fromm: *Der moderne Mensch und seine Zukunft*, Frankfurt/M. 1955, 24–31

b) Trieb und Bedürfnistheorie

Fromm: *Der moderne Mensch und seine Zukunft*, a.a.O., 24–62

c) Charakterlehre

Fromm: *Die Furcht vor der Freiheit*, Frankfurt/M. 1966, 137–202
Fromm: *Anatomie der menschlichen Destruktivität*, Stuttgart 1974, 335 ff. (Kapitel 13: »Bösartige Aggression: Adolf Hitler, ein klinischer Fall von Nekrophilie«).

---

[14] »Wir kennen extreme Formen einer solchen Selbstgenügsamkeit bei den *autistischen* Kindern. Diese Kinder durchbrechen niemals die Schale ihres Narzißmus. Sie erleben die Mutter nie als Liebesobjekt; sie entwickeln nie eine affektive Bindung an andere, sondern man könnte eher sagen, sie sehen durch sie hindurch, als ob es sich um leblose Gegenstände handelte, und sie zeigen oft ein besonderes Interesse an mechanischen Dingen.« (1974, 328)

Kapitel 4
Die Einebnung des heroischen Subjekts

Einige Motive bei Adorno und Marcuse

> »Wir haben dir weder einen bestimmten Platz, noch ein eigenes Gesicht, noch irgendeine besondere Gabe verliehen, o Adam, damit du jeden beliebigen Platz, jedes beliebige Gesicht und alle Gaben, die du dir wünschst, durch deinen Spruch und Entschluß haben und besitzen mögest. Die Beschaffenheit der übrigen Arten wird durch die von uns gegebenen Gesetze in Schranken gehalten. Du aber wirst durch keine Beschränkungen eingeengt, du sollst deine Natur durch deinen eigenen Willen, in dessen Hand ich dich gelegt habe, bestimmen. Ich habe dich in den Mittelpunkt der Welt gestellt, damit du leichter um dich schauen kannst, was es alles in ihr gibt. Ich habe dich nicht als himmlisches Wesen und nicht als irdisches, weder sterblich noch unsterblich geschaffen, damit du selbst in dieser dir verliehenen Würde gleichsam der freie Erzeuger und Bildner der Form wirst, in der du zu leben wünschst. Du kannst bis zum Tier herabsinken oder in freier Wahl dich zum Göttlichen erheben ... Du allein hast eine Entwicklung, die von deinem Willen abhängt, und du allein trägst die Keime allen Lebens in dir.«
>
> Pico de la Mirandola, † 1494, *De hominis dignitate oratio (Gebet über die Würde des Menschen)*

Noch einmal: Das Problem der Anthropologie

Fichte untersuchte die »Bestimmung des Menschen«, Fromm leitete »existentielle Bedürfnisse« aus einer elementaren Problemsituation »des Menschen« ab. Beide gegen davon aus, daß die Entwicklung eines »Ich«, eines

Selbstbewußtseins, etwas hervorzubringen oder zu beeinflussen, ein *allgemeines* Prinzip menschlichen Lebens sei. »Individuierung« erscheint als Lebensnotwendigkeit für die Menschengattung.

Was »Individuierung« sei, erläutern beide, Fichte und Fromm, anhand der *Reflexivität* der Subjekte (P2) (vgl. dazu Griese 1976, 49): »Reflexivität«, bezeichnet die Fähigkeit des biologischen Einzelorganismus »Mensch« 1.) zu sich selbst (zu den eigenen Merkmalen, Fähigkeiten, Tätigkeiten) und 2.) zu den Bedingungen seiner Existenz (Natur und Kultur) als Einzelwesen denkend und handelnd Stellung zu nehmen. »Stellung zu nehmen«, damit ist zunächst »Distanzierung« gemeint; z. B. etwas »mit Abstand« zu bedenken (eine Differenz zwischen sich selbst und etwas anderem zu ahnen oder zu wissen), aber auch: etwas (einschließlich sich selbst) zum Gegenstand einer Handlung zu machen. Und dies alles so, daß diese »reflexiven« Bezüge sich nicht auf kausale Einflüsse aus der natürlichen und sozialen Umwelt zurückführen lassen.

Fromm bestimmt »Reflexivität« als eine der Überlebensbedingungen für ein Wesen, das diese Bedingungen in weitem Ausmaß selbst herstellen muß, weil es nur wenig instinktsicher mit seiner Umwelt verbunden ist.

Thesen dieser Art gehen auf Argumente eines Zeitgenossen Fichtes, *Johann Gottfried Herder* (1744–1803), zurück.[1] Dieser beschreibt den Menschen schon als ein »Mängelwesen«, dessen Organ- und Instinktausstattung an sich garnicht zum Überleben ausreicht. Elementare Sinne wie die Sehkraft, der Geruchs- und Tastsinn, das Gehör, sind im Vergleich zu vielen Tierarten unterentwickelt, eigentümlich »primitiv«. An keine bestimmte Umwelt, an kein »Biotop« durch eine Spezialausstattung angepaßt, ist der Mensch »weltoffen«.

Für Herder ist die *Sprache*[2] das entscheidende Hilfsmittel, die menschliche »Instinktschwäche« zu überwinden. Sprache erlaubt eine Beziehung auf die Umwelt in Distanz, auf dem Umweg über Symbole. Durch sprachliche Zeichen (Symbole) kann der Mensch eine Verbindung zur Welt herbeiführen, ohne an sie gekoppelt zu sein. Sprache ist zugleich eine Form der Handlung: durch sprachliche Äußerungen *stellt* man Beziehungen zu anderen und anderem *her*. Und nicht zuletzt wird im Prozeß der Erziehung (Sozialisation) ein großer Teil des Wissens, der Normen, Verhaltensmu-

---

[1] »Die philosophische Anthropologie hat seit Herder keinen Schritt vorwärts getan, und es ist im Schema dieselbe Auffassung, die ich mit den Mitteln moderner Wissenschaft entwickeln will. Sie braucht auch keinen Schritt vorwärts zu tun, denn dies ist die Wahrheit.« (Gehlen 1966, 84)

[2] Sprache meint hier gesprochene Sprache, einschließlich ihres Schriftausdrucks und als »innerer Dialog«, Denken. Körperzeichen, Gesten etc., wären in einen allgemeineren Begriff der »Symbolisierung« aufzunehmen.

ster, ja die Sprache selbst, durch Sprechakte prägend weitergegeben. Ohne Sprache also keine »Assimilation« und »Assoziation« (s. o. S. 80 f.), ohne Sprache auch keine hoch entwickelte Reflexivität.

Das »Sprachvermögen« fehlt denn auch in keinem Katalog der Eigentümlichkeiten »des Menschen«. Meist werden auch noch bestimmte biologische Grundmerkmale angegeben:

- Die schon genannte geringe Spezialisierung der Organe und die »Instinktschwäche«;
- der aufrechte Gang (und damit)
- die freie Verwendung von Armen und unspezialisierten Händen, insbesondere beim *Werkzeuggebrauch* (»Keine Affenhand hat je das rohste Steinmesser verfertigt.« [Engels, MEW Bd. 20, 445]);
- das hohe Hirngewicht (und die besondere Plastizität des Stirnhirns);
- die Eigentümlichkeit, ein »sekundärer Nesthocker« zu sein, d. h.: Der Mensch wird schon in einem geringen Reifegrad seiner Verhaltensmöglichkeiten auf die Welt gebracht und ist damit in seiner ersten Lebensphase völlig hilflos auf Mitmenschen angewiesen. Das macht ihn in besonderen Maße für Prägungen aus seiner (sozialen) Umwelt empfänglich und zu einem Wesen, das auf *Lernen,* die Vermittlung von Fähigkeiten und Fertigkeiten durch andere besonders angewiesen ist.

Kataloge dieser Art verweisen jedoch allesamt auf eine grundsätzliche *Problemlage* der Menschengattung: Das »nicht festgestellte Tier« (Nietzsche) ist durch bestimmte biologische Merkmale gezwungen, durch andere in die Lage versetzt, *sein Leben und seine Lebensbedingungen selbst hervorzubringen.* Der Mensch steht vor der Aufgabe, sich selbst zu etwas zu machen. Diese Problemlage läßt sich anhand von Merkmalen, die allen Menschen eigen sind und sie zugleich von allen anderen Tieren unterscheiden, empirisch bestimmen. Sie zu bewältigen, dazu bedarf es der eigenen, in unendlich vielen verschiedenen Formen möglichen Taten der Menschengattung. In dieser Hinsicht ist selbst noch die Funktion der Sprache – so wie es Herder in gewisser Weise versucht – *unter der Voraussetzung* dieser allgemeinen Problemsituation zu bestimmen.

Das Verständnis der existentiellen Problemsituation der Menschengattung läßt sich in einer Art »*anthropologischem Grundsatz*« zusammenfassen, in dem sehr viele Autoren übereinkommen, die ansonsten einander entgegengesetzte politische und wissenschaftliche Auffassungen vertreten. In jeweils verschiedener Sprache und verschiedenen theoretischen Bezugssystemen vertreten sie einhellig die These, es sei für den Menschen eine Lebens-*Notwendigkeit,* seine bestimmten Lebensformen aus einem Horizont gedanklich nicht auszuschöpfender Möglichkeiten selbst hervorzubringen. Um nur zwei Beispiele zu geben:

»Man kann die Menschen durch das Bewußtsein, durch die Religion, durch was man sonst will, von den Tieren unterscheiden. Sie selbst fangen an, sich von den Tieren zu unterscheiden, sobald sie anfangen, ihre Lebensmittel zu *produzieren*, ein Schritt, der durch ihre körperliche Organisation bedingt ist. Indem die Menschen ihre Lebensmittel produzieren, produzieren sie indirekt ihr materielles Leben selbst.« (Marx, Engels, MEW Bd. 3, 21)

»Aus eigenen Mitteln und eigentätig muß der Mensch sich entlasten, d. h. die Mängelbedingungen seiner Existenz eigentätig in Chancen seiner Lebensfristung umarbeiten.« (Gehlen 1966, 36)

In einem seiner frühen, noch von Heideggers Philosophie und Sprache beeinflußten Aufsätze, formuliert *Herbert Marcuse* (1898–1979) die gleichen Überlegungen so:

»Das Geschehen des menschlichen Lebens ist Praxis in dem ausgezeichneten Sinne, daß der Mensch sein Dasein selbst *tun* muß – derart, daß er es als Aufgabe zu ergreifen und zu erfüllen hat. Sein Geschehen ist ein dauerndes Geschehen – *machen* (während etwa das Geschehen des tierischen ein bloßes Geschehen-*lassen* ist . . .).« (1965a, Bd. 2, 20)

Marcuse hat an dieser These auch später festgehalten:

»Die Weise, in der eine Gesellschaft das Leben ihrer Mitglieder organisiert, schließt eine ursprüngliche *Wahl* zwischen geschichtlichen Alternativen ein, die vom überkommenen Niveau der materiellen und geistigen Kultur bestimmt sind. Die Wahl selbst ergibt sich aus dem Spiel der herrschenden Interessen. Sie *antizipiert* besondere Weisen, Mensch und Natur zu verändern und nutzbar zu machen und verwirft andere. Sie ist ein Entwurf von Verwirklichung unter anderen.« (1964, 18)

Dieses Zitat zeigt Marcuses Version des »anthropologischen Grundsatzes« deutlich genug: Die Art und Weise, wie die einzelnen Mitglieder einer Gesellschaft leben können, ist auch das Ergebnis der Entscheidungen (»Wahl«), die eine historisch konkrete Lebensform hervorgebracht haben. Von »Wahl« oder »Entscheidung« läßt sich deswegen reden, weil an sich immer mehr Möglichkeiten, eine Lebensform zu finden, zur Verfügung gestanden haben, als tatsächlich in der Sozialstruktur verwirklicht wurden (»geschichtliche Alternativen«). Diese Alternativen stehen allerdings nicht in völliger Beliebigkeit zur Verfügung. Sie sind vom überlieferten »Niveau der materiellen und geistigen Kultur«, vom Stand der gesellschaftlichen Produktion von Lebensmitteln (i. w. S.), von institutionellen Gegebenheiten und überlieferten Denkweisen beeinflußt. Hinzu kommt, daß die »Wahl« einer Alternative nicht dem allseits anerkannten Plan entstammt, sondern das Ergebnis widerstreitender Interessen herrschender Gruppierungen in ihren konkreten Beziehungen zu den Unterdrückten ist. Gleichwohl ist die »gewählte« Alternative abhängig von der Vorwegnahme (»Antizipation«), wenigstens: Ahnung möglicher Formen, in denen Natur angeeignet und soziale Beziehungen strukturiert werden könnten. Es handelt sich also bei einer vorfindlichen gesellschaftlichen Lebensweise in gewisser Weise immer auch um das Ergebnis eines »Entwurfs«, wobei »*Entwurf*« der Marcusesche Begriff ist, in dem die Thesen des »anthropologischen Grundsatzes« nochmals zusammengezogen werden. Der Mensch, niemals vollständig in die Umstände eingebunden, muß, um leben zu können, *sich selbst zu etwas bestimmen*. Er muß zum »Bildner der Form werden, in der er leben kann« (Pico de la Mirandola; s. o. Einleitungszitat) – und die Formen, die er dabei gefunden hat, sind zu verschiedenen Zeiten und an verschiedenen Orten äußerst unterschiedlich und veränderlich ausgefallen.

Die Möglichkeiten der Menschen, das, was sie sein werden, durch eigene Tat zu sein, sind gewiß nicht von äußeren Einflüssen unabhängig. Naturgesetze, der Stand der Fertig- und Fähigkeiten (insbes. der Produktivkräfte), das geschichtlich zuvor schon Verwirklichte und Gedachte, setzen dem Prozeß der Selbsterzeugung der Gattung auch Grenzen.

»Wenn das Selbst mit dem Geschehenmachen seines Daseins beginnt, findet es eine Welt vor, die die Welt eines anderen Daseins ist: erfüllt und gestaltet von einer menschlichen Lebendigkeit, die nicht die seine ist, die immer schon vergangen und doch noch gegenwärtig wirklich ist – eine Welt von öffentlichen Einrichtungen, Anstalten, Betrieben politischer, sozialer, wirtschaftlicher Natur, Produktionsmitteln und Konsumtionsgegenständen, Gebrauchsdingen, Kunstwerken usw., von allgemeinen Raum- und Zeiteinteilungen und -gestaltungen, die als Ganzes das Werk eines vergangenen Daseins bleibt, auch noch in jeder Neuschöpfung.« (1965a, Bd. 2, 28)

Marcuse hat damit einen klassischen Gedanken von Marx aufgegriffen:

In der Geschichte findet »auf jeder Stufe ein materielles Resultat, eine Summe von Produktionskräften, ein historisch geschaffenes Verhältnis zur Natur und der Individuen zueinander sich (vor), die jeder Generation von ihrer Vorgängerin überliefert wird, eine Masse von Produktivkräften, Kapitalien und Umständen, die zwar einerseits von der neuen Generation modifiziert wird, ihr aber auch andererseits ihre eignen Lebensbedingungen vorschreibt und ihr eine bestimmte Entwicklung, einen speziellen Charakter gibt – daß also die Umstände ebensosehr die Menschen, wie die Menschen die Umstände machen.« (MEW, Bd. 3, 38)

Der Prozeß der Herausbildung einer Lebensform, der »Entwurf«, stößt immer auch auf objektive Gegebenheiten, die (als gesellschaftliche) zu einem entscheidenden Teil das Ergebnis der »Entwürfe« in der Geschichte vorhergehender Generationen sind. Diese materiellen (z. B. Produktivkräfte) und kulturellen (z. B. soziale Normen, Handlungsmuster) Gegebenheiten stellen eigene Anforderungen an jede gegenwärtige Praxis. Sie fordern, »wenn überhaupt das Dasein weiter geschehen soll, eine eigene nach ihnen sich richtende Besorgung, Erhaltung, Sicherung, Vernehmung und Aufhebung – eine Arbeit, die sich keineswegs nur nach den Bedürfnissen des gerade gegenwärtigen Daseins richtet, sondern den diesen Gegenständlichkeiten immanenten Bedarf berücksichtigen muß" (Marcuse 1965a, Bd. 2, 30).

Genau genommen, sind hier zwei Formen auseinanderzuhalten, in denen das geschichtlich Vorgegebene den gegenwärtigen »Entwurf« einschränken kann:

1) Die materiellen und kulturellen Überlieferungen aus der Geschichte müssen, weil der Mensch auch an sie nicht automatisch und einschränkungslos gebunden ist, von jeder Generation neu angeeignet werden. »In jedem Augenblick ist menschliches Tun eine Auseinandersetzung mit jenem geschichtlichen Leben, das sich in seinen Gegenständen verwirklicht hat.« (Ebd., 33). Ein neuer »Entwurf« kann sich also nicht beliebig über die historisch vorfindlichen materiellen und kulturellen Gegebenheiten (Marcuse: »Gegenstände«) hinwegsetzen. Er muß manches an ihnen als sachlich vorgegeben und bestimmte Ansprüche an das gegenwärtige Handeln stellend, aufnehmen. (Marx: »Die Umstände bestimmen die Menschen«). Es gibt mithin »Notwendigkeiten, die das bloße Dasein der schon gestalteten und erfüllten Welt mit sich bringt« (ebd., 30). Anders gesagt: Jede Generation muß sich mit den Anforderungen auseinandersetzen, die die historisch überlieferten Umstände an das gegenwärtige Handeln richten können. *Diese* Form der sachlichen, objektiven Vorgegebenheit von Ergebnissen des Handelns der Menschen in der Geschichte scheint unaufhebbar.

2) Vom Sachverhalt, daß keine Selbstbestimmung als absolute Neubestimmung ohne geschichtliche Voraussetzungen denkbar ist, ist *Verdinglichung* zu unterscheiden. »Verdinglichung« meint die Tatsache, daß das von den Menschen selbst Gemachte (ihre »Werke, z. B. gesellschaftliche Institutionen) ihnen wie eine blinde Naturgewalt gegenübertreten und zu einer Über-Macht (z. B. »Schicksal«) verklärt werden kann. Was die Menschen selbst hervorgebracht haben, ist nach Marx im Verlauf der Geschichte oft zur größten Fessel für ihre Lebenstätigkeit geworden:

»Dieses Sichfestsetzen der sozialen Tätigkeit, diese Konsolidation unsres eignen Produkts zu einer sachlichen Gewalt über uns, die unsrer Kontrolle entwächst, unsre Erwartungen durchkreuzt, unsre Berechnungen zunichte macht, ist eines der Hauptmomente in der bisherigen geschichtlichen Entwicklung.« (MEW, Bd. 3, 33)

In allen Fällen, in allen Formulierungen bei den verschiedensten Autoren, enthält also der »anthropologische Grundsatz« den Gedanken der Herstellung des menschlichen Lebens durch die Menschen selbst: Sie sind die »*Erzeuger* und Bildner« ihrer Lebensform (Pico); sie *produzieren* nicht nur ihre Lebensmittel, sondern »indirekt ihr materielles Leben selbst« (Marx); sie müssen ihre Mangelbedingungen . . . eigentätig in Chancen« ihrer »Lebensfristung *umarbeiten*« (Gehlen); alle menschliche »Praxis ist Arbeit am und im Gegenwärtigen durch umgestaltende Aufhebung der Vergangenheit in vorgreifender Sorge für die Zukunft.« (Marcuse 1965, Bd. 2, 35). Durchweg wird also ein allgemeiner Gedanke von *Produktivität* festgehalten: Das »nicht festgestellte Tier« (Nietzsche) ist durch bestimmte biologische Merkmale gezwungen, durch andere in die Lage versetzt, *sein Leben und seine Lebensbedingungen selbst hervorzubringen.*

Der »anthropologische Grundsatz«, so zeigt sich, wird in Begriffen einer »allgemeinen Arbeit« erläutert, womit mehr gemeint ist als die Herstellung von Gütern. Wir wollen dafür – etwas von Marcuse abweichend – den Begriff *Produktion* einsetzen.

Marx sagt einerseits (s. o.), die Menschen unterschieden sich von den Tieren in eigener und eigentümlicher Tat, indem sie Lebensmittel durch gesellschaftliche *Arbeit* herstellen. »Produktion« ist in dieser ersten Hinsicht *Aneignung$_1$*, »Assimilation« von Naturstoff für menschliche Bedürfnisse und Zwecke; sie ist so *Arbeit* als lebensnotwendiges Werk (Ökonomie). Diese Arbeit und die Entwicklung ihrer Produktivkräfte (z. B. der Technik) ist zweifellos die Basis, die materielle Voraussetzung für menschliches Leben. Aber Marx sagt andererseits auch, auf dieser Grundlage würde das gesellschaftliche Leben insgesamt, die Gesamtheit der menschlichen Beziehungen (»Verkehrsformen«) hervorgebracht. Soweit der »Entwurf« einer ist, bei dem die »Wahl« der »historischen Alternativen« von Interessen herrschender Gruppierungen (Klassen) beeinflußt bleibt, werden überdies Eigentumsverhältnisse wiederhergestellt. »Eigentum« bedeutet bei Marx am Ausgangspunkt *nicht* rechtlich abgesicherter Besitzanspruch auf etwas, sondern das »Verhalten des Menschen zu seinen natürlichen Produktionsbedingungen als ihm gehörigen, als den seinen, als mit seinem eigenen Dasein vorausgesetzten; Verhalten zu denselben als natürlichen Voraussetzungen seiner selbst, die sozusagen nur seinen verlängerten Leib bilden« (Marx, *Grundrisse*, 391). »Eigentum« bedeutet also ganz allgemein die Weise, in der den Menschen Lebensbedingungen »zu eigen«, zugängig sind oder von ihnen selbsttätig zugängig gemacht werden. Eigentumsverhältnisse sind dann *Herrschaftsverhältnisse (= Aneignung$_2$)*[3] wenn sich bestimmte Gruppen oder Klassen – insbesondere durch Aneignung

---

[3] »Knechtschaft meint die dauernde und ständige Bindung der Praxis des ganzen Daseins an die materielle Produktion und Reproduktion, im Dienste und unter der Leitung eines anderen (eben des herrschenden) Daseins und seiner Bedarfe.« (Marcuse 1965a, Bd. 2, 44)

der Arbeitsprodukte anderer – etwas auf Kosten der Beherrschten »zu eigen« machen können (vgl. Kapitel 1 zum »Wertgesetz«).

Herrschaft (»Aneignung$_2$«) und Verdinglichung (s. o. S. 110) sind zwei gesellschaftliche Phänomene, welche den Organisationsprinzipien einer Gesellschaft widersprechen, die die Chancen zur Entwicklung eines Selbst durch Beziehung auf andere »Selbste« erhöhen könnten. Ähnlich wie Fromm beim Problem der Destruktivität vorschlägt (s. o. S. 85 ff.), erscheinen unter dieser Voraussetzung das Interesse an Herrschaft und der Vorgang der Verdinglichung als etwas *Abgeleitetes*, nicht in und mit der menschlichen Existenz, der »Menschennatur« unabdingbar *Vorausgesetztes*. Wie bei den »Umständen« das gesellschaftlich objektiv Vorgegebene und Anzueignende von Verdinglichung zu unterscheiden ist, so ist (Re-)Produktion der gesellschaftlichen Verkehrsformen 1) oft Reproduktion überflüssiger Herrschaftsstrukturen auf der Grundlage besonderer Interessen, andererseits, 2) aber auch selbsttätige Produktion des gesellschaftlichen Lebens in die Zukunft hinein (Marcuse 1965a, Bd. 2, 35). Das Zweite erinnert nur noch einmal an jene Notwendigkeit für den Menschen, unter dem Einfluß der »Umstände« selbst zum »Erzeuger und Bildner« seiner Lebensform werden zu müssen. Damit ergibt sich jedoch eine wichtige Konsequenz: In dieser zweiten Hinsicht ist »Produktion« mehr als »Arbeit«:

»Gesetzt den Fall, es gelänge, den Bedarf einer Gesellschaft an wirtschaftlichen Gütern total zu decken, und seine Deckung auf absehbare Zeit im vorhinein zu verbürgen, – auch dann würde die Auseinandersetzung zwischen dem menschlichen Dasein und seiner Welt als Arbeit (Produktion – C. D.) weitergeschehen, selbst wenn alle ökonomischen Motive und Zwänge zur Arbeit wegfielen.« (Ebd., 26)

In und durch Arbeit übernimmt der Einzelne eine vergleichsweise dauerhafte gesellschaftliche Funktion, eine Charaktermaske:

»Vor und außerhalb der Arbeit, d. h. vor und außerhalb der Praxis im Dienste der Produktion und Reproduktion[4] kann sich das menschliche Dasein in vielen Möglichkeiten halten und keine verwirklichen; durch die Arbeit hat es sich in einen bestimmten Umkreis von Möglichkeiten hineingestellt; sein Dasein hat eine geschichtliche Ständigkeit bekommen.« (Ebd., 34)

»Produktion« in jenem über »Arbeit« hinaus erweiterten Sinn ist also der zentrale Begriff des »anthropologischen Grundsatzes«. Und damit scheinen sich nun doch bestimmte Begriffe und Thesen einer philosophischen Anthropologie festhalten zu lassen. Eindeutig taucht ja ein im Kern gleicher Gedanke bei sonst so verschieden verfahrenden Autoren auf. Aber

---

[4] »Reproduktion« meint die immer neue Herstellung (einschließlich Wiederherstellung) von menschlichen Lebensformen auf der Basis gesellschaftlicher Arbeit.

das »Dilemma der Anthropologie« (s. o. S. 74f.) ist damit noch lange nicht vom Tisch. Im Gegenteil, man kann es nun anhand von mindestens drei Punkten erweitert beschreiben:

1) »Konservative« neigen dazu, zum ewigen »Wesen des Menschen« zu verklären, was eher historischen Interessen ihrer Gesinnungsgenossen entspricht. Herrschaft von Menschen über Menschen hat es für sie immer gegeben und wird es immer geben. Das gestattet ihnen beispielsweise, die besonderen Zielsetzungen von Herrschaftsgruppen als solche der gesamten Menschheit auszugeben.

»Progressive« hingegen gehen meist von einer unbegrenzten Formbarkeit der Menschen durch die Umstände aus.

»... was die traditionelle Philosophie als das Wesen der Menschen dachte, wird durch und durch bestimmt vom Wesen der Gesellschaft und ihrer Dynamik.« (Adorno 1956, 35)

Damit könnte aber leicht der Gedanke außer Kraft gesetzt werden, daß gesellschaftliche Zwänge mehr verletzen können als die selbst wieder durch gesellschaftliche Einflüsse erzeugten Ansprüche des Individuums. Wenn es dies »Mehr« gibt, wenn elementare Bedürfnisse des Subjekts verletzt werden können, müßte schon so etwas wie ein *bestimmtes* (nicht bloß stillschweigend vorausgesetztes) »Menschenbild« aufscheinen.

Worauf, wenn nicht auf die von der Gesellschaft nicht vollends eingeholte Selbsttätigkeit (Spontaneität) und das Selbstbewußtsein der Subjekte, also auf Reflexivität (s. o. S. 10) wäre zurückzugreifen, wenn Veränderbarkeit des Gegebenen gedacht werden soll? Veränderung würde andernfalls auf nichts anderem aufsitzen als auf dem abstrakten Willen zur Veränderung selbst. Die völlig leere Utopie ist keine.

2) Das scheint die Zusammenfassung von Überlegungen, die einer philosophischen Anthropologie angehören, unumgänglich zu machen – so wie wir es denn auch getan haben. Diese Überlegungen gingen allesamt davon aus, daß sich der Mensch produktiv *zu* etwas bestimmen muß. Bei allen Einflüssen, denen er gleichwohl unterliegt, ist jedoch nie völlig bestimmt, wozu er sich in Zukunft gemacht haben wir. Damit bleibt das »Wesen des Menschen« aber stets eigentümlich unbestimmt, eine wirklich in ihren Einzelheiten ausgeführte Anthropologie unmöglich:

»Eine Formel, die ein für allemal die Beziehung zwischen Individuum, Gesellschaft und Natur bestimmte, gibt es nicht. Wenngleich die Geschichte keineswegs als Entfaltung eines einheitlichen Menschenwesens anzusehen ist, so wäre doch die umgekehrte fatalistische Formel, daß eine von den Menschen unabhängige Notwendigkeit den Lauf der Dinge beherrsche, ebenso naiv ... Das bewußte geschichtliche Handeln ist zwar dem Zeitpunkt und Inhalt nach an bestimmte Voraussetzungen gebunden, aber in anderer Weise als die in der vorhandenen sozialen Situation befangenen Reaktionsweisen und die völlig vom Bestehenden abhängige Existenz.« (Horkheimer)

Das ist aber das Problem der Vermittlung (P5) in einer leicht veränderten Gestalt: Es gibt keine Formel, die das »Menschenwesen« ein für allemal festlegt. Und dennoch wäre ein Menschenbild falsch, das das Subjekt als Marionette des »Laufs der (natürlichen und gesellschaftlichen) Dinge« ausgibt. Die darüber hinausgehende Dimension bestimmt auch Horkheimer, so scheint es schon hier, als Selbsttätigkeit (Reflexivität), als nicht in der »sozialen Situation befangene Reaktionsweise«.

3) Aber selbst wenn man den »anthropologischen Grundsatz« als Kern eines unvermeidlichen »Menschenbildes« festhalten könnte, wäre immer noch nicht ausgemacht, ob »bewußtes geschichtliches Handeln« (Horkheimer) von Gruppen ausgerechnet *individuelle* Reflexivität immer schon zur Voraussetzung hätte (was ja von allen bisher erwähnten Autoren unterstellt wird). Auch wenn man eine unabdingbare »Selbsttäterschaft« (Marcuse 1965, Bd. 2, 31) der *Gattung* behauptet, könnte »Reflexivität« dennoch am bürgerlichen Individualismus abgelesen sein. Mit anderen Worten: Daß »der Mensch« sich zu etwas machen muß, auf Produktivität angewiesen ist, bedeutet nicht zugleich, daß die *einzelnen* Menschen ein Selbst im Sinne von Reflexivität ausbilden müssen. Der Rückgriff auf Selbstbestimmung der Individuen und gesellschaftliche Prozesse, die Selbst-Sein sichern, könnte – trotz aller »progressiven« Absichten – doch den historischen Werthaltungen der bürgerlichen Epoche verhaftet bleiben. Auch dadurch würde ein geschichtliches Menschenbild zum allgemeinen gesteigert, so daß eine Schlußfolgerung Adornos letztlich doch unabweisbar scheint: *»Jedes Menschenbild ist Ideologie außer dem negativen.«* (1970a, 34) Wir halten es aber zumindest für strittig, ob Adorno diese These so entschieden festhalten kann, wie er sie formuliert.

Die drei zuvor erwähnten Punkte könnten überdies Probleme durchsichtig machen, die sich mit der Darstellung einiger Motive bei Adorno und Marcuse ergeben:

A: Beide, Marcuse und Adorno, beschreiben die Entwicklung der spätbürgerlichen (spätkapitalistischen) Gesellschaft in Richtung auf einen Zustand, bei dem das soziale System sich zu einem Zwangszusammenhang schließt, dessen blindem Wirken nichts mehr entzogen ist.

»..., gerade heute, wo die Gesellschaft einen übermäßigen Druck auf den Einzelnen ausübt und individuelle Reaktionsweisen noch eingeschränkter sind als ehedem ...« (Adorno 1956, 47 f.)

».. . die Reichweite der gesellschaftlichen Herrschaft über das Individuum (ist) unermeßlich größer ... als je zuvor.« (Marcuse 1968, 12)

B: Beide begreifen diesen Prozeß als einen, in dem das Individuum, dem die bürgerlichen Ideologen den absoluten Vorrang geben, immer weniger Selbständigkeit und Selbstsein bewahren kann. »Individualität« wird nach ihrer Analyse des Spätkapitalismus zum reinen Schein der Selbständigkeit (Adorno: »Pseudoindividualität«), den der einzelne wahren muß, um auf dem Markt der Gefühle und sozialen Eindrücke noch seinen Tauschwert zu behalten, z. B. »erfolgreich« zu sein.«

»Gerade die trotzige Verschlossenheit oder das gewählte Auftreten des je ausgestellten Individuums werden serienweise hergestellt wie Yaleschlösser, die sich nach Bruchteilen von Millimetern unterscheiden. Die Besonderheiten des Selbst ist ein gesellschaftlich bedingtes Monopolgut, das als natürliches vorgespiegelt wird. Sie ist auf den Schnurrbart reduziert, den französischen Akzent, die tiefe Stimme der Lebefrau, den Lubitsch touch: gleichsam Fingerabdrücke auf den sonst gleichen Ausweiskarten, in die Leben und Gesicht aller Einzelnen vom Filmstar bis zum leiblich Inhaftierten vor der Macht des Allgemeinen sich verwandelt.« (Horkheimer/Adorno 1947, 184)

C: Insbesondere Adornos Analyse des Zerfalls der bürgerlichen Subjektivität zeigt in eindringlicher Weise, wie wenig ein »Selbst«, das mehr wäre als Charaktermaske, vom Zusammenhang mit der Gesamtgesellschaft abzukoppeln ist (P5).

D: Aber gleichzeitig ist es nicht einfach, auszumachen, in welchem Ausmaß ihre gesamte Kritik des Spätkapitalismus von einem Begriff von »Selbst«, »Individualität« abhängig bleibt, der mehr meint als das *bürgerliche* Subjekt. Einige der Kritiker Adornos werfen ihm vor, er habe sich »in die ideologischen Widersprüche der bürgerlichen Individualität (verstrickt), deren unwiderruflichen Zerfall« er gleichzeitig erkannt hat . . .« Es scheint, als sei Adorno durch die schneidende Kritik am ideologischen Dasein des bürgerlichen Individuums hindurch unwiderstehlich in dessen Ruine gebannt.« (So sein Schüler Krahl 1971, 285) [D (1)]
Andere gehen demgegenüber davon aus, bei ihm gäbe es einen Begriff vom Selbst, der Grundbestimmungen menschlichen Einzellebens enthält, welche – wie immer auch durch Gesellschaft »vermittelt« (P5) – mehr beinhalten als nur die Erfahrungen mit der bürgerlichen Gesellschaft. Vor diesem »Mehr« ließe sich Adornos, auch Marcuses Gesellschaftstheorie als *Kritik* leiten: »Ohne allen Gedanken an Freiheit wäre organische Gesellschaft theoretisch kaum zu begründen.« (Adorno 1966, 215) [D (2)]

Wir werden uns der zweiten Deutung anschließen, wenn wir im folgenden die Stichpunkte A bis D noch etwas ausführlicher erläutern. Denn daraus, daß die spätkapitalistische Gesellschaft durch ein »Übergewicht von Verhältnissen über die Menschen, deren entmächtigte Produkte diese nachgerade sind« (Adorno 1970a, 137), gekennzeichnet ist [= A], auch aus der Tendenz zur »Pseudoindividualität« [= B] folgt keineswegs mit Notwendigkeit, Reflexivität sei ausschließlich eine bürgerliche Errungenschaft, die jetzt durch die bürgerliche Entwicklung restlos getilgt werde [= D (1)]. Eine Kulturkritik, die mit der These vom sich völlig zum Zwangszusammenhang schließenden System arbeitet, könnte einer Art negativer Dialektik der Aufklärung verfallen: Letztlich würde sie jeden Gedanken daran verstellen, wo der Ansatzpunkt von selbstbewußten Handlungen liegt, die zur politischen Vereinheitlichung des Willens der Handelnden führen könnten. Auf dieses Ziel der »Emanzipation« von Zwangsverhältnissen ist diese Kulturkritik andererseits hin angelegt.

Aus den Punkten A und B folgt also zunächst nur, daß die Entstehung und Entwicklung eines Selbst nicht nach dem Muster des *Individualismus* zu begreifen ist (der sich z. B. als bürgerliche »Robinsonade« [Marx] die Gesellschaft aus der Interaktion isolierter und selbstsüchtiger Einzelwesen aufgebaut denkt). Die Erklärungsbasis für die Entstehung und die Eigenheiten eines Selbst sind die Existenzbedingungen der *Gattung* im allgemeinen, die Organisationsprinzipien einer konkreten gesellschaftlichen »Totalität« im besonderen.

Die »Umstände« erzeugen nicht nur die Charaktermasken, sie bilden die Voraussetzung für ein Selbst auch dann, wenn dieses mehr bedeutet als »Bestimmtsein durch die Umstände«. Man kann in der Tat den verschiedenen Schicksalen des Selbst nachgehen, das keineswegs unberührt von den Verhältnissen bleibt [= C].[5] Wenn man so argumentiert, ist man allerdings auf eine Art Menschenbild« festgelegt, das Reflexivität und bürgerlichen Individualismus nicht in einen Topf wirft [= D (2)].

A: Eindimensionalität und die Übermacht der Verhältnisse

Das technologische Apriori

Nicht die Darstellung ihrer Theorien, die Wiedergabe einiger die Punkte A bis D erläuternden Motive aus dem Werk von Marcuse und Adorno ist beabsichtigt. Das erste dieser Motive führt auf die Analyse des Spätkapita-

---

[5] Der Gedanke an ein völlig isoliertes Selbst als Atom, »Monade«, ist ebenfalls eine Denkfigur des Individualismus: das Bild des »Privatmannes«, der sich dem gesellschaftlichen Einfluß entzogen glaubt.

lismus als eines Systems, in dem sich das »Mißverhältnis zwischen der Macht der Institutionen und Ohnmacht des einzelnen . . . derart verallgemeinert, daß es übermenschlicher Kräfte bedürfte, um sich draußen zu halten, während zugleich das Getriebe die Kräfte des Widerstandes in jedem einzelnen unablässig reduziert« (Adorno 1970a, 13). Die Entwicklungstendenz dieser Gesellschaft wird mithin so gesehen, daß die Chancen zur Ausbildung eines Selbst und zur Spontaneität, daß Bewußtsein und bewußtes Ergreifen von Alternativen durch Systemzwänge immer mehr eingeengt werden. Die von außen auferlegte Charaktermaske drängt das Ich zurück.

»Zeitgemäß sind jene Typen, die weder ein Ich haben noch eigentlich bewußt handeln, sondern reflexartig den objektiven Zug widerspiegeln.« (1970a, 51)

Das Paradoxe an dieser Entwicklung ist für viele Kritiker des Spätkapitalismus, daß sich in ihr das Umschlagen anwachsender bürgerlicher Rationalität in zunehmende Unterdrückung des Einzelnen anzeigt.[6] »Rationalität« als Rechenhaftigkeit ist ein Prinzip, eine Tugend, auf die nach Max Webers Auffassung im frühen Kapitalismus eine religiöse Prämie gegeben wurde (s. o. S. 30ff.). Es ist, so sagt er, eine der »fundamentalen Eigenschaften der kapitalistischen Privatwirtschaft, daß sie auf der Basis streng *rechnerischen* Kalküls rationalisiert, planvoll und nüchtern auf den erstrebten wirtschaftlichen Erfolg ausgerichtet ist.« (1979, 64) Rationalität als Rechenhaftigkeit meint die Zuordnung von Mitteln zu Zwecken so, daß der Zweck erreicht, letztlich »optimal« (z. B. mit den geringsten Kosten) erreicht wird. Als »Zweck-Mittel-Rationalität«, »instrumentelle Vernunft« (vgl. Horkheimer 1974), war sie schon immer für menschliches Handeln bedeutsam. Aber im Frühkapitalismus ist sie zu einer vorherrschenden Gesinnung, zu einem »Lebensstil« (Weber) bei bestimmten Gruppen geworden, der sich zunehmend in Institutionen vergegenständlicht. Beispielsweise im *Betrieb,* in dem *Technik* sich als immer planvollerer (s. »Rationalisierung«) Einsatz von »Instrumenten« (Maschinen) zum Zweck der Erzeugung bestimmt Güter ausweitet. Die Beziehungen der Menschen zu den Technologien wird immer mehr von deren Abläufen und Anforderungen bestimmten (»Rationalisierung der Arbeitsplätze« z. B.). Die *sozialen* Beziehungen der Individuen untereinander im Betrieb gestalten sich ebenfalls nach einer Hierarchie von Zwecksetzungen (Zielen der Organisation), die mit Mitteln auf den nächst niederen Stufen der Betriebshierarchie auszuführen sind. Die Verhältnisse ordnen sich im Sinne einer *Industriebürokratie.*

---

[6] Diesen Vorgang untersuchen Horkheimer und Adorno detailliert in: *Dialektik der Aufklärung* (1974).

Bürokratien (vgl. Weber 1956, 151ff.) sind ein System hierarchisch miteinander verkoppelter zweckrationaler Handlungen, bei denen ein Akteur unter den Bedingungen seiner Situation (Umwelt) bestimmte Mittel einem Zweck erfolgreich zuordnet: Eine obere Instanz gibt ein Ziel (Zwecksetzung, Aufgabenstellung) ein, das von der nächst niederen »unter den gegebenen Bedingungen und mit (erfahrungsgemäß oder wissenschaftlich ausgeheckten) geeigneten Mitteln ausgeführt wird« (vgl. AG Soziologie 1979, 139). Diese nächste Instanz kann Teilaufgaben an eine darunterliegende weiterreichen, »delegieren« usf. Damit sind Bürokratien Befehlshierarchien, *Herrschafts*organisationen, an deren Spitze »Befehlshaber« stehen, die »letzte Entscheidungen« allerdings im Rahmen von Regelsystemen und Satzungen fällen, die für die bürokratische Organisation insgesamt gelten. Die Masse der Subjekte in diesen Bürokration trägt die Charaktermaske des *Fachmenschen* (bei Weber natürlich ebenfalls ein Idealtyp): Sie müssen möglichst gut in ihren Funktionen geschult oder eingearbeitet sein, also eine besondere »fachliche Kompetenz« aufweisen. Ihre Tätigkeit übernehmen sie im Rahmen eines Arbeitsvertrages[7] und ihre Bezahlung richtet sich nach dem Rang ihres Amtes in der Hierarchie. Ihre Tätigkeit muß vor allem »rational«, sachlich, »ohne Ansehen der Person« vollzogen werden. Das heißt: Sie müssen ihre Arbeit nach Regeln und Vorschriften ausrichten; wo diese versagen: nach Gesichtspunkten der Zweckmäßigkeit im Hinblick auf die gegebene Aufgabenstellung.

Auch die politischen Institutionen sind als Bürokratien organisiert. (»Verwaltung«, »Parteiapparat« etc.). Nach Weber kennzeichnet also den Spätkapitalismus eine Tendenz zur Bürokratisierung weiter Lebensbereiche. Im Zuge dieser Analyse nimmt er die These vorweg, daß sich dieses System immer mehr zu einen Zwangszusammenhang schließe, der die Menschen auf den Status von »Fellachen im altägyptischen Staat« zurückwerfen könne:

»Im Verein mit der toten Maschine ist sie (die Bürokratie – C. D.) an der Arbeit, das Gehäuse jener Hörigkeit der Zukunft herauszustellen, in welcher vielleicht dereinst die Menschen sich, wie die Fellachen im altägyptischen Staat, ohnmächtig zu fügen gezwungen sein werden, wenn ihnen eine rein technisch gute und das heißt: eine rationale Beamtenverwaltung und -versorgung der letzte und einzige Wert ist, der über die Art der Leitung ihrer Angelegenheiten entscheiden soll.« (Weber 1972)

Marcuse hat diese Überlegungen aufgenommen (vgl. 1965, Bd. 2, 107ff.) und an der Vorherrschaft der technischen Apparatur über die Menschen weiter erläutert: Der Spätkapitalismus ist für ihn ein System, das die technische und bürokratische Rationalität immer weiter steigert. Technik

---

[7] Verkauf der Ware Arbeitskraft im Kapitalismus!

sichert erweiterte Bedürfnisbefriedigung, Befreiung von Naturzwängen. Dem entspricht aber auf der anderen Seite eine zunehmende Unterwerfung der einzelnen unter die Sachzwänge des Apparats

»Die Grenzen dieser Rationalität und ihre unheilvolle Kraft erscheinen in der fortschreitenden Versklavung des Menschen durch einen Produktionsapparat, der den Kampf ums Dasein verewigt und zu einem totalen, internationalen Kampf ausweitet, der das Leben jener zugrunde richtet, die diesen Apparat aufbauen und benutzen.« (1968, 159)

Die technisch-bürokratische Rationalität, die im folgenden »instrumentelle Vernunft« (Horkheimer) heißen soll, hat also sehr widersprüchliche Konsequenzen. Auf der einen Seite bedeutet ihre Durchsetzung die Erfüllung von immer mehr Wünschen (die jedoch in einem gewissen Ausmaß vom Apparat selbst erzeugt werden). Auf der anderen Seite ebnet sie Kräfte, die über den gegebenen Zustand hinausweisen, die erweiterte Möglichkeiten von Selbstbestimmung und Selbstsein wollen, zur »Eindimensionalität« des Bewußtseins ein. Dieses Bewußtsein hat sich inzwischen in technischen und bürokratischen Einrichtungen verkörpert, von denen es andererseits getragen und gesichert wird. Die einzelnen Subjekte werden mehr und mehr nach diesem Muster geprägt:

»Die Gesellschaft reproduzierte sich in einem wachsenden technischen Ensemble von Dingen und Beziehungen, das die technische Nutzbarmachung der Menschen einschloß – mit anderen Worten, der Kampf ums Dasein und die Ausbeutung von Mensch und Natur wurde immer wissenschaftlicher und rationaler. Die doppelte Bedeutung von Rationalisierung ist in diesem Zusammenhang von Belang. Wissenschaftliche Betriebsführung und wissenschaftliche Arbeitsteilung erhöhten in starkem Maße die Produktivität des ökonomischen, politischen und kulturellen Unternehmens. Das Ergebnis war der höhere Lebensstandard. Gleichzeitig und aus demselben Grunde produzierte dieses rationale Unternehmen ein Denk- und Verhaltensschema, das die zerstörerischen und grausamen Züge dieses Unternehmens rechtfertigte und sogar freisprach.« (Ebd., 161)

Die instrumentelle Vernunft ist gleichzeitig eine wichtige Dimension moderner Sozialcharaktere und ein Prinzip, nach dem Institutionen, schließlich der Ablauf gesamtgesellschaftlicher Prozesse geordnet ist (s. Webers Bürokratiethese). In den gleichen Tendenzen hat auch Wissenschaft, die ja gern als der Hort rationalen Denkens vorgestellt wird, für Marcuse ihren Platz. Immer mehr wird das gesellschaftliche Leben in dem Sinne »rationalisiert«, daß es »verwissenschaftlicht« wird. D. h.: Ergebnisse eines bestimmten Typus von Wissenschaft (s. u.) beeinflussen mit wachsendem Gewicht nicht nur die Entwicklung der technischen Systeme (Technologien), sondern auch den Aufbau und die Steuerung von bürokratisierten sozialen Beziehungen – womit zugleich eine neue Art der technischen Kontrollierbarkeit natürlicher und sozialer Umstände eröffnet wird.

»Wissenschaftlich – technische Rationalität und Manipulationen werden zu neuen Formen sozialer Kontrolle zusammengeschweißt.« (Ebd.)

Marcuse stellt sich die Frage, ob es sich bei dieser Art der Beziehung von Wissenschaft und gesellschaftlichen Vorgängen nur um die *nachträgliche* Anwendung von Wissen handelt, das völlig unabhängig von gesellschaftlich-politischen Zielsetzungen, rein um des Wissens willen, entwickelt wurde. Üblich ist doch ein Bild der Wissenschaft, demzufolge wissenschaftliche Informationen eine Anwendung *a posteriori* (= nachträglich) erfahren. Es läßt sich anhand des folgenden Schemas verdeutlichen:

	Bereich	
Wissenschaft	praktische Zielsetzungen	technische Verwertung/Verwendung
X → Y	Y!	→ Y! → X
ⓐ	ⓑ	ⓒ

ⓐ Völlig autonom, unbeeinflußt von irgendwelchen in der Gesellschaft anerkannten Zwecken und Zielsetzungen erforscht die Wissenschaft gesetzmäßige Zusammenhänge zwischen Ereignissen. Sie stellt z. B. fest:

$$X \to Y$$
(= immer wenn x, dann auch y)

(z. B.: Immer wenn die Diskontrate gesenkt wird, dann steigt auch die Investitionstätigkeit in der Bauwirtschaft.[8])

ⓑ Im Bereich der praktischen Zielsetzungen, etwa der Politik, werden Forderungen erhoben, Zwecksetzungen festgelegt = Y! z. B.: Die Investitionen in der Bauindustrie sollen steigen!

ⓒ Die ausführenden Organe lassen sich von Wissenschaftlern beraten. Die von der Wissenschaft bereitgestellten Informationen besagen beispielsweise: x → y = Wenn die Diskontrate gesenkt wird, steigt die »Investitionsneigung« (= ⓐ). Wenn nun y gewollt wird, eine Entscheidung für y politisch gefallen ist (= ⓑ), dann (nur unter dieser Voraussetzung) kann die Wissenschaft einem sagen, daß x herbeizuführen ist: → y! → x = Wenn die Investitionsbereitschaft in der Bauwirtschaft erhöht werden soll, müßte bei dieser Zielsetzung (gewiß u. a.) die Diskontrate gesenkt werden.

---

[8] Ob dieses »Gesetz« wirklich gilt, lassen wir dahingestellt.

Darüber, was getan werden sollte (= ⓑ), kann die Wissenschaft (= ⓐ) von sich aus nichts sagen. Das ist nicht ihre Aufgabe.

»Die Quantifizierung der Natur, die zu ihrer Erklärung in mathematischen Strukturen führte, löste die Wirklichkeit von allen immanenten Zwecken ab und trennte folglich das Wahre vom Guten, die Wissenschaft von der Ethik.«[9] (Ebd.)

Die technische Verwertung (= ⓒ), so zeigt das Schema auch, beeinflußt keineswegs die Art der Wissenschaft, die betrieben wird (= ⓐ). Bzw.: Es handelt sich nicht um eine bestimmte Art von Wissenschaft, die von vornherein (a priori) so aufgebaut wäre, daß sie sich einer *technischen* Verwertung im Sinne instrumenteller Vernunft eher als jeder anderen[10] anböte. »Verwertung« ist nachträgliche Verwendung, eine Verwendung a posteriori.

Marcuse greift dieses weit verbreitete Bild des Verhältnisses von Wissenschaft und instrumenteller Verwertung von Wissenschaften an. Der Typus Wissenschaft, der beschrieben wurde, ist nach seiner Auffassung von vornherein (a priori) darauf angelegt, Naturstoff und soziale Beziehungen »als potentielles Mittel, als Stoff für Kontrolle und (bürokratische) Organisation« zu entwerfen. Sie wird von einem instrumentellen, einem *technologischen Apriori* getragen. Was ist damit gemeint? Theorien des beschriebenen Typus kann man als Mengen von Sätzen, Aussagen, begreifen. Gesetzesaussagen, Hypothesen (Gesetzesannahmen), Grundbegriffe gehören zu ihren wesentlichen Bestandteilen, die nach allen Regeln der logischen Kunst miteinander verknüpft sind. Überdies gibt es auch Regeln, Operationsanweisungen, mit deren Hilfe man aus den theoretischen Überlegungen durch Beobachtung entscheidbare Einzelannahmen ableiten kann. Auch die Überprüfungsverfahren für eine Theorie (z. B. Experimente) sind im allgemeinen nicht unabhängig von theoretischen Annahmen. Optische Prüfgeräte beispielsweise sind in ihrem Aufbau von der Geltung optischer Grundgesetze abhängig.

Man kann sich zusätzlich aber auch fragen, von welchem besonderen Blickwinkel auf ihren Untersuchungsbereich eine Theorie beeinflußt ist? Gibt es einheitliche, in gewisser Weise »bildhafte« Vorstellungen, die sich durch die Menge der Aussagen hindurchziehen? Beispiel: Wird das Licht nach dem Vorbild der Wellen oder dem der Ausstrahlung von Einzelteilchen aus einer »Quelle« betrachtet? Wird das Atom als ein Planetensystem en miniature vorgestellt? Fragen dieser Art lassen sich noch allgemeiner stellen: betrachtet der vorherrschende Typus von Wissenschaft seine Ge-

---

[9] Die »Ethik« untersucht ja Fragen danach, was getan werden *soll* (= ⓑ).
[10] Der Leser kann einmal überlegen, warum es nicht leicht fällt, sich andere als »instrumentelle« Verwendungsformen von Wissenschaft auszumalen.

genstände nicht letztlich als einen Stoff, der als Mittel oder als Widerstand für den Zweck der Herrschaft, Kontrolle, Steuerung zur Verfügung gestellt oder bewältigt werden muß? Es ist in der Tat die These Marcuses, daß das von ihm kritisierte Wissenschaftsverständnis von dieser Perspektive auf den Untersuchungsbereich *inhaltlich* gekennzeichnet ist. M. a. W.: Das Interesse an instrumenteller Lenkung von gesetzmäßigen (Natur) und geordneten (rationale Bürokratie) Zusammenhängen liegt schon *in der Wissenschaft selbst*, es wird nicht nur von außen an sie herangetragen. Zwischen dem wissenschaftlichen Denken ($=$ ⓐ) und seiner Anwendung ($=$ ⓑ) scheint eine wesentlich engere Beziehung als die von reiner Wissenschaft und nachträglicher Verwertung zu bestehen (vgl. ebd., 169). Das hat seine gesellschaftlichen Gründe.

In der sozialen Realität, so zeigt die Analyse Max Webers, setzen sich immer mehr Einrichtungen und Tendenzen durch, in denen sich instrumentelle Vernunft vergegenständlicht hat und technisch-instrumentelle Vernunft bestimmt die gesellschaftliche Arbeit (Aneignung$_1$). Gleichzeitig verbreitet sich eine Typus Wissenschaft, der von vornherein, *a priori*, Naturzusammenhänge und gesellschaftliche Prozesse als »potentielles Mittel, als Stoff für Kontrolle und Organisation entwirft« (ebd., 168). Was in diesem Falle das Erste, was das Nachgeordnete ist, die »Versachlichung« der Verhältnisse mit Hilfe einer technisch verwertbaren Wissenschaft oder die theorieinterne Widerspiegelung der Tendenzen zur »Versachlichung« als *technologisches Apriori*, ist längst nicht mehr auszumachen. Eines bedingt das andere.

»Diese Interpretation würde *vor* aller Anwendung und Nutzbarmachung den wissenschaftlichen Entwurf (Methode und Theorie) mit einem spezifischen gesellschaftlichen Entwurf verknüpfen und sähe das Band gerade in der inneren Form wissenschaftlicher Rationalität . . .« (Ebd., 174)

Die herrschende Wissenschaft drückt in ihrem gesamten Aussagensystem, in der Art, wie sie ihren Gegenstandsbereich in den Blick nimmt, eine Bindung an »instrumentelle Vernunft« aus, wodurch andererseits eine technische Form der Verwendung ihrer Ergebnisse a priori vorgezeichnet ist. Technik ist zunächst systematische Form der Naturaneignung und Naturbeherrschung, Arbeit auf der Grundlage moderner Maschinensysteme.[11] Aber für Marcuse ist sie mehr als das. Ihre Prinzipien von Rationalität bilden einen Hauptbestandteil des »Entwurfs« modernen Lebens, der modernen *Produktivität* (s. o. S. 100 ff.) insgesamt.

---

[11] Marcuse diskutiert ausführlich die Frage, ob Maschinen gegenüber Herrschaftsverhältnissen »neutral« sind. Gäbe es im »wahren« Sozialismus eine andere Technologie? (1968, 168 f.).

»Wird die Technik jedoch zur umfassenden Form der materiellen Produktion, so umschreibt sie eine ganze Kultur; sie entwirft eine geschichtliche Totalität – eine Welt.« (Ebd., 169)

Von daher begegnen dem modernen Menschen, wo er sich seine Lebensbedingungen geschichtlich aneignet, allenthalben Vergegenständlichungen instrumenteller Vernunft als *Sachzwang* (der Apparate). *Fachmenschen* und/oder *Technokraten* sind ihre Funktionäre. Die moderne Form der Verdinglichung (s. o. S. 110ff.) knüpft sich an Einrichtungen und Vorgänge, Vergegenständlichungen, die nach zweckrationalen Prinzipien zustande gebracht wurden, andererseits die Menschen immer enger in ein selbsterzeugtes »Gehäuse der Hörigkeit« (Weber) einspannen, bei dem das rationale Gerät oder Gebilde die Übermacht der selbstgeschaffenen Verhältnisse als sachliche Notwendigkeit zurückwirft. »Die vernünftige Gesellschaft untergräbt die Idee der Vernunft« (ebd., 181). Die instrumentell festgelegte Wissenschaft gibt diesen rückwirkenden »Sachzwängen«, die den einzelnen zum »altägyptischen Fellachen« (Weber) zurückbilden könnten, selbst noch eine höhere Weihe, die »große Legitimation« (ebd., 173). Sie bemüht sich, Verdinglichung wissenschaftlich als »sachliches Gebot« der Umstände auszuweisen. Ihr besonderes Alibi zieht sie aus den unbestreitbaren Erfolgen, die bei der allgemeinen Bedürfnisbefriedigung durch Technik, bei der Befriedung von Konflikten durch rationale Ordnungen erreicht wurden.

»In diesem Universum liefert die Technologie auch die große Rationalisierung der Unfreiheit des Menschen und beweist die technische Unmöglichkeit, autonom zu sein, sein Leben selbst zu bestimmen.« (Ebd., 173)

Die Technik erweitert einerseits die Lebensmöglichkeiten der Menschen im Spätkapitalismus auf eine Weise, von der Fichte nur träumen konnte. Inzwischen ist sie aber nicht einmal mehr als Prinzip der Arbeit (als Produktivkraft) »neutral«. Die modernen Formen der Naturaneignung setzen selbstzerstörerische Kräfte dieser Formen und einen neuen Typus ökonomischer Krisen frei[12]. In dem Maße wie instrumentelle Vernunft Produktivität insgesamt beeinflußt, die Verkehrsformen ihr unterworfen werden, bedroht das von ihr getragene »Gehäuse der Hörigkeit« Reflexivität als ein Lebensprinzip selbst. *Eindimensionalität* des Denkens und Handelns bedeutet Einebnung von Reflexivität, denn »alle Befreiung hängt vom Bewußtsein der Knechtschaft ab« (ebd., 27).

»Herrschaft«, der Gegenpol der Knechtschaft, ist nach Marcuse »noch immer das geschichtliche Kontinuum, das vortechnische und technische

---

[12] Das Besondere dieser Krisen wird heute im allgemeinen unter den Schlagworten »Umweltbelastung« und »Rohstoffmangel« verhandelt.

Vernunft verbindet.« Die moderne instrumentelle Vernunft, so zeigen ja seine Argumente, ist auch als Wissenschaft Herrschaftsmittel.

»Was ich herauszustellen versuche, ist, daß die Wissenschaft *aufgrund ihrer eigenen Methode* und Begriffe ein Universum entworfen und befördert hat, worin die Naturbeherrschung mit der Beherrschung des Menschen verbunden blieb – ein Band, das dazu tendiert, sich für dieses Universum als Ganzes verhängnisvoll auszuwirken.« (Ebd., 180)

Herrschaft der Menschen über Menschen hat nichts mit unveränderlich böser Menschennatur oder so etwas wie einem »Machttrieb« zu tun. Wie die »Furcht vor der Freiheit« (s. o. Kap 3) erscheint sie auch bei Marcuse als Möglichkeit, existentielle Grundwidersprüche aufzulösen – allerdings so, daß Reflexivität als Lebensprinzip in Frage gestellt oder ernsthaft bedroht wird (womit offenkundig ein weiteres entscheidendes Krisenpotential im Spätkapitalismus festgestellt wäre).

Schon im Frühkapitalismus der Fabrikherren hat Herrschaft als direkte Unterdrückung von Personen durch Personen, wie bei Sklaven durch die Freien, Fronknechte durch den Grundherren, Schritt für Schritt an Bedeutung verloren. Aber das Klassenverhältnis von Lohnarbeit und Kapital (s. Kapitel 1) hat sich im Kapitalismus bis auf den heutigen Tag durchgehalten, seine Form jedoch noch weiter verändert. Instrumentelle Vernunft ging in wachsendem Ausmaß in den gesamten Prozeß der Erzeugung, Aneignung (Aneignung) und Verteilung von Wert und Mehrwert ein[13], wobei der Wissenschaft eine immer größere Bedeutung zukam. Das hat sich nach Marcuse selbst auf der Seite der »kapitalistischen Herren und Eigentümer« so weit ausgewirkt, daß sie ihre »Identität als verantwortliche Kräfte« verlieren; »sie nehmen die Funktion von Bürokraten in einer körperschaftlichen Maschine an« (ebd., 52). Auf der Seite der »Knechte« haben die Tendenzen zur »Eindimensionalität« die Chancen herabgesetzt, Befreiung im Rahmen einer organisierten *politischen Bewegung* zu suchen.[14] Herr *und* Knecht sind allesamt der Verdinglichung unterworfen:

»Darin besteht die reine Form von Knechtschaft: als ein Instrument, als ein Ding zu existieren.[15] Und diese Existenzweise ist nicht aufgehoben, wenn das Ding belebt ist und seine materielle und geistige Nahrung auswählt, wenn es sein Ding-sein nicht

---

[13] Siehe die Tendenzen zur »Rationalisierung«, »Mechanisierung«, »Automatisierung« der Produktion, heute auch der Verwaltungs-Verteilungsarbeit.

[14] »Die neue technische Arbeitswelt erzwingt so eine Schwächung der negativen Position der arbeitenden Klasse: letztere erscheint nicht mehr als der lebendige Widerspruch zur bestehenden Gesellschaft.« (EM 52)

[15] Siehe Fichtes Analyse des Dogmatismus (s. Kapitel 2). Marcuse beschreibt einen »Dogmatismus der Verhältnisse«.

empfindet, wenn es ein hübsches, sauberes, mobiles Ding ist.« Es handelt sich um einen »*circulus vitiosus*, der beide einschließt, den Herrn und den Knecht.« (Ebd., 53)

Was führt aus dem Teufelskreis (circulus vitiosus) heraus?

Wenn das grundlegende Herrschaftsverhältnis tatsächlich das von Lohnarbeit und Kapital geblieben ist, dann kann die Bemühung um die Beförderung einer organisierten *politischen Bewegung* auf Seiten derer, die ihre Arbeitskraft als Ware verkaufen müssen, nicht aufgegeben werden. »Politische Bewegungen« sind etwas anderes als *autoritäre Massenbewegungen*, bei denen (wie beim Extrem des Faschismus) charismatische[16] Führerpersönlichkeiten oder Cliquen das Ressentiment, die Aggression und die Destruktivität von Menschen mobilisieren. Politische Bewegungen setzen das *Bewußtsein* der Knechtschaft voraus.

Heute, wo Reflexivität als Lebensprinzip selbst bedroht ist, zeichnen sich auch *soziale Bewegungen* etwa in der Form von Alternativbewegungen ab, die unmittelbar den Kampf um technisch bedrohte Lebensformen, schließlich die Chancen des Selbstseins – wie immer auch widersprüchlich – aufnehmen. Hier zeigt sich u. E. ein *kollektiv* be- und ergriffenes Interesse an *Selbst*-Erhaltung. Der Kampf um Selbsterhaltung ist heute ein Kampf um die Möglichkeit des Selbst-Seins. Getragen wird er nach Marcuse von einer »neuen Sensibilität«. Ganz so geschlossen wie das System erscheinen mag, ist es also nicht.

B: Die Übermacht der Umstände und die narzißtische Regression

Einige von Adornos (auch Marcuses) Überlegungen zum Verhältnis von Individuum und Gesellschaft werden im folgenden zusammengefaßt. Sie sollen entsprechend den im ersten Abschnitt dieses Kapitels vorgeschlagenen Gliederungsgesichtspunkten umrissen werden (s. o. S. 144ff.). Zur Erinnerung und zur Erleichterung des Verständnisses seien diese hier noch einmal in der Reihenfolge, in der sie jetzt aufgenommen werden, erwähnt:

A: Die These von der Übermacht der Verhältnisse und der fortschreitenden Verdinglichung. (s. o. S. 110), die das Individuum zum »Anhängsel der Systeme« herabsetzt. Also zunächst Rekapitulation einiger Argumente Adornos, die denen Marcuses aus dem 2. Abschnitt entsprechen.

B: Auswirkungen der Übermacht der Verhältnisse
B(1): Die Entwicklung der Pseudoindividualität
B(2): Die Reggression auf den Narzißmus

---

[16] »Charisma« ist der Schein, begnadet, vor allen Menschen ausgezeichnet zu sein.

C: *Die gesellschaftlichen Grundlagen des Selbst und die Kritik des bürgerlichen Individualismus.*

D: *Das Problem der allgemeinen Reflexivität (s. o. S. 106).*
   D(1): Verstrickung in den bürgerlichen Individualismus?
   D(2): Reflexivität als allgemeines Prinzip der Kritik?

»Eindimensionalität« bezeichnet bei Marcuse die mit der spätkapitalistischen Wirklichkeit verbundene Tendenz, Chancen zur Ausbildung des Ichs als Prinzip von Autonomie und Spontaneität immer mehr herabzusetzen. Die technische Rationalität, die die Herrschaft gesteigert hat, geht in den Gesamtentwurf des menschlichen Lebens ein. Sie vergegenständlicht sich in Einrichtungen, in denen die Herrschaft der Menschen über Menschen erhalten bleibt und deren Prinzipien letztlich auch die Psyche der Einzelnen prägen.[17] Letztlich bleibt für den einzelnen nichts anderes als die »Selbsterhaltung durch Anpassung« an die verdinglichten Verhältnisse durch diese »hindurch« übrig (Adorno 1969, 54). »Identitätsverlust um der abstrakten Identität, der nackten Selbsterhaltung willen.« (Adorno 1966, 273)

Adorno zeichnet das düstere Bild von Zuständen, in denen die »Personen . . . nichts mehr sind als Bestandstücke der Maschinerie.« (1970b, 7), Charaktermasken ohne Reflexivität:

»Nicht bloß sind sie in einer vermeintlichen Sondersphäre von Ökonomie Charaktermasken, Agenten des Wertes. Auch wo sie dem Primat der Ökonomie sich entronnen wähnen, bis tief hinein in ihre Psychologie, die maison tolérée des unerfaßt Individuellen, reagieren sie unterm Zwang des Allgemeinen; je identischer sie mit ihm sind, desto unidentischer sind sie wiederum mit ihm als wehrlos Gehorchende.« (1966, 304)

Die »überwältigende Objektivität« des gesellschaftlich Allgemeinen, der verdinglichten Umstände, bedingt die »Auflösung des Subjekts«. Adorno vertritt die These, die gesamtgesellschaftlichen Strukturen und Prozesse, das moderne soziale System, bedürfe »kaum mehr der vermittelnden Agenturen von Ich und Individualität« (1970a, 51).

---

[17] »Eine philosophische Konstruktion der Weltgeschichte hätte zu zeigen, wie sich trotz aller Umwege und Widerstände die konsequente Naturherrschaft immer entschiedener durchsetzt und alles Innermenschliche integriert.« (Horkheimer/ Adorno 1947, 265)

Die Schärfe, mit der er die Einebnung von Reflexivität im Zuge der spätbürgerlichen Entwicklung registriert, ist bei ihm entscheidend durch die Erfahrung mit dem Faschismus und faschistischem Terror geprägt. Einzelne, so argumentiert er in der »Zueignung« der *Minima Moralia*, mögen noch ein subjektives Gefühl der Autonomie haben, »aber die Nichtigkeit, die das Konzentrationslager den Subjekten demonstrierte, ereilt bereits die Form von Subjektivität selber« (1970b, 8). Die faschistische Verwirklichung des Systems gleichgeschalteter Individuen, die »Volksgemeinschaft« – auf ihre Weise auch der »Archipel Gulag« der stalinistischen Herrschaft –, zeigt, was mit Autonomie auch ohne den offenen Terror dieser Systeme geschehen könnte. Erfahrungen mit ihnen machen es dem Kritiker schwer, wenn nicht unmöglich, naiv einem positiven Menschenbild anzuhängen. Was Menschen sind, was sie sein könnten, läßt sich eigentlich nur im Ausgang von dem bestimmen, was sie einander an Leiden antun. Adorno folgt Hegel in dem Gedanken, daß die Untersuchung nur Kraft gewinnt, indem sie »dem Negativen ins Angesicht schaut, bei ihm verweilt« (ebd., 9).

Mit dem »Verschwinden des Subjekts«, mit dem faschistischen Beweis, wie weit dieses durch einen bürokratisch-autoritären Apparat getrieben werden kann, ohne daß sich breiter Widerstand zu regen vermöchte, schwindet im Grunde die Möglichkeit, sich so entschieden aufs Ich, auf Reflexivität zu beziehen, wie es Fichte noch tun konnte:

»Die Gewalt, die mich vertrieben hatte[18], verwehrte mir zugleich ihre volle Erkenntnis. Ich gestand mir noch nicht die Mitschuld zu, in deren Bannkreis gerät, wer angesichts des Unsäglichen, das kollektiv geschah, vom Individuellen überhaupt redet.« (Ebd., 11)

Mit der Absicht, dem »mittlerweile evidente(n) Verfall von Individualität« (1966, 342), dem »Negativen ins Angesicht zu schauen«, hat Adorno in jeder einzelnen seiner Arbeiten Ernst gemacht. Das Verhältnis von Individuum und Gesellschaft bleibt das zentrale Motiv seiner Philosophie und Soziologie. Es ist als eines zu sehen, bei dem die »Gesamtverfassung« der verdinglichten Verhältnisse keine »Schlupflöcher« mehr offen läßt, »in denen eine nicht gesellschaftlich präparierte, irgend unabhängige Subjektivität sich verstecken könnte« (1970a, 20).

Adorno zeichnet die Verfallsgeschichte der Subjektivität im Spätkapitalismus in verschiedenen Formen nach. Zur Zeit der Wirkung und (bis heute wahrscheinlich nicht beendeten Nachwirkung) des Faschismus bildet das *»potentiell faschistische* Individuum« (1973, 1) einen wesentlichen Gegen-

---

[18] Adorno mußte während der Nazi-Zeit nach Amerika auswandern und dort das »beschädigte Leben« des Emigranten führen.

stand seiner Gesellschaftsanalyse. Das »potentiell faschistische Individuum« ist der *autoritäre bzw. destruktive Charakter,* dessen Verwurzelung im Sado-Masochismus schon im Zusammenhang mit der Theorie Fromms beschrieben wurde (s. o. S. 94f.; zum Verhältnis Bedürfnis, Verhalten, Ideologie und Gesellschaft in der Charakterlehre Adornos siehe die Einleitung zu den *Studien zum autoritären Charakter* [1973, 1–15]). Wir müssen es dabei belassen; denn es sind eher zwei andere Thesen Adornos über die Bestimmung des Subjekts durch spätkapitalistische Verhältnisse, die in folgenden Kapiteln eine größere Rolle spielen werden:

B (1): Die Tendenz zur Pseudoindividualität
B (2): Die Regression auf den Narzißmus

zu B (1): Viele Parolen im Verlauf der bürgerlichen Entwicklung verkünden die Entschlossenheit, einen Menschen hervorzubringen, der »wirklich Subjekt des Tuns ist und bleibt, der wirkliche Meister über seine Werke: die autonom handelnde Person« (Marcuse 1969, 61). Programmatisch bleibt dieser Anspruch auch im Spätkapitalismus. Aber die Verdinglichung der Verhältnisse läßt Individualität zunehmend nur als »Pseudoindividualität« (Adorno), als bloßen Schein der Selbständigkeit zu (vgl. die »automatische Anpassung« bei Fromm, o. S. 96 und seinen »Marketing-Charakter«). Die »Trennung der gesellschaftlichen Akte, in denen das Leben der Menschen sich reproduziert von ihnen selber, verhindert sie daran, das Getriebe zu durchschauen, und überantwortet sie der Phrase, es käme alles bloß auf den (*einzelnen* – C. D.) Menschen an, die kaum zuvor im gleichen Umfang konsumiert worden ist wie zur Zeit des Fließbandes.« (1970a, 19f.)

»Die Undurchsichtigkeit der entfremdeten Objektivität wirft die Subjekte auf ihr beschränktes Selbst zurück und spiegelt ihnen dessen abgespaltenes Für-sich-sein, das monadologische Subjekt und dessen Psychologie, als das Wesentliche vor.« (Ebd.)[19]

Das heißt: Weil sich die gesellschaftlichen Tendenzen in der verwalteten, der bürokratisierten und technisierten Welt »über den Köpfen der Menschen durchsetzen«, bleibt nur noch ein beschränktes, ohnmächtiges Selbst zurück. Eher ausgegrenzt, eher von gesellschaftlichen Tendenzen abge-

---

[19] Die Übermacht der Verhältnisse hat selbst etwas von Schein, Ideologie: »Angesichts der Tatsache, daß noch die übermächtigen sozialen Prozesse und Institutionen in menschlichen entsprangen, hat die Selbständigkeit des Übermächtigen zugleich den Charakter von Ideologie, eines gesellschaftlich notwendigen Scheins, der zu durchschauen und zu verändern wäre.« (1970a, 146).

spalten als in seiner Autonomie gesichert (»abgespaltenes Fürsichsein«), spiegelt die klassische bürgerliche Ideologie (des Individualismus) dem Subjekt diese Abspaltung als wesenhafte Selbständigkeit vor. Denn auf den Schein autonom handelnder Subjektivität kann sie auch weiterhin nicht verzichten; sie zu erzeugen und zu stützen war ja politisch bedeutsamer Anspruch des Bürgertums, als es noch gegen Feudalherrschaft kämpfte.

Der schöne Schein der Selbständigkeit, die Pseudoindividualität, wird noch dadurch verdoppelt, daß sie von der Kulturindustrie (Freizeit – Unterhaltungsindustrie) zum Markenartikel gemacht wird: »In der Kulturindustrie ist das Individuum illusionär nicht bloß wegen der Standardisierung ihrer Produktionsweise.« (Horkheimer/Adorno 1947, 183) Den Menschen wird vorgegaukelt, man ginge auf ihre »ganz persönlichen Wünsche«, etwa Unterhaltungs-*Bedürfnisse* ein, während es letztlich darum geht, »den Konsumenten nicht auszulassen, ihm keinen Augenblick die Ahnung von der Möglichkeit des Widerstandes zu geben« (ebd., 168).

Insgesamt drückt das Markt-Tauschprinzip[20] als organisierendes Prinzip des Spätkapitalismus nach Adornos Aufassung den einzelnen immer mehr seinen Stempel auf. Krampfhaft müssen sie Eigenheit, Eigenwilligkeit und Unverwechselbarkeit zur Schau stellen, um sich und ihre Talente vermarkten zu können. Die sozialen Beziehungen der Individuen untereinander folgen dem Muster des Tauschmarktes, auf dem sich einer erst durch die geputzte Fassade eines Pseudo-Ichs als Persönlichkeit erweist:

»Dies Ideal der Persönlichkeit, in seiner herkommlichen, hochliberalen Gestalt, ist verfallen, die Idiosynkrasie gegen den Gebrauch des Wortes einigermaßen sozialisiert; man wird ihm gewiß viel seltener begegnen als in Festreden um 1910. An so rechte Persönlichkeiten erinnern nur noch Herren vom approbierten Typus des gut Aussehenden, mit schnittigen Gesichtern, die man in den Hallen großer Hotels beobachtet; schwer zu sagen, ob es Generaldirektoren oder Grußdirektoren sind.« (1969, 53)

Aber des guten persönlichen Eindrucks, des Scheins der Selbständigkeit und Persönlichkeit bedarf es allenthalben auf dem Markt der sozialen Beziehungen. Er dient der »Steigerung der »Leistungsfähigkeit«, während in Wahrheit »der Individuierte in der modernen Wirtschaft als bloßer Agent des Wertgesetzes fungiert« (1970b 307). Wo »Persönlichkeit« mehr als Pseudoindividualität ist, erregt sie Verdacht:

---

[20] Es ist bei Adorno nicht immer klar, ob für ihn das Tauschprinzip oder das Wertgesetz (in dem die Austauschsphäre nur ein dem grundlegenden Produktionsverhältnis nachgeordneter Teil ist) das organisierende Prinzip des Kapitalismus ausmacht (siehe z. B. 1970a, 142 gegenüber 154 und 1970b, 307).

»Sagt man in angelsächsischen Ländern von einem, er sei quite a character, so heißt das nichts Freundliches. Er ist nicht abgeschliffen genug, ein Kauz, ein komisches Überbleibsel. Wer den allgemeinen Anpassungsmechanismen widersteht, gilt nicht länger als der Fähigere. Weil er es nicht vollbrachte, seine Selbsterhaltung durch die Anpassung hindurch zu vollziehen, wird er über die Achsel angesehen: zum Deformierten, Verkrüppelten, zum Schwächling.« (1969, 54)

»Selbsterhaltung durch die Anpassung hindurch« ist das Verhaltensmuster, zu dem nach Adorno die Individuen im Spätkapitalismus gedrängt werden. Das heißt: Die Ideologie fordert Autonomie, das selbständige Subjekt. Aber die gesellschaftlich zugelassenen Formen des Selbstseins sind ihrerseits noch ein Mittel, die gegebenen Verhältnisse zu zementieren. So wie beispielsweise die Kulturindustrie mit ihrer Berufung auf das, was die Leute haben wollen, die Unverschämtheit begeht, sich »auf dieselben Leute als denkende Subjekte« zu berufen, »die der Subjektivität zu entwöhnen ihre spezifische Aufgabe darstellt« (Horkheimer/Adorno 1947, 172).

Den einzelnen Subjekten bleibt wenig anderes übrig, als die scheinhafte Identität, die Pseudoindividualität, die ihnen das System noch gestattet, als Kern ihres Wesens zu begreifen:

»Was dem Subjekt als sein eignes Wesen erscheint und worin es gegenüber den entfremdeten gesellschaftlichen Notwendigkeiten sich selbst zu besitzen meint, ist gemessen an jenen Notwendigkeiten bloße Illusion.« (1970a, 36)

Es ergibt sich letzten Endes angesichts fortschreitender Verdinglichung im Spätkapitalismus die paradoxe Konsequenz, daß den Individuen »Selbsterhaltung . . . nur noch »insoweit glückt«, wie »ihnen die Bildung ihres Selbst mißglückt, durch selbstverordnete Regression« (ebd., 37). Adorno denkt eine Möglichkeit zu Ende; er spitzt sie zur absoluten Negativität zu. Das Bild, das aufscheint, ist eines, bei dem die Apparatur sich erhält, ohne der Reflexivität der einzelnen länger zu bedürfen. Eine Welt der »Fellachen« (Weber) oder »Lurche« (Adorno).

> Unsere ganze Gesellschaft (und nun gar erst das, was sich im besonderen so nennt) ist aufgebaut auf dem Ich. Das ist ihr Fluch, und daran muß sie zugrunde gehen. (Theodor Fontane: *Der Stechlin*, 15. Kapitel)

Zu B (2): Die Regression auf den Narzißmus

»Pseudoindividualität« bedeutet die scheinhafte Identität eines Ich, das auf dem Austauschmarkt der passenden Gefühle und beeindruckenden sozialen Auftritte ständig um die schöne Fassade bemüht ist. Aber die verdinglichten Verhältnisse pressen nach Adorno den Subjekten noch mehr an Selbstverzicht ab; das Selbst zieht sich auf die automatische Anpassung an die verdinglichten Verhältnisse zurück. Selbsterhaltung erscheint nur noch durch immer weitergehende Selbstaufgabe möglich: »Identitätsverlust um der abstrakten Identität, der nackten Selbsterhaltung willen« (1966, 273).

Das, was uns als unser »ureigenstes« Selbst erscheint, bleibt offensichtlich von den gesellschaftlichen Kräften und Widersprüchen nicht völlig unberührt. Nicht nur, daß es sich unter dem Druck der Verhältnisse gleichsam zusammenzieht, immer schwächer, zunehmend scheinhafter werden kann, gesellschaftliche Widersprüche – so zeigt Adorno – reichen in das Selbst hinein. Man kann diesen Gedanken an der widersprüchlichen Funktion des Ich in einer widersprüchlichen Gesellschaft verdeutlichen, die die Individuen noch durch den Schein des Selbstseins hindurch einzuspannen versucht: Ausdruck einer abzuwehrenden Fatalität in einer Gesellschaft, »welche die Menschen individuiert, einzig, um sie in ihrer Vereinzelung vollkommen brechen zu können« (1970b, 198) (MM 198).

Das Ich verkörpert bei Freud bekanntlich das »Realitätsprinzip« (s. o. S. 67), die Ansprüche der natürlichen und sozialen Umwelt werden in ihm bewußt und sollen von ihm kontrolliert werden. Zugleich leistet es aber auch eine Art Zensur der Ansprüche des ES. Das Ich entscheidet, ob die dem ES entstammenden Triebansprüche aufgenommen, verschoben oder gar *verdrängt* werden müssen. Das Ich ist also nicht nur Bewußtsein oder Selbstbewußtsein, es ist auch Instanz der *Verdrängung* (oder auch der »Sublimierung«). Verdrängung ist im allgemeinen kein bewußter Vorgang, insofern trägt auch das Ich in einer Hinsicht die psychische Qualität des Unbewußten. Und diese seine Funktion und Qualität ist nicht unabhängig von gesellschaftlichen Voraussetzungen.

»Damit aber das Individuum die ihm aufgezwungenen, vielfach unsinnigen Verzichte zuwege bringt, muß das Ich unbewußte Verbote aufrichten und selber weithin sich im Unbewußten halten.« (Adorno, 1970a, 38).

Die Widersprüchlichkeit der sich von einem ihrer entscheidenden Lebensprinzipien, dem des wahrhaften Selbstseins, zunehmend abkoppelnden Gesellschaft wiederholt sich als Widerspruch von unbewußten und bewußten Funktionen *im Ich selbst!*

»Die Erkenntnisleistung, die vom Ich um der Selbsterhaltung willen vollzogen wird, muß das Ich um der Selbsterhaltung willen immer wieder zugleich auch sistieren, das Selbstbewußtsein sich versagen.« (Ebd.)

Entscheidend ist allerdings, daß sich diese innere Widersprüchlichkeit in dem Maße, wie der Druck der äußeren Umstände zunimmt, im Sinne der *Regression* entwickelt. In Freuds Modell der Charakterentwicklung (s. o. S. 69ff.) meint »Regression« die Tendenz der Libido, angesichts von

Zwängen der Umwelt und massiver Versagung von libidinösen Wünschen auf entwicklungspsychologisch frühere Phasen der »Besetzung« zurück-zufallen bzw. frühe »Fixierungen« zu verstärken. So geschieht nach Freud und Fromm die Lösung des Ödipuskomplexes oft nur auf Kosten der teil-weisen Regression des Trieblebens auf seine anale Entwicklungsstufe. Das bedeutet zugleich, daß die mit der »genitalen Phase« erst erreichte Ausbil-dung eines selbständigen Ich (Fromm: »produktiver Chrakter«) entschei-dend geschwächt oder gar verfehlt wird. Adorno sieht diesen Zwang zur Regression heute so sehr verschärft, daß er die gegenwärtige Gesellschaft in einer bestimmten Hinsicht als »totalitär« (1970a, 37) begreift. Nicht im Sinne des politischen Totalitarismus, wie man ihn vom Faschismus und Stalinismus her kennt, aber von der Gefahr bedroht, *ein* Ergebnis zu zeitigen, das auch diese Systeme kennen: Die »gegenwärtige Gesellschaft ist ›totalitär‹ auch darin, daß in ihr vielleicht vollkommener als ehedem die Menschen als solche mit der Energie ihres Ichs nochmals dem Zug der Gesellschaft sich angleichen«, eine »selbstverordnete Regression« (ebd.) vollziehen.

Fluchtpunkt dieser neuen Regressionsform ist eher die ganz frühe »orale Phase« (s. o. S. 70) und ein Ich, das so weit zurückgeworfen ist, daß seine bewußten Funktionen sich mit den unbewußten verschränken. Vom Ich bleibt nach allen Befunden nur noch das der »narzißtisch auf es zurückbe-zogene(n) Pflege seines Fürsichseins« (1969, 55), ein Ich des Narzißmus (= eitle Selbstliebe) übrig.

»Wo dem Ich sein Eigenes, Differenziertes mißlingt, wird es regredieren, zumal auf die ihm nächstverwandte, von Freud so genannte Ichlibido, oder zumindest seine bewußten Funktionen mit unbewußten verschmelzen. Was eigentlich übers Unbe-wußte hinauswollte, wird dann nochmals in den Dienst des Unbewußten treten und damit diesen Impuls womöglich verstärken.« (1970a, 39)

Das »Eigene, Differenzierte«, von dem in diesem Zitat die Rede ist, meint das zur Selbständigkeit gediehene Ich, den produktiven Charakter, bei dem das Individuum nicht zuletzt »durch Entäußerung, durch Hingabe an das, was es nicht selbst ist« (1969, 55) zur Selbständigkeit gelangt ist.

Die verwaltete Welt zwingt dem Individuum demgegenüber Selbsterhal-tung durch automatische Anpassung, eine Zurücknahme des Ich ins Unbe-wußte auf. Aber das »ins Unbewußte sich selbst zurücknehmende Ich verschwindet nicht einfach, sondern bewahrt manche der Qualitäten, die es als gesellschaftliches agens erworben hatte.« (1970a, 39). Mit anderen Worten: Dem regredierenden Ich gehen die gesellschaftlichen Eindrücke, die es im Verlauf seiner Erziehung erfahren hat, nicht schlankweg verloren. Aber sie werden nicht – wie bei gelingender Sozialisation – als »soziales Selbst« dem Einfluß der »Ich-Identität« (s. o. S. 11 ff.), sondern dem »Pri-mat des Unbewußten« unterworfen. »So kommt der Schein einer Harmonie zwischen Realitätsprinzip und Lustprinzip zustande« (ebd.), der auch die Stabilität der »Pseudoindividualität« erklären könnte.

Übrig bleibt aber letztlich nur ein Ich, das vom Narzißmus bestimmt wird. Auf den Narzißmus »deuten mit unwiderstehlicher Beweiskraft alle Befunde der Sozialpsychologie über die heute vorherrschenden Regressionen, in denen das Ich zugleich negiert und in falscher, irrationaler Weise verhärtet wird« (ebd., 40). Die »objektive Situation weist den Regressionen ihre Richtung. Konflikte in der Zone des Narzißmus fallen mehr auf als vor sechzig Jahren, während die Konversionshysterie zurücktritt.« (Ebd., 42)

Über den »sekundären Narzißmus« (unterschieden vom »primären Narzißmus« der ersten psychosexuellen Entwicklungsphase [s. o. S. 70]) wollen wir an dieser Stelle nicht mehr sagen, als daß a) »Narzißmus« im allgemeinen mit »Selbstbewunderung« (Eitelkeit, Selbstliebe) übersetzt wird und b) bei Freud das folgende Phänomen meint: Narzißmus liegt vor, wenn das Individuum weniger die außerhalb der eigenen Person stehenden Objekte (Dinge, andere Personen) bzw. deren »Repräsentanzen« (s. o. S. 65) »besetzt«, seine Libido weniger nach draußen wendet (was für den »produktiven Charakter« wesentlich ist), sondern viel eher das eigene Selbst zum Liebesobjekt macht. Beim sekundären Narzißmus werden die Objektbesetzungen gleichsam abgezogen und auf das jeweilige Individuum selbst gerichtet. »Der Narzißmus des Ichs ist so ein sekundärer, den Objekten entzogener.« (Freud). An einer späteren Stelle werden wir etwas ausführlicher auf dieses Phänomen eingehen.

Für Adorno ist jedenfalls der Narzißmus ein entscheidender Fluchtpunkt für jenen Regressionsprozeß, in welchem das Ich sich zunehmend ins Unbewußte zurücknimmt.

»Im Narzißmus ist die selbsterhaltende Funktion des Ichs, zumindest dem Schein nach, bewahrt, aber von der des Bewußtseins zugleich abgespalten und der Irrationalität überantwortet.« (1970a, 40)

C: Die gesellschaftlichen Grundlagen des Selbst und die Kritik des bürgerlichen Individualismus

Die charakterologischen Folgen der spätkapitalistischen Entwicklung beschreibt Adorno als »Verschwinden des Subjekts« durch Einebnung der Reflexivität; als Ersetzung des Selbst durch »Pseudoindividualität« und Zurücknahme des Ichs ins Unbewußte durch narzißtische Regression. Seine Absicht ist, dem bürgerlichen Individualismus die Wirklichkeit selbstzerstörerischer Tendenzen entgegenzuhalten.

Der bürgerliche Individualismus, so kann man zur groben Kennzeichnung sagen, setzt

a) die selbständigen Einzelnen als Ausgangspunkt von Gesellschaftsbildung, mindestens als den entscheidenden Bezugspunkt jeder Erklärung dafür, was Gesellschaft ist und wie sie sich entwickelt. Das einzelne Subjekt erscheint als »irreduzible Gegebenheit« (1970b, 10), als »Urphänomen« (1966, 258).

b) Der »vereinzelte Einzelne« (Marx) als Urphänomen wird als Individuum vorgestellt, das seine besonderen Interessen konsequent, wenn auch an den Regeln einer Rechtsordnung orientiert, durchzusetzen bemüht ist. Geleitet wird das Subjekt von der kapitalistischen Rechenhaftigkeit (s. Kapitel 1), von der rationalen Abwägung der Vorteile gegenüber den Kosten für seine Zwecke.

c) Andere Individuen sind – wie manche Soziologen sagen – »Objekte in der sozialen Situation«, denen es bei seinen Überlegungen ebenfalls Rechnung tragen muß, deren Reaktionen es einzuplanen hat. Es bezieht sich auf sie wie auf Mittel oder Bedingungen zur Verwirklichung seiner privaten Absichten.

d) Wo derartiger kapitalistischer Geist wirklich von einem »reifen« Ich getragen wird, erweist sich das Realitätsprinzip dieses Ich als *Leistungsprinzip*. »Das Leistungsprinzip (ist) das herrschende Prinzip einer auf Erwerb und Wettstreit ausgerichteten Gesellschaft ...« (Marcuse 1965b, 49).[21]

»Das Ich, das die rationale Umformung der menschlichen und natürlichen Umgebung in Angriff nahm, erwies sich als ein wesentlich aggressiveres, offensi-

---

[21] In (1965b, 129 ff.) versucht Marcuse, eine Position »jenseits des Realitätsprinzips« zu entwerfen. Er knüpft dabei an Formen der Beziehung von Ich und Umwelt an, die den *primären* Narzißmus kennzeichnen. »Ursprünglich enthält das Ich alles, später scheidet es seine Außenwelt von sich ab. Unser heutiges Ichgefühl ist also nur ein eingeschrumpfter Rest eines weit umfassenderen, ja – eines allumfassenden Gefühls, welches einer innigeren Verbundenheit des Ichs mit der Umwelt entsprach.« (Freud: *Das Unbehagen in der Kultur*, Frankfurt/M. [Fischer TB], S. 95). Marcuse fragt sich, ob in dieser Verschmelzung von Ich und Welt nicht der Keim eines »anderen Realitätsprinzips enthalten« sein könnte? (1965b, 168) Sublimierung könnte dann vielleicht eine andere als die »repressive« des Leistungsprinzips sein. Das heißt: Eine Sublimierung wäre denkbar, bei der *aus der Selbstliebe* (die etwas anderes ist als Selbstsucht) *heraus* eine Bindung an Objekte entstünde, die nicht auf deren Kontrolle und Bewältigung abstellt. Diese Bindung bestünde dann eher in einer ästhetischen Ordnung der Verhältnisse und Aktivität im Sinne des Spiels. Eine Sublimierung, die nach Marcuse in der »großen Weigerung« gründet, »der Weigerung, die Trennung vom libidinösen Objekt (oder Subjekt) zu ertragen« (Ebd.).

veres Subjekt, dessen Gedanken und Taten dazu geeignet waren, Objekte zu bemeistern. Es war ein Subjekt *gegen* ein Objekt . . . Die Natur (sowohl seine eigene, als die äußere Welt) ist dem Ich als etwas gegeben, das bekämpft, erobert, selbst vergewaltigt werden mußte – das war die Vorbedingung für die Selbsterhaltung und Selbstentwicklung.« (1965b, 110)

Bürgerlicher Individualismus setzt Produktivität (s. o. S. 100 ff.) mit nützlicher *Arbeit* im Sinne der Naturbeherrschung und des technischen Fortschritts gleich (ebd., 154 ff.). Das Bild des Individualismus bei Adorno trägt die gleichen und ergänzende Züge.

e) Für ihn ist er auch durch die Ideologie gekennzeichnet, das Individuum sei »frei, soweit es sich der Gesellschaft entgegengesetzt hat.« (1966, 257); so als sei es etwas völlig von ihr Abgelöstes, ihren Voraussetzungen nicht mehr Unterworfenes (formale Freiheit). Aber dieses Gefühl der individuellen Selbstbestimmung als Freiheit von der Gesellschaft hat nach Adorno selbst seine gesellschaftlichen Wurzeln:

»Das Individuum verdankt seine Kristallisation den Formen der politischen Ökonomie, insbesondere dem städtischen Marktwesen. Noch als Opponent des Drucks der Vergesellschaftung bleibt es deren eigenstes Produkt und ihr ähnlich. Was ihm Widerstand erlaubt, jeder Zug von Unabhängigkeit, entspringt im monadologischen Einzelinteresse und dessen Niederschlag als Charakter. Das Individuum spiegelt gerade in seiner Individuation das vorgeordnete gesellschaftliche Gesetz der sei's noch so sehr vermittelten Exploitation wider.« (1970b, 195 f.)

Adornos Diagnose der Zerstörung von Individualität im Verlauf der spätkapitalistischen Entwicklung läßt sich nicht einfach als Trauer um's heroische bürgerliche Subjekt deuten. Auf der einen Seite hält er der geronnenen individualistischen Ideologie zweifellos die tatsächliche Auflösung jener Form von »Persönlichkeit« vor, die sie doch fördern wollte. Die Verhältnisse, in denen es heißt, es käme auf den leistungsbereiten einzelnen an, befördern in Wahrheit das »unbeschränkt anpassungsfähige«, das »subjektlose Subjekt« (1970a, 35).

»Der Prozeß der Verselbständigung des Individuums, Funktion der Tauschgesellschaft, terminiert in dessen Abschaffung durch Integration.« (1966, 257)

Aber gleichzeitig untersucht Adorno auch die damit unmittelbar einhergehende Bedrohung, die Reflexivität als ein Prinzip menschlichen Lebens erfährt. Zerstörung widerfährt hier nicht nur einer *historischen* Form von Subjektivität. Um diese zweite Konsequenz erfassen zu können, bedarf es jedoch einer anderen als der individualistischen Orientierung gegenüber der gesellschaftlichen Wirklichkeit:

Individuum ist, wer »gewissermaßen sich selbst setzt, und sein Für-sich-sein, seine Einzigkeit zu seiner eigentlichen Bestimmung erhebt . . . Nur wer von den Interessen und Bestrebungen anderer sich differenziert, sich selbst zur Substanz wird, seine Selbsterhaltung und Entwicklung als Norm etabliert . . .« (Adorno 1956, 46). Aber *individualistisch* mißversteht er sich oder gesellschaftliche Verhältnisse, wenn er dies im Sinne von Unabhängigkeit des Individuums von der Gesellschaft oder Individuierung als das Erste interpretiert. Die Chance, sich autonom und aktiv auf gesellschaftliche Zwänge, Abhängigkeiten, Einflüsse richten zu können, die Möglichkeit des Selbstseins, ist ihrerseits von *gesellschaftlichen* Voraussetzungen her zu begreifen (P5). »Der Glaube an die radikale Unabhängigkeit des Einzelnen vom Ganzen ist in der Tat bloßer Schein.« (Ebd., 47)

Es bedeutet also auch für Adorno keinen Widerspruch, zu sagen, Individualität (Reflexivität) gehe nicht in Bestimmung durch Gesellschaft auf und sei dennoch nur unter gesellschaftlichen *Voraussetzungen* möglich. »Menschliches Leben ist wesentlich, nicht bloß zufällig Zusammenleben.« Das macht den »Begriff des Individuums als der letzten sozialen Einheit fragwürdig.« (Ebd., 42) Der Mensch ist »Mitmensch, ehe er auch Individuum ist; verhält sich zu anderen, ehe er sich ausdrücklich zu sich selbst verhält; er ist ein Moment der Verhältnisse, in denen er lebt, ehe er sich vielleicht einmal selbst bestimmen kann.« (Ebd.) Jedes Individuum ist »selbst noch vom Zusammenhang der Gesellschaft, dem abstrakten Prinzip ihrer Einheit her zu verstehen . . .« (ebd., 43). Und das »abstrakte Prinzip ihrer Einheit« wird man als das begreifen können, was wir »organisierendes Prinzip« (s. Kapitel 1) genannt haben.

Auch die Einheit der Person in der Zeit (P1), ihre Ich-Identität, »ist eine soziale Kategorie«, unter Bezugnahme auf Prinzipien des gesellschaftlichen Ganzen zu bestimmen.

»Sie bestimmt sich einzig innerhalb eines Lebenszusammenhanges mit anderen, der ihren Sozialcharakter bildet; erst in ihm hat ihr Leben unter gegebenen gesellschaftlichen Bedingungen Sinn; erst in ihm ist sie, die soziale Charaktermaske, möglicherweise auch Individuum.« (Ebd., 43)

Das zielt auf mehr denn den Sachverhalt, daß sich das Ich erst unter dem Einfluß von anderen entwicklungspsychologisch herausbildet. Auch die Leistungen des »reifen Ich«, jener Instanz die »möglicherweise auch Individuum«, also mehr als Charaktermaske ist, kann nur auf der *Grundlage* »abstrakter Prinzipien der gesellschaftlichen Einheit« Bestand haben und/oder erfaßt werden.

»Wo Recht und Unrecht beider Momente (d. h. von Individuum und Gesellschaft – C. D.) liegen, wo die Substanz, wo der Schein, läßt sich nicht in generalisierenden Bestimmungen ein für allemal festlegen, sondern nur durch die Analyse konkreter gesellschaftlicher Verhältnisse und der konkreten Gestalt des Individuums in solchen Verhältnissen.« (Ebd., 48)

Genau in diesem Sinn fragt Adorno angesichts der verwalteten Welt, wieviel von wirklichem Selbstsein, von Reflexivität, sie noch zuläßt. Es entsteht das Bild eines sich immer mehr schließenden Gehäuses der Hörigkeit. Gleichzeitig macht er deutlich, daß Selbstsein zwar Dimensionen enthält, die weder in bürgerlicher Subjektivität, noch im Bestimmtwerden durch Gesellschaft aufgehen, aber dennoch die Widersprüche der historisch gegebenen Gesellschaft *in sich selbst* ausdrückt. Ein solcher entscheidender Widerspruch (Antagonismus) im Spätkapitalismus besteht darin, daß autonome Subjektivität eingeebnet, damit zugleich aber das allgemeine Lebensprinzip von Reflexivität in Frage gestellt wird. Dieser Antagonismus widerfährt dem Individuum nicht gleichsam nur von außen, er zeigt sich als *innere Widersprüchlichkeit* des modernen Ich:

– Auf der einen Seite vertritt es weiter das Prinzip der Reflexivität, ist aber zugleich in das Leistungsprinzip als die historische Form des Realitätsprinzips eingespannt;

– Einerseits ist das Ich Instanz der Autonomie, einer über Arbeit aus Lebensnot hinausgehenden Gestaltung der menschlichen Verhältnisse (»Produktiver Charakter«), auf der anderen Seite Träger von Kontrolle und Selbstkontrolle, die teilweise disziplinierend und repressiv wirkt (mehr Verzicht herbeiführen muß, als objektiv notwendig ist).

– Das Ich bleibt für Adorno der Bezugspunkt für widerständige Gedanken und Absichten (ohne individuelles Bewußtsein der tatsächlichen Gründe der Knechtschaft keine soziale Bewegung, die mehr wäre als die Mobilisierung von Resentiments). Aber gleichzeitig zwingt die Übermacht der Verhältnisse das Ich zur Regression.

In diesem Sinne des *inneren Ausdrucks* äußerer gesellschaftlicher Antagonismen erweist sich das Ich ebenfalls als gesellschaftlich vermittelt (P5) – und bleibt dennoch der Träger jener Handlungen, welche über das »passive, atomistische, reflexähnliche Verhalten« (s. 1966, 271) hinausgehen, das dem Gehäuse der Hörigkeit entgegenkommt. Rang, Wirksamkeit, Ausbildungsgrad von Reflexivität sind ebenfalls auf der Grundlage der »abstrakten Prinzipien gesellschaftlicher Einheit« zu verstehen, ohne damit als Ergebnis des völligen Bestimmtseins durch die Umstände gedeutet werden zu müssen.

Die Möglichkeit derartiger Überlegungen hängt offenbar an dem Punkt, in dem sie über Fichte hinausgehen: an der *Einbeziehung der Relation des Ich zu unbewußten Mechanismen.* Nur so läßt sich ein innerer Widerspruch im Ich konstruieren.

D: Das Problem der allgemeinen Reflexivität

D (1): Verstrickung in den bürgerlichen Individualismus?

Eigentümlich ist, daß Adorno eine »Verstrickung in die ideologischen Widersprüche der bürgerlichen Individualität« vorgeworfen wird. Nicht nur sein Schüler Krahl, von dem diese Formulierung stammt, auch andere scheinen dies so zu verstehen: Adorno bleibt bei aller »schneidende(n) Kritik am ideologischen Dasein des bürgerlichen Individuums hindurch« (Krahl) doch den Denkmustern des bürgerlichen Individualismus verhaftet.

Worauf soll diese Auffassung sich stützen können, wenn doch Adorno dem individualistischen Denken die Wirklichkeit der Zerstörung von Subjektivität entgegenhält? Er zielt gerade gegen die »Hybris des seiner Selbst mächtigen Individuums, gegen das Individuum als Ideologie, welche radikalere Theorien von der Vormacht des Objektiven demolierten« (1966, 343). Die »schneidende Kritik« an der Einebnung des heroischen bürgerlichen Subjekts geht bei Adorno mit allem anderen als der Einstellung einher, um's Subjekt in seiner von der bürgerlichen Ideologie, vom Individualismus propagierten Form, sei nachhaltig zu trauern.

Die einschlägige Kritik an Adorno wird erst bedenkenswert, wenn sie den bei ihm ebenso wie bei Fichte, Fromm, Marcuse zu findenden Grundgedanken angreift, eine Gesellschaftstheorie als *Kritik* müsse anhand der »Analyse konkreter gesellschaftlicher Verhältnisse« (Adorno) ausmachen, wieviel »Ich« (Autonomie, Spontaneität, Selbstbewußtsein, Ich-Identität) unter den gesellschaftlichen Verhältnissen zugelassen, ausbildbar, möglich wird. Sie müßte den Gedanken verteidigen, daß selbst noch das Verhältnis von Reflexivität und Gattungsproblemen, Gesellschaft und Reflexivität, in Motiven bürgerlichen Denkens begründet bleibt (dazu s. u. Kapitel 8).

D (2): Reflexivität als Prinzip der Kritik

Richtig ist gewiß, daß Adorno in seiner Untersuchung spätkapitalistischer Entwicklung die Negativität oft bis zum Bild eines sich total schließenden, nichts mehr draußenlassenden Gehäuse der Hörigkeit zuspitzt. Es entsteht der Eindruck einer hermetisch geschlossenen sozialen Welt, die keine Schlupflöcher mehr kennt, »in denen eine nicht gesellschaftlich präparierte, irgend unabhängige Subjektivität sich verstecken könnte« (1970a, 20). Den Subjekten, zur automatischen Anpassung gehalten, wird nur noch die Charaktermaske aufgeprägt, allenfalls eine Pseudoindividualität gestattet.

Aber eine derartige Diagnose wäre unmöglich, gäbe es nicht Vorstellungen vom richtigen Leben, auf deren Hintergrund sich Negativität überhaupt erst abzeichnen kann. Unter diesem Gesichtspunkt ist Adornos Ausspruch, nur das »negative Menschenbild« könne frei von Ideologie sein, durch seine eigene Vorgehensweise *nicht* gedeckt.

Bei Adorno gibt es nicht nur Bestimmungen von Individualität, die über den *bürgerlichen* Begriff des Individuums hinausreichen (und von daher überhaupt erst dessen Kritik ermöglichen), es gibt genügend eindeutige Hinweise darauf, daß auch er Reflexivität als eine Bedingung gesellschaftlichen Lebens ausmacht.

»Der Widerspruch, daß für die Sphäre des Individuums keine Willensfreiheit und darum keine Moral sich verkünden läßt, *während ohne sie nicht einmal das Leben der Gattung bewahrt werden kann,* läßt nicht durch den Octroi sogenannter Werte sich schlichten.« (1966, 269 – Herv. v. mir; C. D.)
»Wenn heute die Spur des Menschlichen einzig am Individuum als dem untergehenden zu haften scheint, so mahnt sie, jener Fatalität ein Ende zu machen, welche die Menschen individuiert, einzig, um sie in ihrer Vereinzelung vollkommen brechen zu können.« (1970b, 198)

»Reflexivität« (das Selbst als theoretisch-praktische Einheit), so haben wir, abkürzend, gesagt, besteht in der Fähigkeit des menschlichen Einzelwesens, zu sich selbst und zu den Bedingungen seiner Existenz, insbesondere auch zu gesellschaftlichen Einflüssen und Prägungen (»soziales Selbst«) denkend und handelnd Stellung zu nehmen (s. o. S. 106). Reflexivität bedeutet also Distanzierungschancen gegenüber dem Bestimmtwerden (s. Fichte, Kapitel 2). Adorno hat dazu keine anderen Anmerkungen:

»Nur kraft des Gegensatzes zur Produktion[22], als von der Ordnung noch nicht ganz Erfaßtes, können die Menschen eine menschenwürdigere herbeiführen.« (1970b, 8)
»Was an dem Menschen als intelligibler Charakter[23] zu denken wäre, ist nicht das Personenhafte an ihnen, sondern wodurch sie von ihrem Dasein sich unterscheiden.« (1966, 271)
Selbst bei der inzwischen korrumpierten bürgerlichen Kategorie der »Persönlichkeit« wäre eines »zu bewahren: die Kraft des Einzelnen, nicht dem blind über ihn Ergehenden sich anzuvertrauen, ebenso blind ihm sich gleichzumachen.« (1969, 55 f.)

Grundsätzlich gilt für Adorno: »Ohne allen Gedanken an Freiheit wäre organisierte Gesellschaft theoretisch kaum zu begründen.« (1966, 215) Mit anderen Worten: Eine Gesellschaftstheorie, die nicht von der Analyse des

---

[22] »Produktion« meint hier »Produktionsverhältnisse« als Einheit von Arbeit und Aneignung$_2$, s. o. S. 111f.
[23] Das erinnert an das allgemeine »Ich denke« des Selbstbewußtseins, s. das Kapitel über Fichte.

»abstrakten Prinzip(s) ihrer Einheit«, vom gesellschaftlichen Organisationsprinzip ausgehend, die Chancen von Freiheit und Glück des *je einzelnen Subjekts* bedächte[24], ist für ihn nicht vorstellbar.

Auch Adorno arbeitet mit der Unterscheidung von Charaktermaske und allgemeiner Reflexivität, von Charaktermaske und »persönlichem Individuum« (Marx). Auch seine Theorie hängt von Bestimmungen des »produktiven Chrakters« als Maßstab der Kritik ab:

»Ihnen allen (Hegel, Humboldt, Goethe – C. D.) kommt das Subjekt zu sich selbst nicht durch die narzißtisch auf es zurückbezogene Pflege seines Fürsichseins, sondern durch Entäußerung, durch Hingabe an das, was es nicht selbst ist.« (1969, 55)

». . . aber ohne Fixierung der libido an Dinge wäre Tradition, ja Humanität selber kaum möglich.« (1970a, 35)

Anhang

Ausblick auf einen »theoretischen Bruch« in der Subjekttheorie

In der Zeitdiagnose des Spätkapitalismus kommen Marcuse und Adorno zu zumindest *drei* übereinstimmenden Ergebnissen:

1) Unter dem Druck der verdinglichten spätkapitalistischen Verhältnisse wird das Selbst immer mehr zum Pseudo-Selbst, zum *Fassaden-Ich* herabgesetzt;
2) Die gesellschaftlichen Umstände geben der Regression eine charakteristische Richtung auf Verstärkung des sekundären *Narzißmus;*
3) Insgesamt gesehen, wird das Übergewicht der Apparate, Einrichtungen, Prozesse in der verwalteten Welt so groß, daß die Individuen zunehmend zu bloßen »Verkehrsknotenpunkten der Tendenzen des Allgemeinen« (Horkheimer/Adorno 1947, 184) herabsinken. Eine Tendenz zur »*Entsubjektivierung der Subjektivität*« (1970a, 29) zeichnet sich ab.

Nach einer Zwischenbilanz im nächsten Kapitel werden diese drei Tendenzen teilweise im Rahmen von Theorien aufgenommen, die (Aus-

---

[24] »Die Aporie erstreckt sich auch auf den teleologischen Begriff eines Glücks der Menschheit, welches das der Einzelnen wäre; die Fixierung des eigenen Bedürfnisses und der eigenen Sehnsucht verunstaltet die Idee eines Glücks, das erst aufginge, wo die Kategorie des Einzelnen nicht länger sich in sich verschlösse.« (1966, 343)

nahmen in Kap. 7) nicht mehr auf Reflexivität als Prinzip der Gesellschaftskritik zurückzugreifen scheinen. Das bedeutet letztlich einen radikalen Bruch mit der theoretischen Tradition, auf die wir bisher zurückgegriffen haben. Am Ende (s. Kapitel 8) wird in der Tat das Schema von

Bestimmtwerden — Selbstbestimmung
Nicht-Ich   — Ich
Objekt   — Subjekt
Gesellschaft   — Individuum,

das bei all den bisher erwähnten Autoren eine besondere Rolle spielt, bewußt in Frage gestellt. Es sei, so heißt es neuerdings (s. Kapitel 8), als letztlich doch dem bürgerlichen Individualismus verhaftet anzugreifen.

Leseempfehlungen zu Kapitel 4

Herbert Marcuse

Über die philosophischen Grundlagen des wirtschaftswissenschaftlichen Arbeitsbegriffs, in: Kultur und Gesellschaft, Bd. 2, Frankfurt/M 1965, 7 ff.
Industrialisierung und Kapitalismus im Werk Max Webers, ebd., 107 ff.
Der eindimensionale Mensch, Neuwied 1967, 52–54, 159–183.

Theodor W. Adorno

»Individuum«, in: *Soziologische Exkurse*, Frankfurter Beiträge zur Soziologie, Band 4, Frankfurt/M 1956, 40 ff.
Zum Verhältnis von Soziologie und Psychologie, in: Aufsätze zur Gesellschaftstheorie und Methodologie, Frankfurt/M 1970, 7 ff.
Glosse über Persönlichkeit, in: Stichworte – Kritische Modelle 2, Frankfurt/M 1969, 51 ff.
Minima Moralia – Reflexionen aus dem beschädigten Leben, Frankfurt/M 1951,
    Zueignung (7–12),
    Aphorismus 97 (195–198)
    Aphorismus 147 (307–310)

Kapitel 5
Über die Sensibilität von Antennen

David Riesman

Mit diesem Kapitel soll ein Blick zurück (ich hoffe, nicht im Zorn) auf die vorhergehenden ermöglicht werden. Autoren, die zu verschiedenen Zeiten der bürgerlichen Entwicklung lebten, wurden erwähnt. Sie selbst haben teilweise einzelne Phasen dieser geschichtlichen Epoche vor Augen, sie selbst entwerfen im einen oder anderen Fall ein Bild von kennzeichnenden Stadien kapitalistischer Geschichte. Ihr Thema ist der bürgerliche Geist, der bürgerliche Charakter, seine Vorherrschaft, seine Verankerung in der Trieb- und Bedürfnisstruktur der Individuen, sein Verhältnis zur Reflexivität. Die Thesen und Typologien, die man bei ihnen findet, beschreiben – in welchen idealtypischen Zügen auch immer – zugleich Wandlungen des Sozialcharakters in einer weiterhin kapitalistisch verfaßten Gesellschaft.

Die Kapitel zuvor haben sich auf die Erläuterung von Argumenten bei den einzelnen Verfassern konzentriert. Aber durch die 4 Kapitel zieht sich auch eine gewisse Entwicklungslinie bürgerlicher Charaktermasken, mehr Übereinstimmung in der Zeitdiagnose als die branchenübliche Rivalität großer Denker vielleicht erscheinen läßt. Wir wollen diese Entwicklungslinie in groben Strichen nachzeichnen; so schwer Systematik hier auch bleiben mag. Die Skizze wird nur mit einigen Strichen entworfen:

1) Anhand von idealtypisch abgegrenzten Stadien in der Geschichte der bürgerlichen Gesellschaft;
2) nach der Art der »Konformität«, die eine Charaktermaske dem individuellen Verhalten in einem dieser Stadien auferlegt;
3) nach dem Grad der »Anomalität«, der Intensität »pathologischer« Abweichungen von einem Haupttyp;
4) nach der bestimmten Weise, in der sich »Autonomie« gegenüber der jeweiligen Charaktermaske darstellt.

Vielleicht gelingt es so, die vielen »Idealtypen« bürgerlicher Charakterstruktur, die Revue passiert sind, in eine gewisse Ordnung zu bringen.

Die vier genannten Linien (*Dimensionen*) unserer Skizze lehnen sich an einen Vorschlag an, den David Riesman in seinem inzwischen klassischen Buch: *Die einsame Masse* (1958) (»The Lonely Crowd« [1950]), vor 30 Jahren gemacht hat. Seinem Text lassen sich Gliederungsgesichtspunkte entnehmen, die – wie ebenso plausible Alternativen – durchaus ausreichen, die erwähnten Sozialcharaktere grob auf einer Zeitachse zu sortieren – und mehr ist nicht beabsichtigt. Das gibt gleichzeitig die Gelegenheit, einige Hauptthesen bei Riesman vorzustellen.

Riesmans Charaktertypologie

Dimension 1: Schwellen der Bevölkerungsentwicklung

Riesman macht einen sehr einfachen Vorschlag zur Einteilung gesellschaftlicher Entwicklungen und von Entwicklungschwellen, denen grundlegende Veränderungen im Sozialcharakter entsprechen sollen. Einteilungskriterium ist die *Bevölkerungsentwicklung.*

In bürgerlich-kapitalistischen Gesellschaften (Riesman meint allerdings: nicht nur da) ist der Ausgangspunkt ein Stadium I des *»hohen Bevölkerungsumsatzes.«* »In solchen Gesellschaften ist ein hoher Prozentsatz der Bevölkerung jung, die Lebenserwartung ist niedrig und die Generationen folgen äußerst schnell.« (24[1]) Geburtenziffer und Sterbeziffer[2] sind tendenziell gleich, beide sehr hoch.

Sinkt z. B. durch Fortschritte in der Medizin, der Hygiene, der Versorgungsmöglichkeiten die Sterberate (bei u. U. steigender Geburtenrate), so tritt die Entwicklung in das Stadium II der *»explosiven Bevölkerungszunahme.«* Eine derartige Bevölkerungswelle konnte man im 19. Jh. in Europa und in den von Europäern beherrschten Ländern beobachten. In der Phase III der Bevölkerungsentwicklung sinken die Geburtenziffern und die Sterberaten gleichermaßen; das Stadium der *»beginnenden Bevölkerungsschrumpfung«* bzw. – Stagnation) ist erreicht, das zur Zeit gerade in der Bundesrepublik um das Aussterben des Volkes besorgte Schlagzeilen hervorruft. In dieser dritten Phase sind die mittleren und älteren Jahrgänge entschieden stärker besetzt als in der ersten. Es ergibt sich also eine Art S-Kurve der Bevölkerungsentwicklung.

An einigen Stellen (s.z.B. 23) erweckt Riesman den Eindruck, als sei die Bevölkerungsentwicklung der entscheidende *ursächliche* Faktor für Ent-

---

[1] Ziffern in Klammern sind in diesem Kapitel Seitenangaben aus Riesman 1958.

[2] Geborenenziffer (Geburtenrate) und Sterbeziffer (Sterberate) bezeichnen die Zahl der Lebendgeborenen, bzw. der Gestorbenen eines Jahres auf 1000 der mittleren Bevölkerung. Die Geborenenziffer sank in Deutschland von 38,5 im Jahre 1870 auf 9,7 1975, die Sterbeziffer sank im gleichen Zeitraum von 27,4 auf 12,1 (Ballerstedt/Glatzer, *Soziologischer Almanach*, Frankfurt/M. ³1979, 29).

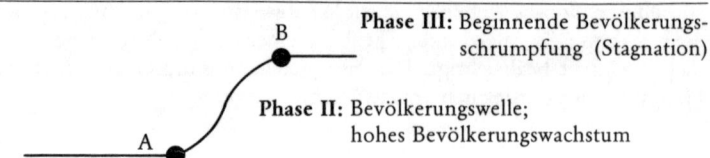

Phase III: Beginnende Bevölkerungsschrumpfung (Stagnation)

Phase II: Bevölkerungswelle;
hohes Bevölkerungswachstum

Phase I: Hoher Bevölkerungsumsatz;
geringes Bevölkerungswachstum

stehung und Veränderungen von Sozialcharakteren. Das ist sicherlich eine wenig einleuchtende These; denn die Bevölkerungsentwicklung ist selbst wieder von ökonomischen, medizinischen, institutionellen u. a. Faktoren abhängig. Viel sinnvoller ist die Behauptung, es handele sich bei dem 3-Phasenschema lediglich um »eine Art Symbolschrift für unzählige institutionelle Elemente, die allgemein – allerdings in leidenschaftlicherem Ton – durch Worte wie »Industrialisierung«, »Ländliche Gesellschaft«, »Monokapitalismus«, »Verstädterung«, »Rationalisierung« u. ä. symbolisiert werden« (25).

Das heißt: Die Bevölkerungsentwicklung läßt sich recht gut als eine Art Zeigerausschlag zur Messung von Kräften ansehen, die in ihrem Zusammenwirken die Bewegung der Nadel auf der Meßskala (»Bevölkerungswachstum«) hervorrufen. Für grobe Einteilungen wie die hier ausreichenden mag das genügen. In anderen Fällen wären genauere Skalenwerte zu wählen.[3] Nach dieser Zurückschraubung der Ansprüche sollte auch der Hinweis auf »Entwicklungschwellen« (A und B in der S-Kurve) nicht überschätzt werden. Riesman sieht hier »zwei Revolutionen, die die Verhaltenskonformität oder den sozialen Charakter des Menschen der westlichen Welt seit dem Mittelalter beeinflußt haben . « (22). Es handelt sich aber nicht um schlagartige Umwälzungen, sondern um Wandlungen im Sozialcharakter, die sich über längere Zeit fortsetzen und (sich überlappend) einander langsam ablösen (in dieser Hinsicht drücken die Umwälzungen nur die neuen sozialstrukturellen Prinzipien der Phasen II und III der Bevölkerungsentwicklung aus).

Entwicklungschwelle A:

»Die erste dieser Revolutionen schnitt uns ziemlich radikal in den letzten vierhundert Jahren von der familien- und sippenorientierten Lebensweise ab, in der sich die Geschichte der Menschheit im wesentlichen vollzogen hat.« (23)

---

[3] Es gibt einen ganzen Forschungszweig der Soziologie, der nach »Indikatoren« für gesamtgesellschaftliche Entwicklungen sucht (vgl. W. Zapf (Hg.), *Lebensbedingungen in der Bundesrepublik*, Frankfurt/M. [2]1978).

Entwicklungsschwelle B:

Die erste Veränderungswelle (A) ist noch nicht abgeebbt, »doch beginnt in den fortschrittlichsten Ländern der Erde, insbesondere in Amerika, bereits eine andere Revolution, die mit einer Reihe sozialer Entwicklungen und dem *Übergang aus dem Zeitalter der Produktion in das Zeitalter des Konsums verbunden ist*« (23, Herv. v. mir – C. D.).

Wir werden hier allerdings gewisse Differenzierungen vornehmen.

Dimension 2: Konformität

Die Phasen der Bevölkerungsentwicklung dienen Riesman als grobe Anhaltspunkte für entscheidende Stadien in der Geschichte der bürgerlichen Gesellschaft. Zweck der Einteilung ist allerdings, diesen Phasen Haupttypen der *Konformität* zuzuordnen.

»Konformität« darf man in diesem Falle *nicht* ausschließlich so verstehen, die wir es heute meist gewohnt sind: nicht ohne weiteres als Konformismus, als jene pathologische Form der Anpassung an die Verhältnisse durch Selbstaufgabe, wie Fromm und Adorno sie beispielsweise mit dem Fassaden-Ich beschreiben.

»Konformität« bezeichnet bei Riesman vielmehr die Beziehung, die ein im Sinne Fromms verstandener Sozialcharakter zu den gesellschaftlichen Anforderungen in einer bestimmten Entwicklungsphase hat; mithin die Ausprägung eines Charakters, aus dem heraus die Individuen »so handeln *wollen,* wie sie auf Grund ihrer Zugehörigkeit zu dieser Gesellschaft oder einer besonderen Klasse innerhalb dieser handeln *müssen.* Sie müssen genau das *zu tun wünschen,* was sie notwendigerweise *zu tun haben.* Äußerer Druck wird durch *inneren Zwang* und durch eine besondere Art menschlicher Energie ersetzt, die in die Charakterzüge einfließt (22).[4]

»Konformität« meint also die Übereinstimmung von charakterlichen Grundzügen mit Verhaltensanforderungen, die ein Gesellschaftssystem aufgrund seiner Organisation stellt. In diesem Sinne ist ein Stück »Konformität«, ein soziologisches Selbst, durchaus für das Leben in einer Gesellschaft unerläßlich; es muß damit nicht gleich etwas Pathologisches gemeint sein.

Riesman vertritt die These, daß jedem der »drei Stadien der Bevölkerungskurve eine Gesellschaft[5] entspricht, die jeweils eine bestimmte Art

---

[4] Riesman zitiert an dieser Stelle Fromm; ein Zitat, über das schon im Kapitel 3 gesprochen wurde (s. o. S. 87 ff.).

[5] Anstatt »Gesellschaft« müßte hier eigentlich: »eine Phase der Entwicklung der bürgerlichen Gesellschaft« stehen.

von Verhaltenskonformität erzwingt und einen bestimmten sozialen Charakter formt, und zwar jeweils auf ganz verschiedene, aber durchaus erkennbare Art und Weise« (24 f.).

Der Phase I, der des »hohen Bevölkerungsumsatzes«, entspricht seiner Meinung nach ein Sozialcharakter, der weitgehend bereit ist, festgelegten, wenig veränderlichen Verhaltensanforderungen zu genügen. Seine Konformität bedeutet Übereinstimmung mit der Tradition. Die einzelnen Menschen, die in dieser Phase leben, können also als traditionsgeleitet angesehen werden; die Gesellschaft basiert in diesem Sinne auf *Traditionslenkung*.

In der Phase II, im Stadium der »Bevölkerungswelle«, soll sich demgegenüber eine Konformität herausgebildet haben, die auf frühzeitig (in der Sozialisation) vermittelten und *verinnerlichten* (Über-Ich als Gewissen) Zielsetzungen, Werten, Ge- und Verboten beruht. Die Individuen können als innengeleitet angesehen werden; die Gesellschaft gründet – charakterologisch gesehen – also auf *Innenlenkung*.

In der Phase III, dem Stadium der »beginnenden Bevölkerungsschrumpfung«, bildet sich schließlich eine Verhaltenskonformität heraus, die durch die Tendenz gekennzeichnet ist, »für die Erwartungen und Wünsche anderer empfänglich zu sein« (25). Die Subjekte bestimmen ihre Handlungen weniger nach dem individuellen Gewissen als in Rücksicht auf Signale, die sie von bedeutsamen anderen Personen empfangen. Diesen Charaktertyp nennt Riesman »außengeleitet«; die Gesellschaft stützt sich jetzt auf *Außenlenkung*.

Natürlich handelt es sich auch in diesen Fällen um überdies recht allgemein gefaßte Idealtypen (25), die mehr oder minder stark vorherrschen können, deren Grundmerkmale sich in jeweils verschiedenem Ausmaß beim gleichen Subjekt vorfinden lassen.[6] Aber sie sollen durchaus Merkmale von Sozialcharakteren erfassen, die im Verlauf der Geschichte der bürgerlichen Gesellschaft eine besondere Rolle spielten:

»Die letzten 500 Jahre der europäischen Geschichte können unter dem Gesichtspunkt einer allmählichen Herrschaftsfolge der beiden letzten Typen betrachtet werden. Der traditions-geleitete Typ weicht dem innen-geleiteten und der innengeleitete weicht dem außen-geleiteten.« (47)

Die Schwellenwerte A und B in der Bevölkerungskurve stellen also auch eine Art charakterologischer Wendepunkte dar.

---

[6] »... die Charaktertypen und Gesellschaftsformen, die in diesem Buch behandelt werden, sind *Typen:* Konstruktionen, die in Wirklichkeit nicht existieren und die auf einer für diese Untersuchung getroffenen Auswahl historischer Probleme basieren.« (47)

Ohne auf die vielen Details bei Riesman einzugehen, sollen noch einige ergänzende Anmerkungen zu den drei »Lenkungsarten« gemacht werden:

a) Traditionslenkung

Für die Traditionslenkung stehen Verhältnisse wie im europäischen Mittelalter als Beispiel (29). Zu deren Merkmalen gehört, daß die gesellschaftlichen Institutionen trotz des hohen Bevölkerungsumsatzes ein vergleichsweise großes Beharrungsvermögen haben. Die kulturelle Überlieferung steuert das Verhalten des einzelnen Menschen. Überwacht und vermittelt wird sie durch Familie und Sippe, natürlich auch durch kirchliche Erziehungseinrichtungen und Rituale. »Wenig Anstrengung wird verwendet, um neue Lösungen für uralte Probleme zu finden.« (28) Andererseits sind die traditionellen, in Familie und Sippe weitergegebenen Verhaltensregeln nicht so kompliziert, daß es für die neue Generation schwierig wäre, sie »während ihres schnellen Heranwachsens in die Gesellschaft« (27) zu lernen. Die Groß-Familie ist im allgemeinen die entscheidende Umwelt des Kindes und die Kinder können vergleichsweise frühzeitig in Erwachsenenrollen »abgeschoben« werden.

»Die Umwelt des Kindes ist im allgemeinen der erweiterte Familienverband. Das Leben der Familie ist einfach und für das Kind leicht überschaubar, oft ist es so einfach, daß die Kinder es verstehen und nachahmen können, bevor ihnen ihr körperliches Wachstum ganz daran teilzunehmen erlaubt. Die soziale Reife geht der körperlichen voraus.« (53)

Die Chancen, über die gesellschaftliche Position der Eltern hinauszukommen (soziale Mobilität) sind recht gering; ohnehin werden sie eher zu »Nachfolgern« als zu sozialen Erfolgen erzogen.

»So verschieden die durch solche Termini wie Altkultur, Ständegesellschaft und Gemeinschaft bezeichneten Gesellschaften auch sein mögen, sie ähneln einander in Hinsicht auf das verhältnismäßig langsame Tempo, in dem der soziale Wandel vor sich geht, ihrer Abhängigkeit von familien- und sippengebundenen Organisationen und – verglichen mit späteren Epochen – ihrem dichten Netz von sozialen Wertsetzungen. Hinzu kommt . . ., daß die hohe Geburtenziffer in diesen in der Phase des hohen Bevölkerungsumsatzes befindlichen Gesellschaften nicht nur auf die Unkenntnis empfängnisverhütender Mittel und Techniken zurückgeführt werden kann. Eine ganze Lebensanschauung – die Art der Lebenserwartung, die Einstellung zu Kindern, zur Sexualität, zur Stellung der Frau, zum Sinn des Lebens –« trennt diese Phase von den anderen. (29)

b) Innenlenkung

Mit der Renaissance und der Reformation zeichnet sich nach Riesman ein neues Lenkungsprinzip ab, welches das traditionelle mehr und mehr verdrängt: die Innensteuerung. In der Phase der großen Kapitalanhäufungen, der industriellen Revolution, der Entwicklung neuer Technologien, der Kolonialisierung, der verbesserten medizinischen und Konsumgüter-Versorgung, also in der der »Bevölkerungswelle«, gewinnt es die Vorherrschaft (31). Charakterologisch, so meint Riesman, gibt es einen gemeinsamen Nenner für diese Entwicklungstendenzen:

»Die Kraft, die das Verhalten des Individuums steuert, wird verinnerlicht, d. h., sie wird frühzeitig durch die Eltern in das Kind eingepflanzt und auf prinzipiellere, aber dennoch unausweichliche Ziele gerichtet.« (31)

Mit anderen Worten: In der traditionsgeleiteten Gesellschaft konzentrierte sich die Aufmerksamkeit auf die Sicherung eines Verhaltens, das sich an von außen herangetragenen, der Tradition entstammenden Werten, Handlungsgeboten, Ritualen auszurichten hatte. »Wenn die Verhaltensweisen in allen Einzelheiten vorgeschrieben sind, bedarf es keiner stark entwickelten charakterlichen Eigenständigkeit, um den in Ritus und Etikette objektivierten Vorschriften zu folgen – was allerdings einen sozialen Charakter voraussetzt, der gerade der ständigen Beachtung der äußerlichen Verhaltensregeln und einer gewissen Abhängigkeit von diesen fähig ist.« (31) Die Phase II hingegen, die Phase der Bevölkerungswelle, ist auch die der Industrialisierung (Produktionsgesellschaft). Produktivkräfte und Produktionsverhältnisse ändern sich grundlegend; insgesamt vollzieht sich gesellschaftlicher Wandel rascher als je zuvor. Traditionen brechen auf, weiterhin wirksame werden vielschichtiger, neue gesellschaftliche Probleme entstehen, die immer mehr Anforderungen an den Einzelnen stellen. In dieser veränderten Situation reicht ein System traditionell festgelegter, verhältnismäßig starrer Verhaltensregeln nicht mehr aus. Statt dessen wird frühzeitig in den Familien, die nun zunehmend auf ihren Kern[7] zusammenschrumpfen, ein neuer »psychologischer Mechanismus« in das Individuum eingepflanzt, der wie eine Art »seelischer *Kreiselkompaß*« (32) funktioniert. Das in der Sozialisation vermittelte Gewissen (Über-Ich) wird zu einer das gesamte Leben des Individuums von innen heraus steuernden Instanz:

»Nachdem dieses Instrument einmal von den Eltern und anderen Autoritäten in Gang gesetzt ist, hält es den innen-geleiteten Menschen auf Kurs, selbst dann, wenn die Tradition, die seinen Charakter geformt hat, seine Verhaltensweisen nicht mehr diktiert. So ist der innen-geleitete Mensch in der Lage, immer wieder jenes empfindliche Gleichgewicht zwischen den durch seine Lebensziele gestellten Forderungen

---

[7] Die Großfamilie umfaßte Großeltern, Eltern, Enkel meist unter dem einen Dach einer Produktionsstätte (bei der Mehrheit, d. h. der abhängigen Familie). Die »Kernfamilie« umfaßt Eltern und Kinder, wobei heute die Kinder stark unter dem Einfluß »sekundärer Sozialisationsinstanzen«: Peer-Groups, Lehrer z. B. stehen.

und den Stößen, die er bei der Auseinandersetzung mit der Außenwelt empfängt, herzustellen.« (32 f.)

Natürlich ist der Lebenskurs des einzelnen durch seinen »Kreiselkompaß« nicht vollständig festgelegt, er richtet sich durchaus auch an von außen kommenden Anforderungen der anderen aus und folgt noch einer Reihe von Verhaltensregeln, die tradiert sind. Aber ein stabiles, des öfteren allerdings starres Über-Ich, zeichnet ihm Ziele vor, die ihm eine bestimmte »Festigkeit des Charakters« und damit seines Handelns ein Leben lang von innen heraus erlauben. Innenleitung stellt die Individuen eher auf sich selbst, als daß sie sie verbindet; sie macht sie von daher zugleich verwundbarer (135).

Entsprechend den Lebensbedingungen in der »Produktionsgesellschaft« dieser Phase ist die Selbstverwirklichung durch Arbeit, durch Schaffen und Raffen, ein Lebensziel, das in der Charakterstruktur verankert ist. Selbst das Konsumverhalten des Innengeleiteten ist erwerbsbestimmt. Ihn kennzeichnet die Rastlosigkeit. »Auf der einen Seite fesselt ihn die Produktion mit ständig neuen Aufgaben, auf der anderen Seite verbringt er sein Leben mit der dauernden inneren Erschaffung und Erarbeitung seines Charakters.« (137) Einerseits fürchtet er die Untätigkeit als Arbeitslosigkeit, andererseits ist er dem Müßiggang als Unterbrechung der Charakterbildung abhold.

»Der innen-geleitete Mensch fühlt sich gedrängt, ständig all seine Kräfte zu mobilisieren und sie zur Bewältigung einer jeden Aufgabe voll und bewußt einzusetzen. Berufserfüllung bedeutet für ihn Lebenserfüllung.« (ebd.)

Ich glaube, diese Hinweise reichen aus, um deutlich zu machen, wieviel von dem bei Weber und Sombart beschriebenen »Geist des Kapitalismus« in die Konstruktion der »Innenleitung« bei Riesman eingegangen ist.

c) Außenleitung

Die Phase der beginnenden Bevölkerungschrumpfung umfaßt ein neues Stadium der bürgerlichen Entwicklung. Es reicht in die Gegenwart hinein. Ökonomisch gesehen, ist es beispielsweise durch eine stark abnehmende Zahl der in Landwirtschaft und Grundstoffindustrien beschäftigten Personen gekennzeichnet. Auch die Anzahl der in der industriellen Produktion Beschäftigten geht zurück. Dafür dehnt sich der »tertiäre Sektor«, der Dienstleistungsbereich aus. Verbrauchsgüter stehen teilweise im Überfluß zur Verfügung, die zeitlichen Aufwendungen für den Berufsarbeitstag werden geringer. Angesichts der starken Verbesserung der Lebensmöglichkeiten stellen sich jetzt eher Probleme einer Konsum- als solche einer Produktionsgesellschaft.

»Auch müssen jetzt das Sparbedürfnis und das dauernde Knappheits-Bewußtsein vieler innen-geleiteter Menschen, die in der Epoche der Kapitalansammlung, die mit der Bevölkerungswelle auftrat, eine Form der sozialen Anpassung darstellten, einem Verbrauchsbedürfnis und dauerndem Überfluß-Bewußtsein weichen, durch die der Mensch zum verschwenderischen Luxus und Verbrauch seiner Freizeit und des Produktionsüberschusses fähig wird.« (34 f.)

»Beharrlichkeit und Unternehmungsgeist« des innengeleiteten Menschen in der Produktionsgesellschaft verlieren an Bedeutung. Statt dessen wird das Verhältnis der Menschen zueinander in einer »zentralisierten und bürokratisierten Gesellschaft« (34) immer mehr zum Problem. Je mehr die Individuen von materiellen Lebensproblemen entlastet werden, je häufiger die Konfrontationen mit den Erwartungen anderer durch Institutionen wie z. B. Verkehrsysteme und Massenmedien werden, desto mehr schwächt sich die Leistungsfähigkeit des Kreisel-Kompasses ab; er stützte ja eher die individuelle Handlungsfähigkeit des Subjekts. »Die Steuerung des Verhaltens durch den Kreiselkompaß ist jetzt zu starr, und ein neuer psychologischer Mechanismus muß gefunden werden.« (35)

Diesen neuen psychologischen Mechanismus faßt Riesman unter dem Begriff der *Außenlenkung.* Anfänglich tritt dieser Konformitätstypus im gehobenen Mittelstand der Städte in Erscheinung. (Fromm hat ihn als Marketing-Charakter beschrieben.)

»Das gemeinsame Merkmal der außengeleiteten Menschen besteht darin, daß das Verhalten des einzelnen durch die Zeitgenossen gesteuert wird; entweder von denjenigen, die er persönlich kennt, oder von jenen anderen, mit denen er indirekt durch Freunde oder durch die Massenunterhaltungsmittel bekannt ist. Diese Steuerungsquelle ist selbstverständlich auch hier verinnerlicht, und zwar insofern, als das Abhängigkeitsgefühl von dieser dem Kind frühzeitig eingepflanzt wird. Die von dem außengeleiteten Menschen angestrebten Ziele verändern sich jeweils mit der sich verändernden Steuerung durch die von außen empfangenen Signale. Unverändert bleibt lediglich diese Einstellung selbst und die genaue Beachtung, die den von den anderen abgegebenen Signalen gezollt wird. Indem der Mensch auf diese Weise ständig in engem Kontakt mit den anderen verbleibt, entwickelt er eine weitgehende Verhaltenskonformität, aber nicht wie der traditions-geleitete Mensch durch Zucht und vorgeschriebene Verhaltensregeln, sondern durch die außergewöhnliche Empfangs- und Folgebereitschaft, die er für die Handlungen und Wünsche der anderen aufbringt.« (38)

Der Außengeleitete hat ständig seine Antennen ausgefahren, um die Signale der anderen aufzufangen. Ihn lenkt nicht ein Kreiselkompaß, sondern ein »hochempfindliches Gerät, womit er diese Nachrichten empfangen und gelegentlich an ihrer Verbreitung teilnehmen kann . . . Der Kontrollmechanismus wirkt jetzt . . . wie eine Radar-Anlage.« (41) An die Stelle der Furcht, die durch Zucht, Sorge vor dem Ehrverlust oder dem Bruch der Tradition entstand (Traditionslenkung) und an die Stelle der

Gewissensangst (Innenlenkung) tritt nun eine Art »diffuser Angst« (41) als Beweggrund.

Der innengeleitete Mensch hatte einen großen Teil seiner Energien auf das Schaffen, Arbeit und Pflichterfüllung im Beruf gelegt; demgegenüber richtet sich ein Großteil der Lebensenergien des Außengeleiteten auf den sich ausdehnenden Bereich des Konsums und der Freizeit. Aber auch dort beherrscht ihn die Anstrengung, Bestätigung durch die für ihn bedeutsamen anderen zu finden. Die weitgehend bürokratisierte Lebenswelt herrscht ihm dies Verhalten auf; nicht mehr allein die Entwicklung des Produktionsapparates wird zum Steuerungsproblem, die Beziehungen der Menschen, die die Maschinen bedienen oder die bürokratischen Apparate in Gang halten, rücken ins Zentrum der Aufmerksamkeit. »Das Zentralproblem des Betriebs sind nun *die Menschen* und ihre Beziehungen untereinander, während die Weiterentwicklung der Maschinen, deren Einführung einst revolutionäre Folgen hatte, und die Organisation der Arbeit zur Routine werden.« (138) In diesem Zusammenhang wird es für den einzelnen immer weniger wichtig, was er ist und was er tut, sondern es kommt für ihn eher darauf an, was die anderen von ihm denken. Das »jetzt gefragte Produkt ist nicht mehr der Rohstoff oder die Maschine, sondern die Persönlichkeit« (60).

Wie auf dem Tauschmarkt der Überflußgesellschaft ein Anbieter sein Gut nur dadurch an den Mann bringt, daß er den geringfügigen Unterschied seiner Ware gegenüber der seiner Konkurrenten durch Marketing aufbläst, so muß auch der einzelne seine »Persönlichkeit« durch Herausstellen kleiner Besonderheiten bewahren und dennoch stets auf Signale der Zustimmung anderer achten. Die Menschen, »die sich um Stellungen in den verschiedenen Hierarchien der Geschäftswelt, der Regierung und im freien Berufsleben bemühen, (müssen) ihre Persönlichkeit durch kleine Besonderheiten differenzieren« (60f).

Unter diesen gesellschaftlichen Rahmenbedingungen verändert sich die Funktion der Familie. Nicht länger geht es so sehr darum, dem Kind ein gutes Gewissen, einen Kreiselkompaß einzupflanzen; denn der Kompaß ist »nicht beweglich genug für die schnell aufeinanderfolgenden Anpassungen der Persönlichkeit, die erforderlich werden, weil andere Konkurrenten im Rennen liegen, die keinen Kreiselkompaß haben.« (61). (Das Über-Ich ist nicht mehr so fest wie zuvor, so daß manche Autoren von einem *»veräußerlichten Über-Ich«* reden.) Dort, wo alles im ständigen Fluß ist, die Begegnungen häufig, die Beziehungen veränderlich und sehr verschieden sind, wird das Kind eher zur Aufmerksamkeit auf die anderen angehalten. Den Kindern wird zunehmend mehr gezeigt, »wie wenig von ihnen selbst und wie viel von anderen abhängt« (62). Das Akzeptiertwerden durch andere an sich, unabhängig vom Inhalt, der anzuerkennen wäre, wird zum

Leitziel der Sozialisation. Schließlich wird nicht so sehr die geleistete
Arbeit an sich, sondern diese mehr kraft ihrer Wirkung auf andere bewer-
tet. Hinzu kommt, daß die Familie ohnehin viele ihrer Erziehungsfunktionen an Gruppen der Altersgenossen, Ausbilder, Massenmedien abtritt. Die
Außensteuerung wird universell, das Gehäuse der Fremdbestimmtheit
zeichnet sich ab.

Unter diesen Voraussetzungen ändert sich auch die Form des »Lebens-
kampfes«, der Konkurrenz im Spätkapitalismus. In der Phase der Innen-
lenkung war der Konkurrenzkampf bei den Herrschenden in erster Linie
einer um Marktanteile, Verdrängungswettbewerb. Die abhängig Arbeitenden konkurrierten um Arbeitsplätze als Grundlage ihrer materiellen Existenz. Heute findet man eher, mindestens gleichrangig, die Konkurrenz
der kleinen Unterschiede; die Produktdifferenzierung bei den Produzen-
ten, die Präsentation einer eigenständigen Fassade bei den »Persönlichkeiten«, die einen Job suchen. Die »freie« Konkurrenz wurde zur »fairen«
umgeformt (143 ff.), das Organisationstalent und die Fähigkeit, mit anderen auszukommen, ersetzen das Arbeitsgeschick.

Dimension 3: Anomalien

Die beiden restlichen Dimensionen, die vom Riesmanschen Text her nur
wenig *zusätzliche* Information zu dem liefern, was bisher in diesem Buch
erwähnt wurde, lassen sich kürzer zusammenfassen. Für unsere Zwecke
beschränkt sich ihre Bedeutung mehr auf die des Gliederungsprinzips.

Konformität bezeichnet bei Riesman die Übereinstimmung eines Sozialcharakters mit allgemeinen Bedingungen der gesamtgesellschaftlichen Reproduktion. Keineswegs muß damit eine widerspruchsfreie oder reibungs-
lose Einpassung der Leidenschaften (im Sinne Fromms) in die Anforderungen unterstellt werden. Die gesellschaftlichen Widersprüche zeigen sich
auch als Widersprüche im konformen Charakter: Gemessen am Prinzip der
Autonomie, begünstigt die Außenlenkung tatsächlich den Konformismus
als Preis der Selbstaufgabe, den Menschen in einer bürokratisierten Welt
mit allen psychischen Folgen bezahlen (34). Die Innenleitung stützt den
Egoismus, die Selbstsucht des vereinzelten Einzelnen, dessen Verwund-
barkeit zugleich anstieg.

Sämtliche Lenkungstypen kennzeichnet eine besondere Form der Angst
bei Riesman. Ein den bürgerlichen Lebensbedingungen konformer Sozialcharakter ist also auch für Riesman kein widerspruchs- oder leidensfreier.
Angepaßtsein an die Existenzbedingungen der traditions-, der innen- oder
außengeleiteten Gesellschaft meint kein reibungsloses Ineinandergreifen
von Charakter- und Sozialstruktur.

Anomalie ist daher eher ein Verhaltensmuster, das der vorherrschenden Art der Konformität in »pathologischer Weise nicht entspricht« (254). »Pathologisch« ist die Zuspitzung von widersprüchlichen Tendenzen im konformen Sozialcharakter selbst: Aus der Sparsamkeit wird der Geiz, aus der gezügelten Aggression durch Konkurrenz die Destruktivität usf. Zu den »Anormalen« gehören nach Riesman aber auch die Überangepaßten; das sind jene, welche »zu eifrig den von innen oder außen auf sie eindringenden Botschaften lauschen.«

»So haben wir gesehen, daß es in einer auf Innen-Lenkung beruhenden Gesellschaft überforderte Kinder und überforderte Erwachsene gibt, Menschen mit einer zu starren Kontrolle durch ihr Über-Ich, so daß ihnen noch nicht einmal die normalen Befriedigungen und Aus- und Zuflüchte ihrer Zeitgenossen erlaubt sind. Ebenso können sich unter den Außen-Geleiteten Menschen befinden, denen es nicht gelingt, ihre Radaranlage auch nur für einen Augenblick abzuschalten; ihre Überkonformität macht sie zu einer Karikatur des angepaßten Verhaltensmusters – das unerreichbar für sie ist, weil sie sich zu sehr anstrengen, um es zu erreichen.« (256)

Als Anormale können den Angepaßten auch diejenigen vorkommen, »deren Charakter zu der Aufnahme und Befolgung von Botschaften ausgebildet wurde, die entweder garnicht mehr verbreitet werden, bedeutungslos sind oder keinen Erfolg mehr versprechen.« (256)

Bei der Zusammenstellung bürgerlicher Sozialcharaktere (u. S. 155 ff.) werden wir nach »pathologischen« Varianten des konformen Charaktertypus gruppieren.

Dimension 4: Autonomie

Riesman arbeitet mit dem gleichen Modell von sozialem Selbst (Sozialcharakter) und Ich (das Selbst als Prinzip der Autonomie), das bei all den bislang behandelten Autoren im Zentrum steht. Der soziale Charakter, so sagt er, umfaßt nicht den ganzen Charakter des Individuums. »Der einzelne ist zu weit mehr fähig, als seine Gesellschaft gewöhnlich von ihm verlangt . . .« (253)

Autonome nennt Riesman diejenigen, welche »im großen und ganzen gesehen fähig sind, sich entsprechend den Verhaltensnormen ihrer Gesellschaft zu benehmen – eine Fähigkeit, die den Anormalen meistens fehlt-, die aber zwischen Konformität und Nonkonformität frei entscheiden können« (154). Die »Autonomen sind zu allen Zeiten Fragende gewesen« (268).

Autonomie in diesem sehr allgemeinen Sinn hat es nach Riesman immer gegeben. Individualität ist keine Erfindung des bürgerlichen Individualismus. »In einigen primitiven Gesellschaften wird der einzelne tatsächlich weit mehr gewürdigt und respektiert als in vielen Bereichen der modernen

Gesellschaft . . .« (28), auch wenn in traditionalen Gesellschaften die Möglichkeit, eigene Lebensziele nach eigenem Ermessen zu gestalten, sehr eingeschränkt sein kann. Auch Riesman sieht Autonomie nicht als gesellschaftlich unberührtes Für-Sich-Sein. Autonomie findet ihre jeweils konkrete Form und Möglichkeit unter gesellschaftlichen Voraussetzungen, auf die sie sich zugleich in Distanz praktisch richten kann.

»Selbstverständlich bestehen erhebliche Unterschiede zwischen den einzelnen Gesellschaften entsprechend dem Grad, in dem der von ihnen hervorgerufene soziale Charakter im Verlaufe der sozialen Eingliederung die Individualität bestärkt, unterdrückt oder auslöscht.« (253)

»... Autonomie (ist) bis zu einem gewissen Grad immer unabhängig von der vorherrschenden Art der Konformität in einer bestimmten Gesellschaft; sie ist niemals eine Angelegenheit des Alles oder Nichts, sondern das Ergebnis eines zuweilen dramatischen, manchmal aber auch unmerklichen Kampfes gegen Arten der Konformität.« (270)

So gründet sich beispielsweise die Autonomie des Innengeleiteten durchaus auf klar umrissene und verinnerlichte Zielsetzungen, aber der Autonome unter den *Innengeleiteten* setzt sich viele seiner Ziele selbst und geht ihnen »vernunftgemäß und unabhängig von Autorität und Zwang« nach (262). Der Autonome unter den Außengeleiteten muß ohne Opportunismus im Bewußtsein des Einflusses der anderen handeln.

»Der heutige autonome Mensch muß ständig daran arbeiten, sich von den schattenhaften Umklammerungen dieser höchsten Form der Außen-Lenkung zu befreien, die so schwer zu zerschlagen ist, weil ihre Forderungen so vernünftig, ja, geradezu trivial erscheinen.

Ein Grund dafür ist darin zu sehen, daß der autonome Mensch heute der Nutznießer jener erhöhten Empfindsamkeit ist, die durch seine autonomen Vorfahren aus der Epoche der Innen-Lenkung unter großen persönlichen Opfern in unsere Gesellschaft hineingetragen und verbreitet wurde.« (269)

Aber Riesmans Begriff der Autonomie bleibt im Vergleich zu dem der anderen Autoren recht allgemein. Er dient jedoch auch ihm letztlich als Maßstab, um die Widersprüche innerhalb der konformen Sozialcharaktere und die Anomalien in einem kritischen Licht zu sehen. Kritik ist auch in diesem Fall Messen der gesellschaftlichen und charakterologischen Gegebenheiten an den Chancen zur Selbstbestimmung, die sie eröffnen oder verschließen.

Leseempfehlung zu Kapitel 5

David Riesman: *Die einsame Masse*, Rowohlt-Verlag, Hamburg 1958, 20–95 u. 251–272.

Zwischenbilanz
Revue der bürgerlichen Sozialcharaktere

Mit Hilfe der Dimensionen, die der Riesmanschen Untersuchung entnommen wurden, lassen sich zuvor gegebene Informationen über Sozialcharaktere in der bürgerlichen Gesellschaft auf systematische Weise erinnern. Ein grobes Bild ihrer bisher noch nicht besonders herausgestellten historischen Entwicklung wird möglich.

Natürlich kann das Gesagte nicht nochmals in all seinen Einzelheiten wiederholt werden. Wir geben Stichworte, die den Leser an entsprechende Stellen der vorhergehenden Kapitel zurück verweisen.

Der folgende Überblick über bürgerliche Charaktertypen ist im wesentlichen nach den ersten drei Dimensionen geordnet, die Riesmans Buch entnommen wurden:

Dimension 1: Grobtypologie von Entwicklungsschwellen der bürgerlichen Gesellschaft. 4 Phasen werden dabei unterschieden:

Phase I: Traditionsgesellschaft

Phase II: Akkumulationsphase und kapitalistische Produktionsgesellschaft.

1. Stadium: Frühkapitalismus
2. Stadium: Kapitalistische Produktionsgesellschaft.

Phase III: Die Krise des Kapitalismus und die faschistische Gewaltherrschaft.

Phase IV: Spätkapitalismus

1. Stadium: Konsumgesellschaft und verwaltete Welt
2. Stadium: Die Kultur des Narzißmus?

Dimension 2: Zu jeder Phase (u. U. zu einzelnen Stadien) wird zunächst der »konforme« Charaktertyp im Sinne Riesmans skizziert, also der den gesellschaftlichen Umständen entsprechende »Normaltyp«. Er wird mit KT (»konformer Typ«) gekennzeichnet.

Dimension 3: Ergänzend zum konformen Typ werden »anomale Typen« (AT) im Riesmanschen Verständnis und Extremtypen (ET) angeführt.

Dieser Überblick ordnet gewiß nicht die zahllosen Vorschläge zu historischen Charaktertypologien, die man in der Literatur findet, sondern das, was bisher dargestellt wurde und etwas von dem, was noch auszuführen ist.

Phase I: Traditionsgesellschaft (Traditionaler Sozialcharakter)

Schon Weber und Sombart (Kapitel 1) grenzen ihren Idealtypus des »kapitalistischen Geistes« gegen traditionelle, mittelalterliche Orientierungen ab. Zu diesen gehören beispielsweise:

- das Bedarfsdeckungsprinzip (Sombart) statt des Erwerbs- und Leistungsprinzips;
- auf das Überweltliche ausgerichtete Lebensziele (Weber);
- noch keine kurzgeschlossene Verbindung zwischen Gelderwerb und Unternehmungsgeist (Sombart);
- Traditionslenkung (Riesman);
- Ehrfurcht, also Sorge vor Ehrverlust oder Bruch der Tradition;
- Erziehungsstil der »Nachfolge« statt Ausrichtung auf »Erfolge« usf.

Diese und andere Merkmalsangaben dienen den Autoren im allgemein als Folie für die Abgrenzung der *kapitalistischen* Charakterentwicklung von vorhergehenden Zuständen. In diesem Sinne hat Weber das Problem der Konformität, das bei ihm als Frage nach der »Adäquanz« eines bestimmten Geistes zur Sozialstruktur gefaßt ist (s. S. 37), dadurch bearbeitet, daß er den katholischen Traditionalismus von protestantischer Ethik idealtypisch abgrenzt und zeigt, daß die letztere einer kapitalistischen *Struktur*entwicklung sehr viel förderlicher ist.

Phase II: Die Phase der Akkumulation und der kapitalistischen Produktionsgesellschaft

1. Stadium: Frühkapitalismus

Der innerweltliche Asket (KT)

Über einen wichtigen kapitalistischen Sozialcharakter in der heroischen, der frühkapitalistischen Phase von der Renaissance und Reformation bis hin zum Zeitalter der industriellen Revolution, haben Weber und Sombart genaue Untersuchungen vorgelegt. Zu seinen wesentlichen Merkmalen gehören beispielsweise:

- die Verbindung von Unternehmungsgeist und Erwerbssinn;
- die Unternehmungslust als planvolle Handlungsstrategie;
- das Streben, die Welt sich durch Selbsttätigkeit als *Arbeit* zu eigen zu machen, (Fichte, Kapitel 2); Natur als Gegenstand der Ausbeutung (Marcuse, Kapitel 4);
- Bürgertugenden wie: Sparsamkeit, Fleiß (»Schaffen«) als Berufsfleiß; Sauberkeit, Ordentlichkeit, Mäßigung, Aufrichtigkeit, Gerechtigkeit;
- das innere Gefühl der Berufs-*Pflicht* (Beruf als Berufung);
- Ordnung als Selbstkontrolle (methodisch geregelte Lebensführung, z. B. im Sinne des individuellen Zeitbudgets);
- Rechenhaftigkeit als zweckrationale Orientierung (rationale Interessenorientierung, planvolles Gewinn- und Optimierungsdenken);
- Antihedonismus als Wendung gegen den Müßiggang, der aller Laster Anfang sei.

Für Weber und Sombart gehören diese Charakterdimensionen zu einem der kapitalistischen Akkumulationsphase »sinnadäquaten« Geist.

2. Stadium: Kapitalistische Produktionsgesellschaft

Der innengeleitete Charakter (KT)

Vieles von dem, was nach Weber und Sombart den Geist des frühen Kapitalismus auszeichnet, geht bei Riesman in die Beschreibung des innengeleiteten Sozialcharakters ein. Andererseits wird man – mit Riesman – die ihn kennzeichnende Form der Konformität als eine auf die sich ausdehnende kapitalistische Produktionsgesellschaft des 19. Jh. (u. U. noch des beginnenden 20. Jh.) passende ansehen können. Zu den Merkmalen des innengeleiteten Charakters gehören:

- Frühzeitig vermittelte, sich im Leben des Einzelnen weitgehend durchhaltende Ziele, Werte, die *verinnerlicht* sind;
- ein festes Über-Ich als »Kreiselkompaß«. Freuds Theorie (s. ZW. Kap. I) ist in mancherlei Hinsicht Merkmalsbestimmung des innengeleiteten Charakters;
- Arbeitsorientierung nach dem Leistungsprinzip (Marcuse, Kapitel 4); eine aufgabenorientierte Grundhaltung;
- Rastlosigkeit im Schaffen;
- Konkurrenzorientierung im Sinne der »freien« Konkurrenz (Verdrängungswettbewerb, Übertreffen des anderen);
- Ständige Arbeit an sich selbst im Sinne der »Charakterfestigkeit«;
- Erwerbsorientierung;
- Gewissensangst (Gewissensnot).

Was an Merkmalen zum innerweltlichen Asketen hinzugetreten ist, betrifft Orientierungen des Subjekts, die der sich ausdehnenden Produktions- und Markt-(Tausch-)Gesellschaft sinnadäquat sind. Abgesehen vom inneren Ausdruck, den die Antagonismen der jeweiligen Gesellschaftsstufe in den konformen Charakteren finden, für die Phase II lassen sich einige kennzeichnende Charakter-Anomalien ausmachen:

Analer bzw. anal-hortender Charakter (AT)

Sowohl in der Akkumulationsphase als auch in der expandierender Produktion[1] gibt es einen kennzeichnenden Typ »anomalen« Verhaltens: den *analen* oder *anal-hortenden* Sozialcharakter (s. o. S. 92 ff.) Zu seinen Hauptmerkmalen zählen:

– die bis zum Geiz gesteigerte Sparsamkeit;
– peinliche Ordnungsliebe;
– Selbstkontrolle als übersteigerte Pünktlichkeit und Reinlichkeit;
– Starrsinn;
– Fixierung oder Regression auf die anale Phase (s. o. S. 70);
– bis zur bürokratischen Kontrollwut gesteigerte Rechenhaftigkeit;
– Ruhe, Ordnung, Sauberkeit als Grundwerte.

Insgesamt ist diese Anomalie (s. o. S. 152 f.) durch ein Streben nach Sicherheit angesichts existentieller Probleme gekennzeichnet, die dadurch erreicht werden soll, daß der anale Charaktertyp die Dinge in Besitz nimmt und/oder sie unter seine starre Kontrolle bringt.

Der alt-autoritäre Charakter (AT)

Mit dem analen eng verwandt[2] ist der *alt-autoritäre Charakter* (Untertanengeist). In der Form, in der ihn Fromm beschreibt (s. o. S. 94 f.), ist er besonders am Kleinbürgertum des ausgehenden 19. und beginnenden 20. Jh. abgelesen. Für diese Schicht wirkte sich die Tendenz zum Monopolkapitalismus besonders nachdrücklich als historischer Widerspruch aus, auf der einen Seite der bürgerlichen Norm der Selbstverwirklichung durch Erfolg in der freien Konkurrenz anhängen zu müssen, andererseits

---

[1] Ebenso wie man »Innenlenkung« heute noch findet, findet man auch die stufenspezifischen Anomalien natürlich auch heute noch vor. Es handelt sich allein um eine idealtypische Gruppierung.

[2] Man kann ihr Verhältnis zueinander auch so sehen, daß »analer Charakter« ein allgemeinerer Begriff ist, obwohl durchaus auch historische Unterschiede in ihre Bestimmung eingehen.

durch die Übermacht der großen ökonomischen und gesellschaftlichen Mächte in die Nähe des verachteten Proletariats gedrückt zu werden.

Zu den Merkmalen des klassisch-autoritären Charakters gehört vor allem seine Machthörigkeit:

- ein Schema von Macht und Ohnmacht, auf dessen Hintergrund Menschen und Geschehnisse beurteilt werden;
- das Gefühl, von fremden Mächten und dunklen Geschicken beherrscht zu werden;
- gedankenlose Hingabe an eine »Sache« und zwar die Sache, die Machtfülle verspricht;
- Bewunderung der Macht um ihrer selbst willen;
- Rebellentum (Bereitschaft, sich gegen eine alte Macht zu stellen, wenn einer stärkeren gefolgt werden kann);
- Freiwerdender Haß als Aggression gegen versagende Stärke der Sache oder der großen Männer;
- Aggression gegen Schwächere und Außenseiter.

Die historischen Züge, die dem alt-autoritären Charakter eigentümlich sind, solange er sich noch nicht zum autoritären Faschisten fortgebildet hat, erfährt man am besten durch eine Lektüre von Heinrich Manns *Der Untertan*. Der klassische Autoritäre in der Geschichte ist das Subjekt mit der Untertanenmentalität des Kleinbürgers. Eine entsprechende Charaktermaske ist auch der wilhelminische Dorfschullehrer.

Der sado-masochistische Charakter (ET)

Die tiefenpsychologischen Wurzeln sowohl des anal-hortenden als auch des alt-autoritären Charakters lassen sich weiter über ihre Extremform: den *sado-masochistischen Charakter* studieren.

Was Fromm zum Sado-Masochismus sagt (s. o. S. 92), läßt sich allerdings nicht auf eine bestimmte historische Phase oder Stufe einengen. Sado-Masochismus stellt eine allgemeinere Reaktionsbildung auf existentielle Probleme dar, die sich an vielen anomalen Charaktermasken (nicht nur des Kapitalismus) studieren läßt.

Beim sado-masochistischen Charakter spitzen sich die autoritären Strategien der Selbstaufgabe in zwei Richtungen zu: Als Drang nach dem Einswerden mit den Dingen durch *Unterwerfung* (Masochismus) oder durch *Beherrschung* (Sadismus). Zum *Masochismus* gehören die Merkmale:

- Minderwertigkeitsgefühl;
- Selbstbild der Ohnmacht und Belanglosigkeit;
- Willen, sich klein zu machen;

- Gefühl, übermächtigen Gewalten hilflos ausgeliefert zu sein;
- Drang nach Unterwerfung bis hin zur psychischen und physischen Selbstquälerei (Aggression gegen sich selbst);
- Lust am Gequältwerden (sexuelle Perversion).

Zum *Sadismus* gehören die Merkmale:

- Andere zum Ding oder Werkzeug machen zu wollen;
- Andere leiden zu sehen oder leiden zu lassen, (Aggression gegen das andere Selbst);
- Lustgewinn durch das Quälen von Tieren und Menschen.

Sadismus und Masochismus bilden trotz ihrer gegensätzlichen Erscheinungsform eine Einheit. Ihre Einheit ist die der *Symbiose,* der Vereinigung des individuellen Selbst mit dem anderen (oder einer äußeren Macht), wobei jeder die Integrität seines Selbst verliert und sich der Übermacht des Draußen ausliefert.

Analer, alt-autoritärer und sado-masochistischer Charakter wurden gleichsam nach Graden der Feindseligkeit (Aggression) gruppiert. Viele Merkmale sind ihnen gemeinsam; vieles, was sie »auszeichnet«, wird man auch heute noch bei Menschen vorfinden. Besonders das sado-masochistische Syndrom entzieht sich selbst einer *idealtypischen* historischen Zuordnung. Diese Schwierigkeit verschärft sich noch bei dem, was Fromm den *destruktiven Charakter* nennt (s. o. S. 99f.).

Der destruktive Charakter (ET)

Er ist für ihn im Grunde der extreme Gegenpol zum produktiven Charakter. Beide Charaktersyndrome enthalten Aspekte, Dimensionen, die über die kapitalistischen Verhältnisse hinausweisen. Produktives Handeln einerseits, Aggression und Destruktivität andererseits sind beides *allgemeine* Möglichkeiten, existentielle Probleme der Menschengattung zu bewältigen (s. o. S. 78). In beiden Fällen gehen die allgemeinen Grundmerkmale entweder in verschiedene historische Charaktere ein oder sie selbst formen sich unter besonderen Umständen zu einer konkreten historischen Gestalt.

Wir erwähnen den *destruktiven Charakter* hier, obwohl er aus unserem historischen Schema herausfällt, weil seine Merkmale bei der Konstruktion später folgender Typen eine besondere Rolle spielen. Den destruktiven Charakter kennzeichnet beispielsweise:

- eine besondere Zerstörungslust. Sie unterscheidet sich von der Aggression des Sado-Masochisten dadurch, daß nicht die Symbiose mit den äußeren Gegebenheiten, sondern ihre Zerstörung das Ziel ist;

- seine Tendenzen entladen sich in manifester Gewalt gegen Personen und Sachen;
- dem Gefühl der Machtlosigkeit will er durch Zerstörung, Vernichtungswut entgehen.

Phase III: Die Krise des Kapitalismus und die faschistische Gewaltherrschaft in Europa

Eine Reihe der Merkmale, die die (historisch und logisch) allgemeiner gefaßten Typen des sado-masochistischen und des destruktiven Charakters ausmachen, werden bei Fromm und besonders bei Adorno (1973) zur Kennzeichnung der *faschistisch-autoritären Persönlichkeit* herangezogen.

Der faschistisch-autoritäre Charakter (ET)

Die faschistisch-autoritäre Persönlichkeit läßt sich immer noch recht gut anhand der Variablen beschreiben, die Adorno zur Konstruktion einer Skala (F-Scale) herangezogen hat, um den faschistischen Autoritarismus aufzudecken:

»a) *Konventionalismus:* Starre Bindung an die konventionellen Werte des Mittelstandes;

b) *Autoritäre Unterwürfigkeit:* Unkritische Unterwerfung unter idealisierte Autoritäten der Eigengruppe;

c) *Autoritäre Aggression:* Tendenz, nach Menschen Ausschau zu halten, die konventionelle Werte mißachten, um sie verurteilen, ablehnen und bestrafen zu können;

d) *Anti-Intrazeption:* Abwehr des Subjektiven, des Phantasievollen, Sensiblen.

e) *Aberglaube und Stereotypie:* Glaube an die mystische Bestimmung des eigenen Schicksales, die Disposition, in rigiden Kategorien zu denken.

f) *Machtdenken und Kraftmeierei:* Denken in Dimensionen wie Herrschaft – Unterwerfung, stark – schwach, Führer – Gefolgschaft; Identifizierung mit Machtgestalten; Überbetonung der konventionalisierten Attribute des Ich; übertriebene Zurschaustellung von Stärke und Robustheit;

g) *Destruktivität und Zynismus:* Allgemeine Feindseligkeit, Diffamierung des Menschlichen.

h) *Projektivität:* Disposition, an wüste und gefährliche Vorgänge in der Welt zu glauben; die Projektion unbewußter Triebimpulse auf die Außenwelt.

i) *Sexualität:* Übertriebene Beschäftigung mit sexuellen ›Vorgängen‹.« (Adorno 1973, 45)

Die Variablen fügen sich nach Adorno zu einem einheitlichen Syndrom, zu einer »mehr oder weniger dauerhafte(n) Struktur im Individuum« (ebd., 46), die es für antidemokratische Propaganda empfänglich macht. Aber nicht nur dies: Über die Variable g) hinaus muß man den faschistisch-autoritären als eine historisch entscheidende Gestalt des *destruktiven Charakters* ansehen. Den fürchterlichen Beweis seiner über sado-masochistische Aggression hinausgehenden Destruktivität hat er geliefert. Neuere Untersuchungen (vgl. v. Freyhold 1970, bes. 30ff.) schlagen einige Änderungen an Adornos Modell vor. Aber selten wird Adornos »Authoritarian Personality« vergessen, wenn von faschistischem Autoritarismus und faschistischer Destruktivität die Rede ist.

Phase IV: Spätkapitalismus

1. Stadium: Konsumgesellschaft und verwaltete Welt

Diese Phase zielt auf die Moderne, insbesondere auf die zweite Hälfte des 20. Jh. In den Industrieländern wird die Produktionsgesellschaft durch die Konsum-Überflußgesellschaft abgelöst (die jedoch in neuerer Zeit ihre eigentümliche Krise, die Rohstoff- und Energiekrise erlebt). Die Ausdehnung des tertiären Sektors der Wirtschaft ist ebenso äußerlicher Ausdruck der Ausdehnung des Freizeitbereichs und der Wohlstandsorientierung wie die beginnende Stagnation, wenn nicht Schrumpfung der Bevölkerungsentwicklung.

Der »Außengeleitete« ist für Riesman der kennzeichnende Charaktertyp dieser Phase.

Der außengeleitete Charakter (KT)

Zu den Merkmalen des Außengeleiteten, bzw. einer auf Außenlenkung charakterologisch gegründeten Gesellschaft gehören:

- Der »Kreiselkompaß« des Innengeleiteten wird durch die Antennen der »Radaranlage« ersetzt;
- Verhaltensteuerung durch sensible Ausrichtung auf die Signale, die andere geben (Abhängigkeitsgefühl von anderen);
- Wachsende psychische Abhängigkeit von den Erwartungen von Peergroups, Erziehern, Massenmedien, Massenliteratur; (»Informationssammler«)
- Konsumorientierung, (Konsumanstrengung statt Berufspflicht in den ohnehin sinnleeren, rationalisierten Tätigkeitsbereichen);
- Nicht Charakterbildung, sondern Arbeit an der Persönlichkeitsfassade (Produktdifferenzierung als Pflege der kleinen Persönlichkeitsunterschiede);
- Veräußerlichtes Über-Ich;

– »Faire« Konkurrenz als Ringen um das Ansehen bei anderen;
– Diffuse Angst.

Fromm hat schon zu den Zeiten, als in Europa teilweise noch der Faschismus herrschte oder seine Folgen zu bewältigen waren, die Entstehung dieses spätkapitalistischen Charaktertypus am Mittelstand der amerikanischen Städte studiert. Den *Marketing-Charakter,* den er beschreibt, kann man durchaus auch als zugespitzte Form des Außengeleiteten begreifen.

Der Marketing-Charakter (AT, s. S. 97)

Nach Fromm ist er ebenfalls durch eine bestimmte Strategie der Selbstverleugnung, durch die Tendenz zur »automatischen« Anpassung (automaton conformity) gekennzeichnet. Zu seinen Grundmerkmalen gehören weiterhin:

– Aufgabe des eigenen Selbst zugunsten der Persönlichkeitsformen, die ihm durch »Zivilisationsschablonen« (Fromm) vorgezeichnet werden;
– Konformismus (Werde wie die anderen, beachte, was sie tun);
– »Negative Ekstase« (Fromm) als Zufriedenheit in der Selbstaufgabe;
– Ersatz des Originalselbst durch das »Pseudoselbst« (s. o. S. 97). Das ist der gleiche Mechanismus, den Adorno als Einsetzung der »Pseudoindividualität« (s. o. S. 96ff.) an die Stelle des Selbst untersucht;
– Regression auf die orale Phase;
– Eindringen des Markt-Tauschprinzips in die Psyche des Menschen (sich selbst – und andere – wie eine Ware behandeln).

Es ist vermutlich sinnvoll, dem »Außengeleiteten« noch eine weitere, Merkmale der Außenleitung enthaltende Form von durchaus funktionstüchtiger Anomalie im Spätkapitalismus an die Seite zu stellen: den *bürokratisch-technokratischen Charakter.*[3] Schon Weber hat seine Grundzüge bestimmen können, weil sich in seinem Verhalten Folgen jenes Rationalisierungs-Bürokratisierungsprozesses (Adorno: »Verwaltete Welt«) zeigen, welcher die kapitalistische und staatssozialistische Entwicklung insgesamt kennzeichnet.

Der Bürokrat-Technokrat (AT)

Wir erinnern zu seiner Bestimmung nur noch einmal an Teile dessen, was Max Weber über das »Fachmenschentum« (s. o. S. 117ff.) und Marcuse über das »eindimensionale Denken« (s. o. S. 123f.) gesagt hat:

---

[3] Das Bild geht zwar so nicht ganz auf: Aber man kann sich den Außengeleiteten Riesmans eher als den Konsumenten vorstellen, während der Technokrat-Bürokrat Herrschaftsfunktionen ausübt.

- Beide, Bürokrat und Technokrat, handeln in allen Lebensbereichen nach den Prinzipien »instrumenteller Vernunft«, die nach Marcuse bis zur »Eindimensionalität des Denkens« herabsinken kann. Auf ihrer Grundlage werden auch andere Menschen zu bloßen Mitteln für Zwecke (»Menschenmaterial«);
- Beiden geht es um die Verwissenschaftlichung der Lebenswelt, die Ordnung der Verhältnisse nach den Prinzipien zweckrationaler Vernunft auf der Grundlage von technisch und sozialtechnisch verwertbarem Wissen;
- Beide greifen bei der Rechtfertigung ihres Tuns gern auf die »Sachzwänge« zurück, die in Wahrheit verdinglichte Prozesse, Rückwirkungen des eigenen Tuns bedeuten; sie beherrscht die Ehrfurcht vor dem Sachzwang;
- Der Bürokrat ist der Prototyp des Fachmenschen: Fachlich geschult und mit fachlicher Kompetenz, verrichtet er seine Arbeit rein »sachlich«, »ohne Ansehen der Person«: Sein Verhalten richtet er an Regeln und Vorschriften »korrekt« aus;
- Er betrachtet die Welt als eine Hierarchie von Kompetenzen und Anweisungsbefugnissen;
- Der Technokrat vertritt die Auffassung, dem industriellen Wachstum sei bei allen Planungen der Vorrang zu geben; Technik und technische Entwicklung stehen vor jeder anderen Form der Verbesserung der »Lebensqualität«;
- Technische Notwendigkeiten rechtfertigen für ihn die »Unannehmlichkeiten«, die für Menschen aus seiner Tätigkeit entstehen können. Seine »Sachlichkeit« ist die des Vertrauens auf die Notwendigkeiten, die sich mit der Existenz und Weiterentwicklung der technischen Apparatur ergeben.

Kurz: Die Außenleitung gründet hier immer auch im »Verdinglichten Bewußtsein« (Adorno), einer Charakterstruktur, die in dem Sinne eindimensional ist, daß sie den über die Erfahrung von »Sachzwängen« hinausgehenden Gedanken produktiver Veränderung gar nicht mehr faßt oder zuläßt. Es sind diejenigen, welche sich im »Gehäuse der Hörigkeit« auf eine gewisse Weise (die sie selbst zu Dingen macht) eingerichtet haben.

Die Destruktivität ist mit dem politischen Faschismus nicht untergegangen. Nach Fromm (s. o., S. 99 f.) hat sie sich in der »kybernetischen«, von Technik und Bürokratie beherrschten Welt des Spätkapitalismus eine neue, aber genau so fatale Gestalt, die der *Nekrophilie,* gegeben. Nekrophilie kann man zwar exemplarisch am Charakterbild Hitlers studieren, aber das moderne technisch-bürokratische Gehäuse der Hörigkeit stützt sie in einer neuen Form.

Der nekrophile Charakter (ET)

Die Nekrophilie bildet also für Fromm die gegenwärtige historische Gestalt des destruktiven Charaktersyndroms. Zu den Merkmalen des nekrophilen Charakters rechnet er:

– Die Sucht, etwas oder jemanden zu vernichten oder zu töten. Lebendiges soll in Totes umgewandelt werden, Zerstörung um der Zerstörung willen;
– Gewaltorientierung;
– Fanatischer Traditionalismus;
– Vergötterung der Technik (tote Apparate werden über das Leben gestellt); Liebe zu Artefakten;
– Vergötterung der Vernichtungskraft von Maschinerie;
– Schizophrene Trennung von Gefühl und funktionellem Denken; Fäkaliensprache;
– Stereotypes, mechanisch-bürokratisches Verhalten;
– Beim Grenzfall der nekrophilen Perversion: Angezogenwerden von Kot, Fäulnis, Verwesung, Schnüffeln von Faulig-Verwesendem, Leichenschändung.

2. Stadium: Die Kultur des Narzißmus?

In den konformen und anomalen Charaktertypen der Phase IV zeigen sich bestimmte Tendenzen der charakterologischen Entwicklung im Spätkapitalismus, die auch in den jüngsten Diskussionen eine besondere Rolle spielen. Die drei, die erwähnt wurden, sollen daher in den folgenden Kapiteln noch etwas ausführlicher dargestellt werden:

1) Die Zurücknahme des Selbst zugunsten eines *Fassaden-Ich* (s. den »Marketing-Charakter«)
2) Die noch weitergehende Regression auf den *Narzißmus*. Sie könnte in einem Typus ausmünden, der noch weniger produktiven Objektbezug hat als der Außengeleitete (Adorno).
3) Ganz allgemein: Die nach der Auffassung der bisher behandelten Autoren anhaltende Tendenz zur *Entsubjektivierung des Subjekts*, zur Einebnung nicht nur von bürgerlicher, sondern von Subjektivität überhaupt (Marcuse/Adorno).

Bestimmt werden derartige Tendenzen auf der Folie einer Vorstellung wirklichen Selbstseins und wirklicher Selbstbestimmung (Fichte), eines biophilen bzw. produktiven Charakters (Fromm), einer Individualität, die mehr ist als bürgerlicher Individualismus (Adorno). Auf diese durchgängigen Vorstellungen von »Autonomie« (Riesman) sind wir immer wieder eingegangen, sie werden auch weiter eine entscheidende Rolle spielen.

Kapitel 6
Das Fassaden-Ich des Identitätsarbeiters

St. Cohen/L. Taylor und E. Goffman

> »*Die Identitätsarbeiter aller Länder vereini-
> gen sich!*« (Cohen/Taylor)

Ein paar alltägliche Bemerkungen zum Alltagsleben

Wieviel wissenschaftliches Interesse hat sich auf die großen Haupt- und
Staatsereignisse gerichtet, wie wenig auf das »bohrende Problem«, wie der
einfache Mensch den Tag übersteht (Cohen/Taylor 1977, 13). »Sich im
Alltagsleben behaupten«, ist einer der Sprüche, die unserer Alltagssprache
geläufig sind. Vielen Menschen werden die Tag für Tag auftauchenden
Probleme, Zwänge, Erfahrungen, Enttäuschungen, Versprechungen wichtiger erscheinen als das, was im gesamtgesellschaftlichen Maßstab vor sich
geht. Sie werden Einflüsse gesamtgesellschaftlicher Strukturen und Ent
wicklungen eher als *Einbrüche* in ihr alltägliches Leben erfahren, das
ansonsten seinen eigenen und eigentümlichen Regeln folgt.

»Einschneidende« Anlässe oder Maßnahmen, direkte »Einschnitte«
oder »Eingriffe« in die alltäglichen Abläufe, politische Krisen beispielsweise, Konjunkturen, Konflikte zwischen breiten Bevölkerungsgruppen, internationale Spannungen etc. können ihnen durchaus klarmachen, daß sie
nicht im luftleeren Raum leben. Sie erfahren auch die Auswirkungen von
gesamtgesellschaftlichen Vorgängen, die von vornherein so angelegt sind,
daß sie kaum ein einzelnes Subjekt unberührt lassen. Man wird z. B.
aufmerksam, so heißt es in der Alltagssprache, wenn es an den Geldbeutel
geht: »Man kann als allgemein gültigen Grundsatz feststellen, daß jeder
Mensch in dem Maße von Schwankungen des Geldwertes in Mitleiden-
schaft gezogen wird oder davon profitiert, wie sein Besitz aus Geld besteht
oder wie die Verbindlichkeiten in Geld über die Forderung hinausgehen,
die er anderen gegenüber haben mag.« (Ricardo 1951, 136)

Aber ihr Alltagsleben wird ihnen im allgemeinen als naturwüchsiger
oder natürlicher Ablauf vorkommen, in dem sich das Wichtige unterhalb
der Ebene der allgemeinen und öffentlichen Belange abspielt. Umgekehrt,

so sagt Marx über die bürgerlichen Verhältnisse, wird auch der Staat mit einer Trennung von öffentlichem und alltäglichem, privaten Leben operieren:

»Sofern der Staat *soziale* Mißstände zugesteht, sucht er sie entweder in *Naturgesetzen,* denen keine menschliche Macht gebietet, oder in dem *Privatleben,* das von ihm unabhängig ist, oder in der *Zweckwidrigkeit der Administration,* die von ihm abhängt.« (MEW, Bd. 1, 401)

Die Trennung von privat-alltäglichem und staatlich-öffentlichem Bereich ist eine klassische Figur bürgerlichen Denkens. Charakteristisch sind für die bürgerliche Lebenswelt auch bestimmte Brüche im Alltagsleben selbst: In der Phase II (s. o. S. 144) teilt sich das Leben nach allgemeinen Verständnis in die Welt des Werktags mit seinen Berufspflichten (für den Großbürger die Welt des Geschäfts) einerseits, in die des *Privatlebens,* der Familienintimität und sozialen Kontakte andererseits. In diesen beiden Sektoren des Alltagslebens ist das Mitglied des Mittelstandes und der bürgerlichen Oberschicht »bourgeois«. Dem Alltag stehen die Belange von allgemeinem Interesse gegenüber. Als treuer Staatsbürger, »citoyen«, kümmert man sich im Rahmen zugestandener politischer Beteiligungschancen um die Geschicke des Ganzen oder erlebt seine Auswirkungen als schicksalhaften Einbruch in die abgeschottete Privatsphäre. Heutzutage (Phase IV) ist der Werktag zum Zweck des Gelderwerbs verbrachte Zeit, ein Bereich routinisierter und standardisierter Verrichtungen der, zunehmend weniger mit Selbstverwirklichung und pflichtgerechtem Tun in Verbindung gebracht wird. Das Privatleben bedeutet demgegenüber Freizeit mit ihrem System von Freizeitangeboten, die zu konsumieren sind.

Marx hingegen ist der Auffassung, menschliche Verhältnisse lägen erst dann vor, wenn die ihnen im Kapitalismus immer mehr entzogenen Gattungsfunktionen[1] (allgemeine Produktivität) und die Prozesse, in denen die Individuen die Einheit ihres Lebenszusammenhangs durch Selbsttätigkeit und im »Entwurf« erzeugen (s. o. S. 109), den einzelnen wieder zugängig gemacht werden.

»Erst wenn der wirkliche individuelle Mensch den abstrakten Staatsbürger in sich zurücknimmt und als individueller Mensch in seinem empirischen Leben, in seiner individuellen Arbeit, in seinen individuellen Verhältnissen, *Gattungswesen* geworden ist, erst wenn der Mensch seine »forces propres« als *gesellschaftliche* Kräfte erkannt und organisiert hat und daher die gesellschaftliche Kraft nicht mehr in der Gestalt der *politischen* Kraft von sich trennt, erst dann ist die menschliche Emanzipation vollbracht.« (MEW, Bd. 1, 370)

---

[1] Den Prozeß der »Entsubjektivierung des Subjekts« kann man auch unter diesem Gesichtspunkt sehen.

Das soziale System, die gesellschaftliche Totalität[2], organisiert sich über Prozesse, Mechanismen, die dem gesellschaftlichen Ganzen als Ganzem eigentümlich sind, sich also nicht auf den Willen, das Denken, die Pläne und Handlungen der Individuen zurückführen lassen.[3] Das ist das Zutreffende an der Unterscheidung von allgemeingesellschaftlichem Prozeß und alltäglicher Lebenswelt. Ein individualistisch verzerrtes Bild entsteht erst, wenn man daraus z. B. den Schluß zieht, der Alltag sei der Bereich der privaten und intimen Abläufe, die durch die Strukturgesetze des Ganzen gleichsam nur von außen berührt werden. Es wird sich zeigen, daß auch Cohen/Taylor bei aller Kapitalismuskritik jener von Marx kritisierten Position nicht völlig fernstehen.

An dieser Stelle soll zunächst nur eine These ihres Buches »über das Alltagsleben, über die Ungewißheit dieses Lebens und über die Zerbrechlichkeit der Identitäten, die wir uns darin aufbauen« (1977, 13) verstärkt werden: Es dürfte schwer zu bestreiten sein, daß sich das Selbstsein des einzelnen kaum ohne unmittelbare, Tag für Tag stattfindende Kontakte mit anderen Personen entwickeln kann. Weniger in direkter Vermittlung mit Prinzipien des gesellschaftlichen Ganzen, eher im Verhältnis zu den besonderen Vorgängen im Alltagsleben wird das einzelne Selbst begrenzt oder bestärkt. In diesem Punkt sind sich jedenfalls Autoren der verschiedensten politischen Auffassungen einig.[4] Ob und wie sich gesamtgesellschaftliche Vorgänge dennoch über das Alltagsleben in die Möglichkeiten des Selbstseins *vermitteln* (P 5) – auch wenn Unterschiede beider Ebenen zu beachten sind –, was gar unter »Alltagsleben« zu verstehen sei, in diesem Punkten gehen die Wege schnell wieder auseinander.

Für Cohen/Taylor ist die Alltagswelt die des direkten Umgangs bestimmter Personen mit Dingen und ihrer unmittelbaren Beziehungen zu anderen (angebbaren) Personen. Der Alltag besteht somit in einer Abfolge von Situationen[5], in denen andere Menschen und Dinge anwesend sind, die man wahrnehmen, mit denen man umgehen kann. Der Alltag bietet eine

---

[2] Wir können hier nur andeuten, daß die Differenz zwischen »System« und »Totalität« als die zwischen kybernetischer Systemtheorie und materialistischer Theorie gesamtgesellschaftlicher Reproduktion angesehen werden kann.

[3] Diese von uns akzeptierte These ist strittig (siehe dazu Meran 1979).

[4] Marxistische »Alltagstheorien« findet man z. B. bei Lefèbvre (1977) oder Heller (1978). Vom Alltagsleben her wird soziologische Theorie bei A. Schütz und neuerdings von den Ethnomethodologen begründet.

[5] »Eine *soziale Situation* kann (in erster Linie) als eine Umgebung definiert werden, in der es Möglichkeiten gegenseitiger Kontrolle gibt. Sie dauert so lange, wie zwei oder mehrere Individuen zusammen sind, und sie dehnt sich über das gesamte Gebiet aus, in dem diese Kontrolle möglich ist.« (Goffman 1975, 184)

vertraute Welt, vertraut vor allem in dem Sinne, daß er von Routinehandlungen und Routineerwartungen getragen wird.

»Auch Leute, die behaupten, daß ihr Leben eine Folge origineller, aufregender Abenteuer sei, werden zugeben, daß es in ihrem Leben ein gewisses Maß an Regelhaftigkeit gibt. Beim An- oder Ausziehen, beim Zähneputzen, beim Geschirrspülen lassen sie sich von der Gewohnheit leiten. Wir alle verrichten solche genormten Tätigkeiten, ohne viel zu überlegen und befürchten kaum, daß unsere gedankenlose Hingabe an sie unsere persönliche Freiheit, unsere Chance, Identität zum Ausdruck zu bringen, beeinträchtige.« (Cohen/Taylor 1977, 78)

Ohne Routine*erwartungen*[6] können wir uns nicht auf andere Personen in der Abfolge von Alltagssituationen beziehen. Wir erwarten in vergleichbaren Situationen, daß der andere etwas ganz Bestimmtes tut, anderenfalls erleben wir eine »böse Überraschung«. »Es besteht eine freiwillige Koordination der Handlungen, bei der jede der beiden Parteien eine Vorstellung davon hat, wie die Dinge zwischen ihnen gehandhabt werden sollten; bei der die Vorstellungen beider Seiten übereinstimmen; bei der jeder Partner glaubt, daß diese Übereinkunft existiere, und jeder der Überzeugung ist, daß auch der andere in Kenntnis dieser Übereinkunft handle«. (Goffman 1974, 41)

Ohne Routine*handlungen* könnten wir den Tag kaum überstehen. Routine entlastet. »Je besser es uns gelingt, unwichtige Teile unseres Lebens als unreflektierte Handlungsabläufe zu begreifen, desto besser können wir uns darauf konzentrieren, uns in den übrigen Bereichen zu verwirklichen.« (Cohen/Taylor, 31)

Die vertraute Welt des Alltagslebens hat die Qualität einer »beherrschenden Realität« (ebd., 22). Wie wir uns auch drehen und wenden, wir können nicht alle Routinen nach Belieben aufgeben. Routinen können unbewußt eingeschliffen sein oder vorbewußt bleiben.

Aber ein großer Teil unseres *Wissens,* dessen wir uns Tag für Tag bedienen, besteht aus einem Horizont halbwegs verläßlicher Erwartungen über das mögliche Handeln anderer Personen.

Ich weiß, was P in der Situation x oder unter den Bedingungen q, r, s, wahrscheinlich tun wird. Zum Alltagswissen gehören auch die Erwartungen hinsichtlich der Erwartungen anderer. Ich weiß (»erwarte« im Sinne der Vorwegnahme), was der andere von mir erwarten könnte, und stelle

---

[6] »Die Routine sozialen Verkehrs in bestehenden Einrichtungen erlaubt es uns, mit antizipierten Anderen ohne besondere Aufmerksamkeit oder Gedanken umzugehen. Wenn ein Fremder uns vor Augen tritt, dürfte uns der erste Anblick befähigen, seine Kategorie und seine Eingeschaften, seine ›soziale Identität‹ zu antizipieren . . .« (Goffman 1967, 10)

mich darauf ein. Wichtig für das alltägliche Handeln ist auch unser Rezeptwissen für den Umgang mit Dingen und Vorrichtungen. Ich kenne zwar nicht die elektrotechnischen Gesetze seines Funktionierens, ich weiß jedoch, wie ich den Rasierapparat bedienen muß. Die Gesamtheit dieser Kenntnisse, so sagen Cohen/Taylor, sind eine entscheidende Voraussetzung dafür, mit den Anforderungen eines jeden neuen Tages, des Alltags, fertig zu werden.

»Die Menschen haben eine Auffassung von dem, was vor sich geht; auf diese stimmen sie ihre Handlungen ab, und gewöhnlich finden sie sie durch den Gang der Dinge bestätigt. Diese Organisationsprämissen – die im Bewußtsein und im Handeln vorhanden sind – nenne ich den Rahmen des Handelns.« (Goffman 1977, 274)

Das Alltagswissen zeichnet uns einen vergleichsweise stabilen Kurs für unser Tun vor. Es hat nicht die Genauigkeit und die Treffsicherheit, die wissenschaftlichem Wissen zugeschrieben wird. Aber es ist pragmatisch bewährtes Wissen; es reicht sehr oft auch aus, um die alltäglichen Probleme zu bewältigen. Von daher ist der Alltag im allgemeinen eine Welt des stark herabgesetzten Zweifels, des Gefühls, daß »das Leben weitergeht, daß die Dinge sich erwartungsgemäß entwickeln« (Cohen/Taylor, 21).

Man verläßt sich auf das Gewohnte, die Routine, Typisierungen und erweitert oder verändert sein Alltagswissen am ehesten dann, wenn es einem bei alltagspraktischen Fragen nicht mehr recht weiterhilft.

Aber nicht nur mit Hilfe unseres Alltagswissens bewältigen wir die Verschiedenartigkeit wechselnder Situationen, mit denen wir fertigwerden müssen. Wir haben *Pläne* und Projekte, die nicht zuletzt unsere Zeiteinteilung bestimmen. Ihnen zufolge unternehmen oder unterlassen wir etwas in den verschiedenen Situationen. »Wir halten uns an der Gegenwart und an der unmittelbaren Zukunft fest, und unser Denken bewegt sich in den beschränkten Fristen, die mit spezifischen Projekten verbunden sind.« (Ebd., 20) Die »Laufbahnzeitpläne« bilden einen Hintergrund, »vor dem wir unser Alltagsleben verstehen, vor dem seine Routinen und Konventionen uns sinnvoll erscheinen« (ebd., 22).

Die Alltagswelt ist auch der Bereich, in dem wir uns mit Selbstverständlichkeit bestimmter Annahmen bedienen, die mehr als pragmatisches Handlungs- oder Rezeptwissen darstellen, ohne die wir vielleicht nie in einen Kontakt mit anderen kommen könnten.[7] Eine solche Grundannahme ist beispielsweise die der »Vertauschbarkeit der Perspektiven«. Jeder von uns macht die Annahme, ein anderer, der an die eigene Stelle träte, müßte zur gleichen Ansicht kommen, wenn wirklich etwas da ist, was gesehen

---

[7] Grundannahmen dieser Art werden von Ethnomethodologen im Anschluß an Alfred Schütz untersucht.

werden kann. Ohne diese stillschweigende Voraussetzung ließe sich schwerlich kommunizieren.

Eingeschliffene Verhaltensmuster, Inhalte unserers pragmatischen Alltagswissens, Lebenspläne (Projekte), Grundannahmen, mit deren Hilfe wir Beziehungen zu anderen Personen überhaupt nur aufrechterhalten können, begründen unsere Fähigkeit, die ständig wechselnden Scenen im Alltagsleben zusammenzuhalten. Cohen/Taylor nennen noch andere Faktoren, die uns bestimmte Situationen und Episoden »zumindest zeitweilig phänomenal gleich erscheinen« lassen. Die Rollen und Routinen der sozialen Welt ordnen sich vor allem durch Scripts zu kohärenten Einheiten. Scripts sind Drehbücher für Alltagsdramen, in denen die verschiedenen Rollen, die wir spielen, szenisch verkoppelt sind:

»Die Scripts verleihen unseren Routinen und Rollen Sinn und Bedeutung, sie schreiben uns vor, wie wir in jedem Augenblick handeln und fühlen sollen, Sie teilen uns Einzelheiten über andere mit, denen wir in der jeweiligen Situation begegnen, und legen jeweils den nächsten Schritt der Spielhandlung, die nächste Wendung des Dramas, fest. Das Script definiert die Situation, benennt die Akteure und ordnet ihr Handeln zu einem Plot.« (Ebd., 52)

Plots (inszenierte Handlungsabfolgen) lassen sich an den banalsten Verhaltensmustern der Alltagswelt demonstrieren:

»Das Script einer Familienmahlzeit müßte viel mehr enthalten als eine Aufzählung der anwesenden Personen, der verzehrten Gerichte, der gesprochenen Sätze. Es müßte eine Vorstellung davon vermitteln, was eine Familienmahlzeit ist – eine Vorstellung, die von allen Anwesenden geteilt, wenn schon nicht artikuliert wird, eine Vorstellung, die es gestattet, die gespielten Rollen, die ausgedrückten Gefühle und das Arrangement zugleich zu verstehen. Falls das Script einigermaßen erfolgreich eingehalten wird, wird die Episode als ›richtig‹ empfunden. Sie wird als richtig empfunden, weil wir sie immer in dieser Form erlebt haben: Sie ist das Beispiel einer Wiederholung, die keines Kommentars bedarf, denn Neuheit haben wir weder dabei erwartet, noch gewünscht. Ja, jedes neue oder unerwartete Element im Script löst Ängste aus.« (Ebd., 53 f.)

Im Hinblick auf Scripts erkennen wir alltägliche Scenen als einander gleich oder ähnlich. Scripts vermitteln uns Vertrautheit angesichts vergleichbarer Situationen. Unser Gefühl, wir hätten etwas schon einmal erlebt, hat seine Wurzeln im Wiedererkennen eines Scripts und die »Häufigkeit, mit der solches Wiedererkennen des Scripts geschieht, beweist nicht, daß ein innerpsychischer Zwang zur Wiederholung bestünde, sondern daß die Anzahl der Scripts, die unsere Gesellschaft bietet, beschränkt ist« (ebd., 54). Die Mannigfaltigkeit der Scripts, so argumentieren Cohen/ Taylor, wird ohnehin noch weiter dadurch reduziert, daß viele von ihnen trotz all der Verschiedenheit im Detail eine thematische Einheit aufweisen. Sie stellen oft besondere Fälle allgemeiner *Oberscripts* (vgl. Goffman 1977,

38ff.) dar, nach denen alle anderen beruflichen, Freizeit-, Romanzen- und häuslichen Scripts sich richten müssen. Die Oberscripts, so könnte man (etwas von Cohen/Taylor abweichend) sagen, sind die allgemeinsten und handlungsleitenden Regieanweisungen zur Organisation unseres Tagesablaufes, die wir im kulturellen Überbau einer Gesellschaft verankert vorfinden. Von daher erwähnen Cohen/ Taylor eine gewisse Differenz zwischen Scripts und Routinerwartungen. Scripts beherrschen »Schlüsselbereiche unseres Lebens« (wie Arbeit, Freizeit, Familie), während wir Routinehandlungen und Routineerwartungen »leichter als unvermeidliches Treibgut unserer Alltagsexistenz einordnen können«. (Cohen/Taylor 62) Der gewohnte Weg zur Arbeit hat eine beiläufigere Bedeutung als die Arbeitsverrichtungen, an die wir gewöhnt wurden.

Gerade durch die Untersuchung von Scripts und Oberscripts erfahren wir auch bei Cohen/Taylor die *innere Vergesellschaftung* des Alltagslebens. Offensichtlich binden uns die Routinen und Scriptorientierungen, die wir übernehmen, an grundlegende Verhaltensmuster unserer Kultur, damit aber an Organisationsmuster unseres Tagesablaufes, die für das (wie immer widersprüchliche) Funktionieren *des Ganzen* wesentlich sind. Sie binden uns nicht zuletzt auch an die alltäglichen Lebensformen der Klasse, die selbst wieder ein strukturelles Merkmal für die besondere Weise der konfliktreichen Reproduktion der bestehenden Verhältnisse darstellen. »Der Mensch wird in seinen Alltag hineingeboren. In jeder Gesellschaft bedeutet das Heranwachsen des Menschen, daß er sich all die Fertigkeiten aneignet, die für das Leben des Alltags der gegebenen Gesellschaft (Schicht) unerläßlich sind.« (Heller 1970, 21) Der Alltag ist der Bereich, in dem sich die einzelnen das »vergangene Dasein« tätig, u. U. verändernd aneignen (Marcuse). Man wird die bei Cohen/Taylor stillschweigend vorausgesetzte These anerkennen dürfen, daß das Alltagsleben der Bereich ist, in dem jeder einzelne auf bestimmte, konkrete Art und Weise sein Selbst erhalten, erweitern könnte oder dessen konkreter Beschränkung ausgesetzt ist.

Aber es ist zugleich die Welt der *konkreten Konstitution der Sozialcharaktere*, der historisch bestimmten Entstehung und Auswirkung *sozialer* Identität; die empirische Ebene der Vermittlung des einzelnen Handelns mit den Anforderungen, die von der Totalität ausgehen (P 5). Methodologisch gesehen: Eine Ethnonologie des Alltagslebens kann durchaus eine konkrete Anreicherung der abstrakten charakterologischen Idealtypen leisten. Der Alltag ist jedoch alles andere als eine Ebene »unterhalb« der Einflüsse des Ganzen.

Identitätsarbeit und Charakterwettkampf

»Wie den Tag überstehen?« Mit diesem Problem, das von ihnen als eines des alltäglichen Handelns angesehen wird, beschäftigen sich Cohen/Taylor in ihrem Buch. Wie können wir Tag für Tag unsere zerbrechliche, persönliche Identität (unser Selbst) im Verhältnis zur sozialen Identität (Charaktermaske) zu Routinen und Scripts bewahren? Das ist für Cohen/Taylor die Kernfrage der *Identitätsarbeit*. »Unser Thema ist das Selbst, das trotz der strukturierten Ordnung besteht.« (Ebd., 26) Nicht so sehr allgemeine Erwägungen, die im vorhergehenden Abschnitt dieses Kapitels rekonstruiert wurden, die bestimmten Formen von Identitätsarbeit in der »modernen westlichen Gesellschaft« bilden den thematischen Schwerpunkt in ihrem Buch. Über weite Strecken des Textes entsteht der Eindruck, als ginge es um die reine Beschreibung oder Feststellung der spätkapitalistischen Identitätsarbeit als Bemühung um Stabilisierung der Pseudoindividualität des Außengeleiteten. Dagegen wäre wenig einzuwenden. Aber zugleich ist bei Cohen/Taylor – anders als bei Adorno – an vielen Stellen nicht einmal ein stillschweigender Rückgriff auf Bestimmungen von Reflexivität als Prinzip der Kritik zu erkennen. In diesem Zusammenhang, so meine ich, ist jedoch der Verdacht nicht völlig aus der Luft gegriffen, die beiden Autoren *beschrieben* nicht nur die Identitätsarbeit des Außengegeleiteten, sondern ihr Modell von Identitätsarbeit *setze* in seiner begrifflichen Grundausstattung Merkmale *voraus*, die dem außengeleiteten Verhalten eigentümlich sind. Anders gesagt: Es scheint einer Überlegung wert, ob Cohen/Taylor keineswegs nur den Außengeleiteten »tatsachengetreu« untersuchen, sondern ob sie nicht gleichzeitig mit begrifflich-inhaltlichen Voraussetzungen eines Modells arbeiten, das sich in Grenzen von Merkmalen der Außenleitung hält. Letztlich könnte dann Identitätsarbeit als Pflege von Pseudoindividualität mit Identitätsarbeit überhaupt gleichgesetzt werden – so wie früher einmal Theorien vom Standpunkt des klassischen Individualismus her entworfen wurden. Für den Augenblick lasse ich die Frage offen, ob es brauchbare Anhaltspunkte für den Verdacht gibt, und beschränke mich darauf, Umrisse des Bildes nachzuzeichnen, das Cohen/Taylor von der Identitätsarbeit des »modernen Menschen« entwerfen.

»Die meisten von uns leben einfach drauf los und fühlen sich relativ sicher in dem Wissen, daß wir stets derselbe Mensch mit denselben Interessen und Ideen, demselben Verstand und Selbstbewußtsein sind.« (Ebd., 17) Selten kommt uns der Ablauf der Zeit, der durch unsere Routinen und Scripts festgelegt ist, einmal zu Bewußtsein. »Dann und wann denken wir darüber nach – aber meist lassen wir die Zeit ›einfach vergehen‹.« (Ebd., 20) Die meisten Menschen haben sich in der Wirklichkeit des Alltags eingerichtet. »Die Welt fühlt sich meist so an, als gehöre sie uns. In ihr leben wir mit Hilfe fest etablierter Konstruktionen, die es uns ermöglichen, sie als stabil, als geordnet, ja als ›normal‹ anzusehen.« (Ebd., 22). Die Gesamtheit dieser Konstruktionen bildet eben die »beherrschende Realität« des Alltags. In dieser Realität sich einzurichten, der Charaktermaske entsprechend, sein Tagewerk zu verrichten; aber auch den einen oder anderen Ausbruchsversuch aus der beherrschenden Realität der Routinen und Scripts zu unternehmen, das kann man die alltägliche »Realitätsarbeit« nennen. Aber es gibt auch das Problem, der »Spannung zwischen dem Selbst und der Realität« – und, so muß man ergänzen, zwischen dem Bestimmtwerden durch alltägliche Anforderungen und dem Versuch zur Selbstbestimmung. »Das Leben in der modernen Gesellschaft zwingt uns ›Realitätsarbeit‹ *und* ›Identitätsarbeit‹ ab.« (Ebd., 23). Auch in der Realität der modernen Gesellschaft haben sich sehr viele Leute eingerichtet. Ihre Realitätsarbeit läuft als Vollzug von Routinen und scriptgerechtes Handeln »auf den Schienen der Konsumgesellschaft« ab. Ihr Lebensstil ist der der »*unreflektierten Anpassung*«, wenn wir darunter die »mehr oder minder automatische, gedankenlose Hinnahme dieser Aspekte der Alltagswelt« verstehen.

»Falls uns bei den genannten Beispielen häuslicher Hygiene eine gewisse Regelhaftigkeit bewußt wird, nehmen wir sie mit dieser Anpassungshaltung hin. Wir bejahen die Regelhaftigkeit ohne weiteres Nachdenken und meinen keineswegs, daß gegenüber diesem Teil der Alltagsrealität eine aktivere, kritischere Haltung angebracht sei. Es verlangt uns keinerlei geistige Leistung ab, das Händewaschen als Routine aufzufassen. Einfache Anpassung scheint dieser Aufgabe angemessen. Leute, die meinen, daß solche Gewohnheiten geistige Aufmerksamkeit verlangen, gelten als verrückt . . .« (Ebd., 29)

Aber, so argumentieren Cohen/Taylor, daß die Rollen, Routinen, Scripten, diese »Gegebenheiten existieren, macht das Leben« heute »nicht eben leichter«. Der Mensch ist mit seinen Alltagsabläufen unzufrieden. »Immer wieder einmal ist er gelangweilt, frustriert oder neurotisch.« (ebd., 24). Jene diffuse Angst, die Riesman als Merkmal des außengeleiteten Charakters hervorhob, ist auch für Cohen/Taylor ein Kennzeichen des modernen Lebensgefühls. Ihre Ursache liegt »in jener besonderen Spannung, die heute zwischen unserem Gefühl von der beherrschenden Realität und unserer Auffassung von Identität besteht.« (ebd., 24f.). Denn ein Gefühl der Entfremdung (s. o. S. 111ff.), das Bewußtsein, daß uns die Realität nicht zu eigen ist, prägt die moderne Auffassung von Wirklichkeit.

Cohen/Taylor sehen sogar Reflexivität in der Form der Fähigkeit, einen Unterschied zwischen der beherrschenden Realität (und damit auch der eigenen sozialen Identität) und »unserem Identitätsgefühl« machen zu können, als »eine wesentliche Quelle des Unglücks« an. Denn damit läge ein Eingeständnis vor, »daß die Welt nicht unser eigen ist.« Das mag an Marx' These erinnern, der Mensch habe sich seine entfremdeten Gattungsfunktionen wieder anzueignen, und auf die Notwendigkeit des Bewußtseins verweisen, der einzelne sei mehr als Funktionär der Verhältnisse, in denen er lebt. Aber dieses *Mehr* wird bei Cohen/Taylor selbst noch als Fassaden-Ich beschrieben.

»Wir entwickeln auch ein Gefühl von uns selbst als Person, deren Leben sich manchmal ganz wesenlich vom Leben derer unterscheidet, die ähnliche Lebenspläne verfolgen wie wir. So betrachten wir die Gesellschaft und sehen nichts als Uniformität . . . Doch diese oberflächliche Uniformität bildet lediglich den Hintergrund, vor dem Identität sich entfaltet, vor dem wir unsere Unterschiede zu anderen sichtbar machen.« (Ebd., 23)

Das beschreibt die Strategie des Außengeleiteten, die kleinen Unterschiede auf dem Markt der guten Eindrücke herauszustellen (s. o. S. 149 ff.). Identitätsarbeit ist also 1. Einsatz aller Mittel, »um Unterschiede auszudrücken«, die besondere Verpackung des Fassadenputzers.

Da sind ein Lebensplan, Laufbahn – Zeitpläne, Rollen, Status, Verantwortungen und sogar bevorzugte Identitäten – doch all dies sind wir nicht wirklich. Je dichter die beherrschende Realität, desto mehr Elemente, von denen wir uns distanzieren müssen; je höher unsere Identitätshilfen entwickelt sind – durch Literatur, Massenkultur und Therapien, deren Scheidemünzen selbstbewußtsein, Reflexivität und Relativität sind –, desto erfinderischer muß unsere Identitätsarbeit sein.« (Ebd., 25)

Damit wird die in Horkheimers und Adornos *Dialektik der Aufklärung* (Kapitel: »Kulturindustrie«) kritisierte Strategie beschrieben, nicht nur einen Unterschied zu anderen Subjekten herauszustellen, sondern »Persönlichkeit« als unverwechselbare Eigenheit nach außen darzustellen. Identitätsarbeit ist 2. Präsentation der *unverwechselbaren Fassade* in Rahmen alltäglicher Inszenierungen. Sie wird dem Schein nach gegen die bestehenden Verhältnisse geleistet, läuft bei genauerem Hinsehen doch auch nach Schablonen (Scripts) ab, die von der allgemeinen Kultur angeboten werden (vgl. Adornos »Glosse über Persönlichkeit«).

Bei Goffman spitzt sich diese Form der Identitätsarbeit unter bestimmten Voraussetzungen zum »Charakterwettkampf« zu: Charakter wird von ihm als die »Fähigkeit (oder ihr Fehlen)« beschrieben, »angesichts plötzlichen Drucks korrekt und standhaft zu bleiben.« (1975, 236), also weitgehend mit dem gleichgesetzt, was wir »Charakterfestigkeit« nennen.

»Die offensichtliche Unfähigkeit, sich unter dem Druck der Schicksalhaftigkeit effektiv und korrekt zu verhalten, ist ein Zeichen von *schwachem Charakter* . . . Die offensichtliche Fähigkeit, vollkommen beherrscht zu bleiben, wenn die Würfel gefallen sind – sei es in bezug auf moralische Anfechtung, sei es hinsichtlich der Leistung –, ist ein Zeichen von starkem Charakter.« (Ebd., 236 f.)

In Situationen, die entschlossenes Handeln (action) verlangen, beweist sich die Stärke oder Schwäche des Charakters. »Charakterwettkämpfe« nennt Goffman die Alltagsszenen, in denen die »Standhaftigkeit-trotz-allem« und der Versuch, den festen Charakter auszuweisen, auf die gleiche Bemühung bei anderen stößt. In diesen Situationen wetteifern dann alle Beteiligten um den äußeren Nachweis ihrer Charakterfestigkeit.

»Jeder wird zumindest anfänglich damit beschäftigt sein, den Beweis eines starken Charakters zu erbringen, und die Bedingungen werden dies nur auf Kosten des Charakters der anderen Beteiligten gestatten. Gerade der Spielraum, den jemand braucht, um seinen Charakter auszudrücken, kann des anderen Charakterausdruck sein.« (Ebd., 260)

Nicht nur erscheint »Charakter« auf diese Weise so wie das Markenzeichen einer besonderen[8] Ware; ziemlich genau im Sinne des außengeleiteten Konkurrenzverhaltens (s. o. S. 151) geht es darum, Pluspunkte auf dem Markt der guten Eindrücke, hier: des äußeren Nachweises eines festen Charakters gegenüber anderen zu sammeln. Denn das »Individuum in einer sozialen Situation« ist nach Goffman immer »dem Urteil anderer Anwesender ausgesetzt . . . auch hinsichtlich seiner . . . Charaktereigenschaften« (ebd., 254).

Identitätsarbeit offenbart nach Cohen/Taylor durchaus ein Stück Bewegung gegen unreflektierte Anpassung[9], damit auch gegen das routinierte und scriptgerechte Handeln. Ohnehin kommen dem Menschen der modernen Welt die Routinen und Alltagsszenen als öde und langweilig vor; »denn je strenger kalkulierbar der Lebensplan uns erscheint, desto weniger können wir uns als Individuen mit einmaliger Identität fühlen.« (Cohen/Taylor, 30) Wiederum geht hier die allgemeine Frage, wie ein Subjekt in der historischen Mannigfaltigkeit und Verschiedenheit seiner Taten und Erlebnisse eine besondere Einheit (Identität) ausbilden und bewahren kann (P 1), wie selbstverständlich in die über, wie es eine Fassade unverwechselbarer Eigenheiten gegenüber anderen aufrechterhält oder durchsetzt. Mit diesem Gedanken verbunden ist der andere, der öffentliche Beweis der Eigenheit hinge zentral von Ausbruchsversuchen aus Routinen und Scripts ab, die

---

[8] Im gleichen Zusammenhang sagt denn Goffman, der Charakter bezöge sich auch »auf das Wesentliche und Unverwechselbare eines Menschen« (1975, 258).

[9] Bei Goffman ließe sich Entsprechendes an seinem Begriff der »Rollendistanz« zeigen. Siehe auch »Das Ausbrechen aus dem Rahmen« (1977, 376 ff.). Vgl.: »Ein Individuum kann seine Freiheit und seine Distanz zum Ausdruck zu bringen versuchen, indem es eine ablehnende Haltung gegenüber diesen das Verhalten betreffenden Erwartungen demonstriert oder auf den Preis aufmerksam macht, den andere dafür bezahlen . . .« (1974, 253)

uns wie ein Gefängnis[10], ein Gehäuse der Hörigkeit umstellen. Die Routine erweitert sich für Cohen/Taylor zum existentiellen Problem des Menschen. Ist der Punkt einmal erreicht, so argumentieren sie, an dem wir Scripts und Rollen nicht einmal mehr als Entlastung, Bedingung von Freiheit begreifen können, dann »erscheint die Gewohnheit uns nicht mehr als bloßes Merkmal des Alltagslebens, sondern der Existenz an sich« (ebd., 32).

»Wir sind es, die die Routine in die Welt setzen; unser Charakter hat sich verfestigt wie Gips, und wir können nicht mehr anders handeln. Wenn diese Einsicht uns überfällt, dann kann uns nicht einmal mehr die tatsächliche Vielfalt unserer Aktivitäten, die Vielseitigkeit unseres Charakters, der Reichtum der Rollen, in denen wir stehen, trösten.« (Ebd., 33 f.)

Diesen existentialistischen Alltagswelt- oder Allerweltsschmerz mögen sich vielleicht nur gelangweilte Intellektuelle wirklich leisten können, wie dem auch sei: Identitätsarbeit ist bei Cohen/Taylor 3. *Ausbruchsversuch* aus der Welt der Routinen und Scripts, die sich existentiell zum Gehäuse der Hörigkeit schließen kann.

Die Identität, die bei Ausbruchsversuchen herausschauen oder sie tragen soll, ist jedoch bei Cohen/Taylor kein mit der Fichteschen »Tathandlung« vergleichbares Prinzip. Sie meint nicht die aktive Gestaltung des eigenen Sozialcharakters und damit der sozialen Beziehungen, denen er entstammt und in denen er funktioniert. Ich-Identität ist hier viel eher Distanzierung als *Sich-Absetzen* in einen Bereich der »eigentlichen«, unverwechselbaren und anderen so ausgewiesenen Besonderheit. Das ist aber genau eine Form jener scheinhaften, gesellschaftlich unvermittelten Selbständigkeit, die Adorno in aller Schärfe als bürgerliche Ideologie anprangert, die Individuen durch den schönen Schein des unverwechselbaren Eigenseins hindurch nur noch strenger den Systemzwängen unterwirft. Wie gesagt: Es ist weiterhin offen, ob Cohen/Taylor hiermit nur die Verhältnisse beschreiben, oder ob auch ihr eigener Begriff der »Identität« nicht über diese Vorstellung hinauskommt. Sie selbst zeigen jedenfalls recht eingängig, wie moderne Ausbruchsversuche auf die »Schienen der Konsumgesellschaft« zurückgeleitet werden:

Eine Form des Ausbruchs aus dem Gewohnten stellt die denkende Abstandnahme von den gewohnten Alltagsabläufen dar: »Wenn wir die Determiniertheit des Lebens einsehen und die Allgegenwart von Routine und Rolle entdecken können, dann gibt uns dies ein Gefühl des Abstandes

---

[10] Der Anlaß zu Cohen/Taylors Buch sind Erfahrungen, die sie bei empirischen Untersuchungen in Gefängnissen als geschlossenen Anstalten (Goffmans »Totalen Institutionen«) gemacht haben.

zu den Aktivitäten des Lebens, das die anderen, die sich unreflektiert den Regelhaftigkeiten überlassen, nicht genießen.« (Ebd., 34). Gewiß: Selbstbewußtsein des eigenen Bestimmtwerdens bietet eine Chance zum Widerstand, sie mindert den Druck der Konvention durch ihre Entmystifizierung. Sie kann sogar bis zur »Metareflexivität« gesteigert werden. Damit meinen Cohen/Taylor den Versuch, unsere distanzierende Identitätsarbeit selbst der Identitätsarbeit zu unterziehen:

»Lebensbereiche, in denen solche Metareflexivität an den Tag gelegt wird, sind oft genau diejenigen, in denen einfachere Prozesse der Rollendistanzierung so oft durchgespielt wurden, daß sie schließlich zur Routine erstarrten«. (Ebd., 40)

Wir betrachten dann auf einer höheren Stufe die Versuche der Abstandnahme, die wir unternommen haben, selbst noch mit Distanz. Aber alle Ausbruchsversuche, die bewußten *und* die metabewußten, sind ein äußerst brüchiges Unterfangen. Im Spätkapitalismus, so stellen Cohen/Taylor die Diagnose, sind Ausbruchsversuche, wenn sie nicht schon von vornherein gesellschaftlich vorgefertigt sind, oft ein Mittel, uns wieder in die Verhältnisse einzubinden. Der Hippie zeigt seine Abstandnahme vom öden bürgerlichen Leben durch eine besondere Kleidung, gleich darauf kann man sie in der Boutique um die Ecke als neueste Mode kaufen. Angestrengte Versuche zur »Selbstfindung« mögen einem zunehmend wie ein Einkaufsbummel auf dem Identitätsmarkt vorkommen, den Therapeuten, Yogi, Lebensberater mit ihren vielversprechenden Angeboten bestücken. Noch die Ausbruchsversuche übernehmen die Funktion, die »Realität zu erhalten«. Indem wir unsere Rollen amüsiert und distanziert bedenken, fällt es uns leichter, sie zu erfüllen. Der Ausbruchsversuch mündet in den Einfangmechanismus ein.

Das gilt selbst noch für »Meta-Meta-Bewußtheit«, wenn wir also nochmals auf *diesen* Vorgang reflektieren. Zwar wird eine unreflektierte Anpassung nach Metaspiralen des Nachdenkens über Ausbruchstrategien kaum noch möglich sein, aber wir können ohne weiteres eine »Reinvestition in die Routine« (ebd., 41 ff.) vornehmen. Das heißt: Wir überlassen uns – diesmal aber gezielt – dem Gang der alltagsweltlichen Dinge.

Cohen/Taylor fassen »Identitätsarbeit« also als eine Art Kreislauf, der von unreflektierter Anpassung über bewußte Abstandnahme (mit Merkmalen des Sich-Absetzens), Metabewußtsein der Abstandnahmen, zur Reinvestition in die gegebenen Abläufe führt.

Das politische Dilemma des Identitätsarbeiters

Beschreiben Cohen/Taylor Reflexivität nur als pseudoindividualistische Absetzstrategie, deren Fluchtlinien selbst noch Kitt für die bestehenden Verhältnisse sind, und fällt das, was sie selbst unter »Identität« verstehen schlankweg mit den Grundmerkmalen des Außengeleiteten zusammen? Gibt es für sie einen Widerstand, der nicht in das Gehäuse der Hörigkeit zurückgebogen wird? Wird das Fassaden-Ich des Identitätsarbeiters von Bestimmungen her kritisiert, die den Teufelskreis der Identitätsarbeit aufbrechen könnten? Antworten auf derartige Fragen wurden oben vertagt. Cohen/Taylor greifen sie im letzten Kapitel ihres Buches ansatzweise auf.

Ihr Text, so meinen sie, hat eine Welt fliehender Menschen beschrieben, eine Welt von Menschen, die Ausbruchsversuche aus den alltäglichen Routinen und Rollenvorschriften unternehmen. »Alle diese Manöver sind prekär.« (Ebd., 193) Alle können wieder zur Unterwerfung unter die Ansprüche der beherrschenden Realität zurückführen, und sie unterliegen dem Risiko, von Freunden und Bekannten, wenn nicht der ganzen Gesellschaft, geächtet zu werden. Auf die Schienen der Konsumgesellschaft werden wir vor allem durch die »Reklamen im Schaufenster des Supermarkts der Ausbruchsversuche« (Ebd., 1977) zurückgeleitet. Denn dort wird uns angeblich gezeigt, wie man zum Subjekt wird, während man in Wahrheit lernt, die für den Betrieb bequeme Fassade der Identität zur Schau zu stellen.

A) Zu den verführerischen Angeboten im Supermarkt der Ausbruchsversuche gehört das Selbstfindungshilfswerk: Die moderne Lebenswelt ist in zahlreiche verschiedenen Situationen und Bereiche aufgespalten, die ein jeweils besonderes Denken und Handeln verlangen:

> »Gerade unser mangelndes Engagement für eine oder alle diese Welten bewirkt in uns das Gefühl einer gewissen Entität, die in ihnen allen dargestellt, aber in keiner ganz realisiert wird – ein Gefühl des wahren Selbst.« (Ebd., 200)

Die Händler in Ausbruchsversuchen machen uns gut verpackte Angebote, wo wir das wahre Selbst zu suchen und mit welchem (z. B. therapeutischen) Methoden wir es zu finden hätten. Sie versprechen dem Ich eine Nische, besondere Enklave oder gar einen Platz völlig außerhalb der beherrschenden Realität zu verschaffen. Aber das traurige Ergebnis des Flüchtens und Ausbrechens ist nichts weiter als »eine weitere Selbstkonzeption in der Sammlung, die bereits aus unserem angeblich unwirklichen Engagement in Arbeit, Ehe, Bürokratie und Freizeit erwachsen ist. Wir fügen unserer Kollektion noch eine Encountergruppen, Kommune- oder Free-University-Identität hinzu;

doch damit haben wir weder unser altes Repertoire an Rollen aufgelöst, noch diese Rollen zu einer neuen Identität verschmolzen.« (Ebd., 201) Dieses Argument kann man so verstehen, daß Cohen/Taylor zeigen wollen, wie das von Fromm beschriebene existentielle Bedürfnis nach Identität (s. o. S. 82) marktwirtschaftlich verwertet wird.

B) Ein weiteres Angebot ist das der innerweltlichen Sinngebung. Die Mannigfaltigkeit der Lebenswelten, in denen wir uns aufhalten, treibt uns zur Suche nach verbindlichem Sinn

> »Uns fehlt ein einziges symbolisches Vokabular, das die Elemente unserer verschiedenen Lebenswelten verbände, ein Vokabular, das uns erlaubte, das Spektrum unserer Aktivitäten vergleichend zu bewerten, das diesen oder jenem Sektor unseres Lebens moralische Priorität gäbe.« (Ebd., 202)

Religion, die einmal bis in die Poren der Alltagswelt hinein das Situationsverständnis prägte und jede Profankultur beherrschte, ist heute nur eine Lebenswelt unter anderen. Sinnstrukturen sind an eine Mannigfaltigkeit von Profankulturen (Sinnprovinzen) verteilt, von denen keine eine eindeutig handlungsleitende Funktion übernimmt. »Der Supermarkt der Ausbruchsversuche hält Sinn neben dem wahren Selbst feil.« (Ebd., 202). Dieses Argument zeigt implizite wie das nach Fromms Auffassung maßgebliche existentielle Bedürfnis nach Sinngebung in die Zwänge der Verwertungsgesellschaft eingespannt wird.

C) »Der dritte verlockende Wegweiser verspricht höhere Formen von Glück durch Fortschritt und Neuerung.« (Ebd., 203) Ohnehin enthalten all »die Karrieren, die unseren Lebensplan ausmachen . . ., Hoffnung auf Fortschritt: mehr Bezahlung, bessere Stellung bei der Arbeit, wachsende Zufriedenheit mit unseren Kindern, verbesserte Fähigkeiten in unseren Freizeitinteressen« (ebd.). Aber die Neuerungssucht und Fortschrittsphantasie stellt zugleich eine der kapitalistischen Verformungen »assimilativer« Bedürfnisse (s. o. S. 80f.) dar; denn heute ist die »Verheißung von Neuheit durch Eskalation . . . allgegenwärtig« (ebd., 204). Es bedarf beispielsweise der Neuerungssucht, um jenen nachhaltigen Wechsel der Ansprüche zu sichern, der die Konsumfreudigkeit anreizt.

D) ». . . den meisten Ausbruchswegen, die wir schilderten, liegt die Vorstellung zugrunde, daß das Heil nur erlangt werden kann, indem man sich *außerhalb* der Gesellschaft stellt.« (Ebd., 205) Die Mechanismen der spätkapitalistischen Assoziation (Vergesellschaftung) (s. o. S. 81) betonen weiterhin Dissoziation als eigentlichen Bereich der Verwirklichung menschlichen Einzellebens:

> »Wir versuchen, unseren Platz *innerhalb* dieser Gesellschaft zu halten, um die traditionellen Vorteile zu nutzen, die sie bietet; gleichzeitig aber leisten wir ihr

Widerstand und erklären, daß wir etwas anderes sind als das, was wir in ihr tun.« (Ebd.)

Die moderne Wendung des Individualismus besteht darin, daß die Selbstsucht zur Sucht nach einem Selbst geworden ist, das sich nur außerhalb der gesellschaftlichen Verhältnisse verwirklichen kann. Das alles ist aber Ergebnis jener gesellschaftlichen Prozesse, durch die die Individuen auf sich selbst zurückgeworfen werden und eine Ich-Fassade als abgespaltenes Für-Sich-Sein bewahren, das ihnen als ihr eigentliches Wesen vorgegaukelt wird. (s. o. S. 97).

Die Versprechungen der Wege nach draußen sind Umwege nach drinnen. Ist also jeder Ausbruchsversuch zum Scheitern verurteilt? Marxisten, die sich zur Analyse des Alltagslebens herablassen und nicht nur vom großen Gesetz der Geschichte träumen, das mit »eherner Notwendigkeit« das eintreten läßt, was sich ohnehin fraktionierte Phantasien als Befreiung ausmalen, sehen in den banalen Distanzierungsversuchen alltäglich handelnder Subjekte durchaus *einen* Ansatzpunkt für die Emanzipation von blinden, gesamtgesellschaftlichen Prozessen der Entsubjektivierung. Das spätkapitalistische System, so lautet (kurzgefaßt) ihr Argument, wird weiterhin vom Grundwiderspruch zwischen Lohnarbeit und Kapital beherrscht. Jede Krise, so entfernt sie von diesem Zentrum auch auftreten mag, zeigt Einflüsse, die von den Widersprüchen im Prozeß gesamtgesellschaftlicher Reproduktion, vom Wertgesetz, ausgehen. So auch die Spannungen, die im vergesellschafteten Privatleben auftreten und sich in Ausbruchsversuchen anzeigen. Denn die Vorgänge, durch die sich das System erhält, haben Entsubjektivierung durch Pseudo-Individualisierung so weit vorangetrieben, daß Individualität im allgemeinen, ein Lebensprinzip (Fromm: ein existentielles Bedürfnis), radikal bedroht wird. Damit bricht jedoch eine gesamtgesellschaftlich bedingte Spannung in das Alltagsleben, gerade in die Sphäre ein, wo das Subjekt seine ganz bestimmte Prägung einerseits, seine Chancen zur Selbstbestimmung andererseits erfährt. Von daher sehen einige Marxisten an diese Krise anknüpfende Chancen für »Mikropolitik«, für eine Veränderung, die das kulturelle Leben an der Stelle seiner Verwurzelung in Strategien, »den Tag zu überstehen«, anpackt. Und auch Cohen/Taylor sagen, daß es Gelegenheiten gibt, »wo die Demystifikation zu kollektivem sozialen Handeln führt, wo Ironie, Zynismus und Sarkasmus revolutionäre Waffen sein können. In solchen Fällen allerdings besteht bereits eine allgemeine Einigung auf eine imaginierte alternative Welt.« (Ebd., 38 f.): also eine allgemeine verbindliche Sinngebung durch Hoffnung.

Im Endeffekt vermuten die Autoren aber noch dahinter die Bemühung um das »wahre Selbst«, eine neue Spirale im Teufelskreis eingefangener Ausbruchsversuche.

In nahezu allen vorangehenden Kapiteln zur Illustration von Subjekttheorien als Kultur-*Kritik* wurde der Versuch gemacht, zu zeigen, daß für
die dort erwähnten Autoren »Selbstsein« *keineswegs zwangsläufig* mit
einem Standpunkt außerhalb gesellschaftlicher Einflüsse zusammenfällt.
»Identität« ist nicht von vornherein als »reines Für-Sich-Sein« zu deuten.
Bei Adorno beispielsweise, der oft dem Vorwurf des Kulturpessimismus
ausgesetzt ist, bewegt sich das Denken zweifellos in der Spannung zwischen konsequenter Verfallsgeschichte des bürgerlichen Individualismus
und dem Nachdruck auf einem Individuum, das sich im Bewußtsein seines
Bestimmtwerdens durch Gesellschaft denkend und handelnd auf Züge
seiner Charaktermaske und auf gesellschaftliche Zusammenhänge richtet,
die immer schon als Voraussetzungen die Chancen seiner Selbstbestimmung eröffnen oder verschließen. Cohen/Taylor hingegen scheinen das
Selbst nur noch als »wahres Selbst« (s. o. S. 180), Fluchtmechanismen als
Sich-Absetzen, Identität als angestrengte Pflege der unverwechselbaren
Eigenheit begreifen zu können. Vom Ich als Träger des Realitätsprinzips,
als Zentrum produktiver Aktivität, ist wenig übriggeblieben. Es scheint
eher mit immer wieder scheiternden Versuchen befaßt, sich der gesellschaftlichen Realität zu entwinden, mit Versuchen beschäftigt, zum »sepa-
raten Selbst« ohne Vermittlung mit Gesellschaft zu werden. Damit mündet
aber der gesamte Versuch – wie Cohen/Taylor selbst ganz klar erkennen (s.
ebd., 218) – auf seine Weise in eine Spielart des bürgerlichen Individualismus aus. Was die Autoren zum Eingeständnis veranlaßt, es bliebe für sie
nur der Kulturpessimismus und ein »tiefer Nihilismus« (ebd., 215) übrig,
wenn man sich nicht mit einem »Comic-Scenario« (ebd., 208) zufrieden-
gibt, das von seinem Helden nicht mehr erwartet, als daß er das genaue
Gegenteil bestehender Routinen und Scripts verwirklicht.[11] Die theoretischen Schlußfolgerungen werden so auswegslos wie das Bild der gesellschaftlichen Wirklichkeit, das auf ihrer Grundlage gezeichnet wurde: Als
Sisyphos wird der moderne Identitätsarbeiter beschrieben. Immer wieder
versucht er, der beherrschenden Realität Individualität als Eigenheit abzu-
gewinnen. Aber immer wieder holen Rollen, Routinen, gesellschaftliche
Zwänge seine Ausbruchsversuche ein. Cohen/Taylor sehen hier einen
Teufelskreis am Werk; alle abweichenden Pfade führen in das Gehäuse der
Hörigkeit zurück. Sie begreifen ihn deutlich genug als negatives, kritik-
würdiges Phänomen. Aber Bestimmungen des produktiven Charakters
und jener Tathandlung, welche für Fichtes, Fromms, Adornos, Marcuses
und Riesmans Theorie des Ich kennzeichnend sind, werden kaum noch in

---

[11] »Getreulich . . . steht er also des Morgens auf, trinkt eine Tasse Ovomaltine, ißt
ein herzhaftes Frühstück aus Speckpfannkuchen und klettert dann aus dem
Schlafzimmerfenster, um auf Rollschuhen auf einem bisher unbekannten Weg zur
Arbeit zu laufen.« (Ebd., 209)

Anspruch genommen. Sie stellen allenfalls noch eine Alternative dar, für die man sich gleichsam willkürlich entscheiden kann, weil sie »tröstlicher« (sic! ebd., 217) ist als der Nihilismus und Kulturpessimismus. Zu den Merkmalen dieser ausweglosen Schlußfolgerung aus einer Theorie über angeblich ausweglose Verhältnisse zählen:

1) Die wie selbstverständlich vorgenommene Gleichsetzung von »Selbst« mit »Distanz zur sozialen Realität« (ebd., 218) in Form von Sich-Absetzen, Separierung.

2) Damit geht der Sachverhalt und das Eingeständnis bei Cohen/Taylor einher, daß auch die eigene Theorie jenem Individualismus verhaftet bleibt, den sie doch kritisieren will.

3) Weil Selbständigkeit als Durchsetzung und Darstellung der unverwechselbaren Persönlichkeit begriffen wird, treten gesellschafts- und subjekttheoretische Überlegungen oft unvermittelt auseinander. Vermittlung (P 5) erscheint nur noch als gesellschaftliches Einholen des individuellen Separierungsversuches. Wie in alten bürgerlichen Zeiten scheint auch hier der Gedanke mitzuschwingen, das Subjekt käme nur außerhalb gesellschaftlicher Verhältnisse zu seinem »wahren Für-Sich-Sein.«

4) Während dogmatische Marxisten ein Gesetz der Gesellschaft am Werk sehen, das mit Notwendigkeit zur Befreiung von der beherrschenden kapitalistischen Realität führt, sehen Cohen/Taylor eine Gesetzmäßigkeit am Werk, die jeden Ausbruchsversuch zum indirekt die Verhältnisse stärkenden Faktoren macht. In beiden Fällen könnte jedoch der gleiche Fehler begangen werden, nämlich bedingte Prognosen (Vorhersagen) mit »ehernen Notwendigkeiten« zu verwechseln. Eine bedingte Prognose sagt z. B., daß unter der Voraussetzung, daß bestimmte Bedingungen in der Wirklichkeit weiter gegeben sind, ein bestimmtes Ereignis mit großer Wahrscheinlichkeit (im Grenzfall: mit Sicherheit) eintreten wird. Zweifellos stehen zu einem Zeitpunkt nicht alle gesellschaftlichen Bedingungen (z. B. neue Technologien) dem Zugriff der Menschen zur Verfügung. Aber das Eintreten von Ereignissen hängt auch von der »Produktivität« der Menschen ab, von dem also, *wozu* sie sich und damit ihre Lebensbedingungen *machen*. Das ist jedenfalls eine weitere Konsequenz aus dem »anthropologischen Grundsatz« (s. o. S. 107), und damit stünden alle bedingten Prognosen über gesellschaftliche Entwicklungen unter dem Vorbehalt des Nichtstuns der Menschen (nicht unter dem, daß all ihr Tun zu nichts Neuem führt!).

Es ist unklar, aber möglich, daß Cohen/Taylor meinen, der Kapitalismus könne das Bedürfnis nach Individualisierung vollständig mit Angeboten aus dem Supermarkt der Pseudo-Selbste absättigen, ohne damit die systemzerstörende »Rache des ungelebten Lebens« (Fromm) fürchten zu müssen.

Aber wenn es auch nur einen Ausbruchsversuch gibt, der aus dem (angeblich geschlossenen) Gehäuse der Hörigkeit herausführen könnte, wenn sich die breiter befaßte Hoffnung an ihn knüpfen läßt, dann wird der Kulturpessimismus (den sich ohnehin am ehesten Universitätsintellektuelle des Mittelstandes wie Cohen/Taylor leisten können) gefährlich. Er verstellt den Blick auf Möglichkeiten, anstatt ihn zu öffnen. Die Autoren haben recht: Diese Art Kulturkritik fördert die Kultur, die sie kritisiert.

> *Das Design bestimmt das Bewußtsein.* (Vorschlag eines Studenten dafür, wie sich der Grundgedanke von Goffmans Theorie zusammenfassen ließe)

Soziale und persönliche Identität bei Goffman

Das Individuum als Imagepfleger, als Subjekt, das sich eine die anderen beeindruckende Fassade aufbaut, ist der Alltagsheld vieler Arbeiten von Erving Goffman.

»... ein Individuum ist nicht nur bemüht, seiner jeweiligen Tätigkeit erfolgreich nachzugehen. Es ist vielmehr auch ständig bemüht, ein Image von sich zu wahren, das vor den anderen zu bestehen vermag. Da sein Handeln niemals unabhängig ist von den lokalen Umständen und diese sich fortlaufend und unerwartet ändern, ist ständige Fußarbeit, oder richtiger: Selbstarbeit, notwendig.« (1974, 252)

Dieses Zitat mag schon ausreichen, um den Einfluß zu verdeutlichen, den Goffmans Überlegungen auf die Figur des Identitätsarbeiters bei Cohen/Taylor ausüben. Sie gründen in einleuchtenden, wenn auch nicht besonders überraschenden Tatsachenfeststellungen wie der, jeder Mensch lebe »in einer Welt sozialer Beziehungen, die ihn in direkten oder indirekten Kontakt mit anderen Leuten bringt«. Zustimmung wird auch die Behauptung finden, das Individuum versuche bei jedem dieser Kontakte, »eine bestimmte *Strategie* im Verhalten zu verfolgen, ein Muster verbaler und nicht verbaler Handlungen, die seine Beurteilung der Situation und dadurch seine Einschätzung der Teilnehmer, besonders seiner selbst ausdrückt« (175, 10). Aber die konkreten Beschreibungen derartiger Strategien verweisen uns bei Goffman auf den besonderen Fall des fassadenputzenden Identitätsarbeiters, der sein sorgfältig gepflegtes Image, sein Persönlichkeitsdesign, in alltäglichen Iszenierungen zur Darstellung bringt.

Wir alle spielen Theater im Alltagsleben. Wir nehmen Tag für Tag kleine Inszenierungen vor, in denen wir als Hauptdarsteller auftreten:

»Ich habe den Begriff ›Darstellung‹ zur Bezeichnung des Gesamtverhaltens eines Einzelnen verwendet, das er in Gegenwart einer bestimmten Gruppe von Zuschauern zeigt und das Einfluß auf diese Zuschauer hat. Dementsprechend empfiehlt es sicht, denjenigen Teil der Darstellung des Einzelnen ›Fassade‹ (= Image – C. D.) zu nennen, der regelmäßig in einer allgemeinen und vorherbestimmten Art dazu dient, die Situation für das Publikum der Vorstellung zu bestimmen. Unter Fassade verstehe ich also das standardisierte Ausdrucksrepertoire, das der Einzelne im Verlauf seiner Vorstellung bewußt oder unbewußt anwendet.« (1969, 23)

Mit dieser Betrachtungsweise, so meint Goffman, wird der Soziologie die 5. Dimension eröffnet. Man kann nämlich nach seiner Auffassung gesellschaftliche Einrichtungen und Vorgänge 1. *technisch* »unter dem Gesichtspunkt ihrer Wirksamkeit oder Unwirksamkeit als absichtlich organisiertes System der Betätigung zur Erzielung vorherbestimmter Zwecke« betrachten. Erfüllt die Schule die für sie festgelegten Erziehungsziele oder nicht? Man kann Institutionen und Prozesse 2. *politisch* »unter dem Gesichtspunkt der Handlungen, die jeder Partner (oder jede Klasse von Partnern) von den anderen verlangen kann, der Arten der Bestrafungen und Belohnungen, die ausgeteilt werden, um diese Ansprüche durchzusetzen, und unter dem Gesichtspunkt der sozialen Kontrolle« untersuchen. 3. lassen sie sich *strukturell* unter der Perspektive »der horizontalen und vertikalen Statusunterscheidung und der sozialen Beziehungen, die diese verschiedenen Gruppierungen miteinander verbinden«, analysieren. 4. kann man sie *kulturell* im Hinblick auf die »moralischen Werte« betrachten, »von denen die Tätigkeit innerhalb der Institution beeinflußt wird – also unter dem Gesichtspunkt der Wertsetzungen, die sich auf Mode, Sitten und Fragen des Geschmacks, auf Höflichkeit und Anstand, auf letzte Ziele und normative Abgrenzung der Mittel usw. beziehen.« Goffman ergänzt diese Einteilung um den 5., den *dramaturgischen* Gesichtspunkt.

»Die dramaturgische Perspektive kann ebenso wie jede der anderen vier als Ziel der Analyse, als ein endgültiges Ordnungsprinzip verwendet werden. Sie führt uns dazu, die Techniken der Eindrucksmanipulation, die in einer bestimmten Institution angewandt werden, die wesentlichen Probleme der Eindrucksmanipulation und die Identität und das Beziehungsnetz der verschiedenen Vorstellungsensembles einer Institution zu beschreiben.« (Ebd., 219)

Die Strategien des »impression-managment«, die Inszenierungen guter Eindrücke auf andere, stehen also eindeutig im Zentrum der dramaturgischen Analyse, die Goffman so sehr schätzt. Ihr Thema sind die Techniken der Imagepflege, der Stabilisierung des Fassaden-Ich.

Image ist zunächst nur das Selbstbild, das jemand von sich hat. Es stellt sich in Verhaltensmustern und Eigenschaften dieser Person dar, die von anderen Personen anerkannt werden müssen. »Image« ist also auch das erfolgreich auf dem Austauschmarkt der guten Eindrücke nach außen dargestellte Bild seiner selbst. An Fassaden, die Kontakte sichern, knüpfen sich die angenehmsten Gefühle beim Darsteller.

»Von einer Person kann man sagen, daß sie ein Image *hat, besitzt* oder es *wahrt,* wenn ihre Verhaltensstrategie ein konsistentes Image vermittelt, das durch Urteile und Aussagen anderer Teilnehmer durch die Umgebung dieser Situation bestätigt wird.« (1975, 11)

Von jedem Mitglied einer Gruppe wird nach Goffman erwartet, daß es Selbstachtung zeigt. Selbstachtung wird jedoch fast durchweg als Bewahrung des Image in sozialen Situationen vorgestellt. Natürlich bedarf es auch der Rücksichtnahme auf andere. Aber auch dies bedeutet für ihn, die Gefühle und das Image anderer Anwesender zu schonen, ihnen nicht die Fassade zu verunzieren. »Die doppelte Wirkung der Regeln von Selbstachtung und Rücksichtnahme besteht darin, daß jemand sich bei einer Begegnung tendenziell so verhält, daß er beides wahrt: sein eigenes Image und das der anderen Interaktionspartner.« (Ebd., 16) Wechselseitige Anerkennung ist beiderseitige Rücksicht auf das präsentierte Pseudo-Ich. Techniken der Imagepflege sind die verschiedenen Spielarten der Anstrengungen, die unternommen werden, um das eigene Handeln in Übereinstimmung mit dem Design zu bringen, das man von sich und für sein Handeln entworfen hat. Damit regelt man zugleich die Kontakte mit anderen bzw. die Eindrücke, die man auf sie macht. Goffman nennt Gelassenheit als Beispiel für eine solche Technik; denn durch Gelassenheit kontrolliert man die Verwirrung, die angesichts überraschender Eindrücke entstehen kann. Techniken dieser Art gehen schief, wenn man sich »etwas vormacht«.

Viele dieser Techniken laufen gewohnheitsmäßig ab (Routine) und liegen in gesellschaftlich standardisierten Formen (Scripts) vor. »Jeder Mensch, jede Subkultur und jede Gesellschaft scheinen ihr eigenes charakteristisches Repertoire an Praktiken zur Wahrung des Images zu haben.« (Ebd., 18) Es kann wenig Zweifel bestehen: die »dramaturgische Perspektive« bei Goffman lenkt die Aufmerksamkeit auf das Management der Selbstdarstellungen, die Bewahrung der Fassade, die Sicherung der guten Eindrücke auf andere, kurz: auf das Fassaden-Ich des Identitätsarbeiters. Dieser erscheint nun plötzlich als der Hauptdarsteller aller menschlichen Szenen, nicht nur der spätkapitalistischen. In diesem Punkt ist Goffman zweifellos weniger nachdenklich als Cohen/Taylor es sind, so daß sich die Frage verschärft stellt, welches Bild des Selbstseins dem *zugrunde liegt,* was er als Tatsachenfeststellung ansieht. Anhand seiner Unterscheidung von *sozialer* und *persönlicher Identität* läßt sich die Richtung einer Antwort andeuten.

Soziale Identität meint bei Goffman die »umfassenden sozialen Kategorien (und die wie Kategorien funktionierenden Organisationen und Gruppen), zu denen ein Individuum gehören bzw. als zu denen gehörig es angesehen werden kann: Altersstufe, Geschlecht, Schicht usw.« (ebd., 256). Also z. B. ein Individuum »als Jugendlicher«, »als Frau«, »als

Angehöriger des Mittelstandes« oder einer anderen sozialen Kategorie. Das entspricht dem Individuum als Träger einer sozialen Rolle, einer Charaktermaske.

Zur sozialen Identität gehört auch das Verhaltensmuster, das einem Subjekt durch seine Mitgliedschaft in einer Organisation auferlegt wird. Das Mitglied eines Symphonieorchesters beispielsweise muß im Orchestergraben eine bestimmte äußere Erscheinung präsentieren, seine Einsätze abwarten und seinen Musikpart gewissenhaft spielen. »Wenn ein Mensch auf kooperative Art und Weise eine verlangte Tätigkeit für eine Organisation leistet, . . . dann verwandelt er sich in einen Mitarbeiter; er wird zum normalen, programmierten oder zugehörigen Mitglied« (1973a, 185), er leistet primäre Anpassung.

Schließlich sind zu seiner sozialen Identität auch all die Schemata (Typisierungen), Bilder und Erwartungshaltungen (Cohen/Taylor: »Scripts«) ebenso zu rechnen wie die Routineregeln für den Umgang mit Dingen und Menschen.

»Wenn ein Fremder uns vor Augen tritt, dürfte uns der erste Anblick befähigen, seine Kategorie und seine Eigenschaften, seine soziale Identität zu antizipieren . . . Wir stützen uns auf diese Antizipationen, die wir haben, indem wir sie in normative Erwartungen umwandeln, in rechtmäßig gestellte Anforderungen.« (1967, 10)

Seinen Ursprung dürfte der Begriff der »sozialen Identität« in dem Begriff des »Me« bei George Herbert Mead haben.

Goffman führt eine weitere Unterscheidung ein: Soziale Identität läßt sich a) unter dem Gesichtspunkt betrachten, welche Anforderungen (Erwartungen) an Erscheinungsbild, Charakter und Verhalten eines Individuums gestellt werden. Das ist die *virtuale soziale Identität* einer Person. Im Hinblick b) auf die »Kategorie und Attribute, deren Besitz dem Individuum tatsächlich bewiesen werden konnte« (ebd., 10), spricht Goffman von der *aktualen sozialen Identität*.

Wie Fichte und die anderen erwähnten Autoren ist auch Goffman der Meinung, ein Subjekt sei mehr als die Summe der gesellschaftlichen Einflüsse und Anforderungen, die sich in seiner sozialen Identität ausdrücken. »Bei der Ausübung irgendeiner Rolle scheint der Betreffende ein gewisses Recht zu haben, ein Ich aufrechtzuerhalten oder sich auf es zurückzuziehen, das verschieden ist von dem, das in der Rolle zum Tragen kommt.« (1977, 301) Individuen sind zur aktiven Abstandnahme von ihrer sozialen Identität, zur *Rollendistanz* fähig (vgl. dazu den Aufsatz »Rollendistanz« in Goffman 1973b).

»Ein Individuum kann seine Freiheit und seine Distanz zum Ausdruck zu bringen versuchen, indem es eine ablehnende Haltung gegenüber diesen das Verhalten betreffenden Erwartungen demonstriert oder auf den Preis aufmerksam macht, den andere dafür bezahlen, daß sie diesen Erwartungen folgen.« (1974, 253)

Die Musiker im Orchestergraber schreiben vielleicht, ohne daß es das Publikum sieht, zwischen ihren Einsätzen Briefe, lösen Kreuzworträtsel etc. und »beweisen damit heimlich ihre Zugehörigkeit zu einem Selbst wie zu einer Welt, die vom Publikum weit entfernt sind« (1973a, 184). Sie üben *sekundäre Anpassung.*

»Darunter verstehe ich ein Verhalten, bei welchem das Mitglied einer Organisation unerlaubte Mittel anwendet oder unerlaubte Ziele verfolgt oder beides tut, um auf diese Weise die Erwartungen der Organisation hinsichtlich dessen, was er tun sollte und folglich, was er sein sollte, zu umgehen.« (Ebd., 185)

Es mag bezeichnend sein, daß Goffman diese Ausbruchsversuche als Anpassung zweiter Stufe benennt; denn die Frage, wie sich das über die soziale Identität hinausreichende Selbst, wie sich *persönliche Identität* darstellt, führt bei ihm allemal in die Richtung der Fassadenarbeit. Z. B. ist »Rollendistanz« bei Goffman im allgemeinen als Inszenierung von Akten der Abstandnahme von Rollen in sozialen Situationen gefaßt, in denen die Anwesenden das kleine Distanzierungsspiel und »Metareflexivität« (Cohen/Taylor) zu schätzen wissen. Das dient jedoch allemal der Erhaltung des sozialen Systems, in dem die Abstandnahme geübt wird. Deutlich wird dies auch an Goffmans Vorschlägen zur Erläuterung des Begriffs »persönliche Identität« (1967, 73 ff.).

Man schätzt es, so sagt er, in kleinen, seit längerer Zeit bestehenden Kreisen, wenn ihre Mitglieder einander nach und nach als einzigartige Personen kennenlernen. Persönliche Identität hängt also vom anerkannten Nachweis der kleinen Unterschiede gegenüber den anderen ab. Um diese Anerkennung zu finden, bedarf es der Signale, der Anhaltspunkte für die Gegenüber, damit sie diese Einzigartigkeit des Subjekts ausmachen können. Goffman spricht wieder einmal plastisch von »Identitätsaufhängern«. Sie stellen gleichsam die besondere Ausgestaltung der Fassade dar. Jeder müht sich also ab, um sich durch besondere Merkmale für die Prämien anerkannter Einzigartigkeit zu qualifizieren. Oder aber er wird aktenkundig, so wie man durch seinen Fingerabdruck ohne Gefahr der Verwechslung *identifizierbar* wird, als dieser und kein anderer gilt.

Einzigartigkeit des Subjekts beweist sich auch in der besonderen und unverwechselbaren Verbindung, die einzelne Kennzeichen des Individuums eingehen, die ansonsten auch bei anderen auftreten. Kurz:

»Mit *persönlicher Identität* meine ich . . . positive Kennzeichen oder Identitätsaufhänger und die einzigartige Kombination von Daten der Lebensgeschichte, die mit Hilfe dieser Identitätsaufhänger an dem Individuum festgemacht wird. Persönliche Identität hat folglich mit der Annahme zu tun, daß das Individuum von allen anderen differenziert werden kann und daß rings um dies Mittel der Differenzierung eine einzige kontinuierliche Liste sozialer Fakten festgemacht werden kann, herumgewickelt wie Zuckerwatte, was dann die klebrige Substanz ergibt, an der noch andere biographische Fakten festgemacht werden können.« (Ebd., 74)

Das Selbst wird hier offensichtlich genau in dem Sinne, den Fichte scharf kritisierte, zum Ding gemacht, schließlich gar zu einer »Gesamtheit, über die eine Akte hergestellt werden kann« (ebd., 81). Persönliche Identität gründet nun in der Fähigkeit, Duftmarken für kleine Unterschiede zu setzen, Anhaltspunkte zu geben, die auf dem Austauschmarkt der guten Eindrücke als aktenfähige Aufhänger für das Urteil: »unverwechselbare Eigenheit« dienen können. Die Stabilisierung einer persönlichen Identität gehört bei Goffman selbst noch zu den Techniken der Imagepflege, auf die uns die dramaturgische Perspektive festlegt.

Goffmans Soziologie, so lautet unsere These, ist mit größerer Selbstverständlichkeit als die von Cohen/Taylor in ihrem gesamten Ansatz auf die Perspektive des Fassadenarbeiters festgelegt, den sie also nicht nur zum Untersuchungsgegenstand hat. Er prägt das »Klima« des Goffmanschen Denkens. Besonders böse Zungen behaupten, dem würden auch persönliche Verhaltensvorschläge Goffmans entsprechen:

»Ich erinnere mich an eine Begebenheit nach einer langen Besprechung mit einem Verleger, für den sowohl Goffman als auch ich als Herausgeber tätig sind. Ich wandte mich an Goffman und sagte mit ziemlichen Widerwillen: ›Diese Burschen behandeln uns wie Handelsartikel.‹ Goffmans Antwort lautete: ›Das ist schon in Ordnung, Al, solange sie uns nur als *teure* Handelsartikel behandeln.‹« (Gouldner 1974, 458)

Leseempfehlung zu Kapitel 6

Stanley Cohen und Laurie Taylor: *Ausbruchsversuche – Identität und Widerstand in der modernen Lebenswelt*, Frankfurt/M. 1977, bes. Kapitel 1 bis 4 und Kapitel 9.

Erving Goffman: *Techniken der Imagepflege*, in: ders., »*Interaktionsrituale. Über Verhalten in direkter Kommunikation*, Frankfurt/M. 1975, 10–53.

Zwischeninformation II
Eine Notiz zum Begriff »Narzißmus«

Der sagenhafte Narziß

König Ödipus ist die Figur der griechischen Mythologie, die Freud als Vorbild für die Bestimmung eines seiner berühmtesten Lehrstücke wählte. Narziß entstammt der gleichen Sagenwelt.

Narcissos ist der Sohn der Nymphe Leiriope und des Flußgottes Kephissos. Seine Mutter wollte vom Seher Teiresias etwas über die Lebenserwartung ihres Narcissos wissen.

Wie alle Propheten gab Teiresias eine recht dunkle Prognose. Narziß könne durchaus lange leben, »wenn er sich niemals erkennt«. Die besondere Form des Selbstbewußtseins, der Reflexion auf sich selbst, durch die Narziß dann tatsächlich berühmt werden sollte, erschien dem Seher offensichtlich wenig förderlich.

Narziß wuchs zu einem beispiellos schönen Jüngling heran, so daß sich niemand seinem Charme entziehen konnte. Vor allem Ameinios und die Nymphe Echo warben um seine Zuneigung. Echo war allerdings eine sehr schwatzhafte junge Dame, die von der strengen Göttermutter Hera dafür mit einer unangenehmen Strafe bedacht wurde: Sie mußte im Gespräch immer die letzten Worte der Gesprächspartner wiederholen. Ob das oder anderes die Ursache war, Narcissos wies die Werbungen der Echo, aber auch aller anderen möglichen Liebhaber und Liebhaberinnen stolz zurück. Das Gebet eines verschmähten Bewunderers, Narziß möge selbst einmal unerwiderte Liebe empfinden, wurde schießlich von der Göttin Nemesis (der Göttin der Rache) – andere behaupten: von Artemis (der Göttin der Geburt und wilden Tiere, einer berühmten Jägerin) – erhört. Als Narziß einmal aus einer Bergquelle trank, erblickte er darin sein eigenes Spiegelbild, in das er sich nach Willen der Nemesis hoffnungslos verliebte. Unfähig, sich vom schönen Anblick seiner selbst zu lösen, blieb er bei der Quelle liegen, bis er starb. Sein Körper wurde – nach Ovids Schilderung in den »Metamorphosen« (Verwandlungen) – in eine Blume, die Narzisse verwandelt.

Das Schicksal des Naziß ist tragisch, aber eines hat er seiner modernen Wiedergeburt, dem »spätkapitalistisch-narzißtischen Typ« (NST)[1] voraus: Narziß schaute in einen klaren Quell, der NST blickt in einen trüben Tümpel.

Primärer und sekundärer Narzißmus

Im Ich ist nach Freud »anfänglich der ganze verfügbare Betrag von Libido aufgespeichert.« »Wir nennen diesen Zustand den absoluten primären *Narzißmus*.« (1953, 13) Dieser Zustand dauert nach der Auffassung von Freud so lange an, bis das Ich beginnt, die Vorstellungen von Gegenständen, Personen und Ereignissen in der Außenwelt libidinös zu besetzen, libidinöse Energie an diese Vorstellungen zu binden. Damit wird narzißtische Libido in *Objektlibido* umgewandelt. Während zuvor eine Art Verschmolzenheit des Ich mit den begehrten Gegenständen besteht, das Kind kaum einen Unterschied zwischen sich und der Mutter (Mutterbrust) macht, beginnt mit den Objektbesetzungen eine Trennung von Ich und Außenwelt.

Der primäre Narzißmus als die erste Phase der psychosexuellen Entwicklung wird mithin als ein Stadium angesehen, das der direkten Verbundenheit des Kindes mit der Mutter im Mutterleib sehr ähnlich ist. Ich und Es gehen gewissermaßen noch ineinander über. Nach Freud bleibt jedoch das Ich das gesamte Leben lang »das große Reservoir, aus dem Libidobesetzungen an Objekte ausgeschickt und in das sie auch wieder zurückgezogen werden« (ebd.). Freud benutzt an dieser Stelle das Bild einer Amöbe, eines Protoplasmakörpers, der seine Scheinfüße (Pseudopodien) ausfährt und wieder einzieht. »Nur im Zustand einer vollen Verliebtheit wird der Hauptbetrag der Libido auf das Objekt übertragen, setzt sich das Objekt gewissermaßen an die Stelle des Ichs«. (Ebd.)

Der *sekundäre* Narzißmus ist quasi der Gegenpol dieser Hingabe an Äußeres. Es gründet in einer Rückwendung der auf Objekte gerichteten Libido auf das Ich, in der Umwandlung von Objektlibido in Eigenliebe. »Der Narzißmus des Ichs ist so ein sekundärer, den Objekten entzogener«. (Freud: *Das Ich und das Es,* Werke III, 275). Das Ich wird, nicht zuletzt unter dem Druck äußerer Verhältnisse, libidinös mit Energie besetzt, die von den Objekten abgezogen wurde. Die Amöbe zieht ihre Pseudopodien ein.

---

[1] NST ist die in der sozialpsychologischen Literatur gebräuchliche Abkürzung für »neuer Sozialisationstyp«. Gemeint ist damit die narzißtische Regression bestimmter Verhaltensmuster unter spätkapitalistischen Verhältnissen. Siehe vor allem Häsing/Stubenrauch/Ziehe 1979.

Das Bild des Energiereservoirs im Ich, aus dem die Libido ausströmt, oder der Amöbe, die ihre Pseudopodien ausfährt und wieder einzieht, ist einer der Ansatzpunkte für Kritiken an Freuds Narzißmustheorie. Denn leicht können die Vorgänge so mißverstanden werden, als sei das Kind eine Einheit, die von sich aus Beziehungen zu Objekten herstellt oder auflöst. Andere gehen davon aus, Mutter und ungeborenes Kind bildeten eine Einheit, bei der kindliches ES und Umwelt in »harmonischer Verschränkung« existieren. Das Ungeborene geht so eher in seiner Umwelt immer schon auf, als daß es über ein Ich-Reservoir verfügte, aus dem dann etwas in die Umwelt ausströmt. Mit der Geburt tritt ein Schock durch abruptes Zerreißen der Einheit ein, die fötale Geborgenheit wird drastisch gestört. Ab diesem Einschnitt lassen sich die Ansprüche des ES nur noch über Vermittlungen mit »Objekten« einer getrennten Außenwelt befriedigen.

Unter diesem Gesichtspunkt ist jeder Narzißmus sekundärer Narzißmus. Denn gemessen an der »harmonischen Verschränkung«, in der der Fötus (das Ungeborene) existiert, muß nun einer Umwelt Rechnung getragen werden, von der libidinöse Besetzungen *abzuziehen* sind, um sie dem zur Sicherung des individuellen Lebens sich ausbildenden Ich zuführen zu können.

Allerdings ändert diese Konstruktion nichts Entscheidendes an der Frage, unter welchen äußeren gesellschaftlichen Bedingungen, Libido – durchaus auch unter Aufgabe schon bestehender Objektbesetzungen – auf jenes Stadium zurückgedrängt wird, in dem nach allgemeiner Auffassung Ich und Umwelt nur diffus voneinander unterschieden sind (Regression auf den Narzißmus). Wir wollen dabei bleiben, dieses Ergebnis als sekundären Narzißmus zu betrachten. Seine Rolle für einen bestimmten Sozialcharakter in den spätkapitalistischen Verhältnissen soll im folgenden Kapitel kurz dargestellt werden.

Leseempfehlung

Strzyz/Beier: *Narzißmus – Drei Theorien*, in: Häsing/Stubenrauch/Ziehe: Narziß – Ein neuer Sozialisationstypus?, Bensheim 1979, 137–143

Kapitel 7
Narziß ohne Spiegel

Der »Neue Sozialisationstyp« (NST) und Thesen bei Christopher Lasch

> »Das gegenwärtige Klima ist therapeutisch,
> nicht religiös.« (Christopher Lasch)
> »Und was hat das mit mir zu tun?« (Beliebte
> Seminarfrage)

Die Entdeckung eines neuen Sozialcharakters

»Auf ihn (= den Narzißmus – C. D.) deuten mit unwiderstehlicher Beweiskraft alle Befunde der Sozialpsychologie über die heute vorherrschenden Regressionen, in denen das Ich zugleich negiert und in falscher, irrationaler Weise verhärtet wird.« (Adorno 1970a, 40) Diesen Schluß hat Adorno schon 1955 aus klinischen Befunden der Psychoanalyse gezogen. Pädagogen aus allen Bereichen des Erziehungssystems bestätigen die These heute anhand praktischer Erfahrungen mit Kindern und Jugendlichen (vgl. Häsing u. a. 1979, 13–18).

Erschrocken suchen sie Erklärungen für den zunehmenden Vandalismus, die Neigung der Kinder, Dinge in einer plötzlichen Aufwallung von *blinder Wut* zu zerschlagen oder andere anzugreifen, um danach wieder in eine Art *lähmender Apathie* zu verfallen. Beklagt wird auch eine zunehmende *Motivationsschwäche.* Heute, so heißt es, gibt es »Symptome, die auf eine Schwächung der klassisch-bürgerlichen Motivationsbasis hinweisen« (Häsing u. a., 19). Kinder sind »nervös« im Sinne von »unkonzentriert«, können sich – wenn überhaupt – nur kurz mit der gleichen Sache beschäftigen. Es scheint ihnen nahezu unmöglich, ein Ziel längerfristig und konsequent zu verfolgen.

»Sie scheinen unfähig, tiefere und anhaltende Beziehungen zu Menschen oder Sachen einzugehen.« (Ebd., 13) Bei Studenten beobachten Therapeuten schwerste Arbeitsstörungen:

»Die Unbegrenztheit des Planes steht im kränkenden Kontrast zur Schwierigkeit, überhaupt zu beginnen. Die Fähigkeit zur Bildhaftigkeit ist groß . . ., Strukturierungen schrecken indes eher ab. Wo immer Bearbeitung auch Separation vom

Gegenstand bedeutet, durch ›kalte‹ Strukturierung, durch schriftliche Objektivierung, verspricht sie wenig narzißtisch-orale Befriedigung, ja kann als ausgesprochen bedrohlich erlebt werden.« (Ebd., 37)

Damit geht eine deutliche Unfähigkeit einher, über die sofortige Bedürfnisbefriedigung hinaus *Aufschub* zu leisten. Die Fähigkeit zerfällt, sich für irgendetwas außerhalb des eigenen Ich zu interessieren. Auch die *Unlusttoleranz* sinkt. Mehr und mehr nimmt nach diesen Befunden die Bereitschaft ab, sich mit Widerständen auseinanderzusetzen. Sie werden entweder mit blinder Wut angegangen oder apathisch beiseitegelassen. Befriedigungschancen für kurzfristige Bedürfnisse werden gesucht. Damit zerfällt aber auch die Zeitstruktur des Alltagslebens:

»Woran immer es liegt – es fällt auf, wie wenig die Jugendlichen bereit sind, zu planen – nicht nur ihr ›Leben‹, sondern ihren Tag, die Woche, die vor ihnen liegende Aufgabe.« (Ebd., 13)

Die Angst, die diese Personen beherrscht, zeigt sich dem Anschein nach als eine Spielart der *Scham,* nämlich »als elementare Angst davor, daß die eigene Selbstachtung sinken könnte . . . Scham ist die Angst *minderwertig zu sein*« (ebd., 132). Andererseits sind *Allmachtsphantasien* der einzelnen Subjekte zu beobachten, die dann bei stärkerem Widerstand in dumpfe Gleichgültigkeit umschlagen können.

Das Selbst der einzelnen erscheint als eigentümlich *zerfließend* und *instabil,* Ausdruck einer »unzureichend vollzogenen Trennung von Selbst und Nicht-Selbst« (ebd., 87). Einerseits beobachtet man die Unfähigkeit, Beziehungen zu anderen durch deren Anerkennung als selbständige Subjekte einzugehen, also eine gewisse *Beziehungslosigkeit,* andererseits einen starken Wunsch danach, in der Beziehung zu anderen aufzugehen, ein Bedürfnis nach »*Geborgenheit und Zugehörigkeit*«. Das spitzt sich bei Jugendlichen oft zur Funktion der »Peer-Group« (Gruppe der Altersgenossen) als »sozialem Uterus« zu (vgl. Ziehe 1975, 192 ff.). Alles, was außerhalb der Kleingruppen von Alterskameraden geschieht, erscheint als abstrakt und bedrohlich.

Zwischen Beziehungslosigkeit und dem Wunsch nach Geborgenheit in der Kleingruppe besteht indes kein Widerspruch. Das Bedürfnis nach Zugehörigkeit wird maßgeblich im Interesse der Aufwertung des je eigenen, unentwickelten Ich verfolgt. Der narzißtische Selbstbezug wird im Kern nicht aufgegeben.

Insgesamt kann man ein großes Vertrauen gegenüber den Seelenverkäufern des modernen Therapiebasars feststellen. Der Wunsch nach »Selbstfindung«, das Bedürfnis nach Reflexion der Subjektivität, das sich geltend macht, ist gewiß nicht von vornherein zu kritisieren; genauso wenig wie die Forderung, bei allgemeinen Informationen ein Stück Nachweis der

»Selbstbetroffenheit« zu erhalten. (»Was hat das mit mir zu tun?«) Im Gegenteil: Reflexion ist immer auch Bewußtsein der eigenen Stellung in allgemeiner zu bestimmenden Zusammenhängen. Aber oftmals wird hinter diesen Ansprüchen eine Strategie vermutet, sich in den Mittelpunkt einer Situation zu manövrieren, ohne Verbindlichkeiten für die allgemeine Lage eingehen zu müssen.

Für Lasch sind die Selbstfindungsrituale inzwischen zu einem Grundbestandteil des kulturellen Überbaus im Spätkapitalismus gediehen:

»Das zeitgenössische Klima ist eben nicht religiös, sondern therapeutisch. Heute sehnen die Menschen sich nicht nach Erlösung, geschweige denn nach Wiederherstellung eines Goldenen Zeitalters, sondern nach dem Empfinden, der momentanen Illusion von persönlichem Wohlbefinden, von Gesundheit und seelischer Geborgenheit. Sogar die linke Bewegung der sechziger Jahre diente vielen, die sich ihr eher aus persönlichen, denn aus politischen Motiven anschlossen, nicht als Religionsersatz, sondern als eine Art Therapie.« (1980, 24)

Schließlich wird auch eine kennzeichnende *Zerstörung der Sprache* bei Jugendlichen registriert (vgl. Stubenrauch 1978). Alles unmittelbar Zufriedenstellende ist »echt stark«, während sich konkrete Hinweise in der unbestimmten Schwebe des »so«, »irgendwie«, »irgendwo« halten: »Wir müssen jetzt so irgendwie echt konkret werden«, ist kein frei erfundener Ausspruch.

Man sieht: Inzwischen hat sich eine ganze Phänomenologie (Untersuchung der Erscheinungsformen) des neuen, narzißtischen Geistes herausgebildet, die sich beliebig ergänzen ließe. Die Versuche zur Erklärung der Phänomene folgen im allgemeinen psychoanalytisch beeinflußter Narzißmustheorie:

Einer ihrer Befunde ist die Differenz zwischen NST und anal-autoritären Charakterstrukturen. Klassische Merkmale des »autoritären Charakters« – so wie ihn beispielsweise Adorno beschrieben hat (s. o. S. 161) – verlieren eindeutig an Gewicht. Peinliche Ordnungsliebe und Sauberkeitsfanatismus sagt niemand dem NST nach. Aber auch die »Submissivität«, die Bereitschaft, sich harter Autorität zu unterwerfen, hat sich gelockert. Ebenfalls die autoritär-aggressive Radfahrermentalität, die nach unten, die Schwachen treten will, wenn sie die Macht dazu hat. Nicht zuletzt auch die »Anti-Intrazeption« der autoritären Persönlichkeit, ihre Abwehr von Phantasie und sensibler Selbstfindungsbemühung sind ebenso aufgeweicht wie die in Macht-Ohnmacht-Schemata erstarrten Denkmuster des autoritären Charakters.

Bei einem so angestellten Vergleich erscheint der NST aber plötzlich in einem sehr freundlichen Licht. In der Tat vertrete ich die These, daß auch der neue Sozialisationstyp, wie bei allen Typisierungen von Charakterstrukturen, dazu herhalten kann, verwirrendes, abweichendes Verhalten mit einem abschätzigen Etikett zu versehen. »Ein Individuum, das leicht in gewöhnlichen Verkehr hätte aufgenommen werden können, besitzt ein Merkmal, das sich der Aufmerksamkeit aufdrängen und bewirken kann, daß wir uns bei der Begegnung mit diesem Individuum von ihm abwenden, wodurch der Anspruch, den seine anderen Eigenschaften an uns stellen, gebrochen wird.« (Goffman 1967, 13) So bestimmt Goffman die Wirkungsweise eines *Stigmas*. Genau auf diese Weise könnten Merkmale des NST leicht als Grundlage von Stigmatisierungen dienen, wenn Lehrer etwa Schüler nach dem Muster: »Narziß«, also »nicht zu retten«, abbuchen (s. Häsing u. a., 61 ff.).

In Wahrheit ist der NST genauso ambivalent, also zwiespältig, wie der anal-autoritäre Charakter, der – wegen seiner Fähigkeit zum kontrollierten Objektbezug – manchmal in ein merkwürdig helles Licht gerät (s. ebd., 37). Warum sollte man die anti-autoritäre Grundstruktur des NST nicht auch als ein Potential wider Herrschaft begreifen können? Unbestreitbar ist natürlich, daß auch diese Medaille ihre Kehrseite hat. Der Vergleich mit anal-autoritären Verhaltensmustern zeigt z. B. eine Chaotisierung der Handlungs- und Erlebensformen bei Jugendlichen. Sprunghaft werden Tätigkeiten und Eindrücke aufgenommen und bald mit grundloser Gleichgültigkeit fallengelassen – so als folge man schnell wechselnden Modeangeboten, die zum Wegwerfen der alten Klamotten anheizen. »Chaotisierung« bedeutet in diesem Falle Planlosigkeit, die nicht einfach etwas mit der Aushöhlung der analen Prinzipien von Ordnung und Selbstkontrolle zu tun hat, sondern hinter der Ich-Schwäche, die eingeschränkte Fähigkeit, dem eigenen Lebenszusammenhang eine selbstbestimmte Struktur zu geben (P1), steht.

Alle Eindrücke laufen in dem kaum strittigen Befund einer »unzureichend vollzogenen Trennung von Selbst und Nicht-Selbst und, damit einhergehend, eine(r) brüchige(n) und bei affektiver Belastung unzuverlässige(n) Unterscheidungsfähigkeit im Wahrnehmen und Erleben der alltäglichen Interaktionen« (ebd. 87) zusammen.

»Das Hauptmerkmal narzißtischer Störung ist daher eine mangelhafte und defizitäre Ausbildung von Ich und Selbst«. (Ebd.)

Wie bei Adorno wird dahinter eine besonders einschneidende und weitreichende Regression vermutet. Nach ebenso einhelliger Auffassung stammt sie aus traumatischen Einflüssen, die *vor* den mit dem Ödipuskomplex verbundenen Entwicklungskrisen liegen:

Die »emotionale Kälte im frühkindlichen Sozialisationsprozeß erlangt heute die Bedeutung, die vormals der autoritären Triebunterdrückung zukam. Die frühkindliche Entwicklung scheint gar nicht mehr bis zum entscheidenden ödipalen Konflikt zu gelangen, und es hat den Anschein, daß in dem Moment, in dem der Ödipus-

Konflikt endlich in die pädagogische Diskussion allgemein Eingang gefunden hat, er schon wieder obsolet zu werden beginnt. Der Begriff wird zum bloßen Zeichen, das seiner gesellschaftlichen Substanz entleert ist.« (Ebd., 23)

Als entscheidend gelten nun also Versagungen, die in der elementaren, emotional besonders bedeutsamen Phase enger Mutter-Kind-Beziehungen (Mutter-Kind-Dyade), nach dem Freudschen Schema: auf der *oralen* Stufe liegen. Dort werden Verhaltensmuster angelegt, die dann später, unter dem Druck der gesellschaftlichen Verhältnisse in regressiver Form zutage treten. Die besondere Form der Regression ist dann eine auf die Entwicklungsstufe, »in der der Omnipotenzanspruch des primär-narzißtisch besetzten Selbst noch gar nicht mit der Realitätserfahrung eines Ich konfrontiert werden konnte« (ebd., 26).

Von den triebdynamischen Merkmalen dieser Phase her läßt sich in der Tat eine Reihe der Eigentümlichkeiten des NST begreifen. Orale Grundhaltungen zeichnen sich ja vor allem dadurch aus, daß eine Verschmelzung mit Objekten gesucht wird. Narzißtische Aufwertung wird dementsprechend im »Verschmelzungserlebnis mit dem Objekt, durch Zerfließen, Zerströmen und Aufsaugen, durch Nähe bis zur Identitätsvermischung mit dem Objekt« gesucht (ebd. 37). Die defizitäre Ausbildung der Ich/Nicht-Ich-Unterscheidung, das Bedürfnis nach Geborgenheit und Zugehörigkeit, das – weil stets im Rahmen narzißtischer Selbstaufwertung verfolgt – immer auch Beziehungsunfähigkeit enthält, die instabile Qualität einer jeden rudimentären Äußerung von Selbstsein, sind Ausdruck dieses Grundmerkmals. Dieses wiederum verweist auf die emotionalen Besonderheiten der Beziehung zur Mutter in der oralen Phase. Entsprechend dem Sachverhalt, daß die Scheidung von Selbst und Objekten noch gar nicht klar vollzogen ist, wird auch die Mutter nicht als abgegrenztes Objekt, als selbständige Instanz wahrgenommen. Sie wird als diffuses, aber allmächtiges Etwas erlebt. Hinter den Allmachtphantasien des NST steht also auch der Wunsch nach Selbstaufwertung durch Verschmelzen mit einem unbestimmt-allmächtigen Draußen.

»Das eigene Selbst hat die Tendenz, sich über die verschiedenen Inhalte auszubreiten und sich dann in ihnen ›wiederzuerkennen‹, man ist blitzschnell ›betroffen‹, aber damit noch längst nicht zu ausdauernden Arbeitsvorgängen ›motiviert‹.« (Ebd.)

Motivationsschwäche, Arbeitsunlust, gründen also ebenfalls im oralen Zerfließen des Ich.

Anders als der anale Typus, der seine Selbstwertgefühle durch *sein* Können und *sein* Beherrschen von Dingen und Vorgängen, aber auch von Menschen in der Welt steigern will, ist der oral beeinflußte Charaktertyp nur auf dem Umweg über geglückte Beziehungen zu anderen zu einem Stück selbständiger Tätigkeit fähig. »So liegen knapp hinter vielen narzißtisch-oralen ›Arbeitsstörungen‹ immer gleich die ›Beziehungsschwierigkeiten‹.« (Ebd.) Denn der NST bedarf ständig der narzißtischen Zufuhr von außen.

Der Verfall der Sprache schließlich hat ebenfalls etwas mit den Besonderheiten der oralen Entwicklungsstufe zu tun. Die orale Wirklichkeit ist »imagobestimmt«. D. h.: Die Formen des Erlebnisses der Außenwelt laufen noch sehr stark über das vage Bild (imago), die Halluzination, nicht über sprachliche Symbole.

Libidinös besetzt, so hat Freud gelehrt, werden die inneren Repräsentanzen äußerer Sachverhalte. Damit geht auch jeweils ein Selbstbild einher. Beim Narzißmus vermischen sich jedoch – gemäß jener grundsätzlichen Verschmelzungstendenz, die ihn kennzeichnet – »Repräsentanzen der *Objekte* und die Repräsentanzen des *Selbst* . . . in ununterscheidbarer Weise. Tendenziell wird jede Beziehung für den neuen Sozialisationstyp so zur Neudefinition, aber auch ggf. zur Infragestellung seines Selbst.« (Ebd., 127 f.)

Viele der Wünsche des NST liegen mithin unterhalb des sprachlichen Niveaus, bleiben als etwas Unaussprechliches und doch drängend Erfahrenes wirksam. Die Wut bricht aus, wenn dem flüchtigen und sich verflüchtigenden Selbst wieder einmal Kontrolle und Selbstaufwertungserfolge entgleiten, die erreicht schienen. Es ist eine Wut, die der des Säuglings gegenüber denjenigen entspricht, welche nicht unmittelbar sein Stillbedürfnis entfüllen.

Die familialen Wurzeln des NST

Das Zustandekommen der Phänomene, die zur Kennzeichnung des narzißtischen Sozialisationstyps angeführt wurden, ist damit nicht erklärt, daß man sie in Begriffe des Freudschen Entwicklungsmodells übersetzt. Ein Sozialcharakter entsteht aus dem Zusammenwirken von Antriebs- und Bedürfnisstrukturen des Subjekts einerseits, den Einflüssen aus der gesellschaftlichen Umwelt andererseits. Ohnehin geschieht schon die Beschreibung der psychosexuellen Entwicklungsstufen in Begriffen eines Modells der Folgen, die die Wechselbeziehung (Interaktion) zu Bezugspersonen für die Bedürfnis-, Handlungs- und Erlebnisstruktur des Kindes hat.

In der oralen Phase hat die Mutter herausragende Bedeutung. Selbstverständlich geht auch die Entwicklung des NST anhand weiterer, neuer Szenen der Interaktion mit anderen über dieses Stadium hinaus. Vom Narziß wird auch nicht gesagt, er habe überhaupt kein Ich ausgebildet, sondern nur, das seine neige zum »Zerfließen«, »Zerströmen«. Aber die Phänomene verweisen auf den sekundären Narzißmus, von dem Adorno

(1970a, 39) sagt, bei ihm neige das Ich dazu, sich selbst in Unbewußte zurückzunehmen. Regressionen dieser Art finden unter dem Einfluß insbesondere gesellschaftlicher Zwänge und Versagungen statt. Ebenso wenig handelt die Bezugsperson der primären Mutter-Kind-Dyade im gesellschaftlichen luftleeren Raum. Die Szenen, Scripts der Interaktion mit dem Kind sind keine, die von allgemeinen Prinzipien gesellschaftlicher Einheit und Entwicklung abgekoppelt wären. Der Erziehungsalltag ist vielleicht ein entscheidender Bereich, in dem sich Aufbau und Zerstörung des Selbst in konkreten Zusammenhängen unter gesellschaftlichen Voraussetzungen abspielt. Anders gesagt: Bei der Sozialisation wirken allgemeine Tendenzen vermittelt über alltägliche Szenen und Scripts der Interaktion mit Bezugspersonen auf die Trieb- und Bedürfnisstruktur des Individuums. Es bildet in diesem Prozeß einen Sozialcharakter ebenso aus, wie die Möglichkeiten und Schranken zur Ausbildung eines »reifen« Ich (produktiver Charakter) gesetzt werden. Die Theoretiker des NST versuchen daher u. a. auch, klarzumachen, welche gesellschaftlichen Einflüsse auf die frühkindliche Entwicklung tiefsitzende Einstellungen hervorrufen, die – wiederum aufgrund allgemeingesellschaftlicher Einflüsse – späteres Verhalten beherrschen können.

Die entscheidende Instanz, in der sich allgemein-gesellschaftliche Einflüsse vermittelt über alltägliche Szenen und Scripts auf die Trieb- und Bedürfnisstruktur von Individuen auswirken, ist zunächst die Familie. In ihrem Rahmen finden weiterhin die ersten Erziehungsversuche des Neugeborenen statt (primäre Sozialisation). Allerdings: früher und intensiver als je zuvor übernehmen andere gesellschaftliche Gruppen und Organisationen Erziehungsfunktionen neben der Familie: Krabbelstuben, Kindergärten, Peer-Groups, Schulen, Massenmedien etc. (sekundäre Sozialisation[1]). Zusätzlich ist die Familie intern auf ihren Kern: Vater, Mutter, ein oder zwei Kinder zusammengeschrumpft. Großeltern übernehmen allenfalls Babysitter- oder Wohltäterrollen, stellen aber kaum noch den Erziehungsvorgang beeinflussende Figuren dar.

Die Theorie des Narzißmus konzentriert sich vor allem darauf, welche Veränderungen der Rolle von Vater und Mutter aufgrund gesellschaftlicher Wandlungen und neuer Zwänge eingetreten sind. Zwischen Familienmitgliedern, so heißt es bei Ziehe (1975) mit Recht, findet nicht nur Interaktion mit Hilfe sprachlicher Ausdrücke statt, sondern auch eine wechselseitige Beeinflussung durch *unbewußte* Erwartungen, unbewußte oder allenfalls vorbewußte Gefühlsansprüche und Wünsche. Nicht nur das, was der eine vom anderen will, wenn er ihn sprachlich auffordert, ihn bittet, ihm einen

---

[1] Von »tertiärer Sozialisation« wird manchmal im Zusammenhang mit Fortbildungsinstituten geredet (Berufsschulen, Erwachsenenbildung, Hochschule).

Vorschlag macht etc., vermag die Reaktion des Gegenübers zu beeinflussen, auch die unbewußt angemeldeten Wünsche und Ansprüche (Bedürfnisse) veranlassen den anderen zu u. U. ihrerseits vom Unbewußten bestimmten Antworten.

Interaktion wird so als eine Szenenfolge mit einer ganz bestimmten Logik betrachtet: A äußert sich auf eine bestimmte Weise (durch Sprache, durch Gesten). Diese Äußerung beeinflußt die Art der Reaktion, die der andere (B) aus der Anzahl der ihm an sich in verschiedenen Formen zur Verfügung stehenden Antwortmöglichkeiten auswählt. (Man könnte Scripts als Aktions-Reaktionsanweisungen verstehen, die sich eingespielt haben, die man also nicht jederzeit wieder aushandeln muß.) Diese Äußerung von B wirkt nun ihrerseits auf A zurück, der seine ursprüngliche Aktion dann u. U. verändert, um ihm günstige Verhältnisse zu B (und umbekehrt, von B aus gesehen) herzustellen. (Dieser wechselseitige Zusammenhang kann sich natürlich unter bestimmten Voraussetzungen auch zum Konflikt aufschaukeln.) Entscheidend für die Narzißmustheorie ist, daß ein solcher szenischer Zusammenhang von Wechselwirkungen auch durch Äußerungen zustande kommen kann, die – ebenso wie die Reaktionen – unbewußt bleiben. Unbewußt bedingte Interaktionen in der Familie sind die Ebene, auf der die Narzißmustheorie gesellschaftliche Einflüsse und Trieb- und Bedürfnisansprüche zu einem Charakterbild vermittelt.

Die vermittelnden Bezüge zu der *gesellschaftlichen* Seite hin stützen sich beispielsweise auf die zentrale These, allgemeine Lebensbedingungen und Tendenzen im spätkapitalistischen System wirkten sich bei den Eltern sowohl a) zu einer weitgehenden Verunsicherung bei der Einschätzung ihrer gesellschaftlichen Situation, als auch b) in Form der Unfähigkeit aus, Strategien zu verfolgen, die das Ich des Kindes stärken.

Eher, so wird vermutet, werden die Kinder für die Eltern zu einem Mittel, unter gesellschaftlichem Druck bei Mutter und Vater entstehende psychische Probleme auszugleichen (»zu kompensieren«). Um nur ein Beispiel für die dahinter stehenden gesellschaftlichen Einflüsse zu geben: Eltern können heute aufgrund drastischer Veränderungen in der Berufs- und Arbeitswelt kaum noch einen festen Lebensplan vorleben oder vorschlagen, der zufriedenstellende Berufstätigkeit mit der Aussicht auf Erfolg verbindet. Inzwischen hat z. B. die Welle der Automatisierung (s. z. B. Computertechnologien) und die damit einhergehende Abwertung der Tätigkeit breiter Bevölkerungsgruppen auch klassische Mittelstandsberufe (z. B. Angestellte in Büros und Banken) eingeholt. Viele Menschen sind oder werden Anhängsel von technischen Apparaturen und können sich und anderen kaum noch einreden, einen Beruf zu haben, der sie »erfüllt«. Die Ansprüche auf produktive Selbstbetätigung lassen sich in modernen Jobs kaum verwirklichen. Wie soll da ein Vater beispielsweise zum Vorbild

für einen eigenen sinnvollen Lebensplan werden? Jugendarbeitslosigkeit
macht überdies viele Hoffnungen zunichte.
Bedrückende Erfahrungen dieser Art steigern bei den Eltern dann u. U.
das Bedürfnis, bestätigenden Ausgleich in der heillos als heil angesehenen
Familie zu finden, damit aber die Intensität unbewußter Ansprüche an ihre
Mitglieder zu verschärfen.

Parallel mit dem Prozeß, in dem die Familie immer mehr Erziehungsfunktionen an gesellschaftliche Institutionen abgibt (Lasch: »Funktions-
übertragung«), erhöht sich in ihr das Gewicht »emotional-affektiver Ansprüche«, der Ansprüche auf Zuneigung, persönliche Anerkennung, aber
auch der unbewußten Versuche, den anderen für die Lösung eigener
psychischer Probleme gleichsam einzusetzen. Der Bürger versteht die
Familie als die private, heile Welt des Intimen. Mit dem Leiden, das die
Organisationen der sekundären Sozialisation Kindern heute zumuten
(s. z. B. das allseits zerredete Problem der Schulangst) kommt nun gar noch
ein offizieller, gesellschaftlicher Druck von außen auf die Familien zu, hier
für Ausgleich oder Abhilfe zu sorgen (vgl. Lasch 1980, 196 ff.). Zugleich
wird die Familie (insbesondere in den USA) von der therapeutischen
Kultur überschwemmt. Lasch und andere verweisen auf die vielen Sonder-
angebote aus dem Psychobasar, die – in den widersprüchlichsten Formen
und als wechselnde Mode – den verunsicherten Eltern als Erziehungshilfe
angeboten werden. »Funktionsübertragungen« und Zerstörung der Chancen, sich in der Arbeitswelt und dem vermarkteten Freizeitbereich zu
verwirklichen, »haben es den Kindern immer schwerer gemacht, stabile
psychologische Identifikationen mit den Eltern auszubilden« (Lasch 215).
Die Unsicherheit über Erziehungsziele wird durch Expertengläubigkeit
ausgeglichen.

»Die Invasion der Familie durch Industrie, Massenmedien und die Organe der
sozialisierten Elternschaft hat die Qualität der Eltern-Kind-Beziehung unmerklich
verändert. Sie hat ein Ideal perfekter Elternschaft hervorgebracht, während sie
zugleich das Vertrauen der Eltern in ihre Fähigkeit zerstörte, auch nur die elementarsten Aufgaben der Kindererziehung erfüllen zu können. Die amerikanische Mutter
hängt, laut Geoffrey Gorer, in so hohem Maße von Experten ab, daß sie niemals die
mühelose, fast unbewußte Selbstsicherheit der Mütter früherer, straffer strukturier-
ter Gesellschaften erreicht, deren Richtigkeit sie niemals in Frage stellte. Einem
anderen Beobachter zufolge ist die ›unreife, narzißtische‹ amerikanische Mutter ›so
unfähig zu spontanen Äußerungen mütterlicher Gefühle‹, daß sie ihre Abhängigkeit
von Ratgebern nur noch verdoppelt. ›Wachsam und eifrig studiert sie alle neuen
Erziehungsmethoden und liest Abhandlungen über körperliche und seelische Hygiene‹. In ihren Handlungen folgt sie nicht ihrem Gefühl oder Urteil, sondern ›dem
Bild dessen, was eine gute Mutter sein sollte‹.« (Ebd.)

Wo sollte sie ihre Selbstsicherheit auch in einer Welt beziehen, die
scheinbar in zahllose, ständig wechselnde und keine Einheit verratende

Sinnprovinzen zersplittert, vor Augen steht? Die Scripts für Erziehungsszenen, um es im Jargon von Cohen/Taylor auszudrücken, scheinen so diffus und verschiedenartig wie Scripts für modernes Alltagshandeln überhaupt.

Diese und andere gesellschaftliche Schwierigkeiten und Versagungen, so lautet die schon erwähnte Grundthese der Narzißmustheorie, werden für Vater und Mutter zum Anlaß, das Kind als eine Art Mittel für die Lösung psychischer Konflikte in jenem Wechselverhältnis von unbewußten Ansprüchen und Erwartungen einzusetzen (»affektive Funktionalisierung«). Aus selbst wiederum gesellschaftlichen Gründen kommt jedoch der *Mutter* die entscheidende Rolle bei diesem Vorgang zu. Der Vater befindet sich die meiste Zeit außerhalb des Hauses, während die Mutter im allgemeinen in der geschrumpften Kernfamilie regelmäßiger präsent ist. Da die Hausfrauenrolle als Form gesellschaftlicher Arbeit im Kapitalismus nur geringes Prestige genießt, liegen Erfolgsprämien für Familientätigkeit eher auf der Kindererziehung. Aber die gesellschaftlich bedingten Unsicherheiten über Erziehungsziele, der auf die Familien zurückschlagende Druck zur Kompensation von Fehlern der sekundären Sozialisation etc. überfordern natürlich auch die Mütter. In der Narzißmustheorie wird vermutet, daß die bedenklichsten Folgen beim Kind auftreten, wenn die Mutter ihre Probleme dadurch kompensiert, daß sie dem Kind die Auflösung der frühen engen Mutter-Kind-Beziehung (»symbiotische Beziehung«), damit die Ausbildung der Fähigkeit, vom Selbst (Ich) abgetrennte Objekte (Nicht-Ich) libidinös zu besetzen, erschwert.

Vor der Geburt existiert der kindliche Organismus in harmonischem Gleichgewicht mit dem schützenden Organismus der Mutter (»intrauteriner Gleichgewichtszustand«; vgl. Ziehe 1975, 121). Die Geburt bedeutet einen schweren Schock, eine Art Trauma. Aber in der allerersten, der primärnarzißtischen Phase frühkindlicher Entwicklung besteht weiterhin eine sehr enge Bindung an die Mutter. Es herrscht noch das dem Zustand vor der Geburt entsprechende Gefühl eines unendlichen Wohlbehagens, einer Verbundenheit mit der ganzen Welt. Freud spricht in diesem Zusammenhang von einem »ozeanischen Gefühl«.

Die Mutter ist in diesem Stadium noch kein abgetrenntes Objekt, sondern »nur ... gewährleistende Instanz eines Zustandes, der dem intrauterinen nahekommt«.

»Diese allerfrüheste Phase kann als ›objektlos‹ insofern bezeichnet werden, als ein menschlich konturiertes Objekt oder Teilobjekt noch nicht wahrgenommen werden kann und auch kein libidinöses Bedürfnis hiernach besteht ... Nur das als diffus und elementar wahrgenommene Objekt, das gewissermaßen die gesamte Eigenpersönlichkeit umschließt und einbettet, kann also die Nachfolge des ersehnten Urzustandes gewährleisten.« (Ebd., 122f.)

Anhand der elementaren Logik von Interaktionen (s. o. S. 201) kann sich klarmachen, wie die Mutter eine Fixierung auf diese Stufe bewirken kann: Aufgrund eigener, unbewußter Motive erträgt die Mutter es nicht, daß das symbiotische Verhältnis zum Kind zugunsten von Objektbesetzungen aufgegeben wird. Das Kind zeigt bestimmte Verhaltensäußerungen. Die Mutter bestätigt (unbewußt) durch ihre Reaktionen aber nur diejenigen, welche die Symbiose nicht bedrohen. Das veranlaßt nun (unbewußt) das Kind seinerseits, Verhaltensäußerungen aufzugeben, die »ungünstige« Reaktionen bei der Mutter hervorrufen könnten. Es »beginnt, sich auf jene Verhaltensäußerungen zu spezialisieren, die eine erkennbare (günstige – C. D.) Gegenreaktion der Mutter hervorrufen« (ebd., 124).

Ziehe beschreibt – wenn man den Nebel des Fachjargons durchdringt – sehr konsequent zwei diesem Muster entsprechende Szenenfolgen (ebd., 124–127):

A) Die Mutter kann starke Angst angesichts der Tatsache empfinden, daß das Kind sich über das symbiotische Stadium hinaus entwickelt. Sie empfindet den Ablösungsversuch als Bedrohung des emotionalen Ausgleichs, den sie mit Hilfe des Kindes (unbewußt) erreicht hat. Ihre Angst wirkt als Äußerung auf das Kind ein, dessen Möglichkeiten, die Mutter als ein eigenständiges Subjekt libidinös zu besetzen, dadurch entscheidend eingeschränkt werden. Die Trennungsängste, die der normale Entwicklungsprozeß beim Kind ohnehin freisetzt, werden verstärkt. Reagiert nun eine Mutter, die den Ablösungsvorgang seelisch nicht ertragen kann, gar mit einem panischen, unmittelbaren Abbruch des symbiotischen Verhältnisses, dann erlebt dies das Kind als eine Katastrophe. Schwerste seelische Schäden können das Ergebnis sein (Das ist zugleich ein Beispiel dafür, wie sich Interaktionsszenen zur Krise aufschaukeln können).

B) In anderen Fällen schlägt die Angst der Mutter nicht gleich in den starren Entzug ihrer Zuneigung um. Sie versucht vielmehr, die ursprüngliche Symbiose angesichts der Weiterentwicklung des Kindes beizubehalten. Auch in diesem Falle unterstützt und bestärkt sie (unbewußt) Verhaltensäußerungen des Kindes. Hier vor allem solche, die ihr als Spiegelbild ihrer eigenen *narzißtischen Selbstvorstellung* erscheinen. Sie stützt zugleich ihr eigenes »symbiotisches Bedürfnis«, über das sie ihre Probleme kompensiert, ebenso wie das des Kindes. Eine Krise entsteht spätestens dann, wenn das Kind rein durch die Entwicklung seiner körperlichen Bewegungsfähigkeit mit Dingen umgehen kann und die Mutter ebenfalls als »draußen« erlebt. Das Kind, auf diese Brüche seelisch nicht vorbereitet, erlebt nun eine starke Trennungsangst angesichts von Fertigkeiten, die die eigenen sind. Die Mutter entzieht sich zwar nicht in jener starren Form, die für den Fall A kennzeichnend ist, aber sie wirkt in gewisser Weise der selbständigen Ich-Entwicklung entgegen. Weiterhin bleibt sie der allmächtige Quell der Zuneigung, ein Mutterbild, das sie gegen die Trennungsängste des Kindes aufrechtzuerhalten versucht. Sie verteidigt den symbiotischen Zustand. Nach der Narzißmustheorie stellt sich beim Kind das Ergebnis ein, »daß die weiterhin als diffus und omnipotent wahrgenommenen primär-narzißtisch besetzten Repräsentanzen des Mutterobjekts« (ebd., 125), daß die Vorstellungen der Mutter als unbestimmter, aber allmächtiger und gütiger Instanz der Befriedigung und Selbstbestätigung, unbewußt festgehalten werden – und zwar mit einer Festigkeit und Dauer, wie sie bei normaler Ich-Entwicklung nicht zu beobachten ist. »Die bedrohte Einheit mit der Mutter ist also somit in das unbewußte Selbst aufgenommen worden« (ebd., 126). Narzißtische Bindungen und die weitere libidinöse Entwicklung passen nicht mehr richtig zusammen. Kurz: Ergebnis *dieser* Szenenfolge ist der *narzißtische Charakter*. Auf ihrem Hintergrund wird auch die Veränderung des Über-Ich deutlich, die den NST kennzeichnet (vgl. Lasch 1979, 222 ff.):

Aufgrund des besonderen Einflusses der Mutter entwickelt sich nach dieser Auffassung das Über-Ich nicht mehr nach dem Muster der »Identifikation mit dem Aggressor« im Rahmen ödipaler Konflikte. Die emotionale Zuwendung oder Kälte der Mutter wird maßgeblicher als die strafende väterliche Autorität. Insgesamt sind die Eltern nicht länger Vorbilder »disziplinierter Selbstbeherrschung« (Lasch, 225); gleichwohl lassen die Ansprüche des Über-Ich damit nicht nach. Das Über-Ich verändert sich nur gemäß den Eigenheiten der oral-narzißtischen Phase. Es beruht nun »weitgehend auf archaischen, mit grandiosen Ich-Vorstellungen verschmolzenen Bildern der Eltern« (ebd.), vor allem der Mutter.

Das Über-Ich »präsentiert dann dem Ich einen übersteigerten Maßstab für Ansehen und Erfolg und verurteilt es mit wilder Unerbittlichkeit, wenn es sich diesem Maßstab nicht gewachsen zeigt. So erklären sich die Schwankungen des Selbstwertgefühls, die so häufig mit pathologischem Narzißmus einhergehen.« (Ebd.)

Auch die rasende Wut, die man am NST beobachtet, hat ihren Ursprung in der Kluft zwischen den zur Allmacht phantasierten Ansprüchen an das Selbst und den zwangsläufigen Mißerfolgen beim Versuch, den Ansprüchen zu genügen. Das narzißtische Über-Ich enthält eher noch aggressivere Züge als dasjenige, welches aus dem Zusammenbruch des Ödipuskomplex resultierte.[2] Für den autoritären Charakter war ein Widerspruch zwischen

---

[2] S. auch Lasch 29 f. An dieser Stelle (vor allem Fußnote 1) findet sich auch eine Unterscheidung von »Über-Ich« und »Ich-Ideal«, die in der Diskussion manch-

Lustprinzip und Realitätsprinzip maßgebend, den NST kennzeichnet der
»Widerspruch zwischen dem Realitätsprinzip und einem narzißtischen
Allmachtsanspruch des Selbst – und sei es auf Kosten eines partiellen
Rückzugs von der kränkenden Realität« (Häsing u. a. 1979, 25).

Individualismus und narzißtische Kultur

Lasch untersucht die Veränderungen des bürgerlichen Individualismus am
Beispiel der amerikanischen Gesellschaft, einer Gesellschaft, bei der nach
seiner Auffassung die Vorherrschaft des narzißtischen Charakterbildes
immer deutlicher wird.[3] Die Untersuchung der narzißtischen Kultur ist
Analyse einer absterbenden Lebensform, eines »niedergehenden Lebensstils«, nämlich des wettbewerbsorientierten (»competitiven«) Individualismus der bürgerlichen Epoche (14). Früher herrschte eine vergleichsweise
ungezügelte Konkurrenz einzelner Personen und Gruppen, die auf der
Grundlage ihres Privatbesitzes eigennützig um Vorteile kämpften. Selbständigkeit sollte durch Selbstbehauptung auf dem Warenmarkt erreicht
werden.

Der Darwinismus, die Theorie der »Auslese der Arten durch Lebens-
kampf« ist denn auch keineswegs zufällig an den ökonomischen Verhältnissen im frühkapitalistischen England abgelesen worden. Planvolle und
geschickte Verfolgung des Eigennutzes; das Wuchern mit seinen Pfunden,
so lehrte die damalige ökonomische Theorie, wird sich durch die heilsame
Wirkung der Marktgesetze zum Wohle aller auswirken.

Verhaltens- und Denkmuster dieser Form des Individualismus prägen
die bürgerliche Lebenswelt nicht mehr in dem Maße wie zuvor. Aber das
bedeutet nicht, die selbstsüchtige Konkurrenz sei in der individualistischen
Kultur verschwunden. Mit dem Aufkommen des Narzißmus hat sie ihre
Erscheinungsform verändert. Sie offenbart sich heute eher als Wettstreit
auf dem Austauschmarkt der guten Eindrücke.

---

mal eine Rolle spielt. Das Über-Ich besteht nach Lasch aus »verinnerlichten
Vorstellungen von Eltern und anderen Autoritätssymbolen«, während das Ich-
Ideal die Verinnerlichung späterer vorbildhafter Erlebnisse bezeichnet, also
»spätere Verinnerlichung von Erwartungen anderer sowie jene Charakterzüge, die
wir an ihnen bewundern und lieben«.

[3] In diesem Abschnitt können nur einige Aspekte dieses lesenswerten Buches
dargestellt werden (wobei die Originalfassung der manchmal eigenwilligen Übersetzung vorzuziehen ist). Seitenzahlen ohne weitere Angaben beziehen sich im
folgenden auf Lasch 1980.

»Die neuesten Leitfäden zum Erfolg . . . unterscheiden sich von früheren dadurch, daß sie Bedürfnis und Notwendigkeit, andere auszubeuten und einzuschüchtern, ganz offen akzeptieren, sich für die inhaltliche Qualität des Erfolgs überhaupt nicht mehr interessieren und unverblümt betonen, daß Äußerlichkeiten – ›Erfolgs*images*‹ – mehr zählen als die eigentliche Arbeit; daß es wichtiger ist, für erfolgreich gehalten zu werden, als etwas zu leisten.« (84)

Das ist das Erfolgsrezept des Narzißten als dem Typ, dem es leicht fällt, auf andere Eindrücke zu machen, der nach Bewunderung strebt und gleichzeitig diejenigen verachtet, »die er dazu bewegen kann, ihm Bewunderung zu zollen; er ist unersättlich in seinem Hunger nach Gefühlserlebnissen, mit denen sich die innere Leere füllen ließe; und er ist geängstigt von Alter und Tod« (60). Selbstbestätigung findet er dadurch, daß er sein Image aufpoliert (s. 80 ff.).

»Um sich in der Rolle, die er für sich selbst zurechtgelegt hat, zu vervollkommnen, blickt der neue Narziß in sein eigenes Spiegelbild, nicht so sehr in Bewunderung versunken, als auf unermüdlicher Suche nach Mängeln, nach Zeichen von Ermüdung und Verfall.« (123)

Auf seine Weise steht er dadurch mitten in der modernen, verwalteten Welt. Denn viele der heutigen Bürokratien zahlen auf sein Verhalten eine Prämie. In den Beamten- und Angestelltensilos wird beispielsweise eine besondere Art »Bürokratisierung des Geistes« (Goffman) erwartet. Man muß sich darauf verlassen können, daß der einzelne zur rechten Zeit und am rechten Ort die erwartete Schau abzieht. Voran kommt er in den bürokratischen Systemen ohnehin nur in dem Maße, wie er es versteht, das eigene Selbst nach der Art einer gut verpackten Ware zu vermarkten. Besondere Wertschätzung erfährt seine Fähigkeit zur »Menschenführung«, sein Geschick bei der Manipulation zwischenmenschlicher Beziehungen. Man hat beobachtet, daß sich Karrieren im Management von der »Aufgabenorientierung und Meisterung von Aufgaben« (87) weg auf Strategien der Manipulation guter Eindrücke und menschlicher Beziehungen verschoben haben. »Je besser der leitende Angestellte oder Bürokrat die persönlichen Eigenarten seiner Untergebenen kennt, um so besser kann er ihre Fehler ausnutzen, um sie zu beherrschen und seine eigene Überlegenheit sicherzustellen.« (87 f.) Damit kann der Narziß die »Auszehrung von älteren Traditionen des Sich-zu-helfen-Wissens« auszugleichen versuchen. Denn die »Kompetenz des Menschen im täglichen Leben« wurde »auf einem Gebiet nach dem anderen beschnitten und das Individuum von Staat, Firmen und anderen Bürokratien abhängig gemacht« (27). Für Lasch ist der Narzißmus eine psychologische Seite dieser Hilflosigkeit. Aber heute kommt es in den Bürokratien, in der Kultur insgesamt, gar nicht in erster Linie auf Erfolg als Ergebnis einer gewollten Tätigkeit an.

»Heute wollen die Leute nicht aufgrund dessen geschätzt werden, was sie getan und geleistet haben, sondern aufgrund persönlicher Eigenschaften. Sie möchten eigentlich nicht geachtet, sondern vielmehr bewundert werden.« (85)

Denn trotz der Allmachtphantasien, die ihn beherrschen, ist der Narzißt zur Sicherung seines Selbstgefühls auf das applaudierende Publikum angewiesen. Er kann nicht ohne es leben. Der Unterschied zwischen dem klassischen Individualisten und dem modernen Narzißten wird deutlich.

»Für den Narzißten ist die Welt ein Spiegel, während der robuste Individualist in ihr nichts als eine freie Wildnis sah, die er nach seinem Willen formen wollte.« (27)

Das Lebensgefühl des spätkapitalistisch-narzißtischen Typus ist weit von dem des heroischen bürgerlichen Subjekts entfernt, aber er folgt nur einer neuen Logik der alten individualistischen Konkurrenz.

Mit diesen Wandlungen zerfällt natürlich auch die protestantische Arbeitsethik (s. Kapitel 2), die bis vor kurzem noch eine »der bedeutsamsten Stützen der amerikanischen Kultur« (76) war.

Die Vereinigten Staaten sind zweifellos ein Land, das entscheidend von protestantischen Sekten und Gesinnungen geprägt wurde. Ihr Einfluß ist weiterhin erheblich. Normen der protestantischen Arbeitsethik lassen sich z. B. an der klassisch-amerikanischen Idealfigur des »self made man« zusammenfassen: Ihn kennzeichnet Fleiß, Nüchternheit, Mäßigung, Selbstdisziplin und das Streben, keine Schulden zu hinterlassen, ebenso wie ein fester Plan für die Zukunft (77). Er konnte noch mit der Aussicht auf materiellen Erfolg und gesellschaftliches Ansehen den augenblicklichen Genuß aufschieben und zäh der von ihm als in sich sinn- und verdienstvollen Berufs- bzw. Geschäftstätigkeit nachgehen. Heute leben Amerikaner, aber nicht nur Mitglieder dieser beim Zerfall der individualistischen Kultur führenden Nation, eher in einem »Zeitalter der schrumpfenden Erwartungen«.[4] Die »protestantischen Tugenden (können) keine Begeisterung mehr wecken« (77).

Gespartes wird von der Inflation aufgefressen, die stumpfe Fabrik- oder Büroarbeit reizt noch weniger als zuvor zu Selbstverwirklichung durch Berufsfleiß, Schulden stellen keine Sünde dar, die Zukunft läßt sich kaum noch planen, Jugendarbeitslosigkeit erstickt alle Lebenspläne vieler Jugendlicher im Keim. Nur Narren werden sich noch langfristig engagieren. An die Stelle der Selbstverwirklichung tritt die bloße Selbstbehauptung in einer alles andere denn anregenden Welt. Den schrumpfenden Hoffnungen für die Zukunft entspricht das geschichtslose Verständnis gegenwärtiger Verhältnisse (19 ff.).

---

[4] Das ist der Untertitel des Buches von Lasch.

Das Selbstwertgefühl hängt, wie schon erwähnt wurde, von äußerer, öffentlicher Anerkennung ab, wobei der Beifall weniger den Leistungen des einzelnen als seinen persönlichen Eigenschaften gespendet wird (84). Was bei all dem herauskommt, kann man durchaus auch als eine logische Zuspitzung von Tendenzen der individualistischen Kultur begreifen:

»Die Amerikaner sind nicht wirklich geselliger und kooperativer geworden, wie die Verfechter der Fremdbestimmung und der Konformität uns glauben machen wollen; sie sind lediglich geschickter in bezug auf die Ausbeutung zwischenmenschlicher Beziehungen zum eigenen Vorteil geworden. Handlungen, die scheinbar nur zum Vergnügen unternommen werden, haben oft das reale Ziel, andere hereinzulegen.« (93)

Der Zwang, dem der Narziß unterliegt, seine Größe durch andere bestätigt zu sehen, ohne je Zufriedenheit zu finden, weil sein Ich ständig zerfließt, spannt ihn in die therapeutische Kultur:

»Der Kapitalist des 19. Jahrhunderts mit seinem zwanghaften Fleiß, dem Streben, sich der Versuchung zu entziehen, litt entsetzlich unter seinen Dämonen. Der zeitgenössische Mensch aber, den seine Selbstbefangenheit peinigt, wendet sich neuen Kulturen und Therapien nicht zu, um sich von seinen Zwangsvorstellungen zu befreien, sondern um Sinn und Ziel im Leben zu finden, um irgendeiner Sache auf die Spur zu kommen, für die es sich zu leben lohnt, genauer: um sich eine Obsession *zuzulegen*, und wenn es nur die passion maitresse der Therapie selbst ist.« (131)

Ausgehöhlt ist natürlich auch das klassische Leistungsprinzip, die bürgerliche Umformung des Realitätsprinzips. In der heroischen Phase der Innenleitung erwarb man beispielsweise Ruhm durch das Vollbringen vorbildlicher Taten; heute steht die Berühmtheit hoch im Kurs. Berühmtheit stellen beispielsweise jene Charaktermasken in den Massenmedien zur Schau, die den Lohn eines »lebhaften oder gefälligen Äußeren« vermarkten und es verstanden haben, »sonstwie Aufmerksamkeit auf sich« zu lenken (85). Lasch zieht aus all dem eine drastische Konsequenz:

»Im Gegensatz zu den Verlautbarungen der meisten Bildungstheoretiker und ihrer Verbündeten in den Sozialwissenschaften basiert die hochentwickelte Industriegesellschaft nicht mehr auf einer leistungsorientierten Bevölkerung.
Statt dessen benötigt sie eine verdummte Bevölkerung, die sich mit einer trivialen und schlampig geleisteten Arbeit begnügt und von vornherein dazu neigt, ihre eigentliche Befriedigung in der Freizeit zu finden.« (164)

An Laschs in vielen Fällen zur eingängigen Ironie zugespitzten Untersuchung der narzißtischen Kultur lassen sich recht gut drei Probleme von Subjekttheorien als Kulturkritik verdeutlichen:

1) Einmal wird klarer, wie schwierig es ist, Distanz von den Normen der Kultur zu gewinnen, die man kritisiert und in der man gleichzeitig lebt. Denn es wird sich Lasch an manchen Stellen nachweisen lassen, daß sein

Maßstab von Kritik doch noch vom klassischen Liberalismus der amerikanischen Vergangenheit beeinflußt bleibt, dessen Verfall er überzeugend dokumentiert.

2) Kulturkritik versteift sich daher leicht auf das Bild einer gradlinigen Verfallsgeschichte. Der autoritäre Charakter erscheint dann plötzlich als einer, der immerhin noch Dinge geschafft hat, zu denen der Narziß nicht mehr fähig ist. Man stellt fest, daß der gesellschaftliche Zwang die Individuen zu immer weitergehenden, tieferreichenden Regressionen zwingt, so daß nun den Regressionen auf »höhere« Stufen durchaus ein wenig nachgetrauert wird. Das mag eines der Probleme sein, das für eine Kulturkritik entsteht, die glaubt, die Verhältnisse unmittelbar »an ihrem Begriff«, das heißt: an Normen ihrer Aufstiegsphase messen zu können. Ich vermag nicht zu sehen, wie dieses Verfahren möglich sein soll, ohne einen Bezugspunkt der Kritik zu haben, der die Normen der klassischen Zeiten des Systems selbst noch in Frage stellt.

Bedenklich ist auch, daß mit dem Bild des Verfalls zweifelhafter, aber vergleichsweise passabler Normen der Vergangenheit die *Funktionstüchtigkeit* moderner Sozialcharaktere unterschätzt werden kann: Gegenüber Lasch läßt sich dieser Einwand allerdings nicht einschränkungslos erheben. Er sieht durchaus, daß der NST, der narzißtisch-spätkapitalistische Typ, eine neue Form der Konformität im Sinne Riesmans darstellt (s. Kapitel 6, S. 145 ff.). Man muß den NST also in einer Art doppelter Widersprüchlichkeit sehen:

a) Zum einen zeigt sich in ihm eine Form des Individualismus, die veränderten objektiven Lebensbedingungen im spätkapitalistischen System durchaus angemessen ist. Das belegen u. a. Laschs Untersuchungen zur Rolle des narzißtischen Syndroms in der verwalteten Welt, das zeigt sich in der »Flexibilität« des NST, die den ständig wechselnden spätkapitalistischen Szenen jederzeit etwas Neues, ein neues »Erleben« abgewinnen will. Auf der anderen Seite weist der NST jedoch eine Reihe von Tendenzen auf, die Funktionsbedingungen des bestehenden Systems aushöhlen: die wachsende Kränkungsangst der Menschen, Verweigerungshaltungen, Planlosigkeit etc.

b) Der NST ist unbestreitbar das Ergebnis einer gesellschaftlich bedingten Regression (s. Teil 1 und 2 dieses Kapitels). Doch unter einem anderen Gesichtspunkt betrachtet, enthält er durchaus das Potential zur Steigerung einer gegen Herrschaft und Unterdrückung gerichteten Sensibilität. Auf sie und die darauf fußende Bereitschaft zur »großen Verweigerung« scheint Marcuse einige Hoffnung gesetzt zu haben.

3) Die Beschreibung des NST bei Lasch scheint den in den vorhergehenden Kapiteln erwähnten Merkmalen spätbürgerlicher Sozialcharaktere keine

wesentlich neuen Bestimmungen hinzuzufügen. Das Management der guten Eindrücke, das für den Identitätsarbeiter kennzeichnend ist, die Fassadenarbeit am Image, die Abhängigkeit vom äußeren Eindruck auf andere, alle Merkmale des außengeleiteten Typus der Konformität, tauchen auch bei der Beschreibung des NST auf. Es drängt sich damit die Frage auf, ob hier wirklich ein neuer Sozialisationstyp oder eine besondere Spielart des Außengeleiteten entdeckt wurde.

Wenn Lasch beispielsweise einen Übergang von der »innengeleiteten zur narzißtischen Persönlichkeit« feststellt (64) oder vom »pathologischen Narzißten« spricht, »der in seinem Selbstgefühl auf die Bestätigung durch andere angewiesen ist, die er nichtsdestoweniger abwertet« (125), scheint eine Beschreibung außengeleiteten Verhaltens vorzuliegen. »Das Ich bedarf der ständigen narzißtischen Zufuhr von ›außen‹, um vor dem eigenen Narzißmus bestehen zu können« (Häsing u. a., 37). Aber nahezu alle Autoren sind sich darin einig, daß der NST auch gegenüber dem Außengeleiteten neue charakterologische Züge verkörpert (Lasch, 89ff./Häsing u. a., 70ff.). Der Wunsch des Narzißten ist es, mit den Objekten der Außenwelt zu verschmelzen. Der Außengeleitete sieht *sich* in Abhängigkeit vom Objekt. Er achtet auf die Signale, die andere geben, um sein Verhalten darauf einzustellen. Dazu bedarf es durchaus noch einer das Draußen bestimmenden Aufmerksamkeit. Beim Narzißten werden die Merkmale der Außenwelt vorzugsweise unter dem Gesichtspunkt bedeutsam, ob sie sich zur Vervollständigung des eigenen, als unzulänglich erlebten Ich benutzen lassen.

»Die gegebenenfalls eintretende Entwicklung, daß sich dieses andere Objekt als different, als eigenständig, als sich verändernd herausstellt, wird so gesehen in der Regel als fundamentale Enttäuschung, wenn nicht gar als massive Entfremdung wahrgenommen.« (Häsing u. a., 130)

Das Draußen ist etwas, dessen man sich für den eigenen Narzißmus bedient, nicht so sehr etwas, an dem man sich ausrichtet. Überdies ist der Narziß auf eine grundsätzlich asoziale Weise sozial, mit anderen verbunden.

»Die narzißtische Problematik ist die, daß das Subjekt von narzißtischer Zufuhr durch andere Objekte abhängig ist. Sie bedeutet aber nicht eigentlich ein Sich-Ausrichten nach den Merkmalen dieser Objekte, bedeutet nicht notwendig ein konformistisches Sich-Anpassen, sondern projektive Selektion in der Wahrnehmung der Objekte, die narzißtische Zufuhr versprechen, so daß imaginativ unterstellt werden kann, diese Objekte seien ›immer schon‹ wie das Selbst nicht ›Hereinnahme‹ von Äußerem, sondern eher *›Ausweitungstendenz‹ des Selbst*. Die Vorbilder sind nicht personifizierte Über-Ich-Repräsentanten, sondern *Ersatz für das nicht-integrierbare Größen-Selbst*.« (Ebd.)

Weil hier und bei manch anderen abgrenzenden Argumenten Riesmans

Begriff der »Konformität« mit »Konformismus« gleichgesetzt wird, mag die Frage noch nicht vollends entschieden sein. Die Richtung, in die die Aussagen im allgemeinen gehen, lassen sich jedoch, kurz, vielleicht so zusammenfassen:

a) Manipulation der guten Eindrücke ist auch für den NST maßgeblich. Aber das Fassaden-Ich des Identitätsarbeiters, des Marketing-Charakters, ist bei ihm noch weiter zu einem solchen herabgesetzt, das sich in die Dinge verlieren möchte. Das Ich des Identitätsarbeiters ist gleichsam die Nahtstelle, an der der Außengeleitete in den neuen narzißtisch-spätkapitalistischen Sozialisationstypus übergeht.

b) Die Regression auf den Narzißmus mündet mit ihren Ergebnissen und Merkmalen in einem Sozialisationstyp aus, der nicht länger als eine Spielart des Außengeleiteten angesehen werden kann. Dieser NST paßt auf widersprüchliche Weise in die bürgerliche Spätphase schwindender Erwartungen und sinkender Hoffnungen. Er blickt in einen trüben Tümpel, in dem sich nichts mehr spiegelt.

Leseempfehlung zu Kapitel 7

Drei Dokumente, in: Häsing, Stubenrauch, Ziehe (Hg): Narziß – Ein neuer Sozialisationstypus?, (N), Bensheim 1979, 13–18.

Hans Jürgen Döpp: *Narziß: Ein neuer Sozialisationstyp?*, in ebd., 19–35.

Thomas Ziehe: *Pubertät und Narzißmus*, Frankfurt/Köln 1975, Teil 5, 106–132.

Christopher Lasch: *Das Zeitalter des Narzißmus*, München 1980 (Amerikanische Pocket-Book-Ausgabe bei Warner-Books: *»The Culture of Narcissism«* 1979) besonders Kap. 1 bis 3.

Kapitel 8
Subjekttheorie als Ideologie?

Über subjektlose Strukturen

> Die offene Frage dieses Kapitels: *Ist es wirklich eine »Unmöglichkeit, weiterhin die Geschichte und die Gesellschaft vom Subjekt und vom menschlichen Bewußtsein aus zu denken«?* (Foucault 1978, 17)

Eine kleine Inszenierung von Zitaten

Nicht jeder, der Argumente in der Form eines Dialogs zwischen Personen anordnet, will in Platons Spuren wandeln. Das Vorgehen kann ihm einfach als zweckmäßig erscheinen. In diesem Sinne möchte ich jemanden vorstellen und zur Wort kommen lassen, der gegen all das spricht, worauf ich mich stützte: gegen den Begriff des *Subjekts* im kritischen Horizont von Freiheit und gesellschaftlich gesicherter Selbstbestimmung; gegen den – bei allen Einschränkungen – recht zustimmenden Rückgriff auf Fichte.

Dieser Jemand ist keine Person, ja, er versteht sich *ausdrücklich* nicht als Person. Die Frage: »Wer spricht? Wer handelt?«, ist ihm gegenüber völlig fehl am Platz. »Es ist immer Vielfalt – selbst in *einer* sprechenden und oder handelnden Person.« (Deleuze in einem Gespräch mit Foucault ebd., 129) Der Sprecher äußert nur ein Redemuster, das niemanden einzelnen zu seinem Urheber hat. Seine Äußerung ist eine Stelle, ein Knotenpunkt in einem ganzen System von Äußerungen, die zu verschiedenen Zeiten und an verschiedenen Orten getan wurden bzw. getan werden könnten. Sie sind auch nicht an das Gedächtnis oder Sprachvermögen des einzelnen Subjekts gebunden; denn sie können in den verschiedensten Archiven (z. B. Büchern) aufgespeichert sein. Dennoch bilden sie vor allem durch die Regeln der Kombination ihrer Elemente (= z. B. Einzelaussagen, Grundmotive, Problemstellungen) eine erkennbare Einheit, eine Einheit, die eigene, nicht vom Urheber der Rede gestiftete ist. Der Sprecher ist immer »Vielfalt«, weil er als einzelner zahlreichen solcher verschiedenen Aussagesystemen zum momentanen Ausdruck verhelfen könnte.

Philosophen der Reflexion wie Fichte und einer »alteuropäischen« Tradition heillos verfallen, lasse ich den Jemand dennoch als Sprecher, als Person auftreten. Aber in der Tat ist er kein Einzelwesen, sondern Verkörperung (Knotenpunkt) von Aussagen, die von ganz verschiedenen Personen zu ganz verschiedenen Zeiten und Anlässen gemacht wurden. Er besteht aus einer Montage von Zitaten zu einer Art Einheit. Diese Einheit bestimmt sich durch Tendenzen, wie sie in der offenen Frage des Mottos zu diesem Kapitel erscheinen. Als These formuliert: Es ist unmöglich, die Geschichte und die Gesellschaft weiterhin vom Subjekt und vom menschlichen Bewußtsein aus zu denken. Das Schlagwort, das die Anhänger dieser These für sie gefunden haben, lautet: »*Antihumanismus*«.

Was sie damit meinen könnten, steht einer ungewöhnlichen Vielfalt von Deutungsmöglichkeiten offen. Man kann es auch so sehen: Es ist, wenigstens für mich, nicht leicht, das Bedenkenswerte am Antihumanismus vom Bedenklichen abzuheben. Ich nehme ihn aber zunächst als einen mit großem Anspruch auftretenden Versuch, etwas ganz anderes, Fruchtbareres an die Stelle von Subjekttheorien zu setzen, die die gesellschaftlichen Voraussetzungen eines »reifen Ich« (Freud) bedenken.

Die »Reduktion des Menschen auf die ihn umgebenden Strukturen scheint mir charakteristisch für das gegenwärtige Denken und somit ist die Zweideutigkeit des Menschen als Subjekt keine fruchtbare Hypothese, kein fruchtbares Forschungsthema mehr.« (Foucault 1978, 16)

Wie sieht nun die umwälzende Forschungshypothese des Antihumanismus aus? Die Antwort bedürfte eines dicken Buches. Aber vielleicht läßt sich etwas für die Möglichkeit tun, die Frage gezielter zu stellen. Zu diesem Zweck lasse ich zunächst, wie gesagt, einen »Fichteaner« und einen »Antihumanisten« aneinander vorbeireden. (Wörtliche Zitate sind in › ‹ gesetzt).[1]

> *»Es redet – wo? und wer? Fast ist es mir als hörte ich mich selber reden, nur mit noch schwächerer Stimme als die meine ist.«* (Friedrich Nietzsche)

Der Fichteaner und der Antihumanist

Fichteaner: Ich habe von deinen Plänen gehört. In einem deiner Bücher schreibst du ja: ›Ich habe es also unternommen, Beziehungen zwischen

---

[1] Die wörtlichen Zitate sind durchnummeriert und im Kapitelanhang (S. 243) belegt.

Aussagen zu beschreiben. Ich habe mich darum bemüht, keine jener Einheiten gelten zu lassen, die mir haben vorgeschlagen werden können und die die Gewohnheit mir zur Verfügung stellte. Ich habe mich entschlossen, keine Form von Diskontinuität, von Schnitt und Schwelle oder Grenze zu vernachlässigen. Ich habe mich entschlossen, Aussagen im Feld des Diskurses und die Beziehungen, denen sie unterliegen, zu beschreiben.‹ (1)

Ich sehe, auch du bist gegen den Dogmatismus, also dagegen, dich von außen bestimmen zu lassen und blinder Gewohnheit zu folgen. Du hast Entschlüsse gefaßt, selbständig etwas zu tun. Aber was ist »der Diskurs«, den du beschreiben willst?

Antihumanist: Moment! Du ziehst völlig falsche Schlüsse aus meinen Äußerungen! Ich mag mich etwas oberflächlich ausgedrückt haben, aber auf die Frage, wer da spricht, Entschlüsse mitteilt, Handlungen plant, lautet die Antwort eigentlich nicht: *Ich*, diese bestimmte Person, vor der du gerade stehst. Im Gegenteil: Man muß den Aberglauben bekämpfen, daß es ein »Ich« ist, das mit allem Denken und Handeln einhergeht! ›Es denkt: aber daß dies »es« gerade jenes alte berühmte »Ich« sei, ist, milde geredet, nur eine Annahme, eine Behauptung, vor allem keine »unmittelbare Gewißheit«.‹ (2)

Fichteaner: Aber du brauchst doch nur einmal auf deine eigenen Denkvorgänge zu achten, um zu begreifen, daß du stillschweigend, stets unterstellst: Ich, A, bin es, der denkt, der diesen Denkakt vollzieht und niemand anderes. ›Merke auf dich selbst: kehre deinen Blick von allem, was dich umgibt, ab, und in dein Inneres; ist die erste Forderung, welche die Philosophie an ihren Lehrling tut.‹ (3)

Es ist kein Zufall, wenn du sagst: »Ich habe mich darum bemüht . . ., Ich habe mich entschlossen . . .« usw.

Antihumanist: Nicht von der Philosophie überhaupt wird diese Forderung an ihre Lehrlinge gestellt, diese Forderung stellt nur die *bürgerliche* Philosophie an ihre Anhänger. ›Das »Subjekt« ist nur eine Funktion: es gibt das *ego* gar nicht, von dem geredet wird, wenn man den Egoismus tadelt.‹ (4) Alles bürgerliche Denken begeht einen kapitalen Fehler. ›Der Fehler besteht in der Hineindichtung eines Subjekts.‹ (5) Um es nochmals ganz deutlich zu machen, daß vom Gegenteil deiner Auffassung die Rede ist: ›Mag das Volk glauben, daß Erkennen ein zu Ende-Kennen sei, der Philosoph muß sich sagen: wenn ich den Vorgang zerlege, der in dem Satz »ich denke« ausgedrückt ist, so bekomme ich eine Reihe von verwegenen Behauptungen, deren Begründung schwer, vielleicht unmöglich ist, – zum Beispiel, daß *ich* es bin, der denkt, daß überhaupt ein Etwas es sein muß, das denkt, daß Denken eine Tätigkeit und Wirkung seitens eines Wesens ist, welches als Ursache gedacht wird, daß es ein

»Ich« gibt, endlich, daß es bereits feststeht, was mit Denken zu bezeichnen ist – daß ich *weiß,* was Denken ist.‹ (6)

Fichteaner: Absurd! Wer redet denn gerade mit mir?

Antihumanist: Es ist ›*Meine Hypothese:* Das Subjekt als Vielheit‹. (7)

Fichteaner: Was soll denn das schon wieder heißen?

Antihumanist: Ich habe es schon gesagt: ›Wir alle sind Gruppen‹ (8). Das heißt: Es denkt, es spricht (9). Nicht unbedingt Freuds ES, aber etwas Allgemeineres als »Ich«.

Was ich damit meine, kann ich dir an einem Beispiel verdeutlichen: Du teilst ja zweifellos das Volksvorurteil, ein Buch habe einen Autor. Auf eine gewisse Weise ist dies sicherlich richtig, aber du malst dir den Verfasser nach dem Vorbild deines mysteriösen »Ich« aus, siehst ihn als ein selbständiges Subjekt an, das aus freiem Entschluß etwas möglichst Sinnvolles schreibt.

Fichteaner: In der Tat, das ist eine, aber sehr wichtige Seite des Ereignisses. Ohne ein seiner selbst und seines Tuns bewußten Subjekts kommt kein Buch zustande. Ich sage natürlich nicht, daß das alles wäre, was eine Rolle spielt.

Antihumanist: Meinetwegen. Worauf ich hinaus will, ist: ›Eine Formulierung als Aussage zu beschreiben, besteht nicht darin, die Beziehungen zwischen dem Autor und dem, was er gesagt hat (oder hat sagen wollen oder, ohne es zu wollen, gesagt hat), zu analysieren; sondern darin, zu bestimmen, welche Position jedes Individuum einnehmen kann und muß, um ihr Subjekt zu sein.‹ (10)

Ein Sprachsystem weist einem eine Position in einer Redepraxis, eine Sprecher- und Schreiberrolle zu; man wird *durch* es zum Subjekt einer Aussage, man macht sich nicht *zu* ihrem Subjekt. Ich verstehe also das Subjekt nicht als Autor, Urheber, sondern in einem gewissen Sinn wie eine leere Stelle in einem nach Kombinationsregeln verknüpften System von Aussagen, Begriffen, inhaltlichen Vorstellungen; wie eine Position, ›die bis zu einem bestimmten Punkt von indifferenten Individuen gefüllt werden kann, wenn sie die Aussage formulieren‹ (11).

Wir sind also in dem Sinne »Vielfalt« oder eine »Gruppe«, ›insoweit ein einziges Individuum nach und nach in einer Folge von Äußerungen verschiedene Positionen und die Rolle verschiedener Subjekte einnehmen kann‹ (12).

Fichteaner: Entschuldige, das habe ich nicht verstanden. Der Gedanke liegt mir fern.

Antihumanist: Ja, weil du so sehr an deiner Ich-Philosophie klebst! Denke dir einmal ein Netz mit vielen Fäden und Knoten. (13) Das Netz mit den zahlreichen Fäden, die es zusammenhalten, mit den verschiedenen Knoten, zu denen Fäden geschürzt wurden, bildet eine Einheit, eben dieses Netz. Die Fäden und Knoten kennzeichnen die innere Ordnung dieser Einheit, ihre *Struktur*. Manche Fäden sind losgerissen und hängen lose in der Luft, es gibt also Brüche in der Struktur. Manche Knoten haben sich gelöst und wurden an anderer Stelle neu geknüpft; es gibt Strukturverschiebungen. An manchen Stellen verfilzt sich das Netz mit anderen Netzen; es gibt nicht nur *eine* dieser strukturierten Einheiten. Die Netze nutzen sich ab, werden ersetzt. Sie entstehen und vergehen oder wandeln sich wenigstens; es gibt Strukturgeschichte.

Nach diesem Bild kannst du dir eine Einheit von Sprachregelungen ausmalen. Du wirst vom Netz gefangen; denn du bist nicht der Urheber der verschiedenen Äußerungen, die du tust, der verschiedenen Sprechakte, die du vollziehst. Das Sprachsystem zeichnet vor, wie deine Sprecherrolle jeweils aussieht. Als Käufer, Vater, Staatsbürger etc. hängst du in verschiedenen Diskursnetzen, die unauflösbar miteinander verfilzt sind. Das Es, das aus dir spricht, sind diese Sprachstrukturen. Du bist Vielfalt, weil viele derartiger Sprachregelungen für dich verbindlich sind.

Fichteaner: Kannst du mir ein Beispiel geben, wie das bei Büchern aussieht. Von denen sind wir ja ausgegangen.

Antihumanist: Ich habe gesagt, das Subjekt der Aussage sei eine ›determinierte Funktion‹ (14). Nehmen wir z. B. eine mathematische Abhandlung. ›In dem Satz des Vorwortes, worin man erklärt, warum, unter welchen Umständen, als Antwort auf welches ungelöste Problem oder auf welche pädagogische Sorge, unter Benutzung welcher Methoden, nach welchen Versuchen und Mißerfolgen diese Abhandlung geschrieben worden ist, kann die Position des äußernden Subjekts nur von dem Autor oder den Autoren der Formulierung eingenommen werden.‹ So *schreiben* es die Regeln für Vorworte im allgemeinen *vor.* ›Die Bedingungen der Individualisierung des Subjekts sind (hier) in der Tat sehr streng, sehr zahlreich und gestatten in diesem Fall nur *ein* mögliches Subjekt‹. Es gehört zu den Bedingungen *dieses* Diskurstypes, daß eine Autorenposition eingenommen wird. ›Wenn man umgekehrt in dem Text der Abhandlung einem Satz begegnet wie »Zwei Größen, die einer dritten Größe gleich sind, sind einander gleich«, ist das Subjekt der Aussage die absolut neutrale, gegenüber der Zeit, dem Raum, den Umständen indifferente Position, die in gleich welchem sprachlichen System und in gleich welchem Schrift- oder symbolischen Kode identisch ist, die jedes Individuum einnehmen kann, um eine solche Position zu bestätigen.‹ (15) Der Diskurs ruft das Individuum gewissermaßen an, eine bestimmte Position einzunehmen.

Fichteaner: Das entspricht genau der Denkweise des Dogmatikers! Der sieht sich letztlich als bestimmt, *in deinem Falle: durch mysteriöse*

Strukturen *bestimmt. Diese Strukturen, so sagst du ja eindeutig, machen ihn zu einer »determinierten Funktion«. Ich kann dir an dieser Stelle ein Wort entgegenhalten, das von dir selbst stammt: ›Ich fürchte, wir werden Gott nicht los, weil wir noch an die Grammatik glauben . . .‹ (16)*

Antihumanist: »Struktur« meint nicht einfach die Regeln der Logik und Grammatik. Ich meine den Diskurs, der mehr ist als nur eine Ordnung von Sprachformalitäten.

Fichteaner: Ja, ich habe dich schon am Anfang nach diesem geheimnisvollen Subjekt gefragt. Du sagst ja immer wieder: »Der Diskurs macht dieses und jenes, der Diskurs bewirkt dieses und jenes . . .« Er ist ständig anwesendes Subjekt vieler deiner Sätze, die Subjekt und Prädikat enthalten.

Antihumanist: Lassen wir doch grammatische Probleme wirklich beiseite. Ich stelle die ›Souveränität des Subjekts oder des Bewußtseins‹ in Frage (17).

Fichteaner: In der Tat! Du verteidigst den Dogmatismus, so wie ich Dogmatismus verstehe.[2] Du leugnest die Selbstbestimmung des einzelnen.

Antihumanist: Über das Schema, in das du mich mit deinen Äußerungen preßt, rede ich noch. Nach dem *Diskurs* hast du mich gefragt. Nochmals: ›Es gibt kein Subjekt, es gibt nur kollektive Aussageverkettungen.‹ (18) Sprachlicher Sinn wird nicht durch ein wollendes Subjekt gestiftet oder ungewollt hervorgebracht, der Sinn eines Begriffes beispielsweise bestimmt sich durch seine Verkettung mit allen anderen Bestandteilen eines Sprachsystems. Das mag man noch zu den syntaktisch-grammatischen Seiten des Diskurses rechnen, aber er enthält eine Reihe weiterer Merkmale.

Fichteaner: Welche?

Antihumanist: Ich kann sie nicht alle nennen. Aber »Diskurs« meint zunächst einmal und ganz allgemein ein ›allgemeines Gebiet aller Aussagen‹ (19). In diesem Sinne sage ich: »Der Diskurs«. »Diskurs« meint aber auch eine besondere Einheit solcher Aussagen, ein Aussagensystem im Unterschied von anderen. In diesem Sinne spreche ich z. B. vom Diskurs der Botanik. »Aussage« steht hier nur als Kürzel für die verschiedenen Elemente eines Sprachsystems, die Fäden und Knoten eines Netzes.

Fichteaner: Schön. Und weiter?

Antihumanist: Der Diskurs ist demnach die Einheit einer Menge von Zeichen, Symbolen, regelhaft verknüpften Aussagen, inhaltlichen Vorstellungen, aber auch von Sprechakten, Sätzen, die geäußert wurden oder geäußert werden könnten.

---

[2] Siehe Kapitel 2.

Fichteaner: Ich verstehe: Gott als Grammatik hat sich transsubstantiiert, die Grammatik hat Fleisch bekommen. Ich bin weniger religiös als du, ich beziehe mich auf die gesellschaftlichen Voraussetzungen der Selbstbestimmung.

Antihumanist: Sei's drum, dann behandelst du Gesellschaft als eine strukturierte Einheit, wogegen ich überhaupt nichts einzuwenden habe. Im Gegenteil! Aber, was den Diskurs angeht, so bildet er ›eine Menge von Aussagen, die einem gleichen Formationssystem zugehören‹ (20), eine Menge von diskursiven Elementen, die sich anhand von Anhaltspunkten zur gleichen diskursiven Formation rechnen lassen. Der Diskurs wird also ›durch eine begrenzte Zahl von Aussagen konstituiert, für die man eine Menge von Existenzbedingungen definieren kann‹ (21). Ein Diskurs grenzt aus. Das heißt: Ihn kennzeichnet erstens durchaus auch das *Verbot.* In einem Diskurs darf nicht alles gesagt werden. ›Man weiß, daß man nicht das Recht hat, alles zu sagen, daß man nicht bei jeder Gelegenheit von allem sprechen kann, daß schließlich nicht jeder Beliebige über alles Beliebige reden kann. Tabu des Gegenstandes, Ritual der Umstände, bevorzugtes oder ausschließliches Recht des sprechenden Subjekts – dies sind . . . drei Typen von Verboten . . .‹ (22) Der Diskurs trennt zweitens *Normalität von Anormalität,* Vernunft von Wahnsinn. ›Seit dem Mittelalter ist der Wahnsinnige derjenige, dessen Diskurs nicht ebenso zirkulieren kann wie die der andern . . .‹ (23) Zu anderen Zeiten galt der Diskurs des Wahnsinnigen als heilig. Für uns heute ist es drittens selbstverständlich, daß der Diskurs das *Wahre* und *Falsche* trennt. Aber man darf vielleicht gar nicht das Wahrheitsproblem so verstehen, wie wir es heute gewohnt sind. In unserem heutigen Diskurs unterstellen wir, die symbolische Ordnung, ein »Aussagensystem« sei wahr, wenn es einen tatsächlich gegebenen Sachverhalt repräsentiert, gleichsam widerspiegelt. Aber »Wahres« und »Falsches« bedeuten eine Grenze, die zu verschiedenen Zeiten ganz verschieden gezogen wurde. ›. . . eines Tages hatte sich die Wahrheit vom ritualisierten, wirksamen und gerechten Akt der Aussage‹, wenn der Priester etwa das wahre Wort verkündete. ›zur Aussage selbst hin verschoben: zu ihrem Sinn, ihrer Form, ihrem Gegenstand, ihrem referentiellen Bezug‹ (24).

Fichteaner: Ein Beispiel wäre hilfreich.

Antihumanist: Nehmen wir zu Erläuterung weiterer Merkmale des Diskurses eine Disziplin wie die Botanik. Daran läßt sich etwas über innere Ordnungsprinzipien von Diskursen ausmachen. Eine Disziplin ›definiert sich durch einen Bereich von Gegenständen, ein Bündel von Methoden, ein Korpus von als wahr angesehenen Sätzen, ein Spiel von Regeln und Definitionen, von Techniken und Instrumenten: das alles konstituiert ein anonymes System, das jedem zur Verfügung steht, der sich seiner bedienen will oder kann, ohne daß sein Sinn oder sein Wert von seinem Erfinder abhängen ... vom Ende des 17. Jahrhunderts an muß z. B. ein Satz, um ein »botanischer« Satz zu sein, die sichtbare Struktur der Pflanze, das System ihrer nahen und fernen Ähnlichkeiten oder die Mechanik ihrer Flüssigkeiten betreffen (und er durfte nicht, wie noch im 16. Jahrhundert, ihre symbolischen Bedeutungen einbeziehen oder gar die Gesamtheit der Kräfte und Eigenschaften, die man ihr in der Antike zusprach)«. (25) Heute, mit dem Vordringen der Biochemie, unterliegt der botanische Diskurs wiederum einer drastischen Verschiebung.

Fichteaner: Oh, Sanctus Discursus, du bist allmächtig! Alles entstammt Deinem, wenn schon nicht Willen, so doch Deiner »Struktur«!

Antihumanist: Wenn wir hier schon ein allgemeines Prinzip voraussetzen, so doch eines von besonderer Natur. Ich halte es *nicht* mit Bruder Claude, der tatsächlich gesagt hat: ›Die Gesamtheit der Sitten eines Volkes ist immer durch einen bestimmten Stil gekennzeichnet, und die Sitten bilden Systeme. Ich glaube, daß die Anzahl solcher Systeme begrenzt ist und daß die menschlichen Gesellschaften genau wie die Individuen in ihren Spielen, Träumen und Rasereien niemals etwas absolut Neues schöpfen, daß sie sich vielmehr damit begnügen, aus einem idealen Stand gewisse Kombinationen auszuwählen, und zwar aus einem Bestand, den zusammenzustellen als durchaus möglich erscheint.‹ (26) Ich bin demgegenüber keineswegs der Meinung, daß es *den* einen Diskurs gäbe, der sich aus unvergänglichen Elementen zusammensetzt, die nur stets neu gruppiert werden.[3] Die Mannigfaltigkeit der veränderlichen Diskurse belegt ihre sehr irdische Natur: sie sind *Praxis* und ihr Kern ist *Macht*.

Fichteaner: Was heißt das schon wieder?

Antihumanist: Nach all dem, was ich gesagt habe, kann jetzt ›leicht das präzisiert werden, was man »diskursive Praxis« nennt. Man kann sie nicht mit dem expressiven Tun verwechseln, durch das ein Individuum

---

[3] »Alles geht, alles kommt wieder zurück; ewig rollt das Rad des Seins. Alles stirbt, alles blüht wieder auf; ewig läuft das Jahr des Seins. Alles bricht, alles wird neu gefügt; ewig baut sich das gleiche Haus des Seins. Alles scheidet, alles grüßt sich wieder; ewig bleibt sich treu der Ring des Seins. In jedem Nu beginnt das Sein; um jedes Hier rollt sich die Kugel Dort. Die Mitte ist überall. Krumm ist der Pfad der Ewigkeit.« So heißt es in Nietzsches *Zarathustra*. Inwieweit Strukturalisten Nietzsches These von der ewigen Wiederkehr des Gleichen in die einer Vergesellschaftung durch Abwandlung der immer gleichen Grundformen von Vergesellschaftung umbilden, muß hier ausgeklammert werden.

eine Idee, ein Verlangen, ein Bild formuliert, noch mit der rationalen Aktivität, die in einem System von Schlußfolgerungen verwandt wird; . . . Sie ist eine Gesamtheit von anonymen, historischen, stets in Raum und in der Zeit determinierten Regeln, die in einer gegebenen Epoche und für eine gegebene soziale, ökonomische, geographische oder sprachliche Umgebung die Wirkungsbedingungen der Aussagefunktion definiert haben.‹ (27) Ich kann es auch so sagen: Man darf die Diskurse nicht einfach nur als eine Einheit von Symbolen und formalen Regeln behandeln, man muß sie als Praktiken sehen, ›die systematisch die Gegenstände bilden, von denen sie sprechen‹ (28).

Fichteaner: Verstehst du »Praktik« dabei wie eine Tätigkeit, die etwas aus einem Material herausbildet?

Antihumanist: Genau! ›Unter Praxis im allgemeinen verstehen wir jeden Prozeß der Veränderung einer bestimmten gegebenen Grundmaterie in ein bestimmtes *Produkt*, eine Veränderung, die durch eine bestimmte menschliche Arbeit bewirkt wird, indem sie bestimmte (Produktions-) Mittel benutzt.‹ (29) In diesem Sinne ist der Diskurs sprachliche Praxis. Durch Tätigkeit wird ein vorliegender Stoff in ein Produkt, Ergebnis umgewandelt. Bei Diskursen ist die »gegebene Grundmaterie« in den meisten Fällen selbst schon sprachlich, experimentell oder schriftlich vorgeformt. Selten hat es der Diskurs mit wirklichem Rohstoff zu tun. Denke wieder an die moderne Botanik, die gerade dabei ist, das Erkenntnismaterial der älteren botanischen Disziplin mit neuen biochemischen Mitteln neu zu formen, zu bearbeiten. Oder: ›Das Objekt, das von den medizinischen Aussagen des 17. oder 18. Jahrhunderts als ihr Korrelat gesetzt worden ist, ist nicht mit dem Objekt, das sich durch die juristischen Urteilssprüche und die polizeilichen Maßnahmen hindurch abzeichnet‹ (30), identisch, mit denen sich der medizinische Diskurs über Geisteskrankheiten ab einem bestimmten Zeitpunkt verschränkte. Nicht einfach aufgrund von Erkenntnisfortschritten änderte sich das Erkenntnisobjekt, verändertem Material wurde mit neuen Mitteln eine andere Form gegeben!

Fichteaner: Mit diesem Gedanken, Wissen müsse unter dem Gesichtspunkt des Tuns, ja, im Lichte des Vorrangs der Tätigkeit gesehen werden, kann ich mich recht gut anfreunden. Auch ich sage: ›Nicht bloßes Wissen, sondern nach deinem Wissen Tun ist deine Bestimmung . . . nicht zum müßigen Beschauen und Betrachten deiner selbst, oder zum Brüten über andächtige Empfindungen – nein, zum Handeln bist du da; dein Handeln und allein dein Handeln bestimmen deinen Wert.‹ (31) Aber nie würde ich den Gedanken an Selbsttätigkeit außer acht lassen, auch wenn – was ich schon immer gesagt habe – nicht alles Sein der Selbsttätigkeit entstammt: ›Nichts ist mir unausstehlicher, als nur einem anderen, für ein anderes und durch ein anderes zu sein.‹ (32) Ich will mich nicht zum Struktur-Funktionär verdinglichen lassen!

Antihumanist: Du siehst alles durch die Brille deines Subjekt-Mythos und deiner bürgerlichen Ideologie der Autonomie. Ich befasse mich mit der Macht, die im Diskurs selbst liegt und sich durch ihn auswirkt. ›Vielleicht muß man dem Glauben entsagen, daß die Macht wahnsinnig macht und daß man nur unter Verzicht auf die Macht ein Wissender werden kann. Eher ist wohl anzunehmen, daß die Macht Wissen hervorbringt (und nicht bloß fördert, anwendet, ausnutzt); daß Macht und Wissen einander unmittelbar einschließen; daß es keine Machtbeziehung gibt, ohne daß sich ein entsprechendes Wissensfeld konstituiert, und kein Wissen, das nicht gleichzeitig Machtbeziehungen voraussetzt und konstituiert. Diese Macht/Wissen-Beziehungen sind darum nicht von einem Erkenntnissubjekt aus zu analysieren, das gegenüber dem Machtsystem frei oder unfrei ist. Vielmehr ist in Betracht zu ziehen, daß das erkennende Subjekt, das zu erkennende Objekt und die Erkenntnisweisen jeweils Effekte jener fundamentalen Macht/Wissen-Komplexe und ihrer historischen Transformation bilden.‹ (33)

Fichteaner: Da sind wir wieder beim Dogmatismus der abstrakten, alles bestimmenden Macht des Diskurses. Wie sieht denn diese Verschmelzung von Wissen und Macht konkret aus?

Antihumanist: Ich nenne dir nur zwei von vielen möglichen Beispielen:

1) Ein amerikanischer Professor hat sich vor einiger Zeit ein doppelbödiges Experiment ausgedacht. Er veranlaßte einige seiner Freunde, sich in eine Nervenklinik zu begeben, um dort von Stimmen zu berichten, die sie ständig in ihren Köpfen hörten. ›Die Schizophrenie war alsbald festgestellt und erst nach mehreren Wochen wurden die Patienten entlassen, da die Krankheit im Nachlassen begriffen sei. Reguläre Insassen der Kliniken hatten die Simulanten längst als Psychologen, Journalisten u. dgl. erkannt.‹ (34) Nicht Gutachter, die als Individuen unfähig oder bösartig waren, die Ordnungsfunktion des Diskurses, der Wahnsinn bestimmt und ausgrenzt, hat unmittelbar in das Leben eingegriffen. Der Diskurs bestimmter therapeutischer Theorien ist von sich aus so angelegt, daß man in der Anstalt landet, wenn bestimmte Anhaltspunkte gegeben sind.

2) Was sich bei diesem Experiment im kleinen abgespielt hat, kann man auch im großen zeigen. Schau' dir die Geschichte des Umgangs mit Straftätern an; früher, im Mittelalter und im Absolutismus, herrschte die Körperstrafe vor. Die Straftäter wurden gefoltert, gerädert, gevierteilt. Der Körper gilt gleichsam als der Ursprungsort der Tat. Dem Lügner wird die Zunge herausgerissen. Am Körper des Täters wird die durch seine Tat verletzte Majestät des Souveräns gerächt und

als allgewaltig bestätigt. Mit der Entstehung des modernen Gefängnisses scheint der Strafvollzug menschlicher zu werden. Aber in Wahrheit tritt nur ein neues Objekt im Strafrechtdiskurs auf, der das Verbrechen von der Wohltat scheidet: die menschliche *Seele.* ›In dieser Seele wäre also nicht ein wiederbelebtes Relikt einer Ideologie zu erblicken, sondern der aktuelle Bezugspunkt einer bestimmten Technologie der Macht über den Körper.‹ (35) Das heißt: Mehr und mehr findet der innere Zustand des Täters, finden seine Motive, Haltungen, Einstellungen, seelischen Belastbarkeiten Berücksichtigung im strafrechtlichen Diskurs. Damit erweitert sich auch das Wissen über diesen Bereich »Seele« und, unauflösbar damit verbunden, der Bestand der Informationen, die es erlauben, auch das Innenleben des einzelnen unter Kontrolle zu halten. ›Diese wirkliche und körperliche Seele ist keine Substanz; sie ist das Element, in welchem sich die Wirkungen einer bestimmten Macht und der Gegenstandsbezug eines Wissens miteinander verschränken; sie ist das Zahnradgetriebe, mittels dessen die Machtbeziehungen ein Wissen ermöglichen und das Wissen die Machtwirkungen erneuert und verstärkt.‹ (36)

Fichteaner: Ein langer Vortrag. Aber, verzeih' mir, du landest immer wieder bei einer Auffassung, die die allgemeinen Voraussetzungen des einzelnen, ein Selbst auszubilden, völlig ausblendet. Der Diskurs ist Struktur ohne Subjekt, er richtet sich ein Subjekt zu, besetzt seinen Körper usw. usw.

Antihumanist: Das kannst du mir nur deswegen dauernd entgegenhalten, weil du mit einem schlichten, alteuropäischen Schema von Subjekt und Objekt (bei dir heißt es: Ich und Nicht-Ich) arbeitest! Dieses Schema und deine endlosen Versuche, die »Bestimmung des Menschen« auszumachen, sind genau das, was ich überwinden will.

Fichteaner: Auf welche Weise?

Antihumanist: Dein ›Gegensatz von Subjekt und Objekt‹ interessiert mich wenig. ›Diese Unterscheidung überlasse ich den Erkenntnistheoretikern, welche in den Schlingen der Grammatik (der Volksmetaphysik) hängengeblieben sind‹. (37)

Fichteaner: Ja, ich weiß schon, am Anfang war die Struktur.

Antihumanist: So ist es. ›In dem Augenblick, in dem man sich darüber klar geworden ist, daß alle menschliche Erkenntnis, alle menschliche Existenz, alles menschliche Leben und vielleicht das ganze biologische Erbe des Menschen, in Strukturen eingebettet ist, d. h. in eine formale Gesamtheit von Elementen, die beschreibbaren Relationen unterworfen sind, hört der Mensch sozusagen auf, das Subjekt seiner selbst zu sein, zugleich Subjekt und Objekt zu sein. Man entdeckt, daß das, was den Menschen möglich macht, ein Ensemble von Strukturen ist, die er zwar denken und beschreiben kann, deren Subjekt, deren souveränes Bewußtsein er jedoch nicht ist.‹ (38)

Fichteaner: Konsequenterweise müßtest du dich selbst wegdenken, in eine Struktur betten.

Antihumanist: Auf eine gewisse Weise bin ich sogar dazu bereit. Anstatt hier das Wort zu ergreifen, wäre ich lieber vom ›Diskurs umgarnt worden, um jedes Anfangens enthoben zu sein. Ich hätte gewünscht, während meines Sprechens eine Stimme ohne Namen zu vernehmen, die mir immer schon voraus war: ich wäre erst dann zufrieden gewesen, an ihre Worte anzuschließen, sie fortzusetzen, mich in ihren Fugen unbemerkt einzunisten, gleichsam, als hätte sie mir ein Zeichen gegeben, indem sie für einen Augenblick aussetzte.‹ (39)

Fichteaner: Sehr poetisch, fast romantisch. Du wirst zweifellos das Subjekt, nämlich das eigene Selbst los. Die Strukturen und Systeme, nämlich die Bürokratien, die dir das ohnehin antun, werden's dir lohnen.

Antihumanist: »Selbstaufgabe« ist schon wieder ein Begriff aus deinem leidigen Subjekt-Objekt-Schema. Ich zeige in meiner Diskursanalyse, daß der Diskurs ›nicht die majestätisch abgewickelte Manifestation eines denkenden, erkennenden und es aussprechenden Subjekts (ist): Im Gegenteil handelt es sich um eine Gesamtheit, worin die Verstreuung des Subjekts und seine Diskontinuität mit sich selbst sich bestimmen können.‹ (40)

Fichteaner: Also doch eine Auflösung, Zerstreuung des Subjekts in Strukturen und Unterstützung seiner Zerrissenheit, seiner Diskontinuität – wie du statt dessen sagst. Aber lassen wir das. Was hast du denn gegen die einfache These: ›Ich bin Subjekt und Objekt: und diese Subjekt-Objektivität, dieses Zurückkehren des Wissens in sich selbst ist es, die ich durch den Begriff Ich bezeichne, wenn ich dabei überhaupt etwas Bestimmtes denke.‹ (41)

Antihumanist: »Wenn ich mir dabei überhaupt etwas Bestimmtes denke«, das ist exakt einer der kritischen Punkte! Du gründest alles auf die leere Formel, die Tautologie: Ich bin Ich, A = A.

Fichteaner: Na, ich möchte den sehen, der ohne das Bewußtsein seiner selbst etwas denken oder tun kann, bei dem er mehr wäre als ein Funktionär von Strukturen, ein Automat.

Antihumanist: Ich fürchte, du kommst von deinem alten Schema einfach nicht los. ›Die Auflösung der philosophischen Subjektivität, ihre Zerstreuung in einer Sprache, die sie entmächtigt und im Raum ihrer Leere vervielfältigt, ist wahrscheinlich eine der grundlegenden Strukturen des zeitgenössischen Denkens.‹ (42) Der Lehrling der Philosophie, dem du helfen willst, muß begreifen, daß ›seine Subjektivität in alle Winde zerstreut wird‹ (43).

Fichteaner: Ich will kein Genosse der Zeit sein, in der mein Selbst von bürokratischen Strukturen und Systemen tatsächlich in alle Winde zerstreut wird. Und wenn mir nur das Denken übrigbliebe, wollte ich nicht, daß Philosophie diese Tendenz obendrein noch modisch verklärt. ›Ich selbst will selbständig sein.‹ (44)

Antihumanist: Ich glaube, wir müssen diesen Punkt fallenlassen. Vielleicht kommen wir bei deinem zweiten Mythos, der Bestimmung »des Menschen« weiter.

Fichteaner: Ja, erkläre mir, bitte, wie sich dein »Antihumanismus« von »Inhumanität« unterscheidet. Du weißt doch, ein weniger gutmütiger Widersacher als ich einer bin, hat dir einmal einen Beitrag zur ›Einkehr des geistigen Rattenreiches unter den Menschen‹ (45) vorgeworfen.

Antihumanist: Dagegen könnte ich genauso polemisch sagen: ›Das »Ich« unterjocht und tötet: es arbeitet wie eine organische Zelle: es raubt und ist gewalttätig. Es will sich regenerieren – Schwangerschaft. Es will seinen Gott gebären und alle Menschheit ihm zu Füßen sehen.‹ (46).

Fichteaner: Was zeichnet also den »Antihumanismus« aus?

Antihumanist: Die strikte Abwendung von »Humanismus« nicht im Sinne von »Liebe zum Menschen«, sondern im Sinne eines bestimmten Diskurses der Neuzeit. ›Ich verstehe unter Humanismus die Gesamtheit der Diskurse, in denen man dem abendländischen Menschen eingeredet hat: »Auch wenn du die Macht nicht ausübst, kannst du sehr wohl souverän sein. Ja: je mehr du auf Machtausübung verzichtest und je besser du dich der Macht unterwirfst, die über dich gesetzt ist, um so souveräner wirst du sein«. Der Humanismus ist die Gesamtheit der Erfindungen, die um diese unterworfenen Souveränitäten herum aufgebaut worden sind: die Seele (souverän gegenüber dem Leib, Gott unterworfen), das Gewissen (frei im Bereich des Urteils, der Ordnung der Wahrheit unterworfen), das Individuum (souveräner Inhaber seiner Rechte, den Gesetzen der Natur oder den Regeln der Gesellschaft unterworfen), die grundlegende Freiheit (innerlich souverän – äußerlich »in Übereinstimmung mit ihrem Schicksal«). Kurz, der Humanismus ist all das, wodurch man im Abendland *dem Verlangen nach Macht einen Riegel vorgeschoben hat* – wodurch man ihm untersagt hat, die Macht zu ergreifen. Das Herz des Humanismus ist die Theorie vom *Subjekt* (im Doppelsinn des Wortes: als Souverän und Untertan).‹ (47)

Fichteaner: Jetzt bin ich maßlos überrascht! Was du als »Humanismus« bezeichnest, heißt bei mir »Dogmatismus«. Auch im Zentrum meiner Theorie steht das Interesse an Emanzipation, an Befreiung von äußerer und innerer Gewalt, von blindem Unterworfensein unter äußere Bestimmungen. Nenn's »Dogmatismus«, nenn's »Anti-Humanismus«, fast

wär's mir gleich. Ich erkenne jetzt aber auch ganz deutlich die beiden
entscheidenden Fehler, die zu begehst:

1) Du untersuchst historisch besondere, veränderliche und vergängliche
Diskurse. Z. B. die Botanik des 16. im Vergleich zu der des 17. Jh. Aber
du bedienst dich nicht nur eines Diskurses, der dir erlaubt, die
verschiedenartigsten Diskurstypen zu vergleichen, du redest auch
ständig von »dem Diskurs«. Du meinst damit offensichtlich eine
Struktur, die allgemeiner, historisch ausgreifender ist als jeder der
einzelnen Diskurstypen, die du vergleichst. »Der Diskurs«, das ist für
dich eine nützliche, verständige Abstraktion, die, isoliert genommen,
keine Einsicht ins historische Detail erlaubt. Du brauchst sie aber, um
die verschiedenen historischen Diskursformen bestimmen und verglei-
chen zu können. Den Theoretikern des Ich gestattest du jedoch nicht,
auf die gleiche Weise vorzugehen. Auch wir sagen nur, keine Gesell-
schaft könne Bestand haben, ohne daß es zur Ausbildung eines Selbst
bei Individuen, ein Stück Autonomie gibt. Die konkreten, gesell-
schaftlichen Bedingungen der Möglichkeit des Selbst sind wahrlich
sehr verschieden, historisch variabel, und die konkreten gesellschaftli-
chen Widersprüche reichen in ihren historisch je verschiedenen Formen
bis in das Ich hinein.

Heute gibt es Theoretiker, die sagen, das Ich werde mehr und mehr in
das Unbewußte zurückgedrängt, so daß wir zu ohnmächtigen Voll-
streckern der Strukturen und Systeme werden, die wir selbst ins Leben
gerufen haben. Dein Diskurs schließt den Gedanken an das Subjekt als
Selbst gewaltsam aus.

2) Das Verbot, das dein Diskurs aufstellt, gründet in einer elementaren
Verwechslung: Du hast einschränkungslos recht, wenn du die Theorie
des Ichs scharf kritisierst, die das Subjekt als fiktiven Souverän bei
tatsächlicher Ohnmacht auftreten läßt. Das sind Motive des bürgerli-
chen Individualismus, nicht die meinen. Aber wenn wir schon die
Diskurslogik bemühen: Aus der Tatsache, daß es eine bürgerliche
Theorie des Ich gibt, folgt auf keine Weise, jede Theorie des Ich sei
bürgerlich. Wie gesagt: Räumt man mit diesen falschen Voraussetzun-
gen auf, könnte man den »Dogmatismus« auch »Antihumanismus«
nennen, wäre da nicht der Anklang von »Unmenschlichkeit«.

Antihumanist: Nicht so voreilig. Meine These ist, das Ich sei vor der
Entstehung der bürgerlichen Gesellschaft *kein* manifestes oder latentes
Thema von einflußreichen Diskursen gewesen. Erinnere dich an mein
Beispiel der Veränderung von Straftechniken.

Im modernen strafrechtlichen Diskurs, so habe ich zu zeigen versucht,
entsteht ein neues »Objekt«: die *Seele*. Da hast du den Ursprungsort
deiner aufs Ich gerichteten Diskurse. Ich sage zugleich, um auf unseren

Ausgangspunkt zurückzukommen, ›in den wissenschaftlichen Diskursen, die der Mensch seit dem 17. Jahrhundert formuliert hat, ist im 18. Jahrhundert ein neuer Gegenstand aufgetreten: der »Mensch«‹ (48), mit ihm die Humanwissenschaft.

Fichteaner: Interessant. Ich nehme dich beim Wort: »*Mit den Diskursen, die der Mensch seit dem 17. Jh. formuliert hat, ist im 16. Jh. der neue Gegenstand* ›*Mensch*‹ *aufgetaucht*«*, so lautet deine Formulierung. Du sprichst also selbst von* dem *Menschen.*

Antihumanist: Touché. Aber nehmen wir das als ironische Redeweise. Was ich sagen will ist: »Der Mensch« als ein Thema von Diskursen, die nach seiner »Bestimmung« suchen, als ein Objekt, über das man etwas aussagt, ist eine späte Geburt. Sie steht im Zusammenhang mit den Straftechniken, die auch die innere Natur des Menschen, seine *Seele* disziplinieren wollen: ›Mit dem Menschen ergab sich die Möglichkeit der Konstituierung der Humanwissenschaft, und außerdem ist eine Ideologie oder ein allgemeines philosophisches Thema entstanden: der Gedanke vom unverjährbaren Wert des Menschen.‹ (49)

Fichteaner: Ich kann nur wiederholen, daß ich die Ergebnisse deiner historischen Untersuchungen nachzuvollziehen vermag. Die »*antihumanistischen*« *Schlüsse, die du daraus ziehst, sind vor allem nur deswegen möglich, weil du immer wieder die von mir erwähnten Fehler machst. Daraus, daß ein Gedanke zu einer bestimmten historischen Zeit auftaucht, folgt z. B. noch lange nicht, daß der Sachverhalt, auf den er sich bezieht, nicht schon vorher (in welchen Varianten auch immer) dagewesen wäre.*

Ich bin nicht in der Lage, jede Mode der Selbstzerstreuung mitzumachen. Denn um wessen willen ist die Struktur da? Um ihrer selbst willen oder der Menschen, der Individuen willen, die in sie eingespannt sind?

Antihumanist: Du redest von Glück und Selbstbestimmung des einzelnen. ›Das Glück existiert nicht und das Glück der Menschen existiert noch weniger.‹ (50).

›Dasjenige, mit dem sich die verschiedenen Humanwissenschaften wirklich beschäftigen, ist etwas vom Menschen Verschiedenes, das sind Systeme, Strukturen, Kombinatoriken, Formen usw. Wenn wir uns daher ernsthaft mit den Humanwissenschaften auseinandersetzen wollen, müssen wir uns vor allem der Illusion entledigen, den Menschen zu suchen.‹ (51)

Fichteaner: Aber dann ist die Selbstzerstreuung zur Selbstvernichtung gediehen. Sanctus Discursus predigt nur noch das Klappern der Strukturen um des Klapperns willen. Denn niemals kannst du den Gedanken zulassen, daß Gesellschaftskritik die Verhältnisse daran mißt, was sie den Individuen, den Möglichkeiten ein reifes Ich auszubilden, antun.

Antihumanist: Ja. ›Ich glaube, es ist notwendig, daß man sich in bezug auf die Menschheit mit einer Position abfindet, die der Position entspricht, welche man gegen Ende des 18. Jahrhunderts in bezug auf die anderen Lebewesen angenommen hat, als man sich darüber einigte, daß die Lebewesen nicht *für jemanden* – weder für sich selbst, noch für den Menschen, noch für Gott – funktionieren, sondern, daß sie einfach existieren. Der Organismus funktioniert.‹ (52)

Fichteaner: Das ist ein klares, ehrliches und zynisches Wort.

Antihumanist: ›Ich glaube, daß sich das Optimum des gesellschaftlichen Funktionierens definieren läßt, und zwar aufgrund einer bestimmten Beziehung zwischen dem Bevölkerungswachstum, dem Konsum, der individuellen Freiheit, der Möglichkeit von Freude für einen jeden, und ohne Berufung auf die Idee des Menschen: ein Optimum des Funktionierens kann intern definiert werden, ohne daß gesagt wird: »für wen« es so besser ist.‹ (53)

Fichteaner: Sieh' da! Nicht nur zwischen, nein, in den Zeilen taucht die »individuelle Freiheit«, taucht das Glück als »Freude« wieder auf! Aber streichen wir das weg. Dann ist deine Position wirklich konsequent zu Ende gedacht. Nur noch das Funktionieren der Strukturen, die uns einen Platz anweisen, interessiert. Wüßte ich nicht, was du praktisch, politisch tust und forderst, würde ich vor deiner Unmenschlichkeit zurückschrekken. Aber ich weiß, daß du eine Subversion des mit der Macht verschmolzenen Wissens willst, daß du die Macht nicht nur erkennen, sondern überwinden willst, die heute Körper und Seele besetzt hält. Ich höre von deinem Kampf gegen die moderne »therapeutische Kultur«, gegen die »Psychiatrisierung des Alltags«, deren Untersuchung das ›Unsichtbare der Macht erschüttern‹ (54) könnte. Ich kenne deinen praktischen Widerstand gegen die Gewalt im Gefängnis als dem Ort, ›an dem die Macht als nackte Gewalt und gleichzeitig moralisch gerechtfertigt auftritt‹ (55). Und in einer Kultur, in der der Alltag immer mehr vergesellschaftet wird, überzeugt auch »Mikro-Politik«, die Wendung gegen Gewalt in Alltagsszenen. Du mußt einfach an die Fähigkeit und das Selbstbewußtsein vieler einzelner glauben, sich dem, was sie bestimmt, selbsttätig entgegenzusetzen.

Antihumanist: Vielleicht. Aber nicht notwendig muß ich an den selbstbewußten einzelnen denken, der seinen Willen mit dem selbständiger anderer zusammenschließt. Es reicht der Hinweis auf »Subjektgruppen« aus; das sind die Gruppen ›die sich gegen alle Totalitäten und Hierarchien auflehnen; sie sind Agenten der Aussagen, Träger des Wunsches, Elemente der institutionellen Schöpfung; durch ihre Praxis werden sie unaufhörlich mit der Grenze ihres eigenen Unsinns, ihres eigenen Todes oder Bruchs konfrontiert‹ (56).

Fichteaner: Wir können uns nicht verständigen und doch verstehen wir den Diskurs des anderen. Welcher Diskurs erlaubt dies?
Antihumanist u. Fichteaner: Es bleibt zum Schluß nur die Formulierung einer Alternative (zu der das vorliegende Buch hoffentlich eindeutig Stellung bezogen hat; die Diskussion ist aber noch lange nicht beendet oder entschieden[4]):

Entweder gilt: Der Antihumanismus ist eine letztlich inhumane Ideologie, weil er tatsächlich die Zerstreuung, Auflösung des Selbst als eines Lebensprinzips auf seine Fahnen schreibt. Er ist ideologisch, weil er das theoretisch untermauert, was die strukturierten Verhältnisse den Individuen ohnehin antun.

Oder man muß anerkennen: Die Subjekttheorie ist Ideologie, weil »das Ich«, »das Selbst«, allein Zentralmotiv eines mit den bürgerlichen Machtverhältnissen verschränkten Diskurses ist und bleibt.

Die Anrufung eines Subjektes durch Ideologie

Das Zwiegespräch zwischen einem Subjekttheoretiker und einem Antihumanisten bewegte sich auf der allgemeinen Ebene von Philosophie und Diskursanalyse. Das entspricht durchaus den Ursprüngen der antihumanistischen Denkweise in der strukturalistischen Sprachphilosophie (Saussure u. a.). Gesellschaftstheoretische Konsequenzen all der verschiedenen Ansätze, die mit zweifellos gröblichster Vereinfachung unter dem Stichwort »Strukturalismus« zusammengefaßt werden, traten schon mit den Hinweisen auf das Verhältnis von Macht und Diskurs zutage. Etwas mehr von der Art und Weise wie Thesen, die im Dialog auf seiten des Antihumanisten auftraten, gesellschaftstheoretisch gewendet werden, möchte ich an einem der berühmtesten und einflußreichsten Aufsätze aus dieser Schule, an Louis Althussers: *Ideologie und ideologische Staatsapparate* (in 1973) zeigen.

Gerade an den Stellen des Textes, wo Althusser vom Subjekt redet, könnten einige Schwierigkeiten für das Verständnis des Lesers auftauchen. Ein letztes Mal werde ich mich daher eng an den (vermuteten) Wortlaut einer Vorlage anlehnen. Aber gleichzeitig versuche ich eine »symptomati-

---

[4] S. z. B. neuerdings die scharfe Polemik des englischen Sozialhistorikers E. P. Thompson (*Das Elend der Theorie*, Frankfurt/M. 1980) gegen die strukturalistische Marxinterpretation, der die historischen Erfahrungsformen, die »moral economy« konkreter Subjekte entgleiten.

sche Lektüre«.[5] Das heißt: Ich versuche, zu zeigen, welches intensive Leben der ausgeschlossene Diskurs der Subjektivität in diesem Artikel spielt.

Begreift man »System« als eine Menge von Elementen beliebiger Art, die durch Beziehungen (Relationen) ebenso beliebiger Art zu einer Einheit, zu einem Ganzen zusammengeschlossen sind, begreift man »Struktur« als Ausdruck für die innere Ordnung eines Systems (für die Art seiner Untergliederung in Teilsysteme, die Besonderheit und Komplexität seiner Relationen), dann gibt es so gut wie nichts, das kein »System« wäre. Weniger trivial wird die Empfehlung, das Denken auf »Strukturen« (im Sinne eines gegliederten, organisierten Ganzen[6]) auszurichten, wenn man – wie Althusser und im Sinne der marxistischen Gesellschaftstheorie – behauptet, das Ganze könne eigene Wirkungen ausüben. Mit anderen Worten: Es ist eine keineswegs unstrittige These, Ereignisse, Prozesse, die für das gesellschaftliche Ganze als Ganzes kennzeichnend sind, könnten auf die Elemente in diesem Ganzen einwirken. Man denkt damit an *strukturale Kausalität.*

»Unter struktureraler Kausalität verstehen wir den Modus der Einwirkung eines Ganzen auf seine Elemente, die Beziehung zwischen einer regionalen (z. B. einer ökonomischen) Struktur (= vermutlich einem *Teilsystem* wie das ökonomische im Unterschied zum politischen u. a. – C. D.) und einer globalen Struktur (wie sie der Ausbildung von Gesellschaften insgesamt eigen ist) . . .« (Karsz 1975, 132)

Beispiele für strukturale Kausalität wurden schon an verschiedenen Stellen gegeben. Man denke etwa an die Auswirkungen, die strukturelle Veränderungen (etwa der Arbeitswelt) auf gesamtgesellschaftlicher Ebene auf die Alltagsszenen der Kindererziehung im Spätkapitalismus haben (vgl. Kapitel 7).

Das Ganze, so betonen Autoren wie Althusser, ist nicht ein geheimnisvolles Etwas, das *hinter* den Auswirkungen steht, die von ihm ausgehen, »das Ganze ist vielmehr das System seiner Elemente« und besteht in und aus dem System (seiner) Wirkungen« (ebd., 133). Das Ganze, das gesellschaftliche System, ist in sich gegliedert, organisiert. »Organisiert« jedoch nicht im Sinne einer harmonischen und reibungslos funktionierenden Ordnung.

---

[5] Das ist ein Ausdruck von Althusser. Man kann, abkürzend, sagen, daß damit das Herauslesen einer neuen Diskursformation aus einem Text gemeint ist. Ich lese allerdings den vom Antihumanismus verbotenen subjekttheoretischen Diskurstyp heraus.

[6] »Der Begriff des *Ganzen* ist also der eines Systems von Beziehungen.« (Karsz 1975, 132)

»Es beinhaltet stets interne Unterscheidungen, Sprünge, Entsprechungen, und Nicht-Entsprechungen, Hierarchien, kurzum: differente Ebenen . . . Die in einem Ganzen vereinigten Elemente sind nicht aufeinander rückführbar. Sie stehen immer im Widerspruch zueinander, d. h. es bestehen in ihrem Inneren und unter ihnen Beziehungen der Notwendigkeit, der Koexistenz und gegenseitiger Ausschließung, Beziehungen, die ihr Entstehen, Werden und Vergehen erklären. Und dennoch sind sie alle in demselben System vereint. Wir sagen jetzt: Das Ganze besitzt eine Einheit, nicht etwa trotz der Unterschiede, sondern gerade deswegen.« (Ebd., 134)

Das gibt der gesellschaftstheoretischen Analyse die Richtung: »Die Analyse muß also darauf abzielen, die komplexe, differente Einheit einer definierten Gesamtheit von Widersprüchen zu zeigen. Mit einem Wort, das Ganze eint nicht durch Homogenisierung, sondern durch Verknüpfung«. (Ebd., 135)

Vielleicht nicht dem Wortlaut, aber dem Grundgedanken nach werden nicht nur Marxisten, sondern auch sogenannte »Systemtheoretiker«, Soziologen mithin, die Vorbilder für ihre Theorie in der Kybernetik suchen, all dem zustimmen können. Der eine, Saul Karsz, sagt: »*Die Einheit, von der der Marxismus spricht, ist die Einheit der Komplexität selbst;* gerade die Art und Weise, wie die Komplexität organisiert und verknüpft ist, macht ihre Einheit aus.« (Ebd., 134) Der andere, ein Systemtheoretiker, sagt: Es bedarf der komplexen inneren Organisation von Systemen, um die die Überfülle (»Komplexität«) der Systemumwelt-Einflüsse zu bewältigen. Die Bildung von Systemen und ihre innere Strukturierung dient der Bewältigung der zahllosen Probleme, die in der unendlich ereignisreichen Welt auftreten. – Der Unterschied zwischen beiden ist, von Einzelheiten abgesehen, offensichtlich auf einer anderen Ebene zu suchen. Er läßt sich anhand von zwei Thesen bei Althusser verdeutlichen:

1) Die Verbindung von Elementen, Widersprüchen und verschiedenen Ebenen in einem Ganzen, und insbesondere ihre relative Autonomie und ihre *ungleiche Entwicklung* . . . erfolgt . . . nach einem sie regelnden Gesetz.« (Ebd., 135)
2) Gesellschaftssysteme wie der Kapitalismus enthalten ein »Führungsprinzip« (ebd.,), auch der Kapitalismus stellt eine *Struktur mit Dominante* dar.

Dahinter steht der ebenfalls der Kybernetik vertraute Gedanke, daß bestimmte Teilsysteme oder ein Teilsystem des komplexen Ganzen trotz aller Einwirkungen, die durchaus auch von den anderen auf dieses Teilsystem ausgehen, einen »Wirkungsprimat«, einen beherrschenden (dominanten) Einfluß (in der Gesamtstruktur) ausüben kann. Folgt man dem Vorschlag von Karsz, die Dominante mit dem »allgemeine(n) Gesetz der Verknüpfung und hierarchischen Kombination aller Elemente eines Ganzen«

gleichzusetzen, dann entspricht sie genau dem, was im 1. Kapitel (o. S. 21 f.) »Organisationsprinzip« genannt wurde. Die These 2, der Begriff »Dominante« hebt in diesem Falle einen *bestimmten* Prozeß bzw. ein *bestimmtes*, den gesellschaftlichen Zusammenhang kennzeichnendes Prinzip aus denen heraus, die ebenfalls für die Einheit des Ganzen verantwortlich gemacht werden können. Im Sinne marxistischer Grundannahmen vom Vorrang der Ökonomie muß ein *ökonomischer* Prozeß gemeint sein. Es bleibt dann auch für Althusser/Karsz nur das von der Existenz des Klassenverhältnisses von Lohnarbeit und Kapital abhängige *Wertgesetz* als Dominante übrig (vgl. ebd., 136 ff.). *Das* unterscheidet dann in der Tat marxistische Theorie der gesellschaftlichen Totalität grundlegend von der Soziologie sozialer Systeme. Jedoch im Hinblick auf den Begriff von Kapitalismus, der im 2. Kapitel skizziert wurde, ist nicht mehr geschehen als eine Übersetzung in einen modisch-strukturalistischen Jargon. Das eigentlich *Strukturalistische* muß also anderswo liegen.

Am deutlichsten tritt es wiederum in der energischen Verteidigung des *Antihumanismus* hervor. Man hat es nach dieser Auffassung, »sobald im Marxismus auf die Kategorie des *Subjekts als Begründung* rekurriert wird, stets, – auch dann, wenn man erklärt, dieses Subjekt beinhalte einen Prozeß – mit einer ganz bestimmten theoretischen und politischen Regression zu tun« (ebd., 120). In welcher Form auch immer man an Marx anknüpfen mag, in dem Moment, wo jemand – wie der Verfasser dieses Buches – die These vertritt, man habe die Entwicklung der gesellschaftlichen Verhältnisse daran zu messen, was sie für die Möglichkeiten der Entwicklung eines *Selbst* bedeuten, verfällt er einem heillosen »marxistischen Humanismus« (ebd., 126). Er fällt, so heißt es, auf eine Ideologie der humanen Zielsetzungen herein, von denen gesagt wird, sie seien – versteckt – in der Geschichte immer schon am Werk gewesen.

»Deshalb kann man mit Fug und Recht behaupten, daß der Humanismus *heute* die Beherrschung des Materialismus durch den Idealismus mitten im Marxismus repräsentiert.« (Ebd., 171)

Vielleicht eingeschüchtert, aber nicht überzeugt, wage ich dennoch den Versuch, strukturalistisch Bedenkenswertes vom Bedenklichen zu scheiden. Wenig Einwände wird man gegen den Antihumanismus erheben können, wenn er sich gegen Vorstellungen richtet, die im Anschluß an bestimmte Hegelinterpretationen auftauchen: Gegen die geschichtsphilosophische Konstruktion eines Prozesses, der gradlinig zum immer Besseren und zum absoluten Wissen hin läuft; denn die Geschichte kennt in der Tat genügend Brüche, Rückschläge, Ungleichzeitigkeiten. Einleuchtend ist die Kritik an der Vorstellung, die geschichtlichen Ereignisse seien Äußerungen eines Geistes oder Weltgeistes, der sich letztlich in diesen

Ereignissen wiedererkennt, kurz: an allen Deutungen, die eine Art Über-subjekt, Gott, Geist, »das Kapital« als Überperson, die Böses sinnt etc., voraussetzen. Angesichts solcher Mystifikationen ist es zweifellos ein-leuchtend, Geschichte als Prozeß ohne Subjekt (in diesem kritisierten Sinn von Subjekt!) begreifen zu wollen:

»*In der Teleologie liegt das wahre Subjekt Hegels. Man beseitige*, wenn möglich, *die Teleologie, und übrig bleibt jene philosophische Kategorie, die Marx erbt:* Prozeß ohne Subjekt.« (Althusser, zit. in Karsz, 119)
Man muß darauf verzichten, »in über oder unter dem jeweiligen historischen und materiellen System ein Wesen oder ein Subjekt zu wittern.« (Ebd., 132)

Besonderes Gewicht haben auch die Einwände, die sich gegen individua-listische Bestimmungen von Subjektivität richten, also gegen jene Theorie des Individuums, welche dieses »als einen absoluten, autonomen Quell aus reiner und vorgesellschaftlicher Subjektivität« (ebd., 136) ansieht. Aber mit der Zuspitzung des antihumanistischen Arguments setzt sich die Notwendigkeit, Subjektivität als ein Selbst zu denken, das sich unter gesellschaftlichen Voraussetzungen bilden oder regredieren kann, gegen den strukturalistischen Diskurs durch, der es verleugnet. An Althussers Ideologietheorie wird dies deutlich.

Althussers Aufsatz über »Ideologie und ideologische Staatsapparate« geht von einem Gesichtspunkt aus, der oben im 2. Kapitel hervorgehoben wurde: vom Gesichtspunkt gesamtgesellschaftlicher[7] Reproduktion. »Re-produktion« meint »Wiederherstellung« – so wie durch gesellschaftliche Produktion die Mittel (Produktionsmittel) wiederhergestellt werden müs-sen, die für die Durchführung eben dieser Produktion unerläßlich sind. Grob einteilend, kann man sachliche und persönliche Produktionsmittel, also Produktivkräfte und Arbeitskraft, unterscheiden. Eine Gesellschaft, die nicht dafür sorgt, daß die Produktionsmittel reproduziert werden, muß über kurz oder lang untergehen. »Die letztliche Bedingung der Produktion ist also die Reproduktion der Produktionsbedingungen« (Althusser 1973, 113). Aber Reproduktion ist Wiederherstellung der Produktionsmittel *und* der Produktionsverhältnisse. Das *Wertgesetz* (s. o. S. 22 ff.) zeigt deswegen eine *reproduktive* Verlaufsform, weil die Wege – in einem Kreislauf über verschiedene, getrennte, oft widersprüchliche Stadien und Instanzen – zum Produktionsverhältnis (Klassenverhältnis) von Lohnarbeit und Kapitel zurückführen. Reproduktion ist also der zugleich einheitliche und krisen-hafte Prozeß der Wiederherstellung der Produktionsmittel (Produktiv-kräfte und Arbeitskraft) und eines (des) grundlegenden Produktionsver-

---

[7] Siehe Althussers sehr eingängiges Beispiel dafür, warum die *gesamtgesellschaftli-che* Reproduktion betont werden muß (1973, 115).

hältnisses selbst. Der Prozeß kann sich tendenziell auf dem gleichen Niveau halten (»einfache Reproduktion«) oder sich ausdehnen (»erweiterte Reproduktion«; z. B. durch Akkumulation). In Marxens Kapitalismusanalyse werden die Einzelheiten dieses Prozesses anhand von Stadien erfaßt, die der im Rahmen des grundlegenden Produktionsverhältnisses erzeugte und angeeignete Wert bzw. Mehrwert durchläuft.

Das Problem der Ideologie[8] entsteht für Althusser im Zusammenhang mit der Reproduktion der *Arbeitskraft.* Die Arbeitskraft reproduziert sich nämlich nicht nur durch die Verausgabung von Lohn, um die Befriedigung der Bedürfnisse der Arbeiterfamilie auf dem historisch erreichten oder erkämpften Niveau zu sichern, es bedarf auch der Herstellung und Wiederherstellung von Fähig- und Fertigkeiten (Qualifikation).[9] In den Fähigkeiten und Fertigkeiten vermittelnden Institutionen wird aber immer auch ein System von Verhaltensregeln und Anschauungen weitergegeben (z. B. Gesinnungen, Wertmaßstäbe, Gesellschaftsbilder etc.). Reproduktion der Arbeitskraft bedeutet daher nach Althusser immer auch Unterwerfung der Arbeitskraft »unter die Regeln der etablierten Ordnung«. Das gleiche spielt sich bei denen ab, die die Arbeitskraft kommandieren:

Reproduktion bedeutet für die Arbeiter auch »die Reproduktion ihrer Unterwerfung unter die herrschende Ideologie und für die Träger der Ausbeutung und Unterdrückung eine Reproduktion der Fähigkeit, gut mit der herrschenden Ideologie umzugehen, um auch ›durch das Wort‹ die Herrschaft der herrschenden Klasse zu sichern.« (Ebd., 118)

Althusser zieht die Schlußfolgerung, daß die Reproduktion der Qualifikation der Arbeitskraft stets auch in Formen der Unterwerfung unter die herrschende Ideologie geschieht. Es bedarf deshalb einer genaueren Untersuchung des Vorgangs, *in dem Individuen einer Ideologie unterworfen werden.*

Nach Althusser setzt dies zunächst eine Untersuchung der Funktionen des *Staates* voraus, von dem auch nicht-marxistische Autoren sagen, er verfüge über das »Monopol legitimer Gewalt« (Max Weber). Eine Seite einer brauchbaren Staatsanalyse, so argumentiert Althusser, muß sich auf die Kämpfe konzentrieren, die um die Erringung der *Staatsmacht,* um dieses Monopol geführt werden.

»Der ganze politische Klassenkampf dreht sich um den Staat. Verstehen wir uns richtig: um den Besitz, d. h. die Übernahme und die Erhaltung der Staatsmacht

---

[8] Darunter soll am Anfang nicht mehr als ein System von Ideen, Regeln und Normen verstanden werden.

[9] Das geschieht nur im begrenzten Maß am Arbeitsplatz selbst, sondern hauptsächlich im Schulsystem und anderen Institutionen (ebd., 117).

durch eine bestimmte Klasse oder ein Bündnis von Klassen oder Fraktionen von Klassen.« (Ebd., 125)

Von der Staatsmacht, um die gekämpft wird, sind jedoch die *Staatsapparate* zu unterscheiden. Das sind 1. die verschiedenen Institutionen, mit deren Hilfe sich die Staats*gewalt* durchsetzt: Gerichte, Polizei, Gefängnisse, Verwaltungen etc. Aber 2. muß man nach Althusser ein weiteres Insitutionensystem bei einer Staatsanalyse berücksichtigen: die *ideologischen Staatsapparate.* Sie operieren nicht auf der Basis des Gewaltmonopols, sondern auf der Basis der Ideologie. Sie sind Einrichtungen zur Durchsetzung der herrschenden Ideologie als Ideologie der Herrschenden. Als Beispiel dafür werden angeführt: religiöse ideologische Staatsapparate (Kirchen), Schulen, Familien, Gewerkschaften, Massenmedien etc. »Unseres Wissens nach kann keine herrschende Klasse dauerhaft die Staatsmacht innehaben, ohne gleichzeitig die Hegemonie (= Vorherrschaft – C. D.) über und in den ideologischen Staatsapparaten auszuüben.« (Ebd., 132)

Althusser vertritt einschränkungslos die These, daß dies für *alle* Gesellschaften, ob Kapitalismus, Sozialismus oder Feudalismus gelte. Als Beispiel für eine vorkapitalistische Institution nennt er die Kirche, »die auf sich nicht nur die religiösen Funktionen, sondern auch die schulischen und zu einem guten Teil die Funktion der Information und der ›Kultur‹ vereinigte« (ebd., 137). *Ideologie,* dieser bislang noch unbestimmte Begriff, ist also nach Althusser im Zusammenhang mit *ideologischen Staatsapparaten* zu diskutieren. In deren institutionellen Rahmen findet die Unterwerfung des Subjekts unter Ideologien statt.

Seiner Auffassung nach damit Marx folgend, bestimmt Althusser »Ideologie« als ein »System von Ideen und Vorstellungen, das das Bewußtsein eines Menschen oder einer gesellschaftlichen Gruppe beherrscht« (ebd., 143). Damit ist am Anfang natürlich wenig gewonnen; denn Menschen können auch zutreffenden Erkenntnissen anhängen oder von ihnen beherrscht sein. Althusser geht es auch zunächst mehr darum, seine ungewöhnliche These einzuführen, die Ideologien seien ewig: »Die Ideologie hat keine Geschichte«. (Ebd., 144) Ideologische Staatsapparate, so sagt er, sind in allen geschichtlichen Gesellschaftsformationen zu finden; genauer: in allen Klassengesellschaften, die die bisherige Geschichte ausmachen. Dementsprechend ist auch Ideologie eine »omnihistorische (= allgemeingeschichtliche) Realität« (Ebd., 146). Die konkreten, einzelnen ideologischen Systeme sind veränderlich, aber daß es Ideologien gibt, das gilt nach Althussers Auffassung für alle vorfindlichen Gesellschaften.

Nun hat »Ideologie« im Unterschied beispielsweise zu »Erkenntnis« einen Aspekt des *Imaginären,* d. h.: der verzerrten, teilweise falschen oder verfälschenden Vorstellung. Um die Eigenheit *ideologischer* »Ideen und

Vorstellungen, die das Bewußtsein eines Menschen oder einer gesellschaftlichen Gruppe beherrschen«, festzulegen, bedarf es der Bestimmung der Art und des Entstehens *imaginärer* Ideensysteme.

In diesem Zusammenhang taucht die sehr komplizierte *These 1* bei Althusser auf:

»Die Ideologie stellt (représente) das imaginäre Verhältnis der Individuen zu ihren wirklichen Lebensbedingungen dar.« (Ebd., 147)

Dieser Satz hat durchaus auch die Funktion, eine Abgrenzung der Althusserschen Position von klassischen Positionen der Ideologietheorie zusammenzufassen. Denn nach dieser These sind Ideologien verzerrte, imaginäre Bilder, die sich die Menschen von einer an sich gegebenen Wirklichkeit machen. Aber was stellen die Ideologien dann dar, was »repräsentieren« sie?

Um dies besser zu verstehen, muß man nach der Meinung von Althusser den Gedanken aufgeben, Denksysteme, Ideologien *und* Wissenschaft *und* Philosophie[10] würden in irgendeiner Weise eine gegebene, ansichseiende Wirklichkeit abbilden, widerspiegeln. Die Wissenschaft bildet das nicht »in Wahrheit« ab, was die Ideologie falsch sieht. Ideologie und Wissenschaft sind beide eine Form der *Aneignung* von Wirklichkeit, eine *Praxis*.

»Man muß die Vorstellung, die man sich gewöhnlich von der Erkenntnis macht, überprüfen, den Mythos von der Erkenntnis als einer Widerspiegelung und einer unmittelbaren Vision und Lektüre aufgeben und die Erkenntnis als eine Produktion begreifen«. (Althusser, zit. in Karsz 1976, 16)

Jede Praxis ist ein Veränderungsprozeß, in dem sich »vier Elemente nach bestimmten Regeln verknüpfen: Grundstoff, Arbeitskraft, Produktionsmittel, Produkt« (Karsz 39), wobei sich die verschiedenen Praxisarten nach der besonderen Ausprägung der vier Elemente unterscheiden. In diesem Sinn formen z. B. bei der Wissenschaft in Berufsrollen tätige Personen (Arbeitskraft) meist sprachlich schon vorliegendes Material (Grundstoff), z. B. vorhandene Ideologien, nach wissenschaftlichen Verfahren (Produktionsinstrumente; z. B. Forschungsregeln, nicht nur Geräte!) zu einem Endprodukt: Theorien, Theorievarianten, neue Diskurstypen. Wissenschaft ist theoretische Praxis (ebd., 49). Aber auch wenn man Ideologien als eine Praxisform begreift, es bleibt immer noch das Problem des Imaginären. Ein Versuch, Althussers Lösungsvorschlag im Ausgang von der Formulierung der These 1 verständlich zu machen, kann zwei Wege gehen;

---

[10] Auf das komplizierte Verhältnis von Ideologie, theoretischer Ideologie, Wissenschaft und Philosophie bei Althusser kann ich hier nicht eingehen (s. die ersten Kapitel des Buches von Karsz).

denn, für sich genommen, erlaubt der bei These 1 niedergeschriebene Satz sowohl im Deutschen als auch im Französischen mindestens zwei Deutungen:

These 1a (Lesart a): Ideologien spiegeln nicht gegebene, wirkliche Verhältnisse (verzerrt) wider. In der Ideologie (also in den Aussagen eines ideologischen Systems) ist x zu einer bestimmten Vorstellung umgearbeitet worden. x = das imaginäre Verhältnis der Individuen zu den wirklichen Verhältnissen, in denen sie leben. Nach dieser Leseart wird »darstellen« (repräsentieren) im buchstäblichen Sinn, als Darstellen-von-Etwas-durch-Etwas genommen. (Über die Unterscheidung von »imaginär« und »tatsächlich gegeben«, die Althusser dennoch nicht vermeiden kann, muß wohlwollend hinweggesehen werden.) Das x, das dargestellt wird, ist also ein *imaginäres Verhältnis.* Nicht die Vorstellung ist imaginär, sondern ein imaginäres Verhältnis wird auf eine noch zu beschreibende Weise vorgestellt! Das Imaginäre liegt damit nicht *zuerst* in den ideologischen Aussagen, sondern in der Beziehung der Menschen zu ihren Lebensbedingungen. »Ich wiederhole nun eine These, die ich bereits formuliert habe: nicht ihre wirklichen Lebensbedingungen, nicht die wirkliche Welt ›stellen sich‹ die ›Menschen‹ in der Ideologie ›dar,‹ sondern es ist vor allem ihr Verhältnis zu diesen Lebensbedingungen welches ihnen in der Ideologie dargestellt ist.« (Althusser 1973, 149)

Was hat man sich nun unter einem »imaginären Verhältnis zu den wirklichen Lebensbedingungen«, also letztlich zu den Produktionsverhältnissen, vorzustellen? Ich wage eine freizügige Übersetzung: Vielleicht wird damit auf Marxsche Begriffe wie »verkehrte« oder »verrückte Verhältnisse« angespielt. Es gibt ja in der gesellschaftlichen *Wirklichkeit* Vorgänge, die so ablaufen, daß sie sich *gegen* die Wünsche, Pläne, Hoffnungen, Interessen *kehren*. (Das ist mindetens *ein* Sinn von »verkehrt«.). Der Arbeiter möchte sein Leben reproduzieren, aber das gesamte System ist so verfaßt, daß er sich durch die Art und Weise, wie er sein Leben reproduziert, der Herrschaft wiederum unterwirft, die im System wirksam ist. (In einem Anhang von 1970 zu seinem Artikel versucht Althusser klarzumachen, wie gleichwohl organisierter Widerstand im System denkbar bleibt [1973, 169–172].) Bleiben wir bei der *reproduktiven* Seite dieses Vorgangs, dann handelt es sich hier tatsächlich um eine sich verkehrende Beziehung der Menschen zu ihren Lebensbedingungen, und Ideologie als imaginäres System hätte die Funktion, die Menschen in dieser Beziehung zu *halten,* zu *fesseln.* Womit wir wiederum bei der Wirkungsart ideologischer Staatsapparate sind. (Wiederum muß man darüber hinwegsehen, daß es zur Begründung dieses Arguments eines Vorstellungssystems bedarf, das den Maßstab enthält, nach dem etwas als »verkehrt« bestimmt wird; denn Althusser *kritisiert* ja auch die Unterwerfung).

These 1b (Lesart b). Man kann das »Darstellen« (représenter) in Althussers These 1 aber auch im Sinne von »stellt dar« = »ist« lesen. »Die Ideologie ist die Beziehung zur Welt.« (Karsz 1976, 209) In diesem Falle wäre die Ideologie selbst eine objektive, wirkliche, aber imaginäre Beziehung zu den Lebensbedingungen, letztlich zu den Produktionsverhältnissen. Dem entspricht ein weiterer Erläuterungsversuch bei Althusser. Ideologien beziehen sich auf die Existenzbedingungen von Menschen, ohne dabei völlig an deren tatsächlichen Merkmalen vorbeizugehen. Sie sind mithin in einer Hinsicht eine Form des *Erkennens.* Die Ideologie »ermöglicht ein gewisses Sich-Zurechtfinden im Wirklichen, ein gewisses Erkennen seiner Charakteristika, und bietet eben dadurch eine praktische Möglichkeit der Intervention. Die Ideologie ist kein bloßes Produkt menschlicher Phantasie.« (Ebd., 213) Aber mit diesem Erkenntniseffekt verbindet sich ein Effekt des *Verkennens.* Ideologien nehmen die Wirklichkeit immer so auf, daß praktische Zielsetzungen, konservative, reformistische oder revolutionäre Tendenzen gestützt werden. Damit schließt Ideologie all das aus, verleugnet, verkennt und verkehrt sie all das, was diesen Zielsetzungen nicht entspricht oder sie schwächt.

»Sie kennt das Wirkliche nur, insoweit sie darin ihre eigenen Ziele wiedererkennt, und das wiederum ist einzig möglich, wenn sie im Wirklichen nicht erkennt beziehungsweise verkennt, was über diese Ziele hinausgeht oder sie schwächt.« (Ebd., 213)

Damit wird auch deutlich, daß es kaum ein Tun in der Gesellschaft geben kann, das nicht von Ideologien beeinflußt wäre.

Ideologien sind also eine Praxisform. Diese Praxis wiederum, so hat sich gezeigt, spielt sich im institutionellen Rahmen der ideologischen Staatsapparate ab. Denn Ideologien sind der »Zement der Gesellschaft« (Althusser). Ideologie »ist es, die es den Individuen ermöglicht, die Aufgaben zu akzeptieren, die ihnen tatsächlich (ökonomisch und politisch) der Produktionsweise entsprechend zugewiesen werden; denn sie stellt die Normen und Regeln auf, sie vermittelt die zu ihrem Verhalten nötigen Kenntnisse, d. h. eine bestimmte theoretische und praktische Vorstellung, die diese Aufgaben ›spontan‹ notwendig und normal erscheinen läßt« (Karsz 209). Womit wir auch auf dem zweiten Weg beim gleichen Ergebnis, den ideologischen Staatsapparaten angelangt sind.

Die *These 2* bei Althusser ist weniger strapaziös. Sie lautet: »Die Ideologie hat eine materielle Existenz«. Ideologien existieren immer in einem konkreten, gesellschaftlichen Apparat und dessen Praktiken (Althusser 1973, 152).

Bestimmte theoretische Ideologien gehen von Subjekten aus, die ein »Bewußtsein« haben und – im Falle der Ideologie allerdings verkehrten –

»Ideen« anhängen sollen. Sie handeln, so heißt es in diesen theoretischen Ideologien, auf der *Grundlage* ihrer Ideen, Vorstellungen und Pläne. Anders Althusser: Nicht das einzelne Subjekt als Urheber einer von seinen (u. U. verkehrten) Ideen abhängigen Handlung darf im Zentrum einer Theorie der Ideologie stehen, sondern es ist umgekehrt zu zeigen, wie der ideologische Staatsapparat Handlungen bedingt.

»Ausgehend von der Betrachtung eines Subjekts (irgendein Individuum) sagen wir also, daß die Ideen, an die es glaubt, materielle Existenz haben, insofern *seine Ideen seine materiellen Handlungen sind, die sich einfügen in materielle Praktiken, welche durch materielle Rituale geregelt werden. Diese Rituale werden ihrerseits bestimmt durch den materiellen ideologischen Apparat, von dem die Ideen des betreffenden Subjekts abhängen.*« (Ebd., 154)

Die Gedankenkette läuft also vom ideologischen Staatsapparat als einer konkreten, in der Wirklichkeit vorfindlichen Institution, in der ideologische Muster als Regeln, Rituale, Anschauungsformen zusammengefaßt sind, zum Handeln eines einzelnen Subjekts, das von diesen Mustern beherrscht wird, ihnen unterworfen ist.

»Daraus ergibt sich also, daß ein Subjekt handelt, insofern es durch das folgende System bewegt wird (hier dargestellt in der durch seine wirkliche Determination bestimmten Reihenfolge): eine in einem materiellen ideologischen Apparat existierende Ideologie, die bestimmte materielle, durch ein materielles Ritual geregelte Praktiken vorschreibt, wobei diese Praktiken wiederum in den materiellen Handlungen eines Subjekts existieren, das mit vollem Bewußtsein seinem Glauben entsprechend agiert.« (Ebd., 155)

Damit wird endlich, nach einem zweifellos mühseligen Weg, der Punkt erreicht, auf den es ankommt: *das Verhältnis von Ideologie und Subjekt.* In diesem Zusammenhang, aber auch schon auf Seiten vorher, bedient sich Althusser einer Unterscheidung, die zugleich der diskursive Ort ist, an dem die verdrängte Theorie des Selbst wiederkehrt. Ich meine seine Unterscheidung von *Individuum* und *Subjekt.* Sie beeinflußt entscheidend die *These 3,* in die der Aufsatz über ideologische Staatsapparate ausmündet:

»Die Ideologie ruft die *Individuen* als *Subjekte* an.« (Ebd., 156)

Zur Erläuterung wendet sich Althusser durchaus gegen Foucaults Ansicht, die Kategorie des »Subjekts« bliebe allein an bürgerliche Diskurstypen gebunden. Die These 3 sagt, *jede* Ideologie rufe Individuen als Subjekte an. Da nun Ideologien als »omnihistorisches«, »ewiges« Phänomen verstanden wird, ist »Subjekt« die grundlegende »Kategorie jeder Ideologie überhaupt« (ebd., 156), – wie immer »Subjekt« im einzelnen gefaßt sein mag: als Ich, Gott, Seele, Geist etc. Grundlegend ist sie jedoch in dem Sinne, daß *»es die Funktion jeder Ideologie ist (sie wird durch diese*

Funktion definiert) die konkreten Individuen als Subjekte zu ›konstituieren‹« (ebd., 157). Die Ideologie macht bei Althusser offensichtlich ein Individuum zum Subjekt; ein Gedanke, der zweifellos der weiteren Durchleuchtung bedarf.

Jeder von uns *fühlt* sich als Subjekt, als Urheber von Ereignissen, als frei, zur Spontaneität begabt etc. Darin würde Althusser Fichte durchaus zustimmen. Selbstbewußtsein und Bewußtsein der Selbständigkeit, der Urheberschaft, sind uns evident und selbstverständlich: »Ich bin Ich«. Aber für die Strukturalisten handelt es sich bei dieser Form des Selbstgefühls um einen »ideologischen Effekt«. Denn es ist die Eigenheit einer jeden Ideologie, den einzelnen Menschen etwas als augenscheinlich und selbstverständlich *aufzudrängen,* vor allem das Gefühl des *Selbstseins.* Auf diese Weise leben wir in der aufgezwungenen Gewißheit ganz einfach konkrete, einzigartige, unverwechselbare und (selbstverständlich) unersetzbare Subjekte zu sein. Identität ist ein uns verliehenes Gefühl. Wir erreichen diese Gewißheit *nicht* – wie Fichte glaubt – durch eine Tathandlung, die unsere eigene ist, der Bereitschaft entstammt, uns selbst *zu* etwas zu bestimmen, sondern die Selbstgewißheit ist eine Funktion der übergeschichtlichen Existenz der Ideologie. (»Funktion« im Doppelsinn von a) Ergebnis von . . . und b) Wirkungsweise).

»Durch die Funktionsweise der Kategorie des Subjekts ruft jede Ideologie die konkreten Individuen als konkrete Subjekte an.« (Frz. »interpeller«) (Ebd., 156)

Besser wäre wohl, zu übersetzen: Die Ideologie *richtet sich an* die einzelnen Menschen, und in dem Maße, wie sie Herrschaft über sie gewinnt, formt sie sie zu Subjekten, zu Personen um, für die vieles »evident« ist, insbesondere der Sachverhalt des Selbstseins. Die Individuen werden in Subjekte »verwandelt«. Also wird nach dieser Konstruktion offensichtlich ein Rohstoff X = »Individuum« mit bestimmten Mitteln (z. B. den Erziehungstechniken der Schule) durch bestimmte Instanzen (die verschiedenen ISAs) zu einem Produkt, eben zum Subjekt geformt. Heraus kommen also Personen, die es schaffen, »die Aufgaben zu akzeptieren, die ihnen tatsächlich (ökonomisch und politisch) der Produktionsweise entsprechend zugewiesen werden; denn sie (= die Ideologie – C. D.) stellt die Normen und Regeln auf, sie vermittelt die zu ihrem Verhalten nötigen Kenntnisse, d. h. eine bestimmte theoretische und praktische Vorstellung, die diese Aufgaben ›spontan‹ notwendig und normal erscheinen läßt. Unter dem Einfluß der Ideologie stellen sich die Individuen ihren Platz in der Produktionsweise vor . . .« (Karsz 209) Der Ort, an dem sich der Vorgang abspielt, ist der jeweilige ideologische Staatsapparat, und die Verwandlung ins Subjekt bedeutet Unterwerfung unter die gesellschaftlichen Apparaturen. Heraus kommt mithin das *soziale Selbst*, der *Sozialcha-*

rakter; denn diesen hat ja auch Fromm als System tiefsitzender Einstellungen beschrieben, die das Individuum wollen und sehen lassen, was die Strukturen fordern.

Fichteaner: Der Witz an dieser Argumentation ist offensichtlich, daß die ideologischen Staatsapparate Selbstbewußtsein und Spontaneität als Bestandteil des sozialen Selbst, als einen Teil der Charaktermaske erzwingen. Selbstsein wird zum Schmiermittel für das Funktionieren gesellschaftlicher Apparaturen. Das Selbst hat eine scheinhafte, ideologische Existenz (Pseudoindividualität), die aber mehr ist als der bloße Schein; denn es handelt es sich um eine materielle Existenz des Imaginären. Das heißt: Das Selbstgefühl ist in jeder Ideologie enthalten, weil jede Ideologie das Individuum als Subjekt anspricht. Ideologien gewinnen ihre Wirksamkeit über ISAs, denn die ISAs funktionieren »auf der Basis der Ideologie«. In und mit ihnen haben sie materielle Existenz. ISAs und Ideologien sind »ewig«. Also kommt in aller Geschichte das Subjekt immer nur in imaginärer Form zu sich. Damit geschieht das Schlimmste, was geschehen kann: Die Entsubjektivierung, die ohnehin stattfindet, wird von einer Theorie zum Allgemeinmenschlichen erhoben, die sich beim Antihumanismus gar noch auf dem richtigen theoretischen Weg fühlt

Die Ideologie hat nach Althusser in der Tat sich »immer schon« an die Individuen als Subjekte gerichtet. Alles läuft für ihn »auf die Präzisierung« hinaus, »daß die Individuen immer-schon durch die Ideologie als Subjekte angesprochen werden.« Althusser folgert: »Damit gelangen wir schließlich zu unserer letzten These: *Die Individuen sind immer-schon Subjekte.«* (Althusser 1973, 162)

Fichteaner: Das ist ein geradezu klassisches Beispiel für ein non-sequitur. *(Eine Aussage folgt nicht aus der anderen, obwohl der Autor diesen Eindruck erwecken will. Es fehlen zumindest Zwischenglieder der Argumentation.) Aus der Aussage: »Die Individuen werden durch die Ideologie immer schon als Subjekte angesprochen« = Jedes Individuum hat ein soziales Selbst, eine Charaktermaske, folgt logisch überhaupt nicht: »Die Individuen sind immer schon Subjekte« = Sozialcharaktere und nichts mehr. Aus dem Sachverhalt, daß sich unter gesellschaftlichen Einflüssen stets ein Sozialcharakter formt, folgt nicht, der einzelne sei nichts mehr als ein Sozialcharakter. Kein Wunder, daß Althusser Widerstand, Ausbruchsversuche nur als Kampf um die Staatsmacht begreifen kann, womit dann halt inhaltlich andere ISAs an die Stelle der alten treten, der Unterwerfungsprozeß als solcher aber ewig bleibt. Die Äußerungen in diesem Punkt sind dankenswerter Weise eindeutig:*

»*Gefangen in diesem* . . . *System der Anrufung als Subjekte, der Unterwerfung unter das SUBJEKT, der allgemeinen Anerkennung und der absoluten Gewißheit ›funktionieren‹ die Subjekte in den meisten Fällen ›ganz von alleine* . . .‹« *(Ebd., 168)*

Zu dieser Gefangenschaft sind sie noch im Widerstand verdammt. Nur das theoretische Zentralkomitee, das die Erkenntnisse produzierende Geschichtswissenschaft verwaltet, weiß, wo es lang geht.

Das theoretische Dilemma von Althussers Position liegt offenkundig im ungeklärten Verhältnis von *Individuum* und *Subjekt*. »Individuum« ist der unbestimmte Platzhalter für den Gedanken an das, was zum »Subjekt« geformt wird, ohne im Subjektsein aufzugehen. *Was* mit »Individuum« gemeint ist, wird jedoch völlig im dunkeln gehalten. Der biologische Einzelorganismus Mensch? Ein wenig fühlt man sich schon an den Gedanken »vorgesellschaftlicher Subjektivität« erinnert, aber diesen hat doch Althusser selbst überzeugend kritisiert. Würde eine Theorie des Individuums, das nicht gleich Subjekt (in Althussers Sinn!) ist, ausgeführt und in die Ideologietheorie integriert, dann müßte manches von der Ich-Philosophie und Ich-Theorie wieder aufgenommen werden, was der strukturalistische Diskurs mit großem Pathos theoretischer Umwälzung ausgeschlossen glaubt. Karsz sieht das Dilemma ganz klar:

»Hier soll nicht etwa die Existenz von Individuen geleugnet werden . . .« (1976, 243) »Spontaneität ist ein unleugbares individuelles und kollektives *Faktum* . . .« (Ebd.) »Es geht hier nicht darum, die Spontaneität zu leugnen, denn sie existiert durchaus . « (Ebd., 244)

Nach der näheren Bestimmung von Spontaneität und Individualität wird man allerdings weitgehend vergeblich suchen; denn sonst müßten Grundsätze des Antihumanismus außer Kraft gesetzt werden.

Fichteaner: All dem entnehme ich zum Schluß: Es gibt angenehmere Formen der Selbstzerstreuung, als sein Selbst obendrein auch noch freiwillig in alle Winde zu zerstreuen!

Leseempfehlung zu Kapitel 8

Michel Foucault: *Die Ordnung des Diskurses*, Frankfurt/Berlin/Wien 1977
Michel Foucault: *Von der Subversion des Wissens*, Frankfurt/Berlin/Wien 1978, besonders 7–31
Louis Althusser: *Ideologie und ideologische Staatsapparate*, in ders.: Marxismus und Ideologie, Berlin 1973, 111 ff.
Saul Karsz: *Theorie und Politik: Louis Althusser*, Frankfurt/Berlin/Wien 1976, 233–259

Belege der Zitate aus dem Dialog zwischen A und F

1 Foucault 1973, 48
2 Nietzsche Bd. 2, 580
3 Fichte 1961, 9
4 Nietzsche, Bd. 3, 534
5 Ebd., 489
6 Nietzsche, Bd. 2, 579
7 Nietzsche, Bd. 3, 473
8 Foucault 1978, 129
9 Vgl. Nietzsche, Bd. 2, 580 und Foucault 1978, 129
10 Foucault 1973, 139
11 Ebd., 136
12 Ebd.
13 Ebd., 36
14 Ebd., 136
15 Ebd., 136/137
16 Nietzsche, Bd. 2, 960
17 Foucault 1978, 17
18 Deleuze/Guattari 1976, 26
19 Foucault 1973, 116
20 Ebd., 156
21 Ebd., 170
22 Foucault 1977, 7
23 Ebd., 8
24 Ebd., 11 f.
25 Ebd., 21 f.
26 Levi-Strauss 1970, 118
27 Foucault 1973, 171
18 Ebd., 74
29 Althusser 1968, 104

30 Foucault 1973, 49 f.
31 Fichte: *Die Bestimmung des Menschen* (Bd. 3)
32 Ebd.
33 Foucault 1976, 30
34 Ders. 1978, 170
35 Ders. 1976, 41
36 Ebd., 41 f.
37 Nietzsche, Bd. 2, 222
38 Foucault 1978, 16
39 Ders. 1977, 5
40 Ders. 1973, 82
41 Fichte: *Die Bestimmung des Menschen*
42 Foucault 1978, 44
43 Ebd., 45
44 Fichte, a.a.O.
45 Bloch, Bd. 15, 157
46 Nietzsche, Bd. 3, 842
47 Foucault 1978, 114
48 Ebd., 15
49 Ebd., 15 f.
50 Ebd., 29
51 Ebd., 26
52 Ebd., 28
53 Ebd., 29
54 Ebd., 122
55 Ebd., 133
56 Guattari 1976 (Vorwort von Deleuze)

Literaturverzeichnis

Adorno, Theodor W., *Soziologische Exkurse. Frankfurter Beiträge zur Soziologie*, Bd. 4, Frankfurt/M 1956.
–, *Negative Dialektik*, Frankfurt/M 1966.
–, *Stichworte – Kritische Modelle 2*, Frankfurt/M 1969.
–, *Aufsätze zur Gesellschaftstheorie und Methodologie*, Frankfurt/M 1970a.
–, *Minima Moralia – Reflexionen aus dem beschädigten Leben*, Frankfurt/M 1970b.
–, *Studien zum autoritären Charakter*, Frankfurt/M 1973.
AG Soziologie, *Denkweisen und Grundbegriffe der Soziologie*, Frankfurt/New York ²1979.
Althusser, Louis, *Für Marx*, Frankfurt/M. 1968.
–, *Das Kapital lesen*, Reinbek 1972.
–, *Marxismus und Ideologie*, Berlin 1973.
Bloch, Ernst, *Werke*, Frankfurt/M ab 1962.
Brenner, Charles, *Grundzüge der Psychoanalyse*, Frankfurt/M 1967.
Cohen, St., L. Taylor, *Ausbruchsversuche – Identität und Widerstand in der modernen Lebenswelt*, Frankfurt/M. 1977.
Dahrendorf, Ralf, *Homo Sociologicus*, Köln/Opladen 1961.
Deleuze, G., F. Guattari, *Kafka. Für eine kleine Literatur*. Frankfurt/M. 1976.
Erikson, E. H., *Identität und Lebenszyklus*, Frankfurt/M 1973.
Fichte, J. G., *Ausgewählte Werke* (Ed. F. Medicus), 6 Bände, Darmstadt 1962.
–, *Grundlage der gesamten Wissenschaftslehre* (1794), Hamburg 1956.
–, *Erste und zweite Einleitung in die Wissenschaftslehre*, Hamburg 1961.
Foucault, M., *Archäologie des Wissens*, Frankfurt/M. 1973.
–, *Überwachen und Strafen*, Frankfurt/M. 1976.
–, *Die Ordnung des Diskurses*, Ffm/Berlin/Wien 1977.
–, *Von der Subversion des Wissens*, Ffm/Berlin/Wien 1978.
Freud, Sigmund, *Vorlesungen zur Einführung in die Psychoanalyse*, Gesammelte Werke, Band XI, Frankfurt/M.
–, *Das Unbewußte – Schriften zur Psychoanalyse*, Frankfurt/M. 1960.
–, *Abriß der Psychoanalyse*, Frankfurt/M. 1953.
Freyhold, M. v., *Autoritarismus und politische Apathie. Frankfurter Beiträge zur Soziologie* Bd. 22, Frankfurt/M. 1970.
Fromm, E. *Über Methode und Aufgabe einer analytischen Sozialpsychologie*, in: Zeitschrift für Sozialforschung, 1, 1932.
–, *Psychoanalyse und Ethik*, Stuttgart/Konstanz 1954.
–, *Der moderne Mensch und seine Zukunft*, Frankfurt/M 1955.

–, *Die Furcht vor der Freiheit*, Frankfurt/M 1966.

–, *Die Kunst des Liebens*, Ffm/Berlin/Wien 1974 (a).

–, *Anatomie der menschlichen Destruktivität*, Stuttgart 1974 (b).

–, *Haben oder Sein*, Stuttgart 1976.

Gehlen, A., *Der Mensch. Seine Natur und seine Stellung in der Welt*. Ffm/Bonn 1966.

George, Ch. u. K., *Protestantism and Capitalism in Prerevolutionary England*, in: S. N. Eisenstadt (Ed.), *The Protestantic Ethic and Modernization*, New York/London 1968.

Geulen, D., *Das vergesellschaftete Subjekt*, Frankfurt/M. 1977.

Goffman, E., *Stigma*, Frankfurt/M. 1967.

–, *Wir alle spielen Theater*, München 1969.

–, *Asyle*, Frankfurt/M. 1973a.

–, *Interaktion. Spaß am Spiel. Rollendistanz*. München 1973b.

–, *Das Individuum im öffentlichen Austausch*, Frnkfurt/M. 1974.

–, *Interaktionsrituale*, Frankfurt/M. 1975.

–, *Rahmenanalyse*, Frankfurt/M. 1977.

Gouldner, A., *Die westliche Soziologie in der Krise*, Reinbek 1974.

Griese, H. M., *Soziologische Anthropologie und Sozialisationstheorie*, Weinheim Basel 1976.

Guattari, F., *Psychotherapie, Politik und die Aufgaben der institutionellen Analyse*, Frankfurt/M. 1976.

Habermas, J. (Hg.), *Antworten auf Herbert Marcuse*, Frankfurt/M. 1976.

Häsing/Stubenrauch/Ziehe (Hg.), *Narziß – Ein neuer Sozialisationstyp?* Bensheim 1979.

Hegel, G. W. F., *Werke*, Band 3 der Suhrkamp-Edition, Frankfurt/M.

Heller, A., *Alltag und Geschichte*, Neuwied 1970.

–, *Das Alltagsleben, Versuch einer Erklärung der individuellen Reproduktion*, Frankfurt/M. 1978.

Horkheimer, M., Th. W. Adorno, *Dialektik der Aufklärung*, Amsterdam 1947.

Horkheimer, M., *Kritische Theorie der Gesellschaft*, Frankfurt/M.

–, *Zur Kritik der instrumentellen Vernunft*, Frankfurt/M. 1974.

Karsz, S., *Theorie und Politik: Louis Althusser*. Ffm/Berlin/Wien 1976.

Krahl, H. J., *Konstitution und Klassenkampf*, Frankfurt/M. 1971.

Krappmann, L., *Soziologische Dimensionen der Identität*, Stuttgart 1971.

Lasch, Ch., *Das Zeitalter des Narzißmus*, München 1980.

Lefèbvre, H., *Kritik des Alltagslebens*, Kronberg 1977.

Levi-Strauss, C., *Traurige Tropen*, Frankfurt/M. 1970.

Marcuse, H., *Kultur und Gesellschaft*, Bd. 1 u. 2, Frankfurt/M. 1965.

–, *Triebstruktur und Gesellschaft*, Frankfurt/M. 1965.

–, *Ideen zu einer kritischen Theorie der Gesellschaft*, Frankfurt/M. 1969.

–, *Der eindimensionale Mensch*, Neuwied 1968.

Marx/Engels, *Werke* (MEW), Berlin (Ost), 1953 ff.

Meran, J., *Individualismus oder Kollektivismus*, in: Zeitschrift f. allg. Wissenschaftstheorie, X, 1, 1979, 35 ff.

Nietzsche, Friedrich, *Werke* (Ed. Schlechta), 3 Bände, München 1954, 55, 56.

Peters (Hg.), *Wörterbuch der Tiefenpsychologie.*

Platon, *Hauptwerke*, (Ed. Nestle), Stuttgart 1958.

Reif, A. (Hg.), *Erich Fromm – Materialien zu seinem Werk*, Wien 1978.

Ricardo, D., *Werke*, (Ed. Sraffa), Bd. III, 1951.

Riesman, D., Denney und Glazer, *Die einsame Masse*, Hamburg 1958.

Ritsert, J., *Die soziale Basis des Selbst*, in: Soziale Welt 3/1980.

Seyfarth, C., W. Sprondel (Hg.), Seminar: *Religion und gesellschaftliche Entwicklung*, Frankfurt/M 1973.

Sombart, W., *Der Bourgeois – Zur Geistesgeschichte des modernen Wirtschaftsmenschen*, München und Leipzig 1923.

Sprondel, W., *Sozialer Wandel, Ideen und Interessen. Systematisierungen zu Max Webers Protestantischer Ethik*, in: Seyfarth/Sprondel 1973.

Strawson, P. F., *Einzelding und logisches Subjekt (Individuals)*, Stuttgart 1972.

Stubenrauch, H., *Eine philologische Miniatur über die Sprache der Sponti-Linken*, in: paed. extra, 3/1978.

Thomae, H., *Entwicklung und Prägung*, Handbuch der Psychologie, Band 3

Thompson, E. P., *Das Elend der Theorie*, Ffm/New York 1980.

Weber, M., *Soziologie – Weltgeschichtliche Analysen – Politik*, Stuttgart 1956.

–, Gesammelte Aufsätze zur Religionssoziologie I, Tübingen 1963.

–, *Wirtschaft und Gesellschaft, Grundriß der verstehenden Soziologie*, Tübingen 1972.

–, *Die protestantische Ethik I*, (1920) hg. v. J. Winckelmann, Gütersloh [5]1979.

Wulff, E., *Psychiatrie und Klassengesellschaft*, Frankfurt/M. 1972.

Ziehe, Thomas, *Pubertät und Narzißmus*, Frankfurt/M. 1975.

Sachregister

Namenregister

Einführungen in der Reihe campus studium

Ekkehart Krippendorff
Internationales System als Geschichte
Einführung in die internationalen Beziehungen 1
1975. 187 S., ISBN 3–593–32507–1

Ekkehart Krippendorff
Internationale Beziehungen als Wissenschaft
Einführung 2
1977. 168 S., ISBN 3–593–32534–9

Brigitte Geissler / Peter Thoma (Hg.)
Medizinsoziologie
Einführung in ihre Grundbegriffe und Probleme
2. neu bearbeitete und ergänzte Auflage
1979. 296 S., ISBN 3–593–32509–8

Gerd Hardach
Deutschland in der Weltwirtschaft 1870–1970
Eine Einführung in die Sozial- und Wirtschaftsgeschichte
1977. 179 S., ISBN 3–593–32516–0

Veit Michael Bader / Johannes Berger / Heiner Ganßmann /
Jost v. d. Knesebeck
Einführung in die Gesellschaftstheorie
Gesellschaft, Wirtschaft und Staat bei Marx und Weber
Einbändige Sonderausgabe
1980. 517 S., ISBN 3–593–32813–5

Arbeitsgruppe Soziologie
Denkweisen und Grundbegriffe der Soziologie
Eine Einführung
2. Auflage 1980. 192 S., ISBN 3–593–32543–8

Axel Honneth / Hans Joas
Soziales Handeln und menschliche Natur
Anthropologische Grundlagen der Sozialwissenschaften
1980. 170 S., ISBN 3–593–32545–4

Campus Verlag   Schumannstr. 65   6 Frankfurt/M.